封疆之制

明代都司卫所管理体制研究

彭勇 著

生活·讀書·新知
三联书店

图书在版编目（CIP）数据

封疆之制：明代都司卫所管理体制研究 / 彭勇著 .
北京：生活·读书·新知三联书店，2025.3
（名山）
ISBN 978-7-108-07553-6

Ⅰ . ①封… Ⅱ . ①彭… Ⅲ . ①奴儿干都司—卫所制
（明兵制）—研究 Ⅳ . ① K248.07 ② E294.8

中国版本图书馆 CIP 数据核字 (2022) 第 216398 号

责任编辑　张　龙
装帧设计　蔡立国　康　健
责任印制　李思佳
出版发行　生活·讀書·新知 三联书店
　　　　　（北京市东城区美术馆东街 22 号　100010 ）
网　　址　www.sdxjpc.com
经　　销　新华书店
制　　作　北京金舵手世纪图文设计有限公司
印　　刷　山东新华印务有限公司
版　　次　2025 年 3 月北京第 1 版
　　　　　2025 年 3 月北京第 1 次印刷
开　　本　635 毫米 × 965 毫米　1/16　印张 25
字　　数　324 千字
印　　数　0,001 - 3,000 册
定　　价　88.00 元
（印装查询：01064002715；邮购查询：01084010542 ）

本书系教育部人文社会科学研究一般项目"明代都司卫所管理体制研究（14YJA770010）"的结项成果

目　录

绪论：明代卫所的辖区属性及其管理权

自 20 世纪末以来的 30 余年间，明代卫所制度的研究不断深入，并影响到清史研究的诸多领域和学科，从传统制度史、边疆民族史，到历史地理学、历史人类学等，卫所制度与明清国家、地方和社会的关系研究俨然成为学术热点，这在很大程度上是因为学术界对卫所属性的理解大大拓展了。[1] 卫所制度不再仅仅被理解为单一的军事组织，还兼具行政管理的职责。在某种程度上，卫所像府、州、县一样，具有相对独立的管辖权，管辖范围包括人口、土地、财政、行政、司法、教育和民政等，与州县相比又呈现不同的特质，直至今天，明代卫所制度还在发挥着持续的影响[2]。这就不难理解何以卫所制度会有如此广阔的研究空间了。

毫无疑问，学术界对卫所的基本属性取得了越来越多的共识，如军户世袭、军民并立、互不统属等，但不同领域或学科背景的学者，对卫所体系的独立性在定量、定性方面的认知存在明显差异，这又直接影响到对卫所基本属性的判断，影响到对诸多具体问题的理解，由此得出的结论也大相径庭。笔者认为，虽然明代卫所的类型多、分布广，但作为系统性的制度设计，卫所的基本属性应具有

---

[1] 彭勇《学术分野与方法整合：近三十年中国大陆明代卫所制度研究评述》，（日本）《中国史学》第 24 卷，朋友书店，2014 年，第 59—70 页。本文经修订补充，已收入拙著《明代班军制度研究：以京操班军为中心》（"代修订序言"），人民出版社，2020 年，第 1—20 页。
[2] 赵世瑜《卫所军户制度与明代中国社会——社会史的视角》，《清华大学学报（哲学社会科学版）》2015 年第 3 期。

普遍原则。因为卫所作为一个"地理单位"具有独立完整的管理权，将其视为传统意义上的辖区，要比视为现代意义上的政区更妥当。

一 卫所作为独立"地理单位"引发的争议

1986—1989 年，顾诚先生陆续发表《明帝国的疆土管理体制》《明前期耕地数新探》《卫所制度在清代的变革》《谈明代的卫籍》等有关明代卫所制度的论文，认为明代疆域分别属于行政和军事两大系统来独立管理。行政系统由六部—布政使司（南北直隶）—府州县构成，它们的耕地数是统一汇总到户部，由户部每年公开数额；军事系统是由五军都督府—都指挥使司—卫所组成，出于保密的原因，这个系统的耕地数通常不对外公开。因为卫所是独立的"地理单位"，它和行政系统交错管理内地的疆土（在内卫所和内地卫所），而明代辽阔的边地疆域主要由卫所（沿边卫所和沿海卫所）来单独管辖。两大系统管辖的耕地数加起来，才是明代耕地的真实数额，才是明朝真正的疆域面积。[1]

2007 年，陈春声撰文同意顾诚先生关于明代行政和军事是两大互相独立系统的判断，"就明代的户籍和田土管理制度而言，存在着行政和军事两大相互独立的系统，这是不言而喻的"，而后也审慎地表达了卫所在广东沿海地区呈现出的特殊性一面，"但对所谓'沿海卫所'和'内地卫所'而言，他们是否因为这种管理体制的差别，而成为独立于府县之外的'地理单位'，特别是那些花插散布于各州县中的屯田，是否也'同附近州县的界划比较清楚'，是值得认真考虑的……很难想象这么小面积的土地能够成为在州县行政系统之外的独立的'地理单位'"[2]。

---

〔1〕 参见顾诚《隐匿的疆土：卫所制度与明帝国》，光明日报出版社，2012 年。
〔2〕 陈春声《明代前期潮州海防及其历史影响（上）》，《中山大学学报（社会科学版）》2007 年第 2 期，第 31 页。

10 年之后，李新峰所著《明代卫所政区研究》一书的核心观点也在陈春声指出的卫所屯田数量和"屯田与州县田地的界划"两方面对卫所的属性发表相似的质疑，他认为"沿海卫所中没有任何一个屯田集中于卫所城周的案例"，"沿海卫所的小地盘、防区、屯田区，皆不足以支撑它成为与州县相当的行政地理单元，基本上不具备'实土'特征"。他还认为，沿海卫所"没有切割原属州县的任何人口与田地，也没有形成有实际意义的、与原州县截然分开的行政边界，即不是一类独立的行政区划单位。它不但不是实土卫所，连准实土卫所的特征也相当薄弱，更像是一个空降到州县境内、管理部分占地单位而非管理疆土的军队'大院'，政区色彩与一般内地非实土卫所几乎无甚差别"。[1]他沿用了传统历史地理学者将卫所分为实土卫所、准实土卫所和非实土卫所的划分，明确提出了"卫所政区"概念，仍然以卫所屯田面积太小、没有清晰行政边界为由（卫所没有切割州县人口和田地），认为沿海卫所和内地卫所不具有"政区"属性。

此后不久，傅林祥在追溯了"实土卫所"的历史渊源后认为，《明史·地理志》使用"实土卫所"一词，只是借用了南朝"实土郡县"的概念，他认为李新峰以实土和"实土性"来分析沿海卫所是对"实土"含义的误解[2]。近年专注于明代军民指挥使司系统研究的蔡亚龙经过大量的实证分析，也指出李新峰对军民卫属性的判断存在明显误读。[3]

学者们对卫所作为"地理单位"属性的理解及分歧，需要我们进一步探讨三个问题：一是实土卫所含义到底是什么，二是卫所的

---

〔1〕李新峰《明代卫所政区研究》，北京大学出版社，2016 年，第 56、61、202 页。
〔2〕傅林祥《"实土卫所"含义探析》，《丙申舆地新论——2016 年中国历史地理学术研讨会文集》，东北师范大学出版社，2017 年，第 400—405 页。
〔3〕蔡亚龙《明代设置的军民指挥使司考论》，《中国历史地理论丛》2016 年第 4 辑；《明代军民指挥使司建置标准考论》，《中国历史地理论丛》2018 年第 1 辑；《评介李新峰〈明代卫所政区研究〉》，（台北）《明代研究》（第 33 期），2019 年 12 月。

"地理单位"属性，与实土卫所、政区之间是怎样的关系，三是作为独立的管辖系统，卫所的管辖权到底体现在哪里，明代卫所的辖区属性，能以现代政区的标准来衡量吗？

二 实土卫所的真正含义

傅林祥对实土卫所含义的溯源很有道理。实土卫所是一个历史概念，清人修《明史·地理志》时予以借用，它是指在不设府州县的防区，兼理军政、民政，防区亦成为辖区的是实土卫所；而那些虽然有屯田分布，但该地区有州县设置的卫所，就是无实土卫所。对实土卫所和非实土卫所的划分，其实早在30多年前，著名历史地理学家谭其骧先生就给出了明确的解释和定义。可惜他的论断长期为学者所忽视，以致许多涉及明代卫所的历史地理学者长期误用，有的为了论证某个卫所的实土性陷入琐碎的史料罗列，误入歧途，花费了太多的口舌与笔墨，实际上它只不过是个概念界定而已。

谭先生在《释明代都司卫所制度》一文中所说的"置卫所以统辖军伍，设都司以掌一方兵政，其初本与地方区划不相关。洪武初或罢废边境州县，即以州县之任责诸都司卫所；后复循此例，置都司卫所于未尝设州县之地，于是此种都司卫所遂兼理军民政，而成为地方区划矣"[1]，被学者们广为征引，以证明实土卫所的政区属性。然而，他对非实土卫所的解释却长期为学者忽视，他在去世前两天给当时在读的博士生靳润成的信中，提到对卫所的管理属性及其辖境的看法，这一私人书信后来收在靳润成所著《明朝总督巡抚辖区研究》[2]书前。谭先生说：《明史·地理志》将卫所分成有实土、无实土两种，实际所谓实土卫所，指的是设置于不设州县处所的卫所，

---

〔1〕 谭其骧《长水集》（上册），人民出版社，1987年，第152页。
〔2〕 靳润成《明朝总督巡抚辖区研究》"书前影印件"，天津古籍出版社，1996年。

无实土卫所则指设于有州县处。前者因无州县，故即称其地为某某卫、某某所，后者即以某州某县称其地，因其地极大多数土地人口皆属于某州某县也。但有一小部分土地人口是属于卫所的……并非真正无土。不过，这种卫所确是搞不清楚的，当时应有册籍，但不见于《明史》《明会要》，估计《明实录》也不会有这种材料。地方志里，有的可能有些记载，也不会完备，有的可能也不予记载，所以要搞清楚某一个卫所所管的土地的范围，看来决（绝）不可能。"

在这里，谭先生对"实土、非实土"问题的解释非常清楚，即"实土"与"非实土"之别在于当地是否设有州县，并不是有没有土地、土地面积大小的问题。几乎所有的卫所都是有土地和人口的，只是这些卫所的辖境是不可能搞清楚的，仅以实土、非实土称之。

谭先生对卫所这一属性的判断，也直接体现在他主持的《中国历史地图集》绘制之中，即卫所之名在地图集上标注的原则。[1]他从历史地理学中行政区域的角度去认识明代的卫所属性，打开了新的视野。这一论断由他的门人弟子继承并不断丰富和完善，如周振鹤提出了"军管型政区"的概念，将实土卫所视为一种"特殊的地方行政组织和行政区划"，非实土卫所并不列于《明史·地理志》中，以示与政区无涉。不过，周先生认为，内地卫所星罗棋布，与府州县相杂错，并没有提及卫所实际上还兼具行政管理职能的性质。[2]他把"军管型政区"视为与"郡县制政区"这样的正式政区相对应的"准政区"，是历代王朝对疆域，尤其是对边疆和少数民族地区管理，采取军管或军事监护形式的特殊政区，比如两汉魏晋的都尉、汉唐的都护府、北魏的镇戍和明代的都司卫所等。[3]

---

〔1〕 2019 年 5 月 31 日，笔者赴复旦大学历史学系报告本议题，与傅林祥教授交流，他说，曾听谭先生谈及绘图标注一事，在明代地图标注卫名时，还有一种情况，即在地图比较"空"的地方，如果有卫，也会标出，未必都是实土卫所。
〔2〕 周振鹤《体国经野之道——新角度下的中国行政区划沿革史》，上海人民出版社，2019 年，第 184、191—192 页。
〔3〕 周振鹤《中国历史政治地理十六讲》，中华书局，2013 年，第 229—244 页。

周振鹤的博士生郭红在其博士论文基础之上补充修改的《中国行政区划通史·明代卷》[1]对明代行政区划,包括都司卫所的建置沿革进行了系统研究。她认为,明代卫所在行政区划意义上可以分为实土、准实土、非实土三种类型。实土卫所即指设置于未有正式行政区划(明代表现为布司、府、州、县)的地域的卫所;准实土卫所主要分布在沿海和内陆边区,名义上在府州县境内,又占有大片的土地、人口,足以同府州县相颉颃,实土与准实土卫所多分布于边区或少数民族聚居地。非实土卫所从狭义上讲,即卫所治地有府州县,且后者的土地和人口占绝对优势,主要包括内地、在京及部分沿海、边地卫所,不能作为地方行政区域来看。作者同时认为,三类卫所均拥有一定数量土地和人口,仍不失为明朝版图内的一种国土管理方式[2],这实际上继承了谭其骧对卫所属性的判断,即明代卫所是兼具行政管理职责的军事组织,不设正式行政区划(府州县)地区的卫所称实土卫所,设置正式行政区划地区的卫所称非实土卫所,准实土卫所处于二者的交错地区,情况比较复杂。

《明史·地理志》把不设府州县之地的卫所以某某卫称之,故而卫所被称为实土卫所,这又与明代的疆域观有很大的关系。清朝人借用了更早的实土卫所概念,在某种程度上也是因循明人的观念。明朝官修志书《大明一统志》对其广阔疆域的描绘,体现了这样的疆域管理基本理念:"惟我皇明诞膺天命,统一华夷,幅员之广,东尽辽左,西极流沙,南越海表,北抵沙漠。四极八荒靡不来庭。而疆理之制,则以京畿府州直隶六部,天下分为十三布政司……以统诸府州县。而都司卫所则错置于其间,以为防御。……而边陲之地,都司卫所及宣慰、招讨、宣抚、安抚等司,与夫四夷受官封执臣礼者,皆以次具载于志焉。"[3]

---

〔1〕 郭红、靳润成《中国行政区划通史·明代卷》,复旦大学出版社,2007年。
〔2〕 郭红、于翠艳《明代都司卫所制度与军管型政区》,《军事历史研究》2004年第4期。
〔3〕 李贤等《大明一统志》"图叙",三秦出版社,1990年影印本。

在这里，明朝人把自己的"疆理之制"划分了三个不等的层级：一是"京畿府州直隶六部"，以及十三布政司府州县；二是都司卫所，错置其间以为管理；三是在边陲之地，"都司卫所及宣慰、招讨、宣抚、安抚等司"，以及"四夷受官封执臣礼者"，俱载于《大明一统志》之中。在明朝人看来，都司卫所在国家管理体系中扮演了极其重要的角色。傅林祥注意到《大明一统志》的这一表述，得出的明人疆域观很有道理，但他认为只有边陲之地才是与府州县一样的地理单位，内地卫所"错置于其间"，没有构成自成体系的地理单位，显然他对"地理单位"这一概念有自己的判断。细读这段表述，可知明朝人在此特别提到了卫所"错置于其间"，就已视卫所与府州县一样，同为"疆理之制"，如果仅是防御这一职责，就不用在此与"地理单位"并列提及了。实际上，这里值得关注的，恰是如何理解"错置于其间"。卫所拥有独立田地、人口等，只是它们的分布特征是"错置于其间"，不像府州县那样有清楚的划界。关于卫所行使其作为独立的"地理单位"的管辖权，我们下节讨论。

有学者认为，内地和沿海卫所的辖地因面积小、无清晰划界，不具备"实土性"，难以成为独立的"地理单位"。果如他们的理解，边地卫所具有"政区"属性，是因为它们有大面积的辖境和有清晰的划界吗？这也不符合明代边疆土地及其管理的实际情况，因为大量的实土卫所可能面积比较大，却不一定能确定它们有清晰的边疆和划界，甚至还不如内地卫所所辖田地的归属更清晰、划界更清晰，这是因为明朝边疆地区越远离腹心，越呈现出模糊的边界特征。比如明代在辽阔的东北地区没有设府州县，属典型的实土卫所区。赵令志以女真羁縻卫所中"野人女真"之称谓为研究对象，主要依据海西女真卫所凭1000道、建州凭500道敕书，结合万历《大明会典》的记载可知，明后期将女真人分为建州、海西、野人三部分，是出于规范女真卫所官员之朝贡秩序而划分的，所谓"野人女真"只是泛称，没有将"野人女真"称为东海女真的记载。[1]马大正主持编修的"中国边疆通史丛书"（大象出版社，2000年）对中国的传统疆域概念给出了若干原则性的定义。他在"总序"中说："从某种程度上讲，中国边疆形式上是由国家政权的统治中心区向域外的过渡区域，即由'治'向'不治'过渡的特定区域。""中国边疆是一个历史的、相对的概念，只有综合地考虑了政治、军事、经济、文化和地理位置等方面的因素后，才能得出一个相对明确的答案。"实际上，屯地面积的大小、划界是否清晰这样的现代行政区划的指标，并不是古代政区划分的充要条件，并不适合于古代政区的研究。以现代政区的指标体系去判断古代的政区，就必然会陷入既承认卫所体系的独立性，又无法解释内地和沿海卫所的面积小、无清晰划界这样的特征。

三　卫所地理单位的"辖区"及其管辖权

卫所作为独立的地理单位，主要表现在辖区之内管辖权的独立。一是在辖区内具有或完全独立或相对独立的管辖权，辖区内的治权与区外的府州县是独立、并行的；二是这种独立的辖区与卫所地理单位本身的大小并没有直接关系，与是否有清晰的划界更没有本质联系。周振鹤就认为，"在古代，由于开发程度较低，许多政区都没有明确的边界，只有大致范围"。[2]分别论之，设置在王朝边疆的实土卫所，其政区性质会更明显，而内地卫所、沿海卫所以插花地、飞地、遥领等形式存在，这样的存在形态并不能否定非实土卫所独立管辖区之下的政区的性质和意义。可能更准确的表述是，卫所是具有普遍意义的辖区，是一个地理单位，但不是现代典型意义上的

---

〔1〕　赵令志《明代"野人女真"称谓刍论》，《民族研究》2019年第4期。
〔2〕　周振鹤《中国历史政治地理十六讲》，第29页。

政区。或者说，卫所正是因为类似于府州县系统一样具备各方面的管辖权，才被视为与之并列的独立管辖系统，被视为一个地理单位，是相对独立的辖区。卫所这样的基本属性，既适于所谓的边疆实土卫所，同样适于准实土卫所和非实土卫所。

卫所独立管辖有一定数量的土地（屯田）。卫所等军政系统与府州县行政系统分别管辖各自属下的田地，田地的性质不同，科则及管理方法也不相同。这里要强调的是，作为卫所存在的经济基础，屯地的独立性更多表现为管辖权的独立，不论它的分布如何散乱，是插花地还是飞地，都不影响田地的官田性质和卫所对其的管辖权。试举几例，明末侯方域称："国初开设屯田，派坐甚远，幅员甚广。名隶本卫，地落他处，有相去数百里者，有相去数千里者。军产民产，相错其间。"[1]崇祯初年浚县知县张肯堂称："李自立，宁山卫军也，有地七顷……然而隶在卫者，不能去其籍也。"[2]清初的九溪卫屯田分布极广，"卫土非一隅，在慈利县图内者仅一卫城，其屯田一在澧州石门界，一在澧州图内，一在公安界，一在松滋界，一在越永定，在武陵界"[3]。

虽然土地插花分布，但卫所和府州县各自的辖区有高度清晰的划分和管辖权的区分，辖区及其治权是清晰的。嘉靖《清苑县志》编纂者按语："此县志也，何府治军卫而亦志耶？盖府卫虽不可登于县志，然建设之所皆于清苑地焉，故志之。然则书何略耶？曰详在郡志矣，县志其纲，备参考焉，不敢悉惧其僭而赘也。"[4]稍后的万历《定襄县志》也记载了类似的在管辖权上引发的错综复杂的关系，"按屯地与民间相杂，其所从来靡可考辨，顾同一地耳。在民每石派

〔1〕 侯方域《壮悔堂文集》卷4《代司徒公屯田奏议》，康熙五十一年刻本。
〔2〕 张肯堂《菑辞》卷5《李自立》，屈万里主编《明代史籍汇刊》，（台北）学生书局，1970年，第290页。
〔3〕 袁周修，董儒修纂康熙《九溪卫志·凡例》，康熙刻本。
〔4〕 李廷宾纂修嘉靖《清苑县志》卷2《城池》，嘉靖十七年刻本。

粮一两，余屯则五钱，不啻损半，犹然逋赋，何哉？且屯余自有丁差，业属本卫审编……"[1]

明初卫所屯田划拨的情况比较复杂，基本原则是在内地以无主地拨给，不扰动原来府州县的土地关系，在边地可能是就近整块连片分配。明初设立卫所或州县，以稳定局势为前提，内地不少地方是先设卫所，再建州县，地方的行政权和军事权由卫所武官来代理。如在颍州，"（洪武元年）置颍州卫。命指挥佥事李胜守之。颍州自元季韩咬儿作乱，民多逃亡，城野空虚。上因如汴，道过其地，遂命胜筑城立卫，招辑流亡，民始复业"[2]，即由卫所官暂理民事。在河南邓州，"（邓州）守御前所千户所，治在州治东，明洪武三年命镇抚孔显兼知邓州事。六年，升正千户，颁印专理军务"[3]，同样是军、政一并管理，并不存在卫所切割州县，刻意组建新的辖区（政区）的情况。明后期，内地、沿海甚至边疆的土地分属早已完成，在组成新的卫所时，确实存在切割卫所和州县原辖境的情况。像在四川，明初叙南卫初置时，屯田划拨与全国的情况差不多，"凡武职一员，皆食有田。时当开创，各属腴田，听其自择，而卫有兵丁，以备防御者，概发屯田"[4]。但到万历初年新设建武守御千户所时，屯田及千户所的辖境，就必须"切割"附近州县或卫所了，从原戎县辖境、附近卫所中各划分出一部分，"明改戎县，以九丝城都蛮作乱，巡抚都御史曾省吾勒兵讨定，割县属山都六乡，设建武所"[5]。建武守御千户所的管辖范围，即是"府南四百二十里。东北至泸州卫九十里，东至永宁宣抚太平长官司八十里，西至珙县百五十里，南至镇雄府安静长官司八十里，北至长宁县百五十里……万历元年

〔1〕 万历《定襄县志》卷3《田赋志》，万历四十四年刻本，第22页．
〔2〕 《明太祖实录》卷36（下），洪武元年十一月，（台北）"中研院"史语所校勘本，1962年，第706页。
〔3〕 顺治《邓州志》卷9《创设志·所治》，顺治十六年刻本。
〔4〕 刘元熙修，李世芳等纂嘉庆《宜宾县志》卷二十《屯田志》，道光二十三年增刻本。
〔5〕 光绪《叙州府志》卷16《金石·明周夂平蛮颂》，光绪二十一年刻本，第20页。

剿平山都，水都震惧，悉归编户，拓地五百余里"[1]。不过，无论何种情况，卫所屯田与州县民地是要分别管理的，越是在内地卫所，这样的管辖权划分越是明晰。

卫所对人口有独立管理权。明代实行"配户当差"的户籍制度和"以籍定役"的赋役之法，军、民、匠、灶等户籍均要承袭，军户的世袭性尤其突出。卫所军户专有军黄户以管理户籍，必要时专编"勾军册"以管理，府州县户籍中要特别开列州县军户以别于民户。不同的户籍（户类），除承担的差役不同之外，其社会角色也大不相同。比如卫籍中军户例不得分户，以保障军差的轮替；不同身份的人，就读的学校、参加科举考试的地点也可能大不一样。现存极其丰富的明代科举档案（进士题名、会乡试录等）均有户籍类型清楚标注，军籍进士的人数占比仅次于民籍进士，数量很多。[2]《中国明朝档案总汇》记载了数量庞大的武官群体的世袭档案，虽然只是武官的很少一部分，其数量已是惊人，这些武官世袭档案，显示了明代卫所对户籍管理水平之高。[3]

卫所的经济管辖权相对独立。卫所屯地的官田性质，直到明朝灭亡都没有变化，虽然军田民佃或私下交易情况在明后期普遍存在，但买卖双方却得不到合法的手续。在卫所财权的管理上，在明朝大部分时间内，卫所仓储的管理权被取消，交由附近的府州县带管，但卫仓的性质及其服务于卫所的功能长期保留了下来。明朝规定，"卫所在各省，则行文于布政司；在直隶，则行文于该府，一切应征钱粮，俱代为转行督催"[4]，两大系统既互不统属，又要发生经济关系，必然出现扯皮现象。如地处北直隶宁山卫军人和屯田的分布就

〔1〕 顾祖禹《读史方舆纪要》卷70《四川五》，中华书局，2005年，第3332页。
〔2〕 参见黄谋军《明代军籍进士群体研究》，中央民族大学博士学位论文，2020年。
〔3〕 参见梁志胜《明代卫所武官世袭制度研究》，中国社会科学出版社，2012年。
〔4〕 毕自严《度支奏议·新饷司》卷10《覆凤阳卫所屯粮责成该府催解疏》，《续修四库全书》影印本第486册，上海古籍出版社，2002年，第689页。

与带管机构颇不一致，只得调整，"直隶宁山卫虽设于山西泽州，其军余俱在河南屯住，请仍隶河南管屯官带管，岁纳子粒获嘉、滑县，以便放支"[1]。上述事例中，一是特别强调了卫所与府州县属不同的系统，二是特别强调"带管"而已，毕竟系统不同，辖区不同，管辖权也不相同，只是"带管"。

卫所司法权有高度的独立性。明代卫所拥有相对独立的司法机构，在中央有五军都督府下的断事司，五军断事官秩为正五品，治五军刑狱。随着五军都督府在中央实际权力的弱化，断事司在建文时被撤。地方卫所的司法权长期存在，卫所中常设有镇抚官，由世袭武职担任。如果卫所军人与州县民户发生了司法诉讼，两大系统之间要协调处理，尤其是当军人侵犯了民户的利益，是不能直接交给府州县来审判的，要经中央批准后，再委托地方司法部门处置。[2]明中期，随着巡抚、总督的派出和科道官体系的普遍建立，卫所与府州县的司法权逐步合并，但这主要是从上而下解决卫所司法权问题，卫所系统与府州县系统并立运行的局面并没有完全被打破，府州县必须得到授权，方可处理卫所系统的司法事务。在明末，浚县知县张肯堂在审判案件时，也需要有相应的授权或委任才可处置。必须指出的是，明朝中后期，随着内地卫所与附近州县社会交往的日益加深，在军民杂居的地方，基层的社会秩序维护与管理也出现合二为一的现象，体现了军户、民户的高度融合和发展的新特点。[3]

卫所对行政事务有独立处置权。旌表是中央和地方官府为表彰百姓在引领某方面社会风气的贡献所做的奖励，它有一套严格的程序规定，需要由各级行政管理部门层层汇报，逐级审核和批复。卫所作为行政管理机构的职能在这一"民政"类事业中也要独立发挥作用。像在边地的实土卫所，辽东地区的旌表奏报自然由卫所官员

---

〔1〕《明宪宗实录》卷270，成化二十一年九月辛未，第4568页。
〔2〕 参见张金奎《明代卫所军户研究》，线装书局，2007年。
〔3〕 黄忠鑫《明中后期浙江沿海"军图"初探》，《历史档案》2013年第1期。

来完成，在嘉靖《辽东志》中有为数不少的旌表事件，其中均有"卫上其事，旌表其门"[1]的记载。在内地卫所，也是由卫所官员负责旌表事宜，如武平卫右所副千户金源妻卢氏"年二十三岁，夫亡。居丧循理，勤俭纺绩，守节无玷。景泰五年，本卫奏，表门闾"[2]。另据嘉靖《南雄府志》，有南雄千户李纯妻叶氏，事迹感人，"年六十余。十所军旗上其事，核实三次，未蒙旌表"[3]。到明代中后期，卫所中的儒学官员以及巡抚、巡按也有权管理卫所内的旌表事务。

由上可知，随着时代的发展，明初的制度到中后期也有许多新的变化，军政与民政两大系统由彼此独立，到相对独立，再走向初步的统一。这一过程的第一阶段是巡抚、总督和科道官的派出，他们的权力都可兼及军民系统。第二阶段是民政权力不断对部分军政权力的侵夺或合并，如财政、司法权等。当然，一直到明末，民政系统都无法取代军政系统，更多地是民政系统的兼理、代理等，军政系统的独立管辖权大部分都还在。至于入清之后，卫所归并州县的过程还相当漫长，从军事组织到行政建置，再到赋役财政、社会组织等，由易到难，由表及里，有清一代均有体现[4]，这也充分证明了明代卫所管理系统的独立和复杂。

综上，正是因为两大管理系统的并存，各有运行组织形式，军、民各有其不同的管辖权，形成了各自的辖区（境），形成了各自的管辖空间。在不设司府州县的地区（实土卫所）设立卫所作为军管型政区，卫所是独立的政区，内地卫所和沿海卫所与司府州县交叉

〔1〕 嘉靖《辽东志》卷6《人物志·贞烈》，嘉靖十六年重修刻本。
〔2〕 成化《中都志》卷5《贞节》，《天一阁藏明代方志选刊续编》第33册，上海书店，1990年，第712页。
〔3〕 嘉靖《南雄府志》下卷《传·贞烈》，《天一阁藏明代方志选刊续编》第66册，上海书店，1990年，第418页。
〔4〕 参见顾诚《卫所制度在清代的变革》，《北京师范大学学报》1988年第2期；邓庆平《卫所与州县——明清时期蔚州基层行政体系的变迁》，《"中央研究院"历史语言研究所集刊》第80本第2分册，2009年6月；毛亦可《清代卫所归并州县研究》，社会科学文献出版社，2018年。

错置，形成的是地方"自然境"，比如河南自然境包括了河南布政司、河南都司，山西自然境包括了山西布政司、山西都司和行都司等。卫所与司府州县一样，具有"地理单位"的性质，只不过，司府州县具备传统的典型政区的特征，卫所具备了行政区划的"必要条件"[1]。同时，不能以现代行政区划的概念或指标来衡量古代中国在边疆治理中带有明显的变通性、过渡性或灵活性的处理方法，明代边地实土卫所具有比较强的现代政区性质，而内地卫所不具备现代政区的典型特征（如清晰划界），所以，从整体上严谨地表述明代卫所的管辖权属性，称"辖区"即管辖区域，而不称"政区"，更恰当一些。

（本文压缩稿刊于《光明日报》2020 年 5 月 18 日，
《新华文摘》2020 年第 13 期全文转载）

---

[1] 周振鹤《中国历史政治地理十六讲》，第 29 页。

第一章　明代卫所制度的创立

——刘基"密奏立军卫法"辨疑

卫所制度是明代一项重要的军政制度，此制历来被认为是刘基首创于洪武元年（1368）。虽然学界研究明初军制者大多认为明代卫所制乃承袭前朝（事实亦是如此），但对刘基"密奏立军卫法"之说鲜有质疑。[1]考辨相关史籍，所谓刘基于洪武元年"密奏立军卫法"之说，均为不实之辞。卫所制在元时就已出现，且基本职掌也已备具，相关的军户世袭和屯田制度等也都已实行。然何以有刘基密奏立之说呢？本文认为，明代的卫所制被误认是刘基所创，与明初刘基的确参与了诸多礼仪典制的创制有关。同时，由于明初刘基即被打上了神秘的色彩，到明中后期更被文人学士或普通民众以政治目的或社会心理加以演绎，加之影响甚大的官私文献也有采用，故刘基"密奏立军卫法"之说遂传播开来。本章即以此说为切入，考察明代卫所之初创史事。

一　刘基"密奏立军卫法"史料辨析

记载刘基"密奏立军卫法"的早期史料虽不算太丰富，但著者

---

[1] 南炳文《明初军制初探》（《南开史学》1983 年第 1、2 期），彭勇《明代班军制度研究：以京操班军为中心》（中央民族大学出版社，2006 年，第 23—24 页）指出明代的卫所制度承袭元制，在洪武建国前已普遍实行。张宪博认为，明代兵制是对元朝制度的继承和发展，"并非全由刘基自创"（张显清、林金树主编《明代政治史》，广西师范大学出版社，2003 年）。对刘基"密奏立军卫法"之说，李新峰曾提出质疑，认为既是"密奏"而"外人无知者"，后人又何以得知？（《明前期兵制研究》，北京大学博士学位论文，1999 年）。

身份重要，影响甚大。这些史料既有刘基同时代的黄伯生和宋濂等人的作品，也有作为官方正史的清修《明史》。然而，细推敲这些史料，疑点多多。本节对重要史料逐一开列释读，从著者、文本和具体内容等方面对存在的不实之处予以分析。

史料一，黄伯生《故诚意伯刘公行状》：

> 洪武元年正月，上登大宝于南郊，公密奏立军卫法，外人无知者。拜御史台中丞。适中丞章公溢奏定处州七县税粮，比宋制亩悉加五合。上特命青田县粮止作五合起科，余准所拟，且曰：使刘伯温乡里子孙世世为美谈也。[1]

按：黄伯生的行状撰写于洪武十六年（1383），系"基密奏立军卫法"说之滥觞。黄伯生，处州丽水（今属浙江）人，"秦府纪善、同郡诸生"，洪武十年任秦府（太祖次子樉的藩府）纪善，后因事贬归乡里。他是刘基同时代、同乡之人，对刘基的生平事迹应有最直接的了解。不过，在检校《明太祖实录》之后，并没有发现秦府纪善黄伯生事迹。又，查黄伯生与同在处州的刘基家有交往，与刘基长子刘琏可谓世交，且为刘琏之《自怡集》作序（洪武十三年）。黄伯生洪武十八年卒。[2]

黄伯生的《行状》并不可靠。杨讷就认为《行状》"谎言累累，任意编造故事的，实属罕见"，"杜撰了许多刘基故事，掩盖了刘基的一些真实事迹。六百年来，人们在总体上均视《行状》为信史，不断引用；只有个别史家识破《行状》的某些不实之词"。他认为行状不是黄伯生所撰，而是后人按时代圣贤的标准编造的故事。[3]实际

〔1〕 刘基《诚意伯刘先生文集》，中国文史出版社，2011年，第15页。
〔2〕 刘鷃《盘谷集》卷7，《北京图书馆古籍珍本丛刊·集部·明别类集》，书目文献出版社，1988年，第79页。按：刘鷃，刘基之孙。
〔3〕 杨讷《刘基事迹考述》，北京图书馆出版社，2004年，"作者前言"及正文第169—179页。

上，行状里充斥着关于刘基"神异"的描写，不仅今天看来有问题，就连清人也提出质疑。其详容后。

不少史籍均记载，朱元璋征刘基问事，多屏退左右，入室密谈要务。黄伯生之处所载"奏立军卫法"，仍然采用了"密奏"，自然"外人无知者"。那么，黄伯生是如何知道此次密奏的内容呢？因此，黄伯生《行状》中关于"密奏立军卫法"之说并不可靠。

史料二，《国初礼贤录》：

> 洪武元年春正月，上登大宝于南郊，越翼日，召刘基、章溢入。上御奉天殿，群臣咸在。乃历言二人之功，并拜御史中丞。基密奏立军卫法。会章溢奏定处州七县税粮比宋制，亩悉加五合。上特命青田县粮止作五合起科，余准所拟。且曰：使刘伯温乡里子孙世世为美谈也。[1]

按："礼贤"此处专指朱元璋礼遇刘基、叶琛、章溢和宋濂，并建礼贤馆以备顾问。是书亦专载太祖与四人交往事，有《金声玉振集》本和《纪录汇编》本，均不载作者。是书一说作者为刘基。四库馆臣考订认为，该书为后人托刘基言而成，实则辑录明国初野史故事编辑而成，并非出自作为当事人的刘基之手。[2]

史料三，项笃寿《今献备遗》卷二：

> 洪武元年，上即皇帝位，基密奏立军卫法，拜御史台中丞。中丞章溢奏定处州七县税粮如宋制，亩悉加五合。上特命青田县止科五合。且曰：使刘伯温乡里子孙世世为美谈也。[3]

---

〔1〕 沈节甫纂辑《纪录汇编》卷14《国初礼贤录》，上海商务印书馆，1938年，第134页。
〔2〕 《四库全书总目提要》卷52《史部八·杂史类存目·国初礼贤录》。
〔3〕 项笃寿《今献备遗》卷2《刘基》，《景印文渊阁四库全书》史部第211册，（台北）台湾商务印书馆，1986年。

四库馆臣对项笃寿是书的评价是：

> 是编采明代名臣事迹，编为列传。起洪武，讫弘治，计二百四人，盖本袁裒所著而稍增损之。《明史·艺文志》亦载其目，其曰"备遗"者，《自序》谓姑备遗忘，盖谦不以作史自任耳。明人学无根柢，而最好著书，尤好作私史。其以累朝人物汇辑成编者，如雷礼之《列卿记》、杨豫孙之《名臣琬琰录》、焦竑之《国史献征录》，卷帙最为浩博，而冗杂泛滥，不免多所抵牾。惟笃寿此书，颇简明有法。其中所载，如刘基饮西湖上，见西北云气，谓是天子气在金陵，我当辅之。此术家附会悠谬之谈，笃寿乃著之《基传》中，殊失别择。[1]

认为刘基对天子之气的预测，不过是"术家附会悠谬之谈"，实乃"殊失别择"，项氏关于刘基密奏立军卫法之说的选编，也属此类性质。此外，项氏的说法从内容结构看，显然出自黄伯生《行状》。

史料四，宋濂《洪武圣政记·肃军政第四》：

> 洪武元年春正月，上以太史令刘基奏立军卫法，乃自京师达于郡县，皆立军卫。大率以五千六百名为一卫，一千一百二十名为一千户所，一百一十二名为一百户所。每一百户下设总旗二名，小旗一十名，管领钤束。通以指挥使等官领之，大小相维，以成队伍，抚绥操练，务在得宜，毋敢紊乱空歇。凡有事征伐，则诏总兵官佩将印领之。既旋，则上所佩印于朝廷，军士则各归其卫，而单身还第。其权一皆出自朝廷，而不敢有所擅调。[2]

---

〔1〕《四库全书总目提要》卷 58《传记二》。
〔2〕 邓士龙辑，许大龄、王天有主点校《国朝典故》，北京大学出版社，1993 年，第 182 页。

按：宋濂与刘基同为明开国文臣，交往素多。但署名宋濂的《洪武圣政记》却未必是他本人的作品，查《四库全书总目》，四库馆臣虽标注其为宋濂所著，但字里行间透漏出些许怀疑。

> 明宋濂撰。濂有《篇海类编》，已著录。是书略仿《贞观政要》之例，标题分记。……濂自为《序》，见所作《文宪集》中，盖当时奏御之书也。梅纯《损斋备忘录》曰："本朝文章近臣，在洪武初，则学士宋濂，其所记当时盛美，有《洪武圣政记》。自永乐以后，则少师杨士奇，有《三朝圣谕录》。至天顺改元，则少保李贤，有《天顺日录》《二录》。皆近有印本，而《圣政记》独亡，仅见其《序》文，惜哉。"据其所云，则此书在成化间已无传本，不知何以得存于今。然勘验文义，实非赝托。或纯偶未见，遽以为佚欤？然是书之不行于明代，亦可见矣。[1]

这里，四库馆臣质疑有如下几点：一是本朝文章为什么《圣政记》独亡，仅见其序文，既然在成化间已无传本，"不知何以得存于今"。二是虽然勘验文义，并非赝托，也许只能用亡佚来解释了吧。当然，四库馆臣也有失察之处，梅纯只说成化间不行于世，不能由此得出"是书之不行于明代"的结论，实际上《洪武圣政记》在明中期即有刻本行于世。

此外，《洪武圣政记》还有书名相似的别本《洪武圣政记》。《四库全书总目》载：

> 不著撰人名氏。其书与宋濂《洪武圣政记》同名，而载至太祖之末。又有成祖时夏元吉等进《太祖实录》表文。卷端有

─────────────

[1]《四库全书总目提要》卷52《史部八·杂史类存目·洪武圣政记》。

浙江丁敬题语数行。称其缮写古雅，疑出永乐时沈度诸人手。检连江陈氏所藏只四卷。绛云楼所藏亦只八卷。此得一十二卷，真秘册也云云。然其文皆抄撮实录，别无异闻。其缮写亦抄胥俗书，未见所谓古雅者。疑书与跋语皆书贾赝托耳。[1]

是书 12 卷，浙江汪启淑家藏本。在这里，四库馆臣的判断一是疑是假后人之手，二是书商赝托。

《洪武圣政记》中关于"军卫法"的记载，最值得怀疑的是"乃自京师达到郡县……而不敢有所擅调"。关于明代卫所制度的规定，这句似是而非的规定不仅在洪武初年并没有出现，更没有成为一代定制。一卫"五千六百人"的标准，以及"凡有事征伐，则诏总兵官佩将印领之。既旋，则上所佩印于朝廷，军士则各归其卫"的规定，在洪武初年也并没有实行。详细论述见下一部分。因此，《洪武圣政记》有关军卫法奏立之事同样是靠不住的。

史料五，林富《重锓诚意伯刘公文集序》：

> 富自童孺时，即闻有诚意伯刘公之勋烈，为开国宗臣之冠。筮仕以来，求公之遗文而读之，乃得公平生所建立之详……予尝夷考其行事，当天下甫定之初，首谂滞狱，倡立兵卫。[2]

按：林富，正德十四年（1519）时任处州府知府，正是刘基家乡的"父母官"。林富从小既听说过刘基的故事，也广泛搜集了刘基生前著述及事迹。不过，林富只有"倡立兵卫"四字，并不提"密奏"立军卫之法，也只是用"倡立"二字，语气显稍客观、公允些，同时也表明作者在某种程度上不认同"密奏"一说。

---

〔1〕《四库全书总目提要》卷 52《史部八·杂史类存目·别本〈洪武圣政记〉》。
〔2〕 刘基《诚意伯文集》卷首，"四部丛刊"本集部初编，第 365 册，上海书店，2015 年，第 79—84 页。

史料六,《明史》卷一二八《刘基传》:

> 太祖即皇帝位,基奏立军卫法。初定处州税粮,视宋制亩加五合,惟青田命毋加,曰:"令伯温乡里世世为美谈也。"

按:对比成书稍早的黄伯生《行状》、《国初礼贤录》和项笃寿《今献备遗》卷二,不难发现,《明史》不过是摘编以上记载,并稍加修订而已。《明史》亦删掉了"密"字。这段史料讲的"立军卫法"和"定处州税粮"二事,与黄伯生《行状》、《国初礼贤录》和《今献备遗》记载亦大体一致,出处应是一处,即出自黄伯生《行状》。另,《明太祖实录》所载《刘基传》亦改编自此《行状》,然其中并未提及密奏立军卫法之事[1],这里其实已非常清楚地表明了建文、永乐乃至明中央对刘基及奏立军卫法的官方立场和态度。

二 元末明初卫所制度的创设

卫、所是卫所制度下军事管理的基本单位。明代的卫所制从作为一种编制单位到制度的确立,经历了较长的过程。其间,无论是卫所的编制、职能,还是管理,都有明显的变化。一种制度的形成,虽然可以以某一时点为标志,却不能呆板地理解为该点前后制度特征的截然不同,卫所制度建立的过程与班军编制和管理的变化就足以说明这一点。

卫所编制及其职官称谓的出现,可以追溯到元代。元代的侍卫亲军是以"卫"为编制的,设都指挥使和副都指挥使统领,千户是蒙古军的基本军事单位,以十户—百户—千户—万户的十进位方法编

---

[1]《明太祖实录》卷99,洪武八年夏四月丁巳,第1685—1692页。其中《刘基传》虽多处记载刘基之好卜算,且载有"有司奏定处州七县田赋亩税一升,上以基故,特命青田县亩止征其半",却不载其"密奏立军卫法"事。

制。朱元璋创立的卫所制度显然是糅合了元朝军事职官制度的基本内容，并加以改造，使之更符合自己的治国需要。朱元璋初掌军权时，军官名称及军伍编制均较为混乱。至正二十四年（甲辰，1364），渐成统一之势的朱元璋称吴王后，在改造和统一所属各武装力量时，决定用卫所制来编组军队。在他的新政权职官中出现了诸如指挥使、同知、正千户、副千户、卫镇抚和百户等官职。当年四月，鉴于"招徕降附，凡将校至者皆仍旧官，而名称不同"，决定"立部伍法"，规定"其核诸将所部，有兵五千者为指挥，满千者为千户，百人为百户，五十人为总旗，十人为小旗。令既下，部伍严明，名实相副，众皆悦服，以为良法"，有关指挥、千户、百户、总旗、小旗所辖军数，是有明一代卫所制的基本建制，即所谓"甲辰整编"。[1]

明朝建国前的卫所之制已具备了建国之后卫所的所有基本属性，尽管卫所临时征伐的性质更为明显，但戍守等日常管理的军政性质同样存在。

首先，立卫所以管理地方。1365 年，常遇春攻克安陆，"以沔阳卫指挥吴复守之"[2]。1366 年（丙午）夏四月，"辛未，左相国徐达克安丰……凡得兵四千，马千匹，粮九百余石。又遣千户赵祥将兵至颍，获其运船以归。遂立安丰卫，留指挥唐指胜宗守之"[3]。次年十月徐达北征，沂州王信欲降，朱元璋遣人密谕徐达："王信父子，反覆不可遽信，宜勒兵驱沂州以观其变。如王信父子开门纳款，即分两卫军守其地，信父子及部将各同家属遣至淮安。若益都、济宁、济南俱下，各令信军五千及我军万人守之，其余军马分调于徐、邳各州守城，然后发遣其家属与居，惟土兵勿遣分调，之后仍选其马步精锐者从大军北伐，苟闭门拒守，即攻之。"[4]这里谈到了朱元璋对大军安

---

〔1〕《明太祖实录》卷 14，甲辰年四月壬戌，第 193—194 页。
〔2〕《明太祖实录》卷 17，乙巳年五月乙亥，第 228 页。
〔3〕《明太祖实录》卷 20，丙午年四月辛未，第 285 页。
〔4〕《明太祖实录》卷 26，吴元年冬十月辛未，第 407 页。

置、降地防御、卫所设置的基本思想，其政策是相当成熟的了。

其次，调卫所军以征伐。1367年，"上海民钱鹤皋作乱，据松江府。大将军徐达遣骁骑卫指挥葛俊等率兵讨平之……仁济等既脱走，率其党五千余人突入嘉兴府，劫库藏军实而去。海宁卫指挥孙虎会其守御指挥张山、知府吕用明率兵追击，悉擒之"[1]。当年，徐达北征时，也从已经建立的诸卫所中抽调不少卫所官军参与，包括安吉、宁国、南昌、袁、赣、滁、和、无为等卫所的旗军。[2]

这一时期，无论在京亲卫军还是在外卫所，都是因事、因地和因势而设，改元朝之"翼"为"卫"，由前元帅或副帅充都指挥使，改亲军卫、千百户为在外地方外卫都指挥、指挥或千户等，卫所的设置伴随着朱元璋控驭的区域扩张而展开。

在明朝立国的最初几年里，卫"有兵五千"只是一种笼统的规定，各卫所建置差别很大。洪武三年（1370）时浙江卫所的每一卫大都超过了五千人的规模。"曹国公李文忠奏置浙江七卫：曰钱塘、曰海宁、曰杭州、曰严州、曰崇德、曰德清、曰金华，及衢州守御千户所。计兵总五万二千五百一十三人。"[3]明政府在调整卫所所辖军数方面也做了不少努力。洪武五年（1372），"并河南左、右二卫为河南卫指挥使司，以余兵二千六百七十人，置陕州守御千户所"[4]。此条史料表明：第一，原来两卫的人数比较庞大；第二，陕州千户所的规模也远远超过了一千人的编制；第三，虽然"每卫五千六百人"的新标准在洪武七年（1374）才正式实施，但此前河南都司已经有了调整卫所额军的举动。

洪武六年（1373）制定的军政条律仍以"每卫五千"为标准，当时，"教练军士律"规定，"凡在京卫所，每一卫以五千人为则，

---

[1]《明太祖实录》卷23，吴元年夏四月丙午，第325—327页。
[2]《明太祖实录》卷26，吴元年冬十月甲子，第396页。
[3]《明太祖实录》卷58，洪武三年十一月壬子，第1143—1144页。
[4]《明太祖实录》卷71，洪武五年正月庚戌，第1313页。

内取一千人，令所管指挥、千百户、总小旗，率赴御前试验，余以次更番演试，周而复始。在外各都司卫所，每一卫于五千人内取一千人"[1]。此时在京和在外每卫仍以五千人计之，总小旗数是单列的。当年，大都督府奏"内外军卫一百六十四，千户所八十四，计大小文武官一万二千九百八十人"。当时的卫所集中布局于两大区域：一是京师附近，洪武四年京师军士已多达244900余人。[2]二是沿海和沿边地区，目的是防止北边敌对的边地民族和沿海倭寇的侵扰。

一年后，朱元璋颁发命令，"申定兵卫之政"，"先是，上以前代兵多虚数，乃监其失，设置内外卫所，凡一卫统十千户，一千户统十百户，百户领总旗二，总旗领小旗五，小旗领军十，皆有实数。至是重定其制，大率以五千六百人为一卫，而千百户总小旗所领之数则同"。[3]不过，这里所说此前"凡一卫统十千户"的说法，也不能呆板地理解。我们仅可知：原来的一卫人数确实比较多，以及洪武七年改制后，各卫所额制军数所规定的数额有可能按照这一标准在调整。如洪武九年（1376）二月，"调扬州卫军士千人补登州卫，高邮卫军士千人补宁海卫"[4]。

一卫编制为5600"人"，有别于上文中的"有兵五千"，两者有明显的区别。明代文献述及武官数量时多以"员"为单位，计军兵数时则常以"名"为单位以示区别，而官军合称时则用"员名"，是有明确区分的。[5]当然一些史料没有加以区别的情况也是存在的。

---

〔1〕《明太祖实录》卷78，洪武六年正月戊午，第1427—1428页。
〔2〕《明太祖实录》卷70，洪武四年十二月癸未，第1296页。
〔3〕《明太祖实录》卷92，洪武七年八月丁酉，第1607页。
〔4〕《明太祖实录》卷104，洪武九年二月庚子，第1747页。
〔5〕李侃、胡谧纂成化《山西通志》卷6《兵备》（《四库全书存目丛书》史部第174册，齐鲁书社，1996年，第207页）记载河南都司夏班轮操大同轮操班官军人数时，称"河南都司都指挥一员，指挥四员，千户十四员，百户二十七员，马军一千二十五名，步军一千八十四名"；再如万历《保定府志》卷21《边政一》载：乌龙沟口兵马"景泰二年调拨保定卫常守军人，军官三十二员名，正德二年调拨保定班军三十名。嘉靖二十三年添设钦依把总一员，调拨保定卫常守军人三百名"（《日本藏中国罕见地方志丛刊》第16册，书目文献出版社，1992年，第467页）。

一卫下辖五千户所也仅仅是一般性规定，各都司在不同时期会根据中央的部署做出调整。"一卫五所"的规定有明一代演变的大体过程是：洪武七年确定了"一卫五所"的编制后，军数也尽量符合规定。[1]之后，随着防御形势的变化，在军民分籍的情况下，因防守需要，政府被迫拆分"卫"，改卫下"千户所"为"直隶守御千户所"，一"卫"所辖遂不足五"所"。如成化年间，河南都司共有10个卫、2个中护卫，其中宣武卫、陈州卫、睢阳卫、弘农卫、彰德卫、信阳卫、南阳卫、南阳中护卫和颍川卫均辖5所，怀庆卫4个千户所，洛阳中护卫2个，河南卫最多，共7个千户所。而嘉靖时期，弘农卫和南阳中护卫减至4个，南阳卫仅剩下3个。[2]这大抵能反映当时卫所规制的变化情况。

　　以上卫所建置的发展演变，看不出洪武元年由刘基奏立军卫法的影响，明初卫所制度就是在元朝制度的影响之下，根据形势的需要，逐步发展演变而来的。

三　刘基创设卫所制之说猜想

　　既然明军卫之法并非刘基所创，那么为何后代史家会把这一明代重大军政制度视为刘基之功呢？除却史实考辨时不查外，恐怕背后另有深意。受陈学霖教授《刘伯温与哪吒城：北京建城的传说》以及学界对刘基文化研究的启发，本文尝试从明初政局、明初思想文化和刘基文化角度对刘基"密奏立军卫法"之说等加以分析。

---

〔1〕　这一点可以从明代和清代地方志中得到广泛证实，尽管无法断定后人记载"原额军数"，究竟是真实数字的反映，还是利用规定而加以推测。
〔2〕　成化《河南总志》卷2《河南三司·建置沿革》，明成化年间刻本（胶卷）；嘉靖《河南通志》卷13《城池·兵御附》，中国国家图书馆藏缩微胶片。

（一）军卫之法"归功"于刘基的可能性

明立国之初，刘基确实参与了军政、例律和礼法之制的创立。"军卫之法"是明代重要的军政制度，刘基归附朱元璋后，也一直参与重大军事活动，有自己独到的军事思想，朱元璋也多次与刘基探讨军政制度。[1] 所以，刘基参与立法的可能性是很大的。

洪武建国前后，刘基担任的主要职务有太史监令（太史院使、司天监）[2]、御史中丞[3]、弘文馆学士[4]，主要从事修史、备咨、文字、图籍和教授，以及司法监察等事务。当然，作为明初的谋略之士和文人代表，刘基需要听从朱元璋的安排，从事一些国家大政方针的制定工作。据粗略检读明初实录，并佐以其他史籍，可知刘基参与了诸多制度建设工作。

1. 科举取仕之法

> 科目者，沿唐、宋之旧，而稍变其试士之法，专取四子书及《易》《书》《诗》《春秋》《礼记》五经命题试士。盖太祖与刘基所定。[5]

2. 历法

> 吴元年十一月乙未冬至，太史院使刘基率其属高翼上戊申《大统历》。[6]

3. 法律制度

> 太祖为吴王，拜右相国……遂命与中丞刘基等裁定律令，

---

[1]《明太祖实录》卷31，洪武元年三月乙酉，第538页。
[2]《明太祖实录》卷17，乙巳七月壬午，第237—238页；《明太祖实录》卷26，吴元年冬十月丙午，第384页。
[3]《明太祖实录》卷26，吴元年冬十月壬子，第385页。
[4]《明太祖实录》卷51，洪武三年夏四月庚辰，第1008页。
[5]《明史》卷70《选举二》，中华书局，1974年，第1693页。
[6]《明史》卷31《历一》，第516页；《明太祖实录》卷27，吴元年十一月乙未，第415页。

颁示中外。[1]

然其令李善长、刘基等定律，则又斟酌轻重，务求至当。[2]

4. 服饰之制

命省部官会太史令刘基参考历代朝服公服之制。凡大朝会，天子衮冕，御殿则服朝服，见皇太子则服公服。仍命制公服、朝服以赐百官。[3]

5. 朝仪之制

明祖初不知书，而好亲近儒生，商略千古……其后定国家礼制，大祀用陶安，祫禘用詹同，时享用朱升，释奠耕籍用钱用壬，五祀用崔亮，朝会用刘基，祝祭用魏观，军礼用陶凯，一代典礼皆所裁定。[4]

尽管赵翼认为诸制度乃集大臣众议和多人之手，从以上征引刘基参与情况看，赵氏将一制归于一人之创设，实有行文风格之需要。此外，他说"军礼"乃陶凯所定。查：陶凯，洪武三年（1370）七月始任礼部尚书，史载他参与修《元史》《大明集礼》，并修军礼和"品官坟茔之制"等。礼制之设，属职责范围，太祖称"一时诏令、封册、歌颂、碑碣多出其手"[5]。

综上，刘基参与了明初多项典章制度的创设，作为明初建国时期最具神秘色彩的人物，"立军卫法"之功归于他的头上也全非无稽之谈。当然，我们并没有找到一条有关刘基参与创设军卫之制度的

---

[1] 《明史》卷127《李善长传》，第3770页；《明太祖实录》卷26，吴元年十月甲寅，第389—390页。
[2] 赵翼《廿二史札记》卷32《明史·明祖晚年去严刑》，中华书局，1984年，第744—745页。
[3] 《明太祖实录》卷49，洪武三年二月戊子，第973页。
[4] 赵翼《廿二史札记》卷36《明史·明祖重儒》，第837—838页；《明太祖实录》卷27，吴元年十一月乙未，第415—416页。
[5] 《明史》卷136《陶凯传》，第3934页。

直接证据。

（二）"密奏之说"推测

密奏之法为传统政治所惯用，然真正意义上的密奏，如无主动解密或被动泄密，应当不为人知。但结合刘基之神秘之事，毋庸回避的是，从朱元璋时代开始，刘基就已被打上了浓重的神秘主义色彩。刘基的神化从《明太祖实录》中署名黄伯生的行状等就可知道。在官方正史的《明太祖实录》里，有关刘基神仙化倾向的描述充斥其间。

对刘基被神化的阐释，陈学霖在《刘伯温与哪吒城：北京建城的传说》一书中结合北京建城的传说进行了分析解读。他认为，"刘伯温传说的始作俑者是黄伯生的《行状》。这里撰者除详细叙述谱主生平勋业，亦记载许多他的奇迹异行，大抵采自闾里稗闻，委巷猥谈，间以荒诞夸张之辞……明代中叶以降，野史稗乘，弄陌杂著蓬勃，始于弘治正德而大盛于嘉靖万历，颇多敷衍神化国初史事人物以推广流传。刘伯温既有玄秘迷惑的传说，自然易成为箭垛的对象"，以致成为明代以后民间最具神秘色彩的传奇人物。

任何民间传说或历史记忆的发生都不可能没有缘由。陈学霖把刘基的神话归结于既有玄秘迷惑的传说，也就是说刘基多一些或少一些附加在他身上的故事并没有关系。同时，陈学霖又结合主持建造北京城之刘秉忠和刘基之"刘"姓关系，认为这也是后人穿凿附会的缘由之一。[1]

刘基在军事方面应当有一定的才能，他在军事方面被神化和异化，除却与当时的大背景有关外，可能还有更直接的原因。

神秘化背后总是有社会中上层的文人士大夫群体的主导，以及

---

〔1〕 陈学霖《刘伯温与哪吒城：北京建城的传说》，生活·读书·新知三联书店，2008年，第94、106—115页。

下层的基层社会群体的响应与推动。吕立汉言："刘基的被神化，其始作俑者还是文人。"从明中期以后，就有治学严谨的学者对刘基的"神话"加以考订，如王世贞的《史乘考误》、何乔远的《名山藏》和清人朱彝尊的《静志居诗话》等。[1]

那么，刘基密奏立军卫法背后是不是还有更为复杂的背景，即淮西与浙东势力之争呢？明初的卫所之军和都督府武官显然主要出自淮西勋贵势力，明初浙东势力在政坛处于明显的斗争劣势，但浙东势力在思想文化层面又起主导和决定作用。行政和军事权力斗争从表象到深层的展开，有可能是从精神层面抬升刘基地位的诱因。

自明中后期以后，刘基的神话故事越来越多。在明清鼎革之际，在反清复明的大背景下，弃蒙元而入朱明的刘基被赋予更多的神秘色彩。这一时期，有几则传说与他的军事活动有关，值得注意。

传说一：

> 贝勒平浙、闽，旋师北上。行至处州青田，闻刘基仙人，其墓中必有异；发之，墓中多设机械，被伤多人，止一空棺。复得一碑，有记云："顺治三年半，天禧复二春；天下犹未定，如何开我坟？"碑阴又云："贝勒，贝勒，所向无敌；生在满洲，死在浙直。"贝勒见之，因忧悸发病死。[2]

传说二：

> 发旧藏火药器械（太祖令刘基命火药局合成藏此［纪略]），益乡兵，命于葫桥夏港，相地安营，防清兵西入……阎公既却

〔1〕 吕立汉《刘基考论》，中州古籍出版社，2000年，第4页。
〔2〕 李天根《爝火录》卷17，丁亥（1647）、清顺治四年（永明王永历元年、鲁王监国二年），五月二十五日，浙江古籍出版社，1986年，第735页。

北城攻，知不日必大至，广为战具，招青阳民黄明江，与其从数十人。明江善弩，弩长尺余，竹箭五寸，淬以毒药，百步之外，命中如志（公初入城，鸣鼓升堂，鼓内跌出小弩十余张，上刻"诚意伯刘基造"，明江素善弩火，镞中人面号而毙。公命仿刘式造，数日成千余箭万枝。又以季从孝所合毒药敷箭上，射人见血立死［阎公状］）。[1]

传说三：

癸未三月初七日庚子，郧阳府天马山崩，出古剑一口。上书云："包家大，奴儿弓，神机妙火震浮空。马陷门内木子死，罗挂滩头伪瞒凶。九九数尽，取出青锋。洪武二十二年，青田刘基造。"四月初六日，行都司地平板下，寻出火药四十六篓、铅子六篓。上书"包都司制，以此击贼，殆无虚发"。按：刘青田卒于洪武八年，今古剑之说，不知何据？然是月十一日，罗汝才即被杀，寻自成犯郧，败去。则"马陷"句似应李闯，"罗挂"句似应罗汝才曹操也。[2]

这里记述的是明末李自成等农民起义事，传说天崩之后，出土刘基所造古剑，上有刘基的验语，后又出土有火器等等。李自成等农民军的进攻最终被击退。计六奇按语称，所记显然不实，但此后发生的事情还是应验了。

那么，明清之际有关刘基再次"出山"，并以其神力和验语，或帮助地方士绅抵抗反叛武装，或帮助江南义士抵御清军入侵等，

---

〔1〕《江阴城守纪》卷上，托名韩菼。类似的记载还见赵曦明《江上孤忠录》，《丛书集成初编本》第 3958 种，商务印书馆，1935 年，第 5 页。该书文字虽不多，但清初版本被清后期版本内容窜改较多，概避清廷文网之故也。

〔2〕计六奇撰，魏得良、任道斌点校《明季北略》卷 19《郧阳古剑》，中华书局，1986 年，第 361 页。

其实，都反映了民间社会一种期盼，是期盼神人刘基现身显灵的一种心理诉求。

（本文原刊于《北京联合大学学报》2012 年第 3 期，后收入中国明史学会编《明史研究》第 12 辑"纪念刘基诞辰 700 周年专辑"）

第二章　明代卫所制度的流变

明代的军事制度以卫所制为主体，既具有中国古代军事制度发展的一般特点，又具有自己独特的运行方式。它前承元朝军户世袭制度——武官袭替、旗军世役，后对清朝的绿营兵制产生巨大的影响。卫所制度在其实施过程中，前后有很大的变化，呈现出稳定性与发展性的特色。近三百年间，卫所制度历经改革，在变革中生存，在调整中维持，既有其时代的局限性，也有其历史的必然性。本章主要从卫所作为军事组织形态这一层面出发，对这一制度在有明一代的演变做整体性分析，以揭示卫所制度的基本变化。

一　都督府与卫所建置

朱元璋在起兵反元和与群雄角逐天下期间，就非常重视军队的制度建设。元至正十六年（1356）朱元璋攻占集庆后，置枢密院作为龙凤政权的最高军事机关，自任元帅。稍后，又设江南行中书省作为最高军政机关，在其辖区内设立二十余个翼元帅府。随着朱元璋在战场上的节节胜利，又相继设置了亲军指挥使司、宿卫军、元帅、千户、上千户、都指挥使、指挥同知和指挥佥事等机构和官职，形成了明代卫所建制的雏形。

至正二十一年（1361）三月，朱元璋又"改枢密院为大都督府。

命枢密院同金朱文正为大都督，节制中外诸军事"[1]。这次改制，以元朝旧官机构之名，试图把比较分散的军权集中起来以利于自己掌控，由朱元璋侄儿朱文正任大都督。此后，朱元璋不断将军权集中于大都督府。如增置大都督府左右都督、同知、副使、金事、照磨各一人。龙凤九年（1364）再"以省都镇抚隶大都督府"[2]，次年定大都督官阶从一品。然而，朱文正却违反朱元璋的禁令，胡作非为，奸淫妇女等，尽管在镇守江西等军事活动中做出突出贡献，但还是在龙凤十一年（1366）被免去职务。[3]朱元璋震怒之余，遂罢大都督而不设，以左、右都督为长官，品级俱正一品，使其互相牵制，防止最高军事管辖权被擅夺。左右都督与中书省左右相国平级，共同参与军政事务。

洪武三年（1370），明朝大规模统一战争结束，明太祖朱元璋开始寻求约束武臣、防其擅权越轨的方法。首先，大都督府越来越没有参与决策的权力而只是执行的机构，而执行的命令可能来自皇帝或品级比较低的兵部官员。其次，都督府的基本职掌不再是"节制中外诸军事"，也无权对所属武官"迁选"和"调遣"，只是对军队进行组织管理。[4]

这种析分军权的工作最终完成于洪武十三年（1380）。当年，大都督府改为左、右、中、前、后五军都督府，这标志着明初军制改革暂告一段落和军制的基本确立。大都督府改为五军都督府后，除锦衣卫等亲军和上直卫不属于五军都督府外，其他外卫都司和直隶都司均分属于五府，各都督府"掌军旅之事，各领其都司"，"凡武官诰敕、俸粮、水陆步骑操练、官舍旗役并试、军情声息、军伍

---

〔1〕《明太祖实录》卷9，辛丑年三月丁丑，第113页。
〔2〕《明太祖实录》卷15，甲辰年十月乙卯，第205页。
〔3〕顾诚《朱文正事迹勾稽》，（台北）中国明代研究学会《明人文集与明代研究》，乐学书局，2001年。
〔4〕有关大都督府的研究，参见李新峰《明代大都督府略论》，《明清论丛》第2辑，紫禁城出版社，2001年；陈时龙《论明初大都督府之创设——兼论朱元璋以诸子节制北部军事思想之萌芽》，《军事历史研究》2003年第1期。

勾补、边腹地图、文册、屯种、器械、舟车、薪苇之事，并移所司而综理之"[1]。五军都督府保留了原来大都督府的最高统兵之权的地位，但丧失了调兵之权，仅对卫所官军进行日常管理和执行皇帝与兵部的命令。五军都督府及其所辖各卫所，实际上已经变成庞大的卫所系统的中央最高管理机构，兼具军事组织管理职能与行政管理职能。

此后，五军都督府的权力虽然日趋削弱却一直未被废除。洪武时，五军都督府尚能对其所属都司卫所的运行施加些许影响，到永乐时，五军都督府就连对都司卫所基本管理职能也无法有效行使。都督府官员仅是虚衔，只有在营伍中任职时，方可获得实际的职权。名义上，卫所事务要求由所隶都司总于所隶都督府办理，实际上徒具虚文。如永乐九年（1411），部分卫所旗军因长年出征在外，申请减免交纳的屯田籽粒，卫所军官奏报给所在都督府后，毫无音信，后来旗军击鼓闻登，告到皇帝那里，才得以解决。[2] 稍后，随着权兼军事、行政与监察职能于一体的总督、巡抚官职的出现，都司卫所事务可直达御前，都督府职掌进一步弱化，都指挥使、都指挥佥事和同知等仅仅是世袭的品阶名称，在军事组织管理中难有实际的职掌，但五军都督府及卫所体系下的武官世袭制度直到明清之际才陆续被废止。

在改大都督府为五军都督府的同时，明太祖罢除中书省和丞相职，以六部分理全国政务。六部中的兵部主管国家军政事务，又称"枢部""枢垣"，负责军队训练及调遣，军官的选授、考核，官军的籍册管理等。兵部初设于洪武元年（1368），其后陆续添置职官，职权不断扩大。洪武二十九年（1396），改兵部所辖的四属部为武选、职方、车驾、武库四清吏司，以办理具体事务。[3]

〔1〕《明史》卷76《职官志五》，第1856—1857页。
〔2〕《明太宗实录》卷119，永乐九年九月壬午，第1510页。
〔3〕《明史》卷72《职官志一》，第1754页。

通常，王朝易代或政权混战之时，武官的职权极重，武官议政、文臣辅佐的现象普遍存在。政权稳定后，文武分途日趋明显。武官在中央的议政权随着战事的减少以及开国元勋的故去而日渐削弱，"以文驭武"的管理制度逐步确立并加以完善。王世贞对明初都督府与兵部之间权力的消长有如下描述："凡天下将士兵马大数，荫授、迁除与征讨进止机宜皆属之。十三年分大都督（府）为五军都督府，见若以为品秩如其故者，而兵部阴移之，其权渐分矣。至永乐而尽归之兵部。所谓五都督者，不过守空名与虚数而已。"[1]王世贞所说的"至永乐而尽归之兵部"的说法并不准确，至少都司卫所的管辖权名义上仍然掌握在都督府手里。当然，兵部对都督府、都司、卫所的职掌步步侵夺，社会地位方面此长彼消，自不待言。其权虽分，但并非一般人想象的荡然无存，它在某些方面仍然影响着明王朝的政治、军事和社会生活。

都督府官及其职掌长期为人们误解，其实际情况是：第一，洪武前期，都督府的职权仍相当重大。都督府官不仅对所辖的都司卫所官军负直接的管理责任，还可以参与到对都司卫所管理权的决策中。如洪武二十一年（1388），明太祖诏五军都督府官曰："令天下各都司卫所马步军士各分为十班，自今年八月为始，轮次赴京校试武艺。"[2]稍后，明太祖对都司卫所的屯田则例进行调整，亦通过都督府进行，"命五军都督府更定屯田法。凡卫所系冲要都会及王府护卫军士以十之五屯田，余卫所以五之四"[3]。五军都督府所掌握的都司卫所事务，兵部官员亦不许插手，故陈衎在《槎上老舌》中有言："祖制，五军府数外人不得预闻，惟掌印都督司其籍。前兵部尚书邝野向恭顺侯吴某索名册稽考，吴按例上闻，邝惶惧疏谢。"[4]

---

〔1〕 王世贞《弇山堂别集》卷53《大都督府左右都督、同知、佥事表》，中华书局，1985年，第995—1001页。
〔2〕《明太祖实录》卷188，洪武二十一年二月庚戌，第2818页。
〔3〕《明太祖实录》卷194，洪武二十一年十月丁未，第2910—2911页。
〔4〕 陈衎《槎上老舌》，《丛书集成初编》第342种，中华书局，1985年，第8页。

第二，都督府官的品级及物质待遇总体上高于相对应的文官系统。从武职品勋禄阶看，左右都督为正一品，都督同知为从一品，而都督佥事、都指挥使为正二品，都督同知从二品，都指挥佥事、指挥使和指挥同知也都是三品官。再看兵部官员的品级，在正常情况下，兵部尚书为正二品，兵部左右侍郎仅正三品。所以，明朝的官秩品级序列中，都督府官多排在兵部等六部官员之前。此外，明代卫所武官实行世袭制度，包括袭替、优给优养和借职等制度，这对武官队伍上层地位的保持有着积极的意义。[1]

第三，明朝军事管理系统始终保持自己的运行体制，包括五军都督府下的都司卫所建制，直至明朝灭亡为止。长期以来，学界流传一种观点：明代的卫所制度到永乐年间开始衰败，到正统年间已经趋向衰亡。其实，终明一代，不仅都督府官的世袭及其品级没有被废止，而且都司卫所的军事制度也继续发挥着作用，至于都司卫所基层的组织管理职能，更是长期普遍存在，直到清光绪年间才被府州县体制所取代，极少的卫所甚至延续到民国时期。[2]

二　都司卫所的基本属性

卫所制度是明朝非常重要而独特的军事组织管理制度。它既是一种军事制度，也是一种行政管理组织形式。这种卫所制度的许多措施借鉴了唐代的府兵制、宋代的更戍法，甚至可上溯至汉代的屯田制以及秦汉以来的军户世袭制，同时又糅合了元朝的军事职官制度。

卫所编制及其职官称谓的出现，可以追溯到元代甚至更早。元代的侍卫亲军以卫为编制，设都指挥使和副都指挥使统领。千户曾是蒙古军队的基本单位，以十户—百户—千户—万户的十进位方法

---

[1] 卫所武官世袭制度问题，参见梁志胜《明代卫所武官世袭制度研究》。
[2] 君约《清代卫所因革录》，见沈云龙主编《中和月刊史料选集》（一、二），第三卷5、6、7，《近代中国史料丛刊》第600种，（台北）文海出版社，1974年。

编制。朱元璋初掌军权时，军官名称及军伍编制均较为混乱。至正二十四年（1364），朱元璋称吴王后，在改造和统一所属各武装力量时，决定用卫所制来编组军队。当年四月，鉴于"招徕降附，凡将校至者皆仍旧官，而名称不同"，决定"立部伍法"，规定："其核诸将所部，有兵五千者为指挥，满千者为千户，百人为百户，五十人为总旗"，法令中有关指挥、千户、百户、总旗、小旗所辖军数的规定，成为有明一代卫所的基本建制。此所谓"甲辰整编"[1]。

　　明立国后，卫所制度被确定为治理国家的军政制度。《明史·兵志二》载："天下既定，度地害要，系一郡者设所，连郡者设卫。大率五千六百人为卫，千一百二十人为千户所，百十有二人为百户所。所设总旗二，小旗十，大小联比以成军。"这句话比较概括，不够准确，极易产生歧义。明初的卫"有兵五千"只是一种笼统的规定，各卫所建置差别很大。洪武三年，浙江七卫的每一卫，大都超过了五千人的规模，"计兵总五万二千五百一十三人"[2]。后来，明政府对卫所军兵数做出了调整，洪武五年（1372），"并河南左、右二卫为河南卫指挥使司，以余兵二千六百七十人置陕州守御千户所"[3]。此条史料表明：第一，原来两卫的人数比较庞大；第二，陕州千户所的规模也远远超过了一千人的编制；第三，虽然"每卫五千六百人"的新标准在洪武七年（1374）才颁布，但此前河南都司已经有了调整卫所额军的举动。

　　洪武六年（1373），明廷制定军政条律，"每一卫以五千人"为标准。[4]此时在京和在外每卫仍以五千人计之，这个五千人是指军兵数量，不包括武官（包括总小旗）数量，武官数量则另单列。当年，大都督府奏："内外军卫一百六十四，千户所八十四，计大小文

〔1〕《明太祖实录》卷14，甲辰年四月壬戌，第193页。
〔2〕《明太祖实录》卷58，洪武三年十一月壬子，第1143—1144页。
〔3〕《明太祖实录》卷71，洪武三年正月庚戌，第1313页。
〔4〕《明太祖实录》卷78，洪武六年正月戊午，第1428页。

武官一万二千九百八十人"[1]，武官数额就是单列的。洪武七年，明太祖"申定兵卫之政"："先是，上以前代兵多虚数，乃监其失，设置内外卫所，凡一卫统十千户，一千户统十百户，百户领总旗二，总旗领小旗五，小旗领军十，皆有实数。至是重定其制，大率以五千六百人为一卫，而千百户、总小旗所领之数则同"[2]。这里所说此前"凡一卫统十千户"的说法，仍不能做呆板的理解。我们仅仅知道，原来的一卫人数确实比较多，洪武七年改制后，各卫所额制军数大都按所规定的数额标准做了调整。如洪武九年（1376）二月，"调扬州卫军士千人补登州卫，高邮卫军士千人补宁海卫"[3]。一卫编制为5600"人"，包括士兵和军官，有别于上文中的仅指士兵的"有兵五千"，两者有明显的区别。明代文献述及武官数量时多以"员"为单位，计军兵数时则常以"名"为单位以示区别，而官兵合称时则用"员名"。如成化《山西通志》卷6《兵备》记载河南都司夏班轮操大同的官军数额时，称"河南都司都指挥一员，指挥四员，千户一十四员，百户二十七员，马军一千二十五名，步军一千八十四名"；隆庆《保定府志》卷21《边政一》载乌龙沟口兵马，"景泰二年调拨保定卫常守军人官三十二员名，正德二年调拨保定班军三十名。嘉靖二十三年添设钦依把总一员，调拨保定卫常守军人三百名"。

一卫下辖5个千户所也仅仅是一般性规定。"一卫五所"的规定有明一代演变的大体过程是：洪武七年确定"一卫五所"的编制后，军数也尽量符合规定。随着防御形势的变化，在军民分籍的情况下，因防守需要，政府被迫拆分"卫"，改卫下"千户所"为"直隶守御千户所"，一"卫"所辖遂不足五"所"。如成化年间，河南都司共有10个卫、2个中护卫，其中宣武卫、陈州卫、睢阳卫、弘农卫、

---

〔1〕《明太祖实录》卷84，洪武六年八月壬辰，第1503页。
〔2〕《明太祖实录》卷92，洪武七年八月丁酉，第1607页。
〔3〕《明太祖实录》卷104，洪武九年二月庚子，第1747页。

彰德卫、信阳卫、南阳卫、南阳中护卫和颍川卫均辖5个千户所，怀庆卫4个千户所，洛阳中护卫2个千户所，河南卫最多，共7个千户所。而嘉靖时期，弘农卫和南阳中护卫减至4个千户所，南阳卫仅剩下3个千户所。[1]明中期以后，各地卫所旗军大量逃亡，虽然卫所的数量及建置方面已经没有太大的变化，但实在旗军数与额定旗军数相去甚远，明政府已无意重建卫所制度，亦无力重建。

卫所是明代统军机构的基本单位。建立在卫所制度之上，与之相辅而行的其他制度，主要有军户世袭制度、屯田制度、漕运制度、班军制度、征戍制度、募兵制度和驿站制度等。卫所制度的基本特征主要有：

第一，卫所军户实行严格的世袭制度。明朝继承前朝"以籍定役"和"役皆永充"的思想，分户列等以定差役。户籍不同，隶属关系有别。民籍隶属户部等行政系统，军籍隶属都督府等军事系统，军民互不统属。军户世袭，卫所军的身份一旦确立，除非特别规定，世代为军。明代军户的来源，据《明史·兵志二》主要有四种，即从征（"诸将所部兵"，即参与朱元璋农民起义的军士）、归附（"胜国及僭伪诸降卒"，即归降的元军和各个割据势力的部卒）、谪发（犯人充军，分"永充"和"终身"，即犯人世世代代充当军户和仅犯人本人充任军士）、垛集（每三户民户金发一人为军，为军者为正户，余者为贴户）。除此之外，还有抽充（从民户中丁多之家抽一丁为军）、收集（即广泛收集元末群雄中溃散的士卒为军）和金充（金充民户到亲军卫中服役）等。

卫所军户以家庭为服役单位，一户出一正军，军家其余男性为军余，属正军的预备人员，一旦正军亡故，或因年老、逃故等项开除之后，余丁替役。如果卫所旗军因故没有成丁应替入役，则需要到其对应的州县军户去清勾成丁应役。

---

〔1〕 嘉靖《河南通志》卷13《兵御》，嘉靖三十四年刻本（胶卷）。

为保证军户补役的顺利进行，明政府对旗军户籍管理有严格的规定。明代不同的军户，有不同的军黄册，一类是由都司卫所系统编写的卫所军户的户籍文册，另一类是由府州县来编写的册籍，二者各有职掌，既有区别又有联系。如洪武二十一年（1388）兵部在清勾逃军时规定："凡编造册单。洪武二十一年，令各卫所将逃故军编成图册，送本部照名行取，不许差人；各府州县类造军户文册，遇有勾丁，按籍起解。"[1]各卫所编制逃军图册，依据的是自己所掌握的卫所军户册籍，府州县所造军户文册则属于州县军户册籍，二者既有明显的分工，又相互联系。[2]

第二，卫所制度赖以存在的经济基础是屯田制度。我国的屯田之制由来已久，尤其是军屯，是国家缓解戍守与军费供给矛盾所采取的一种有效办法。明朝的屯田分为军屯、民屯和商屯三种，尤以军屯影响最大。洪武二十五年（1392）二月，"命天下卫所军卒，自今以十之七屯种，十之三城守，务尽力开垦，以足军食"[3]，这便是后人广为征引的"屯七守三"的则例。实际上，这仅仅是原则性规定，随时变更的例子不胜枚举。腹里卫所防御事务较轻，则屯七守三，边地卫所防守任务较重，则有屯三戍七，或屯四戍六之别。比例虽定，各地执行起来又有所不同，有的可能是抽调十分之三的人专职戍守，有的则是每一军户有十之三的时间用来戍守。

关于屯田，需要明确三点：第一，它是解决军饷供给的一种重要方法，尽管即便在屯田最为发达的永乐朝，军队都没有实现完全自给自足，但永乐初年屯田籽粒数几乎与户部年收入大体持平，可见屯粮的重大意义。第二，屯田在明初社会经济的恢复与发展过程中起到极大的作用。明初全国的社会经济遭到严重的破坏，像洪武元年的河南开封府，"丧乱之后，中原草莽，人民稀少，所谓田野

---

〔1〕 万历《明会典》卷155《军政二·册单》，影印万有文库本，中华书局，1989年，第796页。
〔2〕 彭勇《论明代州县军户制度——以嘉靖〈商城县志〉为例》，《中州学刊》2003年第1期。
〔3〕 《明太祖实录》卷216，洪武二十五年二月庚辰，第3184页。

辟、户口增，此正中原今日之急务"[1]。军屯有利于耕地的开垦。第三，明初军屯与卫所设置是相配而行，卫所对辖区内屯田和军户的管理，实际上起到经营疆域的职能。

第三，卫所的日常防御职能。明初定天下，各地驻守卫所对安定一方起到较为明显的作用。防守任务大体按各地防守任务之轻重缓急以确定其屯田或戍守之职。明代"洪武、永乐年间屯田之例，边境卫所旗军三分、四分守城，六分、七分下屯；腹里卫所一分、二分守城，八分、九分下屯，亦有中半屯守者"[2]。永乐二年（1404），"更定天下卫所。屯田守城军士，视其地之夷险要僻，以量人之屯守为多寡，临边而险要者，则守多于屯；在内而夷僻者，则屯多于守；地虽险要而运输难至者，屯亦多于守"[3]。如在广东，"查得洪武年间设立卫所，旗军以十分为率，七分在所专听征守，三分拨屯专力耕种"[4]。明前期地方防守多依靠卫所旗军，但明中期以后，江北卫所多趋于番戍京师或边地，江南卫所多累于漕运，加之卫所旗军额定减少甚众，在地方防守的旗军越来越少，代之以地方民兵、乡兵、土兵或募兵等。卫所的防御职能有大幅度削弱，但并没有完全消失。

第四，卫所的行政管理职能。明帝国对疆土的管理是分别由行政和军事两大系统来完成的，行政系统是六部—布政使司（直隶府、州）—府（直隶布政司的州）—县（府属州），军事系统是五军都督府—都指挥使司（行都指挥使司、直隶都督府的卫）—卫（直隶都司的守御千户所）—千户所。明代军事系统的都司（行都司）、卫、所在绝大多数情况下也是一种地理单位，负责管辖不属于行政系统的大片明帝国疆土。明代的卫所不能理解为现在的军营，它更类似于现在的生产建设兵团，是具有独立行政职能的地理单位，基本上

---

[1]《明太祖实录》卷37，洪武元年十二月辛卯，第749页。
[2]《明宣宗实录》卷51，宣德四年二月乙未，第1224页。
[3]《明太宗实录》卷30，永乐二年四月甲午，第552页。
[4] 嘉靖《广东通志》卷29《屯田》，嘉靖四十年刻本（胶卷）。

都管辖面积不等的耕地和多少不一的旗军、普通民户或少数民族人口。[1]

明朝立国之初，许多地方的行政权和军事权都是由卫所武官来代理的。如在颍州，洪武元年（1368）十一月，置颍州卫，"命指挥佥事李胜守之。颍州自元季韩咬儿作乱，民多逃亡，城野空虚。上因如汴，道过其地，遂命胜筑城立卫，招辑流亡，民始复业"[2]，即由卫所官暂理民事。在河南邓州，"守御前所千户所，治在州治东，明洪武三年命镇抚孔显兼知邓州事，六年，升正千户，颁印专理军务"[3]。在边地，如云南、贵州和四川等西南少数民族较为集中的地区，以防守为目的而设立的卫所或军民府，更能体现卫所制在地方的行政管理和军事防守的双重职能。

这种管理模式的建立，既表明明初以武功定天下后，行政机构的建立很可能依托于军事机构，也表明在一些地区，仍然需要驻扎军队来维持秩序。此外，明太祖认为，在经济相对落后的边地，设置行政官员会增加地方百姓的负担，而集生产与戍守于一体的军事系统兼及地方行政管理，不失为一条行之有效的治理途径。洪武四年（1371）三月，明太祖命中书省臣曰："山北口外东胜、蔚、朔、武、丰、云、应等州，皆极边沙漠，宜各设千百户，统率士卒，收抚边民。无事则耕种，有事则出战，所储粮草，就给本管。不必再设有司，重扰于民。"[4]

卫所旗军的职能，据《明史·职官志》载，大体包括屯田、防御（本地出哨、巡捕和入戍京城）、漕运和军器管理等四项。此外，相当一部分地区的卫所旗军还兼具漕运职能，部分都司还有生产常

---

〔1〕 顾诚《明帝国的疆土管理体制》，《历史研究》1989 年第 3 期；《明前期耕地数新探》，《中国社会科学》1986 年第 4 期。
〔2〕 《明太祖实录》卷 36（下），洪武元年十一月丙寅，第 706 页。
〔3〕 顺治《邓州志》卷 9《创设志·所治》，顺治十六年刻本。
〔4〕 《明太祖实录》卷 62，洪武四年三月癸巳，第 1197 页。

规军器和管理军器的职责。明初，屯田和戍守是卫所旗军两项最重要的职能。明成祖迁都北京以后，轮番操练（班军）和运送漕粮（漕军）日益成为卫所旗军的重要职责。

班军，是指以卫所军户为主体的旗军离开自己所隶属（驻扎）的卫所，周期性地到指定的、相对固定的地点或地区，从事以军事戍守为主的活动。它既区别于临时的全国性或区域性的军队调动，也不同于新建、合并、改调卫所而带来的隶属卫所的长期变化。明朝班军的类型繁多，有入卫北京的京操班军（主要来自南北直隶，中都留守司，河南、山东、大宁等都司），有入卫南京及其附近江防的南京京操班军，有诸边入卫蓟镇的入卫军，有北方诸都司卫所番戍防守重镇的边操军（如河南、山东等入卫蓟镇、大同、宣府、榆林等），有北部边境都司卫所相互番戍的防秋、防冬军兵（散见北部九边诸镇），还有几个都司或一个都司内部对军事要塞的番戍军兵（如广西梧州、桂林等都司），以及各都司内部对都司或省城所在地的番戍军兵。轮班戍守成为卫所旗军的一种普遍职能，出现在明朝稳定国内局势以后形成新的防御形势之时。它是在尽可能不增加军兵的前提下，对重点地区进行重点防御的一种重要方式。由于京操班军要求由正军充役，所以屯田的耕种和地方的操守，大部分便由军家或军余来完成。这实际上打破了明初卫所屯戍职能的分配关系，使屯田与地方操练防御形势都产生了相应的变化。[1]

屯田本是旗军最重要的职能之一，绝大部分的旗军都有一份屯田要耕种。但自永乐末年实施班军制度后，由于要抽调相当数量的旗军去别的地方操练戍守，这就严重地影响到屯田的耕种。明中期以后，卫所屯田的分配和使用已经相当混乱，有虽具旗军身份而寸地未得者，有广占数顷者。[2]参与京操与边操者为"正军"，而

---

〔1〕 彭勇《明代广西班军制度研究——兼论班军的非军事移民性质》，《中国边疆史地研究》2004 年第 3 期。

〔2〕 张肯堂《䜣辞》卷 4《孙承祚》，卷 5《李自立》，卷 10《徐文星》等。

参与城守、屯田、巡视者均为"军余"。嘉靖年间，河南都司编制包括"京操正军（春戍四千一百七十九人，秋戍一万四百五十四人），宣府操正军（春戍四千七十六人，秋戍四千五十八人），大同操正军（春戍二千一百六十八人，秋戍二千一百四十四人），榆林操正军（春戍一千二百九十八人，秋戍一千二百七十一人），城守军余（二万□□□□），屯田军余（四万六千三百二十七人），巡视军余（五百五十五人）"，屯田四万五千一十二顷三十六亩七厘，屯粮二十七万四千一百四十五石[1]。山东都司与河南都司大体相似，正军京操或漕运，其余则多用舍余，"山东故无他警，惟官军分两班，轮赴京操"[2]。

轮操也影响到地方防御和沿海防倭等。由于班军要求由精壮的正军出役，地方防守除依靠卫所一些不更事的老弱旗军和军余，更多的是依靠地方民兵、弓兵和乡勇等。景泰初年，兵部尚书孙原贞就说："各处官军或调操于京师，或调操于各边，本地无军可守。臣昔备员陕西右布政使，经过潼关，询其实在军士不过数名，惊问其故，始知皆在各边操备。"[3]

漕军是永乐后期出现的一种新的卫所旗军兵种。明初，承担漕运的或是民夫，或是商贾，或暂调军队，建立一支固定承担运输漕粮任务的军队，则始自永乐年间。为加强北边的防御，明成祖决定迁都北京，这就需要解决北京城粮食供应问题。在永乐九年（1411）凿通会通河和清江浦后，永乐十二年（1414）开始大规模地抽调各地卫所旗军从事漕粮运输，但此时尚未建立严格的制度。成化九年（1473），户部官员说，"南北直隶及山东、江西、浙江、湖广等处九十余卫所，岁运粮储皆过期不至"[4]，而京师驻扎七八十万，"非

---

〔1〕 嘉靖《河南通志》卷13《城池·兵御附》。
〔2〕 万历《明会典》卷131《兵部十四·镇戍六》，中华书局，1989年，第675页。
〔3〕 李承勋《条陈弊政疏》，孙旬辑《皇明疏钞》卷30《时政一》，《续修四库全书》史部第464册，上海古籍出版社，1999年，第47页。
〔4〕 《明宪宗实录》卷123，成化九年十二月癸亥，第2359页。

四百万石无以恃命",才决定建立完备的漕军制度。

为保证漕粮运输的顺利进行,虽然漕军有自己的管理制度,但其最基本的组织方式却是卫所制度,"以军法结漕法"。旗军从事漕粮运输最初并非专职,除运粮外,还经常承担其他军事任务,如随郑和下西洋、到沿海备倭、上京师守直、赴交趾征乱以及镇压农民起义等[1]。当然,漕军还需要耕种屯田。漕军身兼多项职责,不仅军士苦不堪言,也影响漕粮的正常运输。宣德五年(1430),宣宗因"以南北诸卫所军备边转运,错互非便",曾下令"以南军漕运,北军操备"。正统年间,又规定"运粮旗军不与操守之事",管运指挥"专管漕政,不与军政"[2]。从此,漕军从原来的屯戍之士演化为专职运粮军,既无时间操练、耕种,也无法再承担军务,岁月既久,"官军全不知兵,敌器咸属戏具"[3]。

卫所旗军中,江北卫所旗军的主要精力转向轮番操练,江南旗军多困于漕运,而传统的屯田与操守地方的职责因而大受影响。嘉靖时兵部尚书张时彻说:"国初沿海建设卫所,联络险要。今军伍空缺,有一卫不满千余卒,一所不满百余卒者。宜备查缺额之数而补足之。其运粮、班操等项,原因海上无事拨借别用者……"[4]嘉、隆、万年间,许多大臣都建议组织班军和漕军操练演习,以"恢复"他们的作战能力,但已于事无补。

三 卫所制与营伍制

按明太祖的设想,卫所外统于都司,内统于五军都督府;五府分领天下卫所,不相统属,互为牵制,另有兵部析分其权:"明以

---

〔1〕 林仕梁《明代漕军制初探》,《北京师范大学学报》(社会科学版)1990年第5期。
〔2〕 杨宏《漕运通志》卷8,《四库全书存目丛书》史部第275册,齐鲁书社,1996年。
〔3〕 马从聘《兰台奏疏》,商务印书馆,1936年,第20页。
〔4〕 郑若曾《筹海图编》卷11《经略一》,中华书局,2007年,第685页。

兵部掌兵政，而统军旅、专征伐，则归之五军都督府。兵部有出兵之令，而无统兵之权；五军有统兵之权，而无出兵之令……合之则呼吸相通，分之则犬牙相制"[1]，"征伐则命将充总兵官，调卫所军领之；既旋则将上所佩印，官军各回卫所"[2]。卫所军士世居一地，且耕且守，战时由朝廷临时派兵遣将，兵将分离，兵不识将，将不识兵。然而，这种分权治军统兵的军事制度很快就无法适应时局变化，对军兵职能的调整与编制体系的改革已在所难免。于是营伍制便应时而出了。

卫所制是以日常屯戍和军政管理为基本特征的编制方式，营伍制是一种以战时征戍为基本特征的编制方式，以营为基本单位。营伍制出现后，营伍侧重征战戍守，卫所则注重旗军的日常组织管理。[3]

营伍制和卫所制的侧重点不同，故其职官编制与都司卫所体制就有很大的不同。"凡镇戍将校五等，曰镇守、协守、分守、守备、备倭。其官称曰总兵、副总兵、参将、游佐击将军；曰都指挥，曰行都指挥，凡六等。"[4]营伍制下的武官大多由原卫所世官选派充任。如各地卫所官带旗军到京师后，会被分配到不同的京营中任职，"每营各设中军一员，千总二员，把总六员。上班之日，与同京营坐营官分练，听六副将统属"[5]。

营伍制普遍使用于京军大营和九边地区。永乐时，朱棣的北征大军已用营伍制编组，京军的编制大体是提督—内臣—总兵官—都督—号头官—都指挥—把总—指挥—领队官—管队；九边武职系统大体是总兵—副总兵—参将—游击—守备—操守—把总—管队等。

---

[1] 孙承泽《春明梦余录》卷30《五军都督府》，北京古籍出版社，1992年，第457页。
[2] 《明史》卷89《兵志一》，第2175页。
[3] 参见王莉《明代营兵制初探》，《北京师范大学学报》（社会科学版）1991年第2期。
[4] 傅维鳞《明书》卷65《职官志》，《丛书集成初编》第3940种，第1297页。
[5] 万历《明会典》卷134《兵部十七·营操·轮操》，第690页。

这种编制与都司卫所的武官系统差别很大。京营编制介乎卫所制与营伍制之间，大抵是由于京营既有日常操练管理之责，同时又承担较多的镇戍职责之故。

营伍制下的官员，防御职责非常明确。总兵官、副总兵、参将、游佐击将军、守备、操守、把总等官，或镇守一方，或镇守一路一城一堡，各有职掌，如"操练军马，修理城池，抚恤军士，关防奸宄"[1]等。

营伍制下的军兵组织与卫所也有明显的区别，它是按营—总—哨—队—什—伍的形式编制的。由于营伍制最初是临战状况下的编制，所以，对军兵的户籍身份没有明确的强制性规定，既可以是卫所旗军、军余、舍余，也可以是召募而来的民兵、土兵和民众等。可以说，营伍制下的军兵涵盖了明廷一切可以利用的武装力量。明中期以后，北边重镇及防御任务比较吃紧的少数民族地区，都普遍采用了这一方法。如万历四年（1576），巡抚保定都御史孙丕扬就加强本地防御建议："保定五卫，茂山、真神各卫班军二千八百八十名，宜于大宁都司添设领班都指挥统之；保、茂、紫荆、腾骧右、真定、河间各卫所操余二千六百八十八名，则属之大宁巡捕都司，易州、涞水、广昌乡夫并保定府属民壮二千三百九十五名，则属之清军同知；原守倒马关、定州、腾骧右二卫操余九百九十名，则属之本关参将，原守茨沟营、真定、神武右、武功、腾骧右卫操余一千七百七十名，则属之本营参将，各不妨原务，督领防秋，无警合营操练，有警就近摆边，各卫所及诸军官悉听辖调。"[2]其中，既有保定等卫所的班军2880名，身份是旗军正身；也有保、茂等卫所的2688名，属于卫所军余；又有易州等地的2395名，属于民壮（民兵）。此外，还有属于京卫的军余等，率领这些军兵的大都是署营伍制职衔的官员。

〔1〕 王士翘《西关志·紫荆关》卷5《制敕》，北京古籍出版社，1990年，第329页。
〔2〕《明神宗实录》卷56，万历四年十一月甲辰，第1293—1294页。

营伍制的军政事务悉听命于兵部，卫所制则直接受五军都督府和都司的统一领导。由于卫所旗军有相当一部分的戍守职责是在营伍制编组下完成的，这就涉及两大系统的权力分配和协调问题。嘉靖三十三年（1554），总督京营戎政平江伯陈圭和兵部尚书聂豹就因为班军事务权力的分配互不相让，明世宗命巡视科道官商议解决方案，科道官称："班军入卫，据三十二年诏，则经理在营事宜，责在戎政；据三十一年诏，则发操查点，责在兵部。臣等请酌议其中，凡自今班军上班，由都司送部，由部到营，该营不得而先。盖军未上班是为外卫，外卫固属之本兵，使营中先收，孰从而知其多寡虚实之数；班军下班由参将送总督，总督咨兵部，该司不得而先，盖军未下班是为营兵，营兵悉隶于戎政，使该司先收，孰从而知其到否缺罚之例，此戎政本兵所宜协济共事者也。"[1]明世宗最后遵照管辖权优先的原则，仍照三十二年诏旨行之，上班之时由京营官统管，下班后由都司卫所管辖，兵部仍总揽军政。当然，在实际的权力运作中，要恰当分配权力是极其困难的。

营伍制是在卫所制度基础之上发展起来的，两者有密不可分的联系。从人员组成看，营官主要来源于卫所官，营兵的主要来源是抽调的卫所旗军和召募的军兵。从营兵防御的区域看，北边和军事重镇是营兵防御的重点地区，这些区域在明初也是卫所最为集中的地区，营兵的防御区域与卫所的实际控制区域在许多地区是重叠的，这些地区多设置总兵官等营伍官员，统率包括卫所旗军在内的各类军兵以加强对地方的控制。

第一，尽管卫所武官和营伍武官有各自不同的所辖，但在许多情况下，是一套人马分属两个系统。明初，总兵、副总兵官均以公侯伯都督充之，参将、游击、把总等官亦多充以勋戚都督等。明中后期有所变化，总兵官皆由五军都督府官列衔充任。嘉靖时期的

〔1〕《明世宗实录》卷414，嘉靖三十三年九月壬戌，第7207—7208页。

《宣府镇志》载：副总兵官，成化前多用五府堂官，后皆都司列衔领敕充任；参将游击俱都司列衔领敕充任；守备一职，"初以都督，自后或以都指挥，或署都指挥，咸受敕谕以莅其官"；把总一职，"先时渐有把总四，临诸卫，即选卫指挥充之"[1]，明后期把总地位下降，为营伍制的基层将领，一般从千百户内调用，只统领数百营兵。可以说，营兵内的武官，绝大部分都是由都督府、都司卫所世袭武官领敕充任的。

由于卫所官调任营官较为常见，卫所官职中的都指挥使司一职，也常为营伍制借用。卫所制中的都指挥使司，为地方卫所的最高官员，但都司一职作为营官，职别则相当低，仅高于守备一级，在总、副、参、游以下。通常在抽调卫所旗军参与到军事要地的防御时，卫所旗军在卫所、行进途中都是以卫所制度下的职衔来进行管理，而到达防御地区之后，卫所旗军有可能被授予相应的营伍制的职衔。万历初年，河南、山东二都司领班官军和边镇入卫兵，领班官员相继改变职衔，使之更符合营伍制编制。史载："河南、山东凡系领班赴蓟，都司合照京营新题事例，俱去以职量升署都指挥佥事，与各该省见任佥书都司二员，内以一员与京班，一员与边班，轮番领兵赴边防守……其余天津、德州、通津、宁山、沈阳领班都司，俱改游击职衔。本部查拟责任，仍各请换不坐名敕书，赍付各官，便宜行事。"[2]

因职责所限，营伍制的官员多是临时任命的，皇帝亲颁敕书以明确其职掌，一旦完成任务或不堪其任，就会取消其营伍职衔；卫所的世袭武官结束在营伍中的任职后，仍可回到所隶属的都司卫所，分担相应的职掌，或带俸闲住等。

第二，营兵有相当一部分来自卫所旗军。营兵中的卫所旗军，

〔1〕 天启《海盐县图经》卷7《戍海篇》，《中国方志丛书》，成文出版社，1983年，第619页。
〔2〕 刘效祖撰，彭勇、崔继来校注《四镇三关志校注》卷7《总督侍郎杨兆分布兵马以饬春防疏略》（万历三年），中州古籍出版社，2018年，第411页。

除京军大营大体是按营伍制编组之外，各类班军抽调到京师、北边或其他战略要地戍守后，也是采取营伍制编组。此外，抽调部分卫所的旗军补充到战略要地去戍守，也要采取营伍制编组以便宜行事。如嘉靖时有"抽选军丁补兵之议"，理由是"时当事者以军与民壮并元在食粮之额，用以充抵民兵，则兵数不亏，饷数自减"。这里所谈的民兵，指区别于卫所军及民壮的募兵。论者高度评价这种做法："盖于总参新法中仍参用军伍，在卫所初建意，兵制有变而得其善者，此制也。"[1]

九边重镇以营伍制编组，这里的卫所分布也非常密集。明初遍置卫所，本意为镇戍地方，卫所以军养军，自我管理，且耕且守，其意虽好，却不适应集中精兵加强防御的需要，因此才不得不加以改革。在卫所编制的基础之上用营伍制的方法，抽调卫所的兵力，集中力量从事防御戍守，是营伍制在战略要地得以普遍推行的重要原因。

四　卫所制与募兵制

关于明代军事制度的变迁，论者多谈及卫所制度在明前期出现衰败迹象后，募兵制代之而起，并在中后期成为军事制度的主体。这种说法有一定的道理，却不准确。募兵在防御戍守方面确实接替承担了卫所制下旗军的大部分职责。但卫所制度既是一种兵役制度，又是一种组织管理制度，而募兵制只是一种兵役制度，把明代军事制度的变迁说成是卫所制度的崩溃和募兵制取而代之，并没有把握这两项制度的实质与内涵。

募兵曾是明初增兵的一条有效途径。卫所世袭兵制普遍建立后，募兵渐少。募兵再起，大略始自宣德九年（1434），景泰初年后又有

---

[1]　天启《海盐县图经》卷7《戍海篇》，第632页。

较大的发展，主要原因是京营精锐大损于土木之役。[1]明初召募之军均纳入世袭军户，而此后的召募仅及募兵一身而止。景泰以后的募兵以边镇用兵为主，召募的对象既有军余，也有民壮、乡勇和土兵。募兵既有可能被编入营伍（包括京营，沿边、沿海、内地城守或关隘的防御性营伍），也有可能被充作家丁。用募兵填补京营的时间则稍晚一些。至嘉靖年间改组京营制度时，才有募兵补充三大营之例。

募兵与卫所军除世袭身份不同外，组织管理也不同。募兵以营伍镇戍编制为主，而世袭军采用卫所制进行管理。当然，募兵不等于营兵，募兵是营兵的主要来源，但也有部分募兵隶于卫所。由卫所官召募的募兵，一般隶属卫所武官管理，只是其身份与卫所旗军的世袭特征不同。隶属于卫所的募兵有两种情况：一是不入卫所旗军正额，由卫所代管；二是卫所军士被抽调到别处，而以募兵来补足卫所原额。

在物质待遇方面，旗军以月、行二粮为主要收入，募兵则以安家和饷银为主要收入。"召募之兵与尺籍军异。尺籍之军无论老少强弱，饩廪丰给，优恤备至，调遣即有行粮草料；召募之兵非强壮不入选，既无素养之恩，有疾辄汰，又无归老之计。"[2]

召募是解决旗军不足的一条重要途径。无论是嘉靖时的京营改革，还是明后期的边关防守，凡旗军缺额，除清勾催解外，多利用召募加以补充。如崇祯六年（1633），毕自严奏言："惟是班军须二万人，查关外额派班军止一万四千名，自大凌困陷之余，未及原额。臣部一面行文通津、天津等七营，务期如法清勾，依信发解，此外尚少六千名。查得山东青、莒二卫，今年议留班军约九百余，而真定以标兵东剿，留下民兵二千，屈指登叛荡平，兵各还信，原额班军相应督

〔1〕 王圻《续文献通考》卷161《兵考·兵制》，上海古籍出版社，1988年。
〔2〕 《明穆宗实录》卷20，隆庆二年五月辛亥，第545页。

发出关为版筑之役，其尚少三千，则该抚道设法雇募，临期似不难于取盈。"[1]

从外卫抽调的旗军到边镇后不熟悉边塞形势，反而不如从本地召募的兵士更具战斗力，也是募兵盛行的重要原因。天顺时，府军前卫中左所百户马真奏称："乞于陕西、山西等处差官开设募府，不分军卫有司舍余民人之家，重招精壮近边子弟等因。查得天顺元年八月二十日，节奉英宗皇帝圣旨：朕念辽东、甘肃一带，边境人民每被虏寇侵扰，不得安业，虽常调腹里官军轮班操备，但不熟边情，今思近边人民禀气强劲，臂力过人，边陲利害，戎虏愤伪，素所谙晓熟。"[2]

募兵制的实行，给卫所制的正常运行带来冲击。首先，在经费使用方面。嘉靖时，顺天巡抚郭宗皋曾提议将京师派往居庸关、黄花镇等蓟镇的京军减少三支，省下犒军银以给募兵。他说："蓟镇连岁俱发京兵防御，但非本镇属辖，不足以应缓急。乞止发二枝以备居庸、黄花镇，余三枝停遣，即以其稿（犒）军银二万二千七百两，给本镇募兵。"[3]其次，是人员方面。募兵有相当一部分来自军余，他们极可能是卫所正军的替补，或是地方防守的重要力量。大量军余应募，必然要影响到卫所旗军的清勾与替补。嘉靖二十九年（1550）九月，兵部议募兵两万人，差官到南北直隶、河南、山东、山西等地召募，"北直隶五千人，山西三千人，庐、凤、徐、邳四府州三千五百人，河南五千人，山东四千五百人，蓟州、大同免募。南直隶淮扬二府贴银"。"募完之日，抚按委才勇参将官一员，同本处兵备操练，每年四月终赴近京防虏，北直隶驻顺义，南直隶驻河

---

[1] 毕自严《度支奏议·新饷司》卷36《覆署关宁监视题请班军行粮行盐疏》，《续修四库全书》史部第486册，第673—674页。

[2] 戴金《皇明条法事类纂》卷24《兵部类·召募近边精壮子弟》，《中国珍稀法律典籍集成》（乙编）第4册，科学出版社，1994年，第1057页。

[3] 《明世宗实录》卷319，嘉靖二十六年正月辛巳，第5939页。

间，山东驻通州，河南驻保定，山西驻易州，听本部调用。十一月中旬掣回"[1]。

嘉靖以后，募兵作为救急之策被广泛采用。嘉靖东南倭患，募兵人数不下 10 万，这在顾炎武的《天下郡国利病书》中多次提到。万历以后，辽东地区战事不断，也大量使用募兵。据兵部尚书李汝华统计，兵部"先后具题于五省各州县议募二万……合之则六万矣……抚臣召募二万，赞画一疏中辽阳海盖等道召募二万……合之十余万"[2]。是时，辽兵召募及原额兵力不减 20 万，其中近 10 万为募兵，可见募兵已成为明朝军队的重要组成部分。

募兵制在嘉靖初期实行，募兵战斗力尚可。但在明中后期，多有京棍无赖被充选入募，获得安家、行粮和饷银后旋即逃逸，全无实用；应募之兵，本当终身而止，但在一些地方却出现"父死子继、兄终弟及"的世袭情况，也打击了应募者的积极性。因此，卫所制在明末又被许多大臣看成是图谋中兴的良策，企图加以恢复，但已于事无补。

嘉靖以后，虽然募兵制成为重要的军事制度，但并没有取代世军制，而且明政府也未曾在全国实行普遍募兵制，仅仅是在防御征战紧急之时集中召募，承平之时，仍依赖卫所军或民兵进行防御镇戍。有学者指出："募兵制在明后期军制中居于主导地位，主要指其军事作用而言。但召募来的职业雇佣军在明后期国家常备军中，并不占绝对多数，甚至不占多数。"[3]这大体是准确的。明中期以后，卫所军、募兵、民兵、乡民通力合作，在明朝的防御体系构筑中都发挥着重要的作用。隆庆年间，谭纶、戚继光在商讨解决蓟镇防御力量问题时，曾提到四种方法：第一，调取京操班军；第二，清勾

---

〔1〕 《明世宗实录》卷 365，嘉靖二十九年九月乙巳，第 6528 页。
〔2〕 程开祜《筹辽硕画》卷 28《调募无算应用新饷无算疏》，《国立北平图书馆善本丛书》，国立北平图书馆据万历刻本影印。
〔3〕 李渡《明代募兵制简论》，《文史哲》1986 年第 2 期。

本地卫所旗军；第三，募兵；第四，发挥土兵在防守中的作用。其目的，也是动员多种武装力量，以固北边防守。[1]

就战斗力而言，募兵优于世兵、职业兵优于民兵是显而易见的。军队职业化是军队建设的发展方向，因此，募兵取代世兵有着许多积极的意义。但有明一代，建立在世兵制基础之上的卫所制度一直在发挥重要的作用，终未被募兵制所取代，此中原因非常复杂。

募兵在战国时期就已经出现，《荀子·议兵篇》说，"故招近募选，隆势诈，尚功利，是渐之也"，这说明战国时雇用"市中佣作之人"当兵的现象已经出现。《庄子·人间世》载，有个形体残缺不全的人，名叫支离疏，在"上征武士"即召募武夫时，可以"攘臂于其间"，也证明了战国时募兵已经出现。战国以后，募兵制成为各朝在紧急时期解决兵源短缺的重要手段。如金军之动员体制是征兵和募兵兼行，征兵不足，即兼行募兵制。

然而，在中国古代，募兵制却没有能够取代世兵制。究其原因，大抵有三：第一，战国以降，中国一直是以农耕经济为主体。农耕经济具有易熟性和脆弱性的特点，恢复简单而崩溃太易，谈不上更多的社会财富积累。所以，隋朝可以在短短的时间内达到空前的繁荣，也可以在几十年内耗尽财富。明代经洪武一朝很快恢复经济，到明末时，却在短短数十年间呈现一派衰败残破的景象。由于抗风险能力很差，农耕经济体制下的各种制度会随着经济的起伏而波动，世兵—募兵—世兵—募兵的循环往复便在历史中沿延了上千年。第二，"崇圣三代"和"尊祖敬宗"的传统观点，也往往导致各王朝统治者的因循旧章。孔子称尧、舜、禹为"三王"，当时社会为"大同"之治；自汉武帝"罢黜百家，独尊儒术"以后，对夏、商、周"三代"的圣化更趋严重，称之为"小康"之世。此后，历代统治者在制定政策时，往往要标榜效法"三代"。尊崇"三代"的大背景，

---

〔1〕 谭纶《条议戚继光言兵事疏》，《明经世文编》卷322，中华书局，1962年，第3435页。

又会导致对本朝开国之君所定制度的崇拜，明太祖制定的各项制度就被尊称为"祖制"，只许遵循，不得改易，这在客观上造成了对革新思想的禁锢与扼杀。在相对平和的政局下，变革不易，守旧顺理成章。第三，财政因素。世兵制的推行，较之募兵更为便捷。在世兵制条件下，军费的相当一部分是由军兵自己负担的；而募兵制下，政府承担的直接费用要多得多。这样，就不难理解这项延续千余年的世兵军事制度，何以会在明代沿袭，并在清代继续发挥着重要的作用。

五　卫所制度在清代的变革

明代卫所制度对清朝军制和行政管理制度均产生了重大的影响，主要有如下几个方面。

（一）对土地及人口的管理

这是清朝对明朝卫所制度最大的继承，而且还是继承中唯一没有变动太大的部分。这主要是因为明代的卫所在多数情况下是一种军事性质的地理单位，而不仅仅是一种军事组织。卫所制度之所以可以如此完整、长时间地保留下来，是因为大部分卫所到清初仍然管辖相当面积的土地和众多的人口。而这些卫所许多分布在边疆民族地区，管理的人口大都是自成体系的少数民族和聚居在屯堡里的汉族旗军后裔。在这些地域里，由明至清，人口、户籍、军政管理及社会组织等一直保持独特的管理制度和方法，如卫所对军家所拥有的屯田征收的籽粒与民田就有很大的差别。在广东，据巡抚刘秉权讲："粤东屯田有荒地三千五百余顷。查屯地科米每亩三斗，较之民田殆多数倍。民畏粮重，不敢承认开垦。"[1] 清取代明之后，如果

---

〔1〕《清圣祖实录》卷35，康熙十年二月丙午，中华书局，1985年，第474—475页。

马上改屯田为民田，显然不利于社会稳定。[1]

清朝对卫所的行政管理职能改革，即所谓卫所的"民化"过程是逐步推行的。其实，卫所屯田的民营化在明朝中后期就已开始，出现军田民佃、军余平民化的倾向等。但真正取消卫所制而实行府州县制，在清朝却经历了一个极其漫长的过程。清代改卫所为府州县进程，是从内地卫所首先开始的。顺治二年（1645），摄政王多尔衮对卫所的处理意见是："掌印指挥、管屯指挥暂留，余指挥俱裁去。其卫、所改为州县，俟天下大定从容定夺。"[2]南北直隶、河南、山东、湖广等内地卫所在顺治和康熙年间大体撤并，将卫所管辖的人口与耕地交由附近州县来统一管理。大规模地改卫所为州县，是在雍正二年（1724）进行的，"除边卫、无州县可归，与漕运之卫所、民军各有徭役仍旧分隶外，其余内地所有卫所，悉令归并州县"[3]，而边地卫所和漕运卫所的改变此后时断时续，只是在条件非常成熟之际才加以改变，这种情况一直持续到光绪二十八年（1902）。

（二）绿营兵制及其职官

卫所制度中的军事职能部分在清初一段时间也得以保留下来。清朝入关后，下令裁除原来明朝卫所武官体系，如都督、指挥、千百户等名色，但由于作为地理单位的卫所仍然存在，所以各个卫所仍然委派一名掌印官负责辖区的行政事务，兼理屯田，其官职称谓大多采用了营伍制体系，如掌印官称守备，千户称千总，卫所军改称屯丁，漕军改称漕丁等。这些世袭武官的军事性质部分保留，原来享受的一些优厚待遇依然存在。如顺治五年（1648），仍有规定："在京、在外卫所原设有世袭官员管摄，今以新旧有功官员设

---

〔1〕 参见顾诚《卫所制度在清代的变革》，《北京师范大学学报》1988年第2期。
〔2〕 《清世祖实录》卷19，顺治二年七月壬子，中华书局，1985年，第167页。
〔3〕 《清世宗实录》卷19，雍正二年闰四月甲申，第313页。

立，给与世袭诰敕。"[1]

明朝的营伍制体系下的官军组织管理对清朝的绿营兵制也产生了巨大的影响。顺治十年（1653），清政府重新规定武职品级及其相应待遇："省城掌印都司从二品，参将正三品，游击、都司金书、省屯操都司、行掌印都司、行屯操都司，俱从三品；守备正四品，署守备从四品；守御所千总正五品，卫千总从五品。"[2]稍后定制的绿营兵制仍然汲取了明朝这两种兵制的基本编制方法，绿营的编制是标、协、营、汛，各营有提督、总兵统率，下设副将、参将、游击、都司、守备、千总、百总和外委等。从称谓看，显然糅合了明代卫所制与营伍制之下武官的称谓。

（三）漕运职能保留

明末，漕军制度仍然在艰难维持，如官府借故敲榨漕军，漕军军家生活困难，逃亡日多，漕军沿途多行不法之事，引发诸多诉讼案件。然而，漕军制度之所以没有被废除，自然是有它存在的合理性。军人较民户和商户而言，不仅易于管理，而且运转费用相对低廉。此外，长期以来，漕军运输积累了丰富经验，以旗军行漕粮之制仍然有利用的价值，清王朝的政治统治中心与经济重心的分离依然需要漕运的支持，等等。这些都是漕运职能得以保留的重要原因。康熙初年，礼部主事郑日奎就说："国家受命以来，百度维新，而漕法独沿明季秕政，以屯丁长运，因袭不改。"[3]这话正从一个方面反映出卫所在领导和组织漕运方面，仍然发挥着无可替代的作用。[4]

实际上，卫所制度在清代的延续是长期的，影响不仅体现在政

---

〔1〕《清世祖实录》卷41，顺治五年十一月辛未，第329页。
〔2〕《清世祖实录》卷77，顺治十年八月甲申，第611页。
〔3〕魏源《皇朝经世文编》卷47《漕议》，《魏源全集》第15册，岳麓书社，2004年，第524—525页。
〔4〕参见于志嘉《明代江西卫所屯田与漕运的关系》，《"中央研究院"历史语言研究所集刊》第72本，第2分，2001年。

治、军事、经济，还体现在社会、生活、文化等方面。近二十年来，有关卫所制度在清代的变革研究成果颇为丰富，有多部硕士和博士学位论文出版，许多研究直接把明与清的卫所结合在一起研究，部分成果可见绪论部分，相信今后还会有大量的跨越明清时期、跨学科领域的卫所变革研究。

［原刊于中央民族大学历史系编《民族史研究》（第七辑），民族出版社 2007 年，本书有部分修改补充］

第三章　建文政局与明前期都司卫所管理体制的变化

　　洪武朝形成的明代都司卫所管理体制和北边防御体系等，随着建文政局的变动，均有巨大变化，并对此后二百余年的明代国家防御格局和战略产生了深远影响。建文朝历时四年，一场"靖难之役"引发的不仅仅是皇位更迭。对这场战争爆发的原因，学界历来有不同的观点。固然"靖难之役"首先是一场军事战争，但皇位更替带来了权力中枢的巨大变化。战争的过程和结果必然导致交战双方的将领、军人、所在机构（都司卫所）、戍守驻地以及人员待遇等发生一系列的深刻变化。受此影响，永乐朝政治也打上了浓重的"后建文时代"的烙印。

　　《明史·兵志一》开篇小序有言："明以武功定天下，革元旧制，自京师达于郡县，皆立卫所……文皇北迁，一遵太祖之制。"[1]关于明初军制是"革元旧制"还是"明承元制"，学界有不同的观点[2]，兹不讨论。而明成祖"一遵太祖之制"的说法，并没有引起学界太大的关注。明太祖立国，立新朝之大体，建一代之政制，且有《皇明祖训》的约束，成祖遵太祖之制，似乎也是顺理成章。然细究之，又似乎有欲言又止之意，清代史家断不会无缘无故写此一笔。成祖都城之迁，"太祖之制"是否因此被中断，才有"一遵"的必要性？

---

〔1〕《明史》卷89《兵志一》，第2175页。
〔2〕参见李新峰《论元明之间的变革》，《古代文明》2010年第4期；张佳《新天下之化：明初礼俗改革研究》，复旦大学出版社，2014年；李治安《元和明前期南北差异的博弈与整合发展》，《历史研究》2011年第5期；萧启庆《内北国而外中国：蒙元史研究》，中华书局，2007年；朱鸿林主编《明太祖的治国理念及其实践》，香港中文大学出版社，2010年。

果如此，中断时间只有在建文、永乐年间。

建文朝历时四年，学界有"建文新政"之说，新政自然是相对于洪武政制而言。[1]王崇武敏锐地注意到"靖难之役"前后明代政治制度存在巨大的变化，他称"明代政治制度之巨变以靖难一役为分野：如太祖痛抑宦官，惠帝管束尤严，迨燕兵逼江北，内臣输朝廷虚实，成祖以为忠于己，而狗儿辈复以军功得幸，遂开宦官专权之渐矣。太祖分封宁、辽诸王，总在巩固边防，向外发展，成祖鉴封建太侈，诸王难制……然则所谓靖难事变者不仅关系朱氏叔侄之王位继承，抑且为一代制度之改革关键，固读史之人所不容忽视者也"[2]。

《明史·兵志一》特别提到的"一遵太祖之制"，应是在刻意强调从建文至永乐时期的兵制变动。由"靖难之役"引发的建文政局变动，导致永乐朝的都司卫所管理体制，包括都司卫所的调整、武官群体的变更、北边防御体系的重构以及京军京营体制的重建等巨大的变化。建文政局同时还对永乐朝及其后明朝的政治、经济和社会关系有直接或间接的影响。尽管本章所涉若干史事，学界此前多有讨论，但对靖难战争与明前期军制演变，尤其是都司卫所制度的重大变革的关系，对"靖难之役"与永乐政制之间的关系，却无人进行整体思考，而这是本章研究主旨之所在。

一 "靖难之役"对明初都司卫所制的冲击

洪武三十一年（1398），明太祖去世，皇太孙朱允炆登基，改年号为建文。建文元年（1399）六月，建文帝在削掉实力相对较弱的五

---

〔1〕 参见朱鸿《明成祖与永乐政治》，《台湾师范大学历史研究所专刊》（17），1988年；王家范、程念祺《论明初对洪武政治的批评——方孝孺的政治理想与建文帝的政策改革》，《史林》1994年第3期；牛建强、阎现章《试论明建文帝的维新政策》，《史学月刊》1987年第2期。
〔2〕 王崇武《明靖难史事考证稿》，《"中研院"历史语言研究所专刊》25，台湾商务印书馆影印版，1992年，第1页。

个藩王后，开始对付最强大的燕王朱棣。燕王遂以反对朝中奸臣齐泰、黄子澄破坏祖制为借口，打出"清君侧"的旗号，发动"靖难之役"。建文四年（1402），燕军攻入南京，称帝改元为"永乐"。这场战争，燕王最初以八百人起兵，以一隅抗天下，终由地方"诸侯"成为天下共主的皇帝。这样的权力变更，势必对洪武、建文两朝业已形成的国家和中央权力体系（尤其是政治和军事体制）带来巨大的影响。

（一）靖难军的来源卫所

第一，燕王护卫军和北平城内的卫所军。起兵之初，燕王的八百士卒就是燕王府的护卫军。为获取兵源，在誓师之前，燕王先设计擒获了驻守北平的建文帝亲信——布政使张昺和都指挥使谢贵，其部众也被收编入靖难军。接着又力拼北平都司在城内的守军，如都指挥彭二等人。城内的官员投降者众多，包括都指挥同知李濬、陈恭等。燕王迅速控制北平城，扩充了队伍。[1] 所以，除燕王直接控制的护卫军之外，北平都司武官成为靖难时最早的武官力量。

第二，北平地区的卫所。燕王与明朝中央的北边各都司卫所的武官多有交往。洪武后期，燕王多次率北边都司卫所大军征戍边地，故在其起兵之初，虽然有众多卫所武官奉建文帝之命出兵征讨，但也有为数不少的武官毅然归降燕王。如燕王起兵不久，通州卫指挥房胜、遵化卫指挥蒋玉、密云卫指挥郑亨等率众来归，使燕王的队伍迅速壮大。此后不久，北平周边的都司卫所官军或战败或归降，越来越多地加入到靖难军之中。靖难军在占领了通州、蓟州、遵化等地后，北平东边的局势相对安定下来。北平周围卫所也化为靖难军主力。

第三，大宁都司与朵颜三卫。建文帝在燕王起兵不到一月时间内，任命老将耿炳文为征燕大将军，率军北上，到真定、河间一带。

---

[1] 谷应泰《明史纪事本末》卷16《燕王起兵》，中华书局，1977年，第232—237页。

燕王南下迎敌，挫败号称 30 万大军的北伐军（据说实际是 13 万人）。此后，建文帝再命李景隆为最高统帅，率领 50 万大军北上。其间，燕王在"靖难之役"中取得两次关键的重大胜利，其一就是夺得大宁之地，并将朵颜三卫的骑兵收入囊中。大宁为明蒙交界的边防要地，这里原设有大宁都司，后改为北平行都司，洪武时设置了 20 余卫所，且管控蒙古朵颜三卫。夺得大宁，不仅解除了北平的北边防御之忧，还补充了精锐之师，意义非凡，故《明史》有云："成祖尽拔诸军及三卫骑卒，挟宁王以归。自是冲锋陷阵多三卫兵。成祖取天下，自克大宁始。"[1]

明代中期以降，广为流传的靖难期间明成祖曾向三卫借兵，并允诺割地以酬其劳，完全是明代中期以后当时人的误会，达力扎布[2]与和田清等人对此已有驳正。不过，可以肯定的是，燕王在起兵初期就拿下大宁地区，朵颜三卫军加入靖难军，对靖难战争的成败影响甚大。此后三年又陆续有蒙古军归降，燕军的战斗力不断增强。这些蒙古军也是此后明王朝重要的武官力量，因此世代享受军功带来的优越生活和较高的地位（参见本书中关于忠顺军的相关研究）。

第四，华北的都司卫所。建文元年（1399）十月，燕王与宁王朱权到会州（今河北平泉南），对起兵以来的燕王、宁王、北平行都司、北平都司等原辖卫所官军予以改编，组建靖难五军，即中、左、右、前、后等五军编制，分设将军与副将军。"张玉将中军，郑亨、何寿充中军左右副将；朱能将左军，朱荣、李濬充左军左右副将；李彬将右军，徐理、孟善充右军左右副将；徐忠将前军，陈文、吴达充前军左右副将；房宽将后军，和允中、毛整充后军左右副将。"[3]靖难军的基本规模大抵如此。

随着战事的进展，燕王的靖难军又陆续收编了越来越多的建文

〔1〕《明史》卷 145《陈亨传》，第 4094 页。
〔2〕参见达力扎布《明代漠南蒙古历史研究》，内蒙古文化出版社，1997 年，第 8—12 页。
〔3〕《明太宗实录》卷 4（下），建文元年十月乙卯，第 40—41 页。

中央军，人数从最初不足千人，到上万人，最终达十数万之众。当然，在军队总数上，靖难军一直无法与建文军相抗衡。

（二）建文帝的败亡

建文帝的军队主要从各地都司卫所调取，他有能力指挥全国的兵力，建文军在数量上也对燕军拥有压倒性的优势。战争期间，他前后调取的兵力总数在百万之上，超过燕王军数十倍之多。甚至直到建文四年（1402）四月时，建文帝还下令从辽东都司调取10万精兵，由杨文率领，计划到山东铁铉处增援，以切断燕军的后路，兵力不可谓不充足。但杨文刚到直沽（今天津），就被燕将宋贵击溃。

建文帝即位之初，继承的仍然是太祖留下的"塞王实边"的边地防御格局。有学者认为，建文帝上台之后致力于"建文新政"，倡导"以文治国"，采取一系统的措施抑制武力、抬升文官的地位。"靖难之役"的发生，实际可以视为那些被抑制的武官群体对建文"左班文臣"发起的集体倒逼。[1]对此，也有学者提出不同的观点："靖难之役毕竟是一场维护和夺取中央政权的大规模战争。朱棣从策略考虑，在举兵叛乱和夺取帝位后表里并不一致，注意的重点是军事，力图摧毁和瓦解建文帝的武装力量，对忠于建文的将领恨之入骨；口头上却把手无缚鸡之力的建文朝某些文臣说成是主要对手。这种政治宣传长期影响到后来的史籍，在很大程度上掩盖了历史的真相。"[2]

因此可以说，靖难战争的根本性质是皇位争夺的战争，是一场军事较量，是建文帝和朱棣的文臣武将之间"智"与"力"的比拼，北方武官与南方文臣的矛盾所起的作用是有限的或者间接的。如果说燕军依靠的主要是北方武官，而建文帝主要依托江南文臣，从地

---

〔1〕 朱鸿《明成祖与永乐政治》，《台湾师范大学历史研究所专刊》（17），1988年；毛佩琦、李焯然《明成祖史论》，（台北）文津出版社，1984年。
〔2〕 顾诚《靖难之役和耿炳文、沐晟家族——婚姻关系在封建政治中作用之一例》，《明朝没有沈万三》，光明日报出版社，2012年，第65页。

域上看似不错，实际上与燕军殊死搏斗的也有许多当年北征时合作的大将，如平安就是其中一位；南方将领一路投降的反而不少，像扬州卫指挥王礼及其弟弟王宗都主张投降，还逮捕了主战的王彬和崇刚，献给燕军。此外，诸如扬州、高邮、通州、泰州等地的官员，都没有殊死抵抗，就投降了燕军，亦是很好的例证。[1]从双方三年多的交战看，靖难军中出生入死者甚众，而建文军像铁铉和平安那样的官员却为数不多。[2]两军对垒，除燕王的个人能力远胜于建文帝之外，双方最大的差别在于，建文军数量多但一切惟命是从，打仗是职责，可打也可不打，各有各的小算盘，故有战有降；而燕军选择了对抗中央，打仗是反叛赌博，以一隅对抗天下，开弓没有回头箭，取胜的意志更加坚定，作战的动力自然大不相同。建文帝之败，主要败在君臣的谋略胆识和战略战术。

（三）藩王护卫军的大变革

靖难师起的直接导火线，是建文帝对诸藩的管控和对三护卫的削夺，燕王也面临被削藩的危险，遂举兵反抗以博取存在和发展的可能。《明史纪事本末》也把建文削藩与燕王起兵直接挂起钩来分析。

> 建文元年春二月，令亲王不得节制文武吏士。更定官制。夏四月，人告岷王楩不法事，削其护卫，诛其导恶指挥宗麟，废为庶人。又以湘王柏伪造钞及擅杀人，降敕切责，仍遣使以兵迫执之。湘王曰："吾闻前代大臣下吏，多自引决。身高皇帝子，南面为王，岂能辱仆隶手求生活乎！"遂阖宫自焚死。又以人告齐王榑阴事，诏至京，废为庶人，拘系之。幽代王桂于

---

〔1〕 谷应泰《明史纪事本末》卷16《燕王起兵》，第231—279页；晁中辰《明成祖传》，人民出版社，1993年，第154—173页。

〔2〕 邓士龙辑，许大龄、王天有主点校《国朝典故》卷20—25《革除遗事》，第350—411页。

大同，废为庶人。未几，靖难兵起。[1]

其实，朱元璋不是不知道诸位藩王对建文帝皇位的威胁，他也采取了一些防范措施。顾诚认为"从朱元璋处理侄儿朱文正、次子朱樉、三子朱棡等人的不法、异谋等事件，撰写《皇明祖训》和《御制纪非录》等书来看，他对维护宗室内部的稳定常萦系于心"。太子朱标死后，再清理"蓝党"，借口处死宋国公冯胜、颍国公傅友德。但同时却在洪武二十七年（1394）十二月亲自把懿文太子的长女江都郡主嫁给长兴侯耿炳文的儿子耿璿。"这一政治性婚姻实际上意味着朱元璋为保护即将继位的皇太孙在军事上做出的安排"[2]，可视为朱元璋为建文帝在军事防范方面做出的努力。

燕王称帝后，更是非常清楚藩王"尾大不掉"的潜在威胁，他虽然名义上恢复了被建文帝贬削的藩王的地位，但从皇帝角度讲，他们叔侄二人在遏制藩王势力上的想法是一样的。永乐元年（1403），成祖革去代王的三护卫及官属，四年削去齐王的护卫和官属，不久又废其为庶人，六年削去岷王的护卫与官属，十年削辽王的护卫，十五年废谷王为庶人，迫使周王主动献三护卫。终成祖一朝，13 位拥有兵权的亲王有六位被夺取护卫，"从根本上改变了朝廷与诸藩在军事力量上的对比"[3]。成祖在位时，也分封自己的儿子高煦为汉王、高燧为赵王，均按洪武祖训设有三护卫。宣德元年（1426），汉王高煦仿父亲之举，兴兵反叛，被宣宗迅速平定，明朝"亲王典兵"的问题基本解决。

"靖难之役"在很大程度上改变了洪武朝藩王的左、右、中三护卫军之制。新封和旧存的宗藩，也仅保有数量有限的护卫军，且每卫的军兵人数都达不到标准配备，有的甚至只有三五百人。即便如此，

---

〔1〕 谷应泰《明史纪事本末》卷 15《削夺诸藩》，第 228 页。

〔2〕 顾诚《靖难之役和耿炳文、沐晟家族——婚姻关系在封建政治中作用之一例》，《明朝没有沈万三》，第 66 页。

〔3〕 顾诚《明代的宗室》，《明朝没有沈万三》，第 84 页。

藩府的护卫军除负责藩府护卫和杂务外，也被纳入国家和地方武官管理体系之中，统一征调使用。如河南都司下的南阳中护卫、洛阳中护卫，山东都司下的兖州护卫等，在此后都陆续参加到京操班军和边操事务之中，这与洪武后期藩府节制地方军事力量的情况完全不同。[1]

《明史·兵志二》记，"洪武二十六年，定天下都司卫所"，经过建国近三十年的建设，明朝的都司卫所管理体制在洪武朝确定了下来。但是"靖难之役"的爆发，很大程度上改变了洪武都司卫所制的旧有局面，包括长江以北的都司卫所和藩王护卫军都做出了很大的调整和变化。

二　靖难新贵与卫所武官体系的改变

"靖难之役"是燕王、建文帝叔侄之间最直接的武力较量，受影响最直接、最大的自然属于武官集团，除非那些远离战场的武官，长江以北广大地区的武装力量大都必须在两个集团之间做出选择，无法置之度外，武官集团必然一分为二。朱棣夺嫡入位后，一方面大封靖难功臣，另一方面杀戮建文旧将，进一步瓦解了洪武朝业已形成的武官集团。"靖难之役"对明朝的统治者群体结构带来了直接的巨大改变。

（一）靖难新贵的出现

一批军功将领在"靖难之役"中因立有战功被奖赏提拔，产生了一批靖难新贵。这些人首先包括最早随朱棣起兵的第一批将领，以及在几次重大战役中有功的人员（包括战死者的后代）。

最早一批靖难军官在刚攻入南京不久就得到了嘉奖，他们中不少人在短短的三年战争期间就完成了从卫所中下级武官到最高级武官的转变。洪武三十五年（1402）夏六月，朱棣下令：

---

[1]　参见彭勇《明代班军制度研究：以京操班军为中心》，第 169、174 页。

升指挥使丘福、朱能、郑亨、徐忠、张武、陈圭、孟善、李彬、王忠、火真、陈贤、李远、郭亮、房宽、徐理、唐云、陈旭、刘才，俱为都督佥事；王聪、徐祥、赵彝俱为都指挥使；张辅、陈志、李濬、张兴、王友，俱为都指挥同知；孙岩、房胜为都指挥佥事赠指挥使，张玉、谭渊俱为都指挥同知。[1]

在燕王起兵的誓师大会上，他的"靖难之师"兵力还相当有限。他依赖的主要将领，一是张玉，任燕山左护卫指挥佥事（正四品），二是朱能，任燕山护卫千户（五品），兵力仅有八百士卒，二人品级不高，仅是中级武官。靖难后论功行赏之时，得封公爵者有三人，一是成国公朱能，二是淇国公丘福，三是张玉被追封为荣国公，官居一品。在此后的战争中立有战功或归降的将士，也都有丰厚的赏赐，"论具舟济师功，升高邮卫千户胡深等二百四十二人，扬州卫指挥同知陈昭等一百二十五人，各一级赐钞有差"[2]。

关于靖难功臣中武臣的授职和世袭办法，永乐元年，成祖颁行了"定军功袭职例"，做出了详细的规定：

凡军官舍人、旗军余丁，或自愿报效，或选令征进，曾历战功升授职役亡故者，其子承袭，无子其父兄弟侄见受职役小者，俱准承继职事相等。无应袭者，义子女婿不准承袭。若先不曾立功，就与职役后，亦无战功亡故者，不许承继。指挥千百户子弟随征有功，先已升指挥千百户、后有征进有功升职者，准袭。不曾征进者，不许。致仕官守城或征进有功亡故，并年老告代者，原代职子孙，亦尝随征或曾任北京卫所职事，及见支优给职任小者，就与父兄所升职事。若职事相等，不许令次子孙别袭。若原

[1]《明太宗实录》卷9（下），洪武三十五年六月癸酉，第138页。
[2]《明太宗实录》卷9（下），洪武三十五年六月辛未，第136—137页。

替职子孙不曾于北京卫所任事，次子孙曾随征或于北京守城，今父祖欲令袭授所升职者听，原替职子孙革闻。[1]

其中特别规定了参与靖难战争或守北平的、原在北平的卫所任职武官的世袭办法，可见靖难新贵的待遇远胜于洪武朝勋贵。

在明代卫所武职选簿中，凡跟随朱棣起兵而被升职的武官，被称为"新官"，从目前仅存的武职选簿看，这批新官在许多卫所的武官中所占比例很高。据梁志胜的统计，羽林前卫（由北平三护卫改）、燕山左卫、燕山前卫、义勇后卫、忠义前卫、保定左卫、保定前卫、保定中卫等，几乎清一色地是新官，而在北平及华北等较早跟随燕王起兵的卫所，新官的比例也很高。当然，西南边远地区卫所里的新官相对较少或几乎没有，是因为他们没有参与"靖难之役"。[2]

永乐十年（1412），针对靖难新贵的后代袭替祖职的问题，成祖也给出了比较优厚的条件，规定："靖难故官子弟"可以先袭职，再比试。

> 兵部尚书方宾等，引奏奉天靖难故官子弟比试袭职，上可之。已而复召宾等谕曰：朕适见所引故官子弟比试者，不觉怆然。盖初举义之时，其父兄忍饥冒寒，艰苦百战，不幸有死于战阵，或殁于疾病。今观其子弟皆稚弱，若令如例比试而后袭职，必未闲武事而因是绝其俸禄，无以自存矣。可且令袭职给全俸，俟长成比试，不中，罪之未晚。[3]

明朝实行严格的武官世袭制度，而靖难子弟可不必比试先行世袭，其待遇堪比归顺的北方边地达官，高于普通武官，此举意在保

〔1〕《明太宗实录》卷24，永乐元年十月乙巳，第431—432页。
〔2〕梁志胜《明代卫所武官世袭制度研究》，第89、98—99页。
〔3〕《明太宗实录》卷129，永乐十年六月庚午，第1599—1600页。

护他们特殊的地位。这些新官的增加，其实不能简单地理解为世袭武官队伍的扩充（建文旧臣被革除世袭之位者亦不少），更准确地说是更新或改变了洪武、建文两朝以来的武官结构。

在靖难新官之中，确有为数众多归附的少数民族武官——"达官"，他们中有大批早在洪武朝时便归附，被安插在明朝内地各卫所之中，而北平是他们重要的活动地区之一[1]，所以有大量的达官参与了靖难战争，他们在战争中屡立战功，本人或子孙得以加官晋级。现存的武职选簿、官方正史中，均记载有这批高级武官的靖难事迹。比如南宁伯毛胜，"从靖难历升都指挥同知"。清平伯吴成，太祖时来降，充总旗。靖难中"始知名"的奉化伯滕定，洪武二十二年（1389）时来降，授会州卫指挥佥事，从燕王起兵晋指挥使，建文三年时卒，叔滕安袭职。忠勤伯李贤，洪武二十一年归附，靖难师起，以功累迁都指挥同知。永顺伯薛斌，父洪武二十一年来归，授燕山右卫指挥佥事，斌代职，从靖难累功历升左军都督佥事。安顺伯薛贵，以舍人从燕王起兵，屡脱王于险，积官至都指挥使，再从北征，升至都督佥事。[2]同安侯火真，洪武时为燕山中护卫千户，从征真定，"火真每领骑出，辄有获。敌闻其勇皆惮之"[3]，累功升至都督佥事。这些达官及其后代散布在全国各地的都司卫所里，是明朝主要的防御和建设力量。

此外，在登极后不久，朱棣即恢复了一批在建文朝因各种原因被贬黜的官员，这也是建文政局变动对武官群体影响之一个方面。

> 命五府六部，一应建文中所改易洪武政令格条，悉复旧制……升金吾左卫指挥佥事马兴、千户王成俱为府军左卫指挥

---

[1] 彭勇《明代"达官"在内地卫所的分布及其社会生活》,《内蒙古社会科学》（汉文版）2003年第1期。

[2] 郑晓《吾学编》卷19《异姓诸侯传》下卷,《续修四库全书》史部第424册, 上海古籍出版社, 2002年, 第322—324页;《明史》卷156; 另见奇文瑛《明代卫所归附人研究：以辽东和京畿地区卫所达官为中心》, 中央民族大学出版社, 2011年, 第178页。

[3] 《明太宗实录》卷95, 永乐七年八月甲寅, 第1261页; 另见《明史》卷145《火真传》, 第4091页。

同知，张得为本卫指挥佥事。复中军都督李谅、旗手卫指挥李忠官，盖谅等皆建文中斥罢故也。[1]

（二）洪武旧臣受到的冲击

成祖杀戮与自己作对的建文官员手法之残忍，一向被认为是骇人听闻的。朱棣以"除奸恶"之名起兵，最初仅以齐泰和黄子澄为对象。登极之后，他列出"左班文臣"奸恶29人，后又增加了一批六部九卿，共计124人，此后更有追加惩处的战死大臣。[2]这些人都受到了严厉的惩处："俱磔戮于市，夷其族，连坐死者数千人，独孝孺所连及八百四十余人。"[3]自然，这些建文遗臣以文官居多，但战死的高、中、低级武官数量更多，遗憾的是，从保留到今天本已残缺的明代武官世袭选簿中，已很难查清到底有多少武官了。

在夺取天下之后，对那些卷入战争的前朝普通官军，成祖采取了宽容的态度："及上入正大统位，诸守将皆释兵入觐"，"释前师中所擒都督陈晖、杨文、韩观、黄中等，纵所领将士各还其伍，民兵悉放为兵"。[4]毫无疑问，"靖难之役"对洪武、建文朝的武官、旗军群体带来很大改变，首先是战争本身带来的伤亡。建文军的组建，最初是耿炳文率众的30万，燕军一战斩敌首级3万余。后来，李景隆、郭英、吴杰和平安等人再率大军60万，号称百万，燕军则有10余万之众，最后南军大败，"斩首及溺死者十余万，降者数万人"，数量尤其巨大。[5]特别要指出的是，这些官、军都是世袭的军籍，虽然可以替补，但故绝者亦不少，战争给洪武旧有的官军体系带来的巨大冲击显而易见。

〔1〕《明太宗实录》卷9（下），洪武三十五年六月庚午，第136页。
〔2〕郎瑛《七修类稿》卷10《建文忠臣》，上海书店，2009年，第101—103页。
〔3〕高岱《鸿猷录》卷8《入正大统》，上海古籍出版社，1992年，第188页。
〔4〕高岱《鸿猷录》卷8《入正大统》，第188—189页。
〔5〕高岱《鸿猷录》卷7《转战山东》，第158页。

"靖难之役"后，明代世袭武官集团的基本格局形成，此后世袭武官的晋升之路越来越艰难，一是因为密集的战事大幅度减少，二是大规模越级提拔情况减少，三是世袭武官在军队实际带兵能力下降，征战戍边之制转向营兵制，中央压缩了世袭的空间。当然，世袭武官的政治、经济待遇一直保持到明朝灭亡，所以"靖难之役"后形成的高、中级世袭武官格局也就一直持续到明朝灭亡。

三　战后北边防御的新形势与都司卫所的新布局

学界普遍认为，洪武朝的北边防御战略具备"塞王守边"的特点，尤其是在洪武后期，当开国功臣老故之后，秦王、晋王、燕王和周王等藩王成为北边防御的主要组织者。赵现海认为"诸王至国后，地方军事体系并非诸王—都司—卫所的三级体制，而是诸王—总兵官—都司—卫所的四级体制"，就有这方面的含义。[1]这一特征，也可以从这一时期北边的京操班军和边操制度的形成过程中得到充分的揭示。然而，洪武朝形成的北边军制，从建文朝一开始即面临严峻挑战，并迅速被扭转。成祖登极之后，在限制和逐步削除藩王权力的大前提之下，针对明朝与蒙古关系的新变化，对北边地区的都司、卫所设置也做出了很大的调整，藩王的军权被削除，新的北边防御体系被重新构建。

（一）北边都司卫所的新调整

到"靖难之役"结束时，已有6位藩王被削去护卫军，在东北的辽王、大宁的宁王和宣府的谷王均被徙封于内地，分别在荆州、南昌和长沙。至此，以藩王节制辽东都司、大宁都司（北平行都司）、北

---

[1] 赵现海《明代九边长城军镇史：中国边疆假说视野下的长城制度史研究》，社会科学文献出版社，2012年，第145页。

平都司等边地军卫兵马的局面随着燕王的称帝而一去不复返。

洪武三十五年（即建文四年，1402），北平行都司及原驻地的卫所因参加战争，卫所屯驻地出现巨大变化，已无法按原设计发挥作用。永乐元年（1403），成祖即着手对此前的都司卫所分布做出了"收缩内迁"的重大决定，将北平行都司治所迁于保定，并将其名称改回"大宁都司"，把从山海关到居庸关一带的 61 个在外卫所和在内卫所、3 个守御千户所改属"北京留守行后军都督府"；稍后，再"以大宁兵戈之后，民物凋耗，改宁王府于南昌。是日，遣王之国"。《明太宗实录》载："（北平）行都指挥使司为大宁都指挥使司，隶后军都督府。设保定左右中前后五卫，俱隶大宁都司；调营州左屯卫于顺义，右屯卫于苏州，中屯卫于平峪，前屯卫于香河，后屯卫于三河卫，设左右中前后五所，仍隶大宁都司。"[1]不论撤销大宁防区是出于何种目的，它所带来的影响都是有目共睹的，毕竟，蓟镇居于京师（北平）之侧，与敌对的蒙古部族近在咫尺，本属于"内边"的京畿、蓟镇之地不得不直面蒙古部族势力。

永乐二年（1404），蓟州地区已开始派驻镇守武官，"以陈敬为都督，镇守边关。建城，始迁安寺子峪，为蓟镇守之始"[2]。永乐中后期，都指挥使陈景先长期驻扎蓟州镇守，奉命修筑边城、加固边墙、巡逻预警，在紧急之时，还获准指挥附近驻扎军兵。[3]宣德初，镇守蓟州等处的武官已经是都督佥事级别，略高于都指挥使，管辖的范围也有所扩大，延伸到从蓟州到山海关的广大地区。

大宁都司迁治于保定，凸显了保定在防御北边、戍守京畿方面

〔1〕《明太宗实录》卷 17，永乐元年二月辛亥，第 302—303 页；卷 17，永乐元年二月己未，第 306 页；卷 18，永乐元年三月壬午，第 320 页。关于撤销原大宁都司防区的原因，自明代中期开始，在社会上就存在很大的争议。
〔2〕郭造卿《卢龙塞略》卷 3《谱部·沿革谱》，董耀会主编《秦皇岛历代志书校注》，中国审计出版社，2001 年，第 70 页。
〔3〕"督军民修筑遵化城及缘边关隘之倾颓者"，《明太宗实录》卷 154，永乐十二年八月乙卯，第 1777 页；"蓟州、山海等卫官军可调遣参用"，《明太宗实录》卷 254 上，永乐二十年十二月庚戌，第 2360 页。

的重要地位。保定是北方重镇，为北方游牧民族进入中原腹地的重要通道，是历代兵家必争之地，"大抵皆战场矣"。顾祖禹引《边防考》云："（保定）府居三关之中，形势适均，缓急可赖，诚三辅之长城，两边之内险也。"[1]"两边"，即宣府和大同。保定在以北京为中心的防御体系中地位凸显。成化时，保定知府赵英称："以保定拱卫神京，为天下第一要镇。"[2]

宣府原有谷王的镇戍，与大同同为明前期北边防御重镇。这里早在洪武末年和永乐年间陆续建置一批卫所，包括宣府前卫、左卫和右卫，万全左、右卫，隆庆左、右卫，保安卫和保安右卫，开平卫、怀安卫、蔚州卫、怀来卫和永宁卫等卫，兴和和美峪守御千户所等。宣德五年（1430）六月始，明中央设立万全都司，管辖怀安到居庸关间的卫所，"置万全都指挥使司。时关外卫所皆隶后军都督府，上以诸军散处边境，猝有缓急，无所统一，乃命于宣府立都司。命都指挥使马昇，同知毛翔、武兴升指挥使，朱谦为都指挥佥事，俱往治司事。宣府等十六卫所皆隶焉"[3]。

于是，成祖在撤出藩王的同时，根据边地形势的发展和需要，又陆续往北边地区派驻大量的镇守武官，其中有为数众多的靖难新贵，以期构筑连接宣府、大同、保定和京师的防御体系。这显然是基于后"塞王实边"时期首都迁至北京之后，做出的重大调整。此举直接改变了明初洪武朝业已形成的卫所防御体制，构建新防御体制的举措陆续应运而生，如入卫兵制、班军制度以及镇戍制、省镇营兵制等。[4]

---

〔1〕 顾祖禹《读史方舆纪要》卷12《北直三》，第507—508页。
〔2〕 赵英《大宁都司重修儒学记》，弘治《保定郡志》卷24《诗文》，《天一阁藏明代方志选刊》，上海古籍书店，1981年，第50页。
〔3〕《明宣宗实录》卷67，宣德六年五月壬午，第1579页。
〔4〕 肖立军、胡凡、赵现海等人在此方面有代表性的研究成果，参见彭勇《学术分野与方法整合：近三十年中国大陆明代卫所制度研究评述》，（日）《中国史学》第24卷，朋友书店，2014年，第59—70页。

（二）对蒙古诸部的战与守

明北边防御体系是为防御蒙古部族而建，明蒙关系的新变化直接影响到都司卫所管理体制的运行。

"靖难之役"结束，作为首都的南京迎来了新的主人，组建了新的权力中枢。成祖因其轻骑南下，随行的亲信与前此组建的五军留在南京，原戍守北边的官军像大宁都司军人返回原卫所。此时，北方社会经济遭受战争的严重破坏，成祖称北方的经济"如人重病，初起善调理之，庶几可安，不然病将愈重"[1]。打击政敌、稳定政局、正名扬声，以及恢复经济、规范屯田等事务，都是成祖的当务之急。

成祖对北边防御的重要性有他自己的体验和理解，尽管此时藩王守边的格局已被打破，但北边局势尚且安宁。永乐元年，他就对大臣们说："今日惟当安养中国，慎固边防。"[2]在洪武后期，当纳哈出归降、捕鱼儿海之役后，脱古思帖木儿被弑，原蒙元王室遭到沉重打击，蒙古内部发生混乱，出现了严重的分裂。明太祖和建文帝都采取了积极防御的措施，北边局势进入相对平稳的时期。[3]所以，在永乐前期，成祖对北边主要采取"通好"的政策，采取了稳妥的防御策略。

在登极之初，成祖说："《春秋》：'驭夷之道，来者不拒，去者不追。'盖彼之来既无益于我，则其去也亦何足置意……但严兵备、固疆圉，养威观衅，顺天行事，如造次轻举，后悔无及。"[4]永乐元年（1403）二月，他致书鞑靼可汗鬼力赤说："今天下大定，薄海内外皆来朝贡，可汗能遣使往来通好，同为一家，使边城万里，烽堠无警，彼此熙然，共享太平之福，岂不美哉！"并赐给来归的蒙古

---

〔1〕《明太宗实录》卷53，永乐四年四月丁卯，第791页。
〔2〕《明太宗实录》卷24，永乐元年十月戊辰，第446页。
〔3〕唐丰姣《洪武至宣德时期明朝对蒙古的经略》，中央民族大学博士学位论文，2010年。
〔4〕《明太宗实录》卷15，洪武三十五年十二月辛酉，第278页。

人大批物品。[1]当年三月，他又派遣使臣到瓦剌部，劝谕来降，共修和平。[2]此后，他一直对蒙古部族采取"宣谕招附"与"积极防守"的政策，还数次表达类似的诚意。[3]

永乐朝在靖难之后重开战事是对安南的用兵。对蒙古的用兵，则是在永乐七年（1409）朱棣称帝之后第一次荣归故都之时，蒙古贵族竟然杀掉明朝派出的使臣。次年朱棣第一次亲征，出兵打击鞑靼可汗本雅失里，他的《亲征胡虏诏天下诏》表达了八年来对蒙古贵族的一再迁就、忍让的宽容却招致以怨报德的愤慨，以及不扫大漠誓不休的气概。永乐十二年（1414）的第二次亲征打击对象是瓦剌可汗马哈木。

通过两次亲征，成祖对北方边境的新形势大致有了清楚的认识，进一步调整和加强北边防守，在北部边疆集结更多的兵力，打击、防御敌对的蒙古部族成为他的首要目标。永乐十三年（1415），他组织了最大规模的军队调动到北平地区，这就是后来《明史·兵志二》误认为"京操之始"的大调兵。成祖在永乐十四年（1416）九月短期回南京后，不过半年又回到北京。此后，他完成了迁都北京的壮举，再接下来是每年一次、连续三次对蒙古部族的亲征。

从表面上看，成祖对北方蒙古部族的政策，从前期的招抚到中后期的严厉打击有着鲜明的对比。后期的转变，似乎与建文政局的关系不大了。实际上这种转变的背后却是因为洪武北边防御体制的被打破，必须重新建构新防御体系的需要。对成祖迁都北京的原因，学界并没有完全一致的意见，而对他的五次亲征，尤其是后三次密集的北征原因何在，也有不同的见解[4]，但都不能回避的最重要因素是来自蒙古部族的威胁。

---

[1] 《明太宗实录》卷17，永乐元年二月己未，第307页。
[2] 《明太宗实录》卷19，永乐元年四月壬子，第340页。
[3] 《明太宗实录》卷49，永乐三年十二月乙亥，第740页；卷52，永乐四年三月辛丑，第778页；卷54，永乐四年五月丁酉，第808页；卷72，永乐五年冬十月壬辰，第1003页。
[4] 见本章所引商传、毛佩琦、朱鸿林和晁中辰等学者的相关论著，出版信息不再重出。

四 京军和京营体制的变化

成祖自北平起家，由藩王夺嫡入继大统，率领大军于南京登基，后又迁都回北京，这样的经历，对明代的京师、京军和京营制度都会产生重大的影响。

（一）京军的拆分与重组

京军、京营是两个不同的概念。狭义上的京军是指在京师的亲卫军；广义上的京军则包括了在京、在内、京畿地区甚至远调而来的军兵，它的数量更为庞大。如明中期王廷相所言，"洪惟我太宗文皇帝迁都之后，京师置七十二卫所，约官军不下三十余万。畿内置五十余卫所，约官军不下二十余万"[1]。京营一般是指五军营、神机营和三千营等三大营。在成祖迁都北京之前，明朝的京军仅在南京，迁都之后实行两京制，南、北二京均有京军，但两京三大营职能却相去甚远了。

燕王登极，意味着洪武、建文朝的旧有亲卫军体系构成必须要做出改变，最初随他起兵的众将士留在南京，化为新的京军。在京军卫的构成上，他把原来的护卫军改为亲军卫，这也是理所当然的事情。"升燕山中护卫为羽林前卫，燕山左护卫为金吾左卫，燕山右护卫为金吾右卫，俱亲军指挥使司"[2]，其原燕王府属卫所名字也陆续做出相应的更改。永乐四年（1406），"改燕山左、燕山右、燕山前、济阳、济州、大兴左、通州七卫俱为亲军指挥使司"[3]。在迁都北京前，成祖对两京的卫所进行了再分配。

> 上谓行在兵部尚书方宾曰：明年改行在所为京师，凡军卫合行事宜，其令各官议拟以闻……金吾左等十卫已为亲军指挥

---

〔1〕 王廷相《修举团营事宜疏》，《明经世文编》卷148，第1473页。
〔2〕《明太宗实录》卷9（下），洪武三十五年六月辛未，第136页。
〔3〕《明太宗实录》卷51，永乐四年二月戊寅，第765—766页。

使司，其行移并守卫官军，俱合依南京上十卫例。其各卫官军，今在南京及行在卫分者，俱合取入原卫上直守卫。南京留守五卫，每卫改官军一半来北京，开设留守五卫，仍属五府，分守城门及更番点闸皇城四门。北京牧马千户所，候调南京军至并之常山三护卫，见在北京，其文移合依安东中护卫例。悉从之。

命兵部以孝陵、济川、广洋、水军左右、江阴、横海、天策、英武、飞熊、广武、应天等卫，留守南京；神策、镇南、骁骑、沈阳、虎贲、豹韬、龙骧、鹰扬、兴武、龙虎、武德、和阳、沈阳右等卫，调守北京；留守中、左、右、前、后五卫官军，分守南、北二京。[1]

经过调整，南京仍保留有 49 个卫，其中有亲军卫指挥使司 17 个，五军都督府属卫 32 个，由南京守备和中军都督府节制。《明史·兵志二》"卫所"项分别记载了洪武二十六年（1393）"定天下都司卫所"和"后定天下都司卫所"两个时段的卫所设置，对南北二京所属卫所及其前后分合关系有简单的交待。

有学者认为，成祖登基之后，对天下都司卫所的调整涉及面非常广，不仅包括在京的兵部、五军都督府，还包括"派驻地方的各个都司、行都司和中都留守司的都指挥使、都指挥同知、都指挥佥事、留守使，以及都司、行都司和留守司下辖的卫所级武官"[2]。但就笔者看到的史料，认为以北平为中心的都司卫所因卷入"靖难之役"，都司卫所武官变化比较大，而远离战场者变化要小得多。

（二）京营的诞生

京营是明代军事武装力量的核心与中枢。永乐时期，明代国家

<hr>

[1]《明太宗实录》卷 231，永乐十八年十一月丁卯，第 2234—2235 页。
[2] 范中义、王兆春主编《中国军事通史》第 15 卷《明代军事史》，军事科学出版社，1998 年，第 303 页。

军事建制中一项重大变化便是京营的形成。它的出现和制度化，与"靖难之役"后迁都北京、南北二京制的关系最为密切，与明朝北边防御体系的新构建也有很大的关系。

《明史·兵志一》"京营"条，对成祖一朝三大营建制有较为详细、静态的介绍，但对建置的过程并没有交待清楚。其中讲到"成祖增京卫为七十二"[1]，指出了京营制度的形成和发展，但形成的具体时间和详细过程却多有争议。罗丽馨认为，京军三大营"源于永乐七年太宗北巡，此后经多次北征而强化，至永乐十九年北迁后大体形成，宣德二年因班军确立，始予制度化"[2]。文章强调了迁都北京对京营体制是有重大影响的，如言及"尤其十九年正月正式迁都北京后，因京卫增加，五军营组织加速趋于完备"，"故神机营之成立，实在迁都前后，由于京卫增加，为配置重兵于京师，将神机铳队加以制度化"，等等。李新峰则认为，"永乐、洪熙、宣德之际，北征军队不及遣返，常驻京师，遂突破了'战时出征，事毕还卫'原则，渐成常备军驻京之制；三大营体制来源于靖难战争中的北军体制和永乐历次北征中的亲征军体制"。宣德元年（1426）原额亲征军常驻北京的制度化措施（京操班军），可以视为明代京营的正式成立标志，"三大营突破了亲军卫、京卫、外卫的界限而各统内外卫所，各营下属的各司更是打乱了卫所编制"[3]。这与笔者所研究的明代班军制度始于永乐二十二年，在宣德一朝确定下来，主旨是一致的，即作为三大营之重要组成部分的班军，在明前期的军事调动大背景之下，及永乐一朝的军事调动中逐步产生，以戍守京师和负责京畿地区的常态化管理。[4]

京军三大营在编制上的变化与永乐朝军事形势的变化有很大的

〔1〕《明史》卷89《兵志一》，第2176页。

〔2〕罗丽馨《明代京营之形成与衰败》，（台北）《明史研究专刊》1983年第6期，第8—11页。

〔3〕参见李新峰《明代前期的京营》，《北大史学》第11辑，北京大学出版社，2005年，第253页。

〔4〕彭勇《明代班军制度研究：以京操班军为中心》，第52—73页。

关系，它不仅与三大营在永乐一朝陆续建立有关，还体现在三大营的具体建置的构成上。五军营包括京操班军，此前已述。关于三千营，《明史·兵志一》载："已得边外降丁三千，立营分五司。"《明实录》又载："右军都督同知薛斌言：都督吴成等，于斌所领随驾三千马队官军内，多选旧辑鞑人隶其麾下，致原伍多缺。上命于在京及直隶、扬州、高邮、泗州诸卫并浙江各都司选精者、壮者补之。"[1]明中期的张卤认为："文皇帝继极，以龙旗宝纛下三千小达子立营，故名曰三千营，外以随侍营附之。"[2]而明末何乔远更是把靖难战争与三千营的形成讲得生动形象。

> 成祖靖难时，将引兵南向，患宁王蹑其后。自永平攻大宁入之，谋拥宁王，燕府中赐予兀良哈，说之。兀良哈皆喜。成祖行，宁王饯之郊，兀良哈从，一呼皆战，遂拥宁王西入关，于是取其三千人为奇兵，立三千营。[3]

显然，作为明朝军事制度重要组成的五军营、三千营和神机营等京营体制的重大转变，无不受到了"靖难之役"后政局巨变的影响。

"靖难之役"后，永乐政治对都司卫所管理体制的影响，不仅仅体现在军事方面，还包括军事防御体系构建或影响之下的国家制度与社会运行之诸多层面，比如庞大的郑和下西洋船队，每次有二三万人，卫所官军是最重要的组成；永乐帝举兵80万之众对安南用兵，影响到了两广地区的军事防布；对西北边地和东北边疆的戍守和巡视，也大都是以卫所军人为重要力量。上述大规模的兴兵征伐中，卫所官军的战绩、军功也较多地影响到了卫所体系的原有结构。

---

〔1〕《明太宗实录》卷145，永乐十一年十一月乙未，第1716页。
〔2〕张卤《附进京营议》，《明经世文编》卷365，第3943页。
〔3〕何乔远《名山藏》卷108《兀良哈》，《续修四库全书》史部第427册，第660页。

成祖迁都后，明朝的权力中枢和政治中心转移到北京，必然带来一系列的连锁反应，比如骤然剧增的京师人口（皇室、文武官员和服务群体）所必需的交通运输和物资保障。于是在迁都之前，就有了大运河的修建，有了漕运军队的组建等。漕运军来源于都司卫所里的世袭军人，是在永乐年间迁都和增加北京、北边粮饷供给的产物，也是明清存在时间最长的军兵种，一直延续到清代中期之后。漕运军出现在永乐十二年（1414），当时成祖准备第二次北征，从北京、山东、山西、河南、中都和直隶等都司卫所大量调取军士，以指挥、千百户率领，都指挥总管，入漕运粮。[1]在此之前，成祖已深感北平粮食供应的艰难，认为东南地区向北的粮饷运输如果继续依靠海运，显然无法保证稳定的供给。[2]

屯种田地是都司卫所的重要职责之一。在成祖登极后不久，他就下令"五军都督府移文各都司，令卫所屯田如旧制。卫指挥一人、所千户一人专提调，都指挥督察之。岁终上其所入之数，以课勤怠"[3]。永乐三年（1405）正月，成祖再下令，"命天下卫所，以去所定屯田赏罚例，用红牌刊识，永为遵守"[4]，加强对屯田的管理。永乐朝是整个明代屯田籽粒收入的数量以及占国家整个财政收入比例最高的时期，这在某种程度上反映了成祖对卫所屯田职能的加强。[5]

"靖难之役"首先是一场军事战争，它对军事制度的运行影响是最大的。从"塞王实边"到"天子守边"，从建文政局变动到永乐政局的形成，标志着明代国家防御战略的重大转变最终完成。此后，明朝以北京为中心的新国家防御体制正式形成，它对有明二百年都产生了重大的影响。

---

〔1〕 林仕梁《明代漕军制初探》，载《顾诚先生纪念暨明清史研究文集》，中州古籍出版社，2005年，第183页。
〔2〕 关于废海运的始末，参见樊铧《政治决策与明代海运》，社会科学文献出版社，2009年。
〔3〕 《明太宗实录》卷12（上），洪武三十五年九月戊子，第208—209页。
〔4〕 《明太宗实录》卷38，永乐三年正月壬戌，第646—647页。
〔5〕 参见顾诚《明前期耕地数新探》，载《隐匿的疆土：卫所制度与明帝国》，第28—29页。

"靖难之役"又是一场殊死的政治斗争,对参与的政治群体尤其是权力中枢机构成员的影响是巨大的。在皇权专制背景之下,靖难新君夺嫡入位之后,其个人特性对整个明王朝的影响是革命性的。故本文开篇所引王崇武所言"明代政治制度之巨变以靖难一役为分野"实在有相当的深意。明朝建国,太祖在短期内承袭元朝军户、卫所等军事组织基础之上,又多有创制,开启了"法乎汉唐"的明朝政制,而成祖则立足于靖难之后的新形势,在"一遵太祖之制"的名义之下,在更大的层面创立了新的政治、军事和外交体系。

　　成祖靖难夺嫡入位的经历,使他的一生都在努力为自己正名,让百姓可以永享太平之乐,打造永乐盛世是他称帝后的目标追求。纵观永乐一朝,派郑和远航、设立奴儿干都司经营东北、在西南地区推行改土归流、平交趾反叛,以及加强对西藏的联系与管理、积极开展与中亚各国的交流、迁都北京、五次亲征、编纂《永乐大典》等,无不显示成祖并非一位墨守成规的皇帝。这既是在研究永乐朝军事制度时必须注意的基本前提,也是我们理解永乐政治及其时代的一把钥匙。

[原刊于《中州学刊》2016 年第 5 期,《新华文摘》
（数字版）2017 年第 1 期全文转载]

第四章 明代卫所武官敕书制度的演变

卫所制度逐步确立的过程中，都司卫所内的世袭武官在职掌方面有分工，有协作，各有相应的规定。武官统军履职，凡属公差，均有相应的管理措施，颁发敕书便是其中之一。领班武官是指直接统领班军及主管班操事务的武官，给他们颁发的敕书本文称为"领班武官敕书"，这类敕书主要是围绕班军事务以皇帝的名义颁发的，凡颁给领班武官、具有封赠性质的"诰敕"或"敕命"本文不予讨论。[1] 与领班武官有关的敕书可分为三大类，一是颁发给官员本人的坐名（或称具名）敕书，二是因事而颁给领班官员的不坐名敕书，三是颁给部分或全体武官、涉及领班武官的群敕。

敕书是一种皇帝专用的古老文体[2]，明立国之初即确定了其政治地位。明太祖和明成祖都曾以敕书形式指挥和控驭文臣武将，敕书在军国大事决策与运行中发挥了重要作用。[3] 自永乐二十二年（1424）末京操班军出现后，武官中遂有"领班武官"之职，针对这一群体而颁行的敕书应运而生。明代的班军之制历行二百余年，领班武官敕书长期使用，既有承继性亦有鲜明的变化，如敕书的形式与内容多随军制而变化，请敕、奉敕、降敕等运行体制均有所变更。

---

[1] 明代的文武官诰命制度诏定于洪武六年，意在"上荣其祖考，下及其子孙"，其制为"公侯一品至五品，诰命；六品至九品，敕命"，参见《明太祖实录》卷 85，洪武六年九月癸卯，第 1509 页。

[2] 参见张帆《元朝诏敕制度研究》，《国学研究》第 10 卷，北京大学出版社，2002 年。

[3] 如明初征云南时，太祖多用敕谕给众将发号施令；对天下都司卫所官，亦以敕书形式训诫劝勉。参见王世贞《弇山堂别集》卷 85—88《诏令杂考》，第 1615—1702 页。

参与领班的武官身份不同，敕书也有明显的区别。各都司卫所的领班武官奉敕当差，敕书不坐名，此规定历有明一代不改。然随着明中期防御体制的变化，尤其是北边防御体制的变化，若都司卫所体制下奉不坐名敕书的武官被委以镇戍制体系下官职，便有可能获赐坐名敕书。这一方面说明敕书是因事因人而颁行的，另一方面也反映了都司卫所管理体制与镇戍营兵制之区别。本文拟围绕有明一代领班敕书"群敕—不坐名—坐名"的发展变化，探寻敕书基本规定性及其变化的特性，以揭示敕书制度实施背后的明朝军政运行机制及其发展变化等问题。

一　明前期的武官群敕

明前期领班武官均为世袭军户，其基本的管理组织是五军都督府直接管辖之下的都司卫所，这与明中后期在镇戍营兵制的组织管理之下出现大量的文官、中官和召募的领班武官等非世袭官军有很大不同。领班武官的身份和职责特征决定了明前期领班武官的敕书基本性质，即作为天下都司卫所官员的一部分，作为一种周期性轮戍行为的班军番戍，相应的敕书要么是群敕，要么是不坐名敕书，较少使用坐名敕书。

群敕是针对天下都司卫所官员（军）或一部分群体的敕谕。明前期群敕的使用较为普遍，这与都司卫所遍及全国、建置齐全、职责较统一和军纪较严明有很大关系。早在班军出现前，太祖和成祖多次以"敕天下卫所"的名义颁行敕书，告诫各级武官严行管理之责，此与明中后期责任到人的坐名敕书的训诫作用是相似的。如洪武十六年五月：

> 乙巳，敕天下卫所，以时训练士卒，至冬月农隙，则以善射者十选其一，更番赴京较试，不中者罚及指挥、千百户。仍

命五军都督府定赏格，凡射中的者，赏钞五锭，连中者六锭，中不及的者三锭，不中者亦给钞一锭，为道里费。[1]

洪武至天顺间，"谕（敕）五军都督府臣"或"敕五军卫所""敕五军"等群敕有较多的使用，这表明了此时的五军都督府、都司独立军政大权的存在与实行。在"敕"与"谕"的使用上，对五军都督府行文以"谕"为多，对卫所武官以"敕"为多。一些地方又混为一谈，例如，永乐十一年八月二十日：

> 皇帝敕谕五军都督府，比照洪武年间有犯死罪发往沿边充军者，及近日齐、黄党恶人等已行伏诛。中间有远亲已宥其死，发往各边境充军，多是奸儒猾吏及不从教化顽民，此等平日怀奸挟诈、欺压良善、刁顽无藉之徒，既已宥罪充军，又不悛前恶，仍在边土三五成群、教唆词讼、告状实封、上书陈言、把持官府，又躲避军役，潜于卫所，结览写发拨置事务。今后但有似此数件，不问前犯轻重，俱各处斩。尔都督府即行文书，去沿边卫所，务要官军人等同知。故谕。[2]

群敕揭示的问题大多带有普遍性，此敕谕谈及永乐年间在边卫所管辖内的犯罪事实，敕告五军都督府要严加惩治，即要求天下卫所共同遵守。

当然，这并不是说，明初没有针对个人的敕谕，实际上，由于太祖和成祖的勤政，加之这一时期征战四方、戍守地方的军政事务颇为繁多，太祖和成祖亲撰敕书，劝谕各方面官员尤其是重点地区

---

[1]《明太祖实录》卷154，洪武十六年乙巳，第2401页。
[2]《皇明诏令》卷5《戒谕五府禁访刁顽逃军敕》，《四库全书存目丛书》史部第58册，齐鲁书社，1996年，第114页。

（包括都司卫所和府州县）军政长官的事例还比较多。[1]试举一例：

> 朕惟桂林之域，左苍梧而右蛮溪，地多烟瘴，命卿戍守已有年矣！今当盛暑，遣人往谕，尔其抚士卒调饮膳，勿使瘴疠有乖，卿其慎戒之。[2]

只是，此类针对个人颁发的敕谕多是临时劝谕性质的，它与中后期坐名形式的委任凭证还有很大的差别。

明中期以后，敕谕五军都督府臣的群敕明显减少，甚至不见于史籍，这与中后期"五府"的管理权式微大有关系。当然这里只是强调针对"五府"群敕的消失，并不意味着群敕之不存，弘治、正德年间给边镇官员的敕书针对个人的还不像嘉靖中期以后那样普遍，仍然存在一则敕书同时告诫众多文臣武将的情况，如正德《大同府志》里收录两则敕书，同为《敕镇守大同太监、总兵官、巡抚右副都御史》，敕书颁发的时间在弘治十四年（1501）之前。此敕书内容与稍后针对领班武官而颁发的坐名敕书内容高度相似，区别在于就"烧荒"一事言，以群敕下发给相关官员是要求他们协同办理，以坐名敕书下发给个人则是要求方面官明确自己的责任。兹录以备互证。

其一，关于秋防烧荒事宜的敕书：

> 即今秋深，草木枯槁，正当烧荒，以便瞭望。敕至，尔等须公同计议，通行天城、阳和、东西二路及所属，选委乖觉夜不收远出哨探，果无紧关贼情，然后统领精壮惯战官军，各照地方分投，布列营阵，且哨且行，出于境外，或二三百里，或四五百里，务将野草林木焚烧尽绝，使贼马不得久牧边方，易

---

[1] 参见朱元璋撰，胡士尊点校《明太祖集》卷6—8，黄山书社，1991年，第85—187页。
[2] 朱元璋《高皇帝御制文集》卷8《敕三·劳广西卫指挥敕》，《明别集丛刊》第一辑第13册，黄山书社，2013年，第667页。

为瞭守。又近来虏贼不时在边窥伺，此时正系马肥弓健，难保不来为患。官军出境，务要综理周密，声势联络，猝遇贼众，即便应援，不许畏避艰险，止令巡哨官军、夜不收人等于附近去处纵火一发，就便回还，及乘机围猎贪利，致误军机大事。事毕，仍将拨过官军姓名并烧过地方里数造册奏缴，以凭查照，毋得虚应故事，朦胧回奏取罪。尔等其慎之，故敕！

其二，关于加强边政军务管理的敕书：

近来达贼出没无常，各边奏报声息不绝，虏情谲诈，难以测度，沿边一带俱不可不先机防备。即日天寒地冻，马肥弓劲，正彼便于驰骤之时，朕恐尔等因循怠惰，废弛边备。况又冬年节近，或耽于宴乐，或私役军人出境围猎及采烧柴炭等项，致虏乘隙入寇，贻患非细。敕至，尔等须严督所属，痛惩前弊，昼夜差人瞭望，常如贼在目前，用心整搠人马，锋利器械，遇有侵犯，小则相机战守，大则互相传报，发兵应援，或出奇截杀，或设伏夹攻，务俾贼众大遭挫衄，庶副委托，如或任其纵欲，偷安婴城，坐视地方受害，责有所归，尔等其慎之。故敕。[1]

该书同卷还辑录有另外四份敕书，均是颁发给个人的坐名敕书，分别是《敕都察院右都御史丛兰》（正德九年二月初七日），《敕都察院右副都御史高友玑》（正德八年），《敕御马监太监宋彬》（正德七年十一月初三日），《制谕署都督佥事叶椿》（正德五年三月初一日）。[2] 这些官员均属短期奉敕赴大同参与边地防御，与班军周期性轮戍的性质不同，但他们均在边镇任职参与边地防御事务。时至明

---

〔1〕 正德《大同府志》卷12《圣朝制敕》，《四库全书存目丛书》史部第186册，第347—348页。
〔2〕 正德《大同府志》卷12《圣朝制敕》，《四库全书存目丛书》史部第186册，第348—350页。

中后期，防御形势趋于复杂，边务繁忙，而军政趋于败坏，各地卫所管理出现诸多问题，改革管理制度势在必行，不坐名敕书已不足以达到防御修守之目的。

二　不坐名敕书的使用

班军出现在永乐末年，形成于仁、宣时期。凡参与轮班的都司卫所，各派武官统领旗军赴京师或边镇操守，都司有领班都指挥使，卫有领班指挥，所有领班千户，以都司统领卫所官军，每都司或卫有一领班都指挥使或指挥使，凭敕书统领所辖旗军上班操备。

有明一代，各都司领班武官上班时均持有敕书以作为凭证，领敕以行事，敕书不坐名。领班武官轮流当差，或因"守、政、才、年"而升迁闲罢，唯上班当差武官持敕书行事。可以说，不坐名敕书意在对固定性日常工作，即对常态化职责的合法化认定，敕书是"对事不对人"，所以才不具名。

《明会典》载：

> 凡领班、漕运都指挥，铨注中都留守司、河南等都司带衔，仍于本卫支俸，照例请敕赴任。所领敕书，直待交代换给，不必每次题请。其余副、参、游、守、都指挥等官，俱不得铨注都司带衔支俸。[1]

所言"所领敕书，直接交代换给，不必每次题请"指的就是周期性轮班武官的不坐名敕书。不过，最早一批统领班军的领班官敕书是针对首任领班武官颁发的，敕书会出现首任领班武官的姓名，这与后来颁行给个人的坐名敕书性质不同。正统四年（1439），负责

[1]　万历《明会典》卷118《铨选一·升除》，第615页。

河南都司到宣府操备的是都指挥使林祥，为明确其职责、规范其行为，中央以皇帝的名义颁发给他敕书一份：

> 敕河南都司都指挥使林祥，今命尔管领本司所属卫所春班马步官军四千七十七员名，前往宣府听总兵官朱谦等分拨备御，不许在途延缓，及下班回还取讨衣鞋，不许四散远出。其官军内果有老疾幼小逃故等项，尔即亲督各该卫所拣选壮丁补足。遵依原定日期管领赴京，仍往宣府备御，倘有警急调用，即便星驰前来，往回途中经行去处，除关支粮草外，不许纵容官军倚恃势力作践人田禾，砍伐人树木，占宿人店舍，多买人货物，并拐带人口，奸淫妇女，夺用车辆等项，如犯者俱治以重罪不饶。

该书接下来以追述的口吻说：

> 永乐间，备御本镇岁遣河南、山东各官军三千员名，至是罢去山东备御兵，增河南军千余，春秋两班轮流着为令甲。其敕谕秋班并后来代任者，俱与此同。[1]

"其敕谕秋班并后来代任者，俱与此同"，即说明了这样的事实：虽然最初的敕书注明了河南都司统领官的名字，随着河南边操军的持续实行，领班都司的敕书就变成了不坐名敕书。查，林祥以河南都指挥佥事担任宣府河南班军统领官，一直到正统末年他去世为止，景泰元年（1450），其子林深世袭都指挥佥事之职。[2]

各地班军，无论是赴京操备，还是在边操守者，其敕书均因事而设，并非专门针对某人某职而颁发，故无坐名之必要。嘉靖年间，

---

〔1〕康熙《宣化县志》卷3《诏命志上》，清康熙五十年刻本，宣化知县陈坦修（国家图书馆藏胶片本）。
〔2〕《明英宗实录》卷190，景泰元年三月乙卯，第3908页。

河南在宣府领操班军，其敕书同样不坐名，敕书内容与前引林祥之敕书大体一致。

> 河南领春秋班宣府备御官二员，俱驻扎宣府镇城，不坐名敕书。责任管领上班下班官军往回，经行去处严加钤束，本等关支粮草之外，不许恃强作践人田禾，砍伐人树木，占宿人店舍，多买人货物，拐带人人口，奸淫人妇女，夺用人车辆等项。亦要善加抚恤，不许分毫科扰，亦不许纵容逃窜，有误边机，如违事发一体重罪，到边之日，仍听镇巡官调拨。若是下班回司，凡比较事故官军马匹等项，听于公堂排设公座，与同军政官协和比较，以济军务。其休息官军，行令所属，每月初一日点视一次，以防远出，有误上班。本官果能不易初心，仍听本部推举，别项重用。今次所领敕旨，直至官有更代，方才更换，不许每以奏请换给，以致烦渎。[1]

这里不仅明确说明河南宣府备御官敕书不坐名，而且特别指出"今次所领敕旨，直至官有更代，方才更换，不许每以奏请换给，以致烦渎"。敕书的内容即领班官员的职责主要是上班官军的日常管理，尤其是在上、下班来回途中的遵纪守法。这反映了明代军事管理制度下都司卫所的基本特征，因为上班班军抵达宣府等上班地后，官军将统一接受宣府总兵官之下营伍官员的指挥调度，一旦下班回到原卫所驻地，班军又只会听从本地的掌印指挥或千户的直接管理，唯上下班期间由领班武官奉敕管理。

各都司领班官员的敕书均不坐名。据成书于嘉靖二十年（1541）的兵部官员魏焕辑《皇明九边考》记载，九边诸镇多有边操班军，

---

〔1〕 魏焕《皇明九边考》卷4《宣府镇·责任考》，《四库全书存目丛书》史部第226册，齐鲁书社，1996年，第55页。

在边操军分布较为集中的蓟镇、宣府、大同、甘肃等镇，领班武官所持均为不坐名敕书。

在大同，"管领河南春秋班官军大同备御官"计有二员，敕书为"不坐名敕书"，其"责任与宣府春秋班同"。[1]

在三关镇，有"管领山西春秋班大同备御官一员"[2]，敕书不坐名。

在甘肃镇，甘、凉二州各有领班备御官二员，敕书皆不坐名。[3]

同样在嘉靖年间，颍州兵备道金事徐惟贤在关于南直隶和中都留守司京操事务的奏疏中提到不坐名敕书的使用，大臣在奏疏中直接提请中央颁发不坐名敕书，显然是基于成例。

> 乞敕该部再加详议，合无请给不坐名敕书二道：一给留守，令其协同守备、内侍官，将皇陵卫食粮官军勤加操练，专一防卫陵寝，不许别调；一给留守司金书，将奏留挑选春班及城操，及清查役占隐漏补伍。[4]

不仅汉族旗军上班时领班官敕书不坐名，就是身份较为特殊的少数民族旗军，上班时领班官的敕书同样不坐名。嘉靖二十年（1541）前后，保定上班达官军更换领班官员，就涉及敕书的坐名问题。嘉靖二十一年，直隶巡按御史桂荣称：

> 照得保定达官自先年归顺以来，设有达官都指挥一员，钦降敕谕一道，令其统属管领，如或本官升迁被劾事故，就于达官指挥内另推选一员更代。查得原任管领达官军舍都指挥金事

---

〔1〕《皇明九边考》卷5《大同镇·责任考》，第63—64页。
〔2〕《皇明九边考》卷6《三关镇·责任考》，第71页。
〔3〕《皇明九边考》卷9《甘肃镇·责任考》，第92页。
〔4〕李遂《李襄敏公奏议》卷6《督抚稿·恳乞专官督练兵马拱卫陵寝保固重地疏》，《四库全书存目丛书》史部第61册，第95页。

安淮管事年久，统驭无方，恣肆科取，军士不服，缘事未结，一向久无统领之官。嘉靖二十年八月以后，因虏犯山西，声息紧急，该巡抚保定等府右副都御史刘隅调取保定达官防御征进，见得缺官，率领审据，众达官军众口举保保定左卫达官指挥使柴芝老成历练，累经战阵，遂暂行管领官军，赴山西征进回还。

不久，安淮病故，保定左等五卫达官军舍马昇等联名上书，题请由柴芝继任都指挥官。桂荣建议，把柴芝和另一位"谋勇亦著"达官指挥同知刘淮一并报上，请兵部考察后"量升职衔，将原奉先年不坐名敕谕一道，行令交代到任管事，庶统驭有人，军士有赖，而缓急不误矣"。[1]

在此，我们不难发现，保定达官军在嘉靖二十年（1541）被临时征调山西时，负责统领的最高武官是都指挥使，该都指挥使所持敕书为不坐名敕书，即该敕书是颁发给保定卫达官，而非针对某一个武官的。但在忠顺营建立后的万历初年，保定忠顺营都司是卢彻，定州忠顺营都司是杨国卿，颁给他们的敕书却变成了坐名敕书，详情稍后讨论。

明代班军制度一直实行到明朝灭亡，领班官的敕书也一直都是不坐名的。各都司领班武官更换时，不坐名敕书也"径自"交代，无须再行颁发新的敕书。当然，这并不是说地方都司有绝对的权力可以"径自"选择官员而后"交代"，皇上敕谕之事，由哪位或哪些官员替代行事仍然要由中央（皇上）批准，尽管地方权力机关有建议之权，并且这种权力足够大。

显然，领班武官所持的不坐名敕书会长时期在历任官员手中传递，时间久了，敕书破损和丢失的现象就难免发生。按规定，一旦

---

[1] 王士翘《西关志·紫荆关》卷6《章疏·急缺管领达官军舍官员疏》（嘉靖二十一年正月），北京古籍出版社，1990年，第358—359页。

敕书缺失，都司方面官就会奏请中央补发，然而，由于敕书使用时间过长，可能会出现新的问题。崇祯末年，山东都司围绕敕书的补发就遇到一系列问题。

《明清史料》（乙编）收录一份明末兵部档案文书，对研究这一问题极具价值，现予以介绍。

崇祯九年（1636）七月，山东昌镇防秋兵领班官颜国泰在边境防御作战中阵亡，致使他所携带的防秋左营不坐名敕书不知流落何处。新任军政佥书、统领昌镇秋防左营官军、署都指挥佥事谢葆光说："原接传敕失陷，查无踪迹，今本职升授本营都司，奉旨提催起行在即，敕书已无，似难督领，合咨本司转呈请给。"但在补发时，问题接踵而至，山东都司官称："本司领班官不坐名敕书，原系颁给各佥书收掌，各官升代，递相传授，其来已久，并无誊录底稿……佥书领班修防，奉有敕书督促，不坐姓名，递相授受，所谓传敕也。"原敕既已丢失，参照敕书底稿再补一份新敕书也可；但不论是主管武官袭替的兵部，还是负责起草诏敕的内阁，都找不到原敕书底稿[1]，而且山东都司也没有留下原敕的誊录文本。补办敕书之事陷入困境。后来，山东都司有官员提议：

> 本司领班官不坐名敕书，原系颁给各佥书收掌，各官升代，递相转授，其来已久，并无誊录底稿。咨司存卷，今领班各官敕书，俱已赴边修防，止有春班右营领班佥书今升掌印冯锟原奉传敕，因新官未曾到任，敕书司署收存，所在修防事务，或亦大约相同，合无呈乞本院，俯将春班右营蓟镇敕书底稿咨部，俯为斟酌裁定，庶俾该营无阙典而时日免久稽矣。

也就是说，领班敕书本不坐名，也没有存底稿，但可以找到蓟镇

---

[1] 内阁撰敕书之相关规定，参见万历《明会典》卷221《翰林院》，第1096页。

春班右营领班的敕书，两者性质相同，内容相似，可以作为依据。在迫不得已的情况下，有关部门和官员以"敕稿领班虽有春秋之分，镇有蓟昌之殊，均属东省之官，同一修防之务，先年题议赐敕，必无互异"为由，题请皇上以蓟镇春班右营领班不坐名敕书为底本，重新给山东统领昌镇秋防左营领班官谢葆光再赐一道新的不坐名敕书。[1]

据此，我们对有明一代不坐名敕书的颁发和使用有了清晰的认识。第一，领班官员的不坐名敕书是他们管领上班官军的必备凭证，春秋两班或不同地方的班军各有不同的敕书，上班携带，回班交由金书收掌；第二，敕书虽以皇帝的名义颁发，其文却是由内阁撰写，由兵部负责颁发的；第三，唯领班官员才有不坐名敕书，即便是都司权力最高或握有实权的掌印和金书也没有；第四，不坐名敕书仅仅是依事而颁发，其来源都司、班次、人员和敕书内容似乎不甚重要，这与坐名敕书有很大的不同。

在办理补发敕书过程中，关于敕书的主管机构问题，兵部下辖的武选清吏司和职方清吏司意见出现了分歧，出现了互相推诿现象，两部门以"越位"为由推卸自己的责任，实际反映了敕书管理的缺位。双方争论的焦点是敕书的盖章和备案由谁主管负责：

> 查得领班都司虽系本司（此处指"武选清吏司"，简称"武选司"——引者注）案呈题推，至于修防事务，原系方司（"职方清吏司"，简称"职方司"或"方司"——引者注）职掌［其敕必载领班等项，自宜方司请也。如南京大小教场提督官虽属本司推补，而敕必縣于方司请给盖，因事属方司所辖耳，岂本司所可越俎而臆撰也？况事干题请，推诿亦属不便］。合将原抄移送。［如必欲本司具覆］希将领班修防事宜坐敕底案查送过

〔1〕 中央研究院历史语言研究所编《明清史料》（乙编），《兵部题"兵科抄出山东巡抚颜继祖题"稿》，民国二十五年初版（第2本），第174—175页。

司，以便拟覆去后随准。职方司回称：领班都司原属选司题推，传敕遗失［自应选司请给，职掌攸分，本司何敢越俎？如谓南京大小教场提督官，本司请给盖以坐名专敕，非传敕也］本司［委］亦无底案，无从查送［所有原抄仍应送回］。

据明制，"兵部凡四司，而武选掌除授，职方掌军政"[1]。武选司官认为，领班都司的官员推举任命之事固然属武选负责，但因领班修边之事涉修边事务，敕书当由职方司盖章，职方司应有敕书原底稿。但职方司以"盖以坐名专敕，非传敕也"为由，说本处也无原敕底本。注意，这里的理由是"专敕"与"传敕"的区别，即敕书的坐名与不坐名的差别。

实际上，领班武官确实有一部分人是有坐名敕书的，那么为什么有的领班武官持有坐名敕书，为什么除不坐名敕书之外，还要颁发坐名的专敕呢？

三　明中后期的坐名敕书

坐名敕书是颁发给具体某人的，故又有专敕之称。原来奉不坐名敕书的领班武官重获赐坐名专敕，时间大致从嘉靖中期开始，到隆、万年间已相当普遍，此时，明北边防御紧张，领班武官职责有所转变，军事组织管理体制有重大变化。

明代军事管理系统大体有二，一是都司卫所制，二是镇戍营兵制。前者的管理体系是五军都督府—都司—卫—所，相应的职官体系包括：都督（同知、佥事）—都指挥使（同知、佥事）—指挥使（同知、佥事）—千百户等。领班武官多以都指挥同知、都指挥佥事充任，官军皆为世袭军户。营兵制下的武官大多由原卫所世官选派

---

[1]《明史》卷71《选举三》，第1724页。

充任，各都司领班都指挥使或指挥使等领班武官充任营伍新职，这是他们获赐坐名敕书的最重要原因。

具体而言，来自都司卫所的领班武官一直使用不坐名敕书最终被改变，是因为原来的卫所管理之制部分向镇戍制管理转变。即从嘉靖中期开始，到边参与操备的领班武官被任命为营伍制官员，其职责不再像原来那样仅仅是管理上、下班的旗军，而且到边之后要独当一面承担防御修守的重要任务，其职责不再是单纯的相互轮替性质，故而有了明显的个性特征，针对个人而发放的坐名敕书就显得非常必要。

领班武官在镇戍营兵制的防御体制之下，在京领操官多授予都司，即所谓"领班都司"；在边操备或有授予参将或游击者，参将、游击称将军，多有坐名敕书，而领班都司未必一定有坐名敕书。

> 将河南、山东凡系领班赴蓟都司，合照京营新题事例，俱去以职，量升署指挥佥事，与各该省见任佥书、都司二员，内以一员与京班，一员与边班，轮番领兵赴边防守，供亿亦照本都司佥书事理。至如中军、千把总，比照运粮官，与各省掌印、指挥、千百户一体更番。其余天津、德州、通津、宁山、沈阳领班都司，俱改游击职衔，本部查拟责任，仍各请换不坐名敕书，赍付各官，便宜行事。[1]

这里指万历三年（1575），为便于统军操练戍守，把领班原授都司职衔者，升授游击，并且更换原来的不坐名敕书，分付各官，这是领班武官职衔与敕书制度的重大变化。时领班官员，据万历《大明会典》，京操方面，五军营有山东春秋两班四营，领班都司二员，

---

〔1〕 刘效祖撰，彭勇、崔继来校注《四镇三关志校注》卷7《总督侍郎杨兆分布兵马以饬春防疏略》（万历三年），第411页。

神枢营有河南秋班一营，领班都司一员，神机营有中都春秋两班八营，领班署副留守四员（旧都司二员）。[1]

边操的情况稍显复杂。早在嘉靖中期至隆庆年间，领班边操和入卫班军武官已多被赐予坐名敕书。原因是随着此时明与蒙古部关系吃紧，在九边防御普遍加强的背景下，在边武官的职责加重，武官职权得到提升，这一点从敕令的使用上就可以看到。

嘉靖十九年（1540），由宁夏巡抚升任陕西三边总督的杨守礼曾就延绥镇边操领班武官的职权问题奏请皇上，建议通过提高领班武官的官阶与职权调整班军组织管理方式，以提高防御能力。

> 兵部议覆总督尚书杨守礼勘报，延绥东、西三十四城堡，独当黄河一面之险，先年设兵戍守，以都指挥体统御之，寻议革去，止领以指挥等官，权轻令弛，宜复设领班都指挥二员，简谋勇素著者，各赐以敕令，其统陕西潼关、南阳、宁山、颍上、蒲州等卫所备御官军，分上下班，岁一番休。仍将定南、定北、乾沟、乾涧备御官军，归并原伍分番戍守，每半岁一更。从之。[2]

在蓟镇，河南领班都司已获赐坐名敕书：

> 近该总督蓟辽军务官题称，各该班军因循怠玩，赴戍后期，举动掣肘，不能展布。要将河南、山东各领班赴蓟镇都司照京营事例，俱去以职，量升署都指挥佥事，与见任佥书二员轮番京、边二班，领兵操守，中军、千把总，照运粮官例，与掌印指挥、千百户一体更番，等因。事下该部，议覆相应。今命尔驻扎本都

---

〔1〕 万历《明会典》卷134《兵部十七·营操》，第685—687页。
〔2〕 《明世宗实录》卷249，嘉靖二十年五月丙午，第5009页。

司，统领官军三千员名，在司之日，双月操练官军，整搠衣甲器械，缉捕盗贼。凡一应军务事宜，与该道计议停当而行，悉听巡抚衙门节制。每遇春防，于正月初旬依期亲自督率赴边，听蓟镇总督军门分布防御，各军应得预支月粮，会行该道速行支给，如有逃亡事故，即行拨捕。尔尤须持廉奉法，抚恤军士，沿途往回，亦要严加钤束，不许作践田苗，骚扰地方。仍听总练班军将官分别勤惰，通行殿最。其兵备仍相接以礼，不得互相抗违。凡事务要计议而行，不得偏拗，致误防边大计。如或入卫愆期，贪残偾事，国典具存，法不轻贷。尔其钦承之。故敕。[1]

此敕出自刘效祖所辑《四镇三关志》，该书刊行于万历四年（1576），辑录资料截至万历元年。查，王惟藩以敕书职任河南春班都司佥书，后调升蓟镇游击，于万历四年十一月改任保定总兵标下[2]，刘效祖在辑此类敕书时，称：

> 蓟镇自庚戌以来，主上日厪剥肤之忧，其被命分阃，无间于文武诸臣，提撕警饬之意，盖靡所不周矣。当若事者能以纶綍书诸绅而常目之，则惕然罔违越而职业无不举矣，不则天语叮咛，岂其令赍执以为夸诩之资哉？[3]

可知，该敕书在嘉靖二十九年之后、万历元年之前，具体时间当在嘉靖末年至隆庆初年。从《四镇三关志》辑录的大量制疏看，这一时期的中高级官员的敕书多为坐名。

前引保定和定州达官在京、在边操备武官，其敕书原本不坐名，至隆庆年间，达官军改称忠顺营，即镇戍营伍制编组，统军的忠顺

---

〔1〕《四镇三关志校注》卷7《制疏·敕河南领蓟镇春班佥书王惟藩》，第271页。
〔2〕《明神宗实录》卷56，万历四年十一月壬辰，第1288页。
〔3〕《四镇三关志校注》卷7《制疏考》，第272页。

官已获赐坐名敕书。忠顺营的最高长官是都司，其下设中军、千总和把总等，这些官员全部由卫所的原班世袭达官充任。忠顺营的士兵皆为世袭达军。忠顺营建立之前，每卫遴选一名达官任都指挥，总领日常管理和抽调征戍事务，敕书不坐名；忠顺营建立后，最高管领官是都司，其敕书坐名。

其一，《敕保定忠顺营都司卢彻》

今命尔专一管束所部保定左等卫原日安插及近时放回达官、旗军、舍余人等，操练听调，务在用心钤束，善加抚恤，使人遵守法度，各安生理。敢有不服钤束及听小人教诱，起灭词讼或出境外劫掠为非扰害良善者，轻则听尔量情惩治，重则奏闻区处。彼处军卫有司之事，不得分毫干预，自起争端，如违，罪不轻贷。尔受兹委托，尤须摅忠效劳，公廉勤慎，毋得贪图财利，剥削克害，及纵容下人生事，扰害地方，责有所归，尔其勉之，慎之。故敕。[1]

其二，《敕定州忠顺营都司杨国卿》

今命尔以都指挥体统行事，在定州专一管领达官、达军、舍余，如法操练，俾各熟闲武艺，听候有警调用。时常钤束，毋令非为。如有为盗横暴害人者，即便擒拿送官，痛加惩治。尔为武臣，受兹委任，须持廉秉公，抚恤其众，俾各安生业。凡军卫有司之事，不许干预。尔其勉之，慎之。故敕。[2]

上述领班游击官属镇戍兵营伍内的中级官员，原持不坐名敕书

---

〔1〕《四镇三关志校注》卷7《制疏考》，第283—284页。
〔2〕《四镇三关志校注》卷7《制疏考》，第284页。

表明了他们职责的常态，而加赐坐名敕书是对他们职责的重视和明确。作为全部由北方归附明廷的少数民族组成的一支武装力量，其名称和编制由原来的达官军转变为忠顺营，也从一个侧面反映了明朝军事组织管理制度的变化和民族融合的加强[1]。

据对《皇明九边考》所载的九边镇守官员奉敕情况的粗略统计，巡抚都御史、镇守总兵官、协守副总兵、巡按监察御史、分守左右参将、游击将军等均为坐名敕书，而守备、兵备副使等敕书不坐名，甚者守备官员可能以"札付"行事[2]。

这些领班官的身份既是都司卫所下领军轮班的都指挥使，握有"不坐名"敕书，同时，在操练戍守之地又作为镇戍防御体系中备御官，握有"坐名"敕书守御一方，故我们经常能看到这样的敕书形式：

> 今特命尔充右参将，分守北直隶故关等处，管理龙泉关迤南并顺广二府地方，将先次奏留真定、神武右二卫官军二千员名，令尔统领。专在故关听总督镇巡官节制，兵部原拨马匹给军骑征，尔须用心操练军马，护守关隘，遇警相机战守，凡事与故关兵备官协同计议而行。[3]

又，《皇帝敕谕署都指挥佥事成勋》：

> 直隶保定地方，西邻各关，北拱京师，实为要害重地。先年存留本处五卫京操官军在彼操守，及大宁都司并定州卫所管

〔1〕 参见彭勇《明代忠顺营史实初识》，载《中国边疆民族研究》（第2辑），中央民族大学出版社，2009年。
〔2〕 此时九边中，唯协守甘州左副总兵和凉州的右副总兵各一员敕书为不坐名。由太监充任的守备官俱以坐名敕书行事，如天寿山太监、守备黄花镇尚衣太监等，同城的守备文武官员所执为不坐名敕书，大抵与宦官的特殊身份有关，参见《皇明兵制考》卷3《蓟镇镇》等卷。
〔3〕 王士翘《西关志·故关志》卷4《皇帝敕谕署都指挥佥事钱济民》，第555页。

达官达舍数多，况见今北虏节有警报，沿边紫荆、倒马等关，俱系紧要去处，统率防御皆须得人。今特命尔充副总兵镇守前项地方。尔须查照兵部奏准事理，将各卫春秋二班原额并原有军士严加约束，常川操练，合用器械整治鲜明，该给马匹，喂养膘壮，城池损坏，修理完固，或京师有召，即时趋赴，各关有警，即时调发，毋得稽迟。其各路参将守备及大宁都司附近各该卫所官军……尤须正己率下，操持弗懈，务使武备修举，兵威振扬，足为都城羽翼，边关应援，毋或因循怠忽，有负委任，自取罪愆，尔其钦承之，故谕。[1]

成勋原为蓟州卫指挥佥事[2]，因率班军番上，所持敕书原来为不坐名敕书。不坐名敕书多因事而设，"如有升迁事故，径自交代"，以保证事务的连续性。后来，为保证其更好地发挥管领班军的职责、处理好与戍守地武官的关系，提升其职署都指挥佥事行事，又因紫荆、倒马等地防御的需要，再命其充任副总兵官并赐坐名敕书一道，管领修守之责。显然，坐名与否的最大区别在于，坐名敕书因颁给特定某一人，某一职位如果需要新人更代，则需要另派官员、别赐敕书。由此可知，敕书的坐名与否及其变化，揭示的是明代军政管理制度的设置与演化，在演化的背后则是更为复杂的政治、军事和民族等问题。

[原文题作《明代领班武官敕书"坐名"试析》，刊于中国社科院明史研究室主办《明史研究论丛》（第八辑），紫禁城出版社，2010 年]

---

〔1〕《西关志·紫荆关》卷 5《制敕·皇帝敕谕署都指挥佥事成勋》，第 327—328 页。
〔2〕《西关志·紫荆关》卷 4《官司》，第 318 页。按：成勋任蓟州卫指挥佥事，嘉靖二十四年任副总兵。

第五章　明代的都司：从军政机构到武官称谓

明代的都司卫所制度中，都司被人们固定地、习惯性地认为就是省级军政管理机构"都指挥使司"的简称。实际上，在明代卫所制度的运行过程中，都司已不仅仅指军政机构，像班军制度中的领班都司中的都司，也不是都指挥使司的简称，而是营兵制下的中级武官职衔。这种情况不独京师，在边镇和地方同样存在。[1]

在笔者于 2004 年完成的博士论文《明代班军制度研究：以京操班军为中心》中，曾提出这一概念的不同，但限于框架结构，当时并没有对领班都司这种来自都司卫所的世袭武官制度在营兵制体制下的传承及其流变做详细论证。近年来，关于明代世袭武官制度和营兵制的研究成果日趋丰富，有学者开始注意到了都司含义在明代的变化，像肖立军《明代省镇营兵制与地方秩序》一书，是以营制为核心的明代营兵制（省镇营兵制）研究的代表作，他把营兵制下的都司，称为镇戍都司，指出"都司，起初为机构名称，后来逐渐转化为官名"，认为"作为将领的'都司'（镇戍）则带有都司卫所和省镇营兵制双重痕迹"，并列表介绍了隆庆、万历时期作为将领的都司情况[2]，是目前关于都司官论述最为丰富者。此外，也有论著

---

[1]　参见彭勇《明代班军制度研究：以京操班军为中心》，第 361—363 页。《中国历史大辞典》（明史）中"都司"条称其为"明代都指挥使司的简称"，没有涵盖都司作为武官职衔的意义（上海辞书出版社，1995 年，第 403 页）。近年出版的论著，除极少数学者外，学者们凡用"都司"二字，即解释其为"都指挥使（司）"的简称，沿用传统的理解。

[2]　肖立军《明代省镇营兵制与地方秩序》，天津古籍出版社，第 223—231 页。

在研究明代军事（政）制度时，涉及世袭武官制度与营兵制关系问题。[1]唐立宗对总捕都司的建置沿革、历任总捕都司将领予以考证，指出了总捕都司作为武官的身份及其职掌。[2]肖立军、李玉华《明初山东总督备倭官浅探》对"备倭都司"一职的设置时间、与山东都司的关系，以及其职掌进行了研究[3]，对都司的官员身份的研究有所推进。

笔者此前所关注的明代都司领班，是指都指挥使司（简称都司）或行都指挥使司（简称行都司，以及留守司、直隶卫所）的世袭武官，奉命率领所辖旗军，轮番到京城或指定的地区从事的镇戍行为，它是都指挥使司下辖众武官的职责之一。这种职责由于周期性进行，并且班军到指定的地区后，职责以镇戍为主，都司领班官员和旗军又被重新编入当地的营伍之中。久之，武官被授予营兵制下的官衔，领班都司即是都司领班武官常被授予的官职之一。

其实，来自都司卫所的世袭武官，像都司领班一样，从最初的职掌（都司领班），演变成为营兵制之下的官职（领班都司），许多武官都必须经历这样的转变。有明一代，卫所制与营兵制同时存在，各司其职，有交叉、有重叠，但一直有各自清晰的运行路径与活动范围，所以关于明代都司在卫所制与营兵制下运行的双重属性，仍然很有必要予以详细揭示。以下拟结合都司领班到领班都司名称上的变化，来分析都司官制的存在及其内涵，从都司制的因循与流变的时代特征，揭示卫所制与营兵制之间的内在联系与显著区别。

---

〔1〕 唐立宗《坑冶竞利：明代矿政、矿盗与地方社会》，台北政治大学历史系，2011年；赵现海《明代九边长城军镇史：中国边疆假说视野下的长城制度史研究》，社会科学文献出版社，2012年；曹循《明代武官阶官化述论》，《史学月刊》2010年第5期。

〔2〕 唐立宗《明代浙江总捕都司与防矿兵力小考》，载《第十五届明史国际学术研讨会暨第五届戚继光国际学术研讨会论文汇编》（未刊稿），2013年8月18—21日，山东蓬莱，第890—897页。

〔3〕 肖立军、李玉华《明初山东总督备倭官浅探》，《第十五届明史国际学术研讨会暨第五届戚继光国际学术研讨会论文汇编》（未刊稿），第694—699页。

一 都司领班：都指挥使司的职掌与领班武官的派出

明立国之初，多承袭元代旧制，为加强皇权和中央集权，太祖陆续制定新规。在废中书省的同时，明太祖决定"更置五军都督府，以分领军卫"，即撤销大都督府，设前、后、左、中、右五军都督府。各都督府职"掌军旅之事，各领其都司"，"凡武官诰敕、俸粮、水陆步骑操练、官舍旗役并试、军情声息、军伍勾补、边腹地图、文册、屯种、器械、舟车、薪苇之事，并移所司而综理之"。[1] 换言之，作为军事机构和行政管理机构的都司卫所的职责是相当广泛的，这些职责后来就演化为形形色色的都司责任官。

明初，在地方，设行中书省为最高行政机构，置平章政事、左右丞和参知政事等官，行省平章政事从一品，左右丞正二品，总揽地方一切事务。洪武九年（1376），明太祖改行中书省为承宣布政使司，变更原行中书省辖地，陆续设置承宣布政使。同时设都指挥使司（通常被简称为"都司"），置都指挥使一人，正二品，都指挥同知二人，从二品，都指挥佥事四人，正三品等，都司官"掌一方之军政"[2]。都司卫所官均为世袭。在品级方面，都司高于布、按二司。在外都指挥使司，都指挥使、都指挥同知和都指挥佥事三人中，一人出任掌印，统领一都司事务，一人掌练兵，一人掌屯田，均称"佥书"。都司内的京操和巡捕、军器、漕运、备御等事务，另有指挥官选充。都指挥使司诸官，因有犯罪、年幼或职位有限等原因，或不任事者，俱称"带俸"，随都司卫所官军操练，称"带俸差操"，或"闲住"。武官的考选五年一行，根据任内表现，或升迁，或降黜。

外卫，其各统于都司，直隶卫所初直隶五府，后则经中央批准

---

〔1〕《明史》卷76《职官五》，第1856—1857页。
〔2〕《明史》卷76《职官五》，第1872页。

后，或直隶，或改由指定都司（或留守司）代管事务，或隶于兵备道，可达于兵部。卫设指挥、同知和佥事，亦选掌印一人统理一卫军政，余俱以"现任管事"为佥事，考选后，以才充任，分理屯田、验军、营操、巡捕、漕运、备御、出哨、入卫、戍守、军器等。一人可能兼数职，或可能轮流充任某职，亦五年一考，以定升迁降黜，不任事者，亦曰"带俸差操"。卫下各千户所事务俱听于卫。而守御千户所则直接听命于都指挥使司，卫下守御千户所大体拥有与卫相同的职责。

都指挥使司作为地方最高军事长官，管辖都司卫所内的军、政事务，其职责既包括军事事务，也包括行政事务及代管事务。明朝的都司卫所就是一级管辖权相对独立的军政机构。都司卫所诸事务，在都指挥使司层面，均需都司一级的官员承担，他们通力配合，共同完成都司卫所的各项责任，正如明中期丘濬所言：

> 惟我国家自平定之初，则立为卫所，以护卫州县。卫必五所，所必千军，而又分藩列闻以总制之，而有都卫之设。其后也，改都卫为都指挥使司，文武并用，军民相安，百有余年。其视汉唐宋之制，可谓大备矣。[1]

这些世袭武官后来被明确为营兵制下的武官官阶，大多是根据他们的职掌来命名的。都指挥使司诸官的分工，以山东都司为例：

> 其设官则都指挥使、都指挥同知、都指挥佥事各一人，员缺则署都指挥摄焉。又领京操军一人，攒运粮储一人，登州备倭一人，德州守备一人。[2]

---

〔1〕 丘濬《州郡兵制议》，《明经世文编》卷74，第631页。
〔2〕 嘉靖《山东通志》卷11《兵防·山东都指挥使司》，《天一阁藏明代方志选刊续编》第51册，上海书店，1990年，第705—706页。

《明代辽东档案汇编》里保留有数十份嘉靖年间催班档案，各卫、所武官的职掌分工非常明确。如嘉靖三十五年（1556）大嵩卫指挥使官员分工是：指挥使三人，其中邵弘先为佐贰管屯，李嵩和张国勋二人身故；指挥同知五人，郝维藩为春班京操官，李缙为佐贰管局，孟应璧、薛斌二人缘事，贾爵空闲；指挥佥事八人，王溥为军政掌印，胡平为春班京操，邵卿、朱永常二人为秋班京操，荣升为巡捕管墩，缪用和胡江二人缘事，尤继武告袭。[1]

再如嘉靖三十八年（1559），莱州卫指挥使二人，一人掌印，一人空闲；指挥同知四人，一人佐贰管屯，一人京操，一人缘事，一人职掌不详；指挥佥事八人，佐贰一人，空闲二人，管局一人，京操二人，其中陈京任京操札付官，一人改任安东卫掌印，病故一人。[2]

守御千户所的分工，可以嘉靖三十八年奇山所为例，正千户梁文昌缘事，刘惟谦京操，副千户安孝芳缘事，张元祯升游击，黎时用身故，杨镇领京操，傅廷诏掌印，张维宗职掌不详。[3]

这些职官分工在五年任职内相对固定，故都司卫所签署文书时，多列其职衔于后。说明这些世袭武职以自己特有的独立系统，长期保持既有的运行方式，并没有因为营兵制的普遍推行而中止或有实质的变化。

由都指挥使司派出世袭武官担任京操或边操班军的统领之职，是都指挥使司诸多职掌之一，他们派出之后，往往被称为都司领班，即某都司卫所派到某地负责管领上班事务，这些官员因其事务，被称为都司领班官等。试举几例：

---

〔1〕《为将秋班官军拨补完足及预支粮银事给山东总督的申文》（嘉靖三十五年九月十四日），《明代辽东档案汇编》，辽沈书社，1985年，第1114—1115页。

〔2〕《为札付官陈京起程挂号赴操事给山东总督的申文》（嘉靖三十八年二月初九日），《明代辽东档案汇编》，第1108页。

〔3〕《为回报补完春班官军原额已挂号赴操事给山东总督的申文》等（嘉靖三十八年二月十八日），《明代辽东档案汇编》，第1140页。

弘治六年五月丙子，铨注燕山前卫都指挥佥事丁王于大宁都司领班京操。[1]

弘治十二年三月壬申，命河南都司领班京操都指挥佥事徐霈管本司军政。[2]

弘治十五年十月乙丑，定都司领班官比较法。[3]

嘉靖二十二年十一月辛酉，大理寺卿戴金因讯治山东等都司领班指挥吴璧等罪，言领班诸臣与各卫所长帅朋比为奸，骫法纵役，欲将璧等罢黜。[4]

隆庆元年三月庚午，升山东都司领班指挥佥事聂大经为署都指挥佥事掌河南都司事；辛巳，升河南都司领班指挥同知王承诈为署都指挥佥事掌辽东都司事。[5]

万历十年正月癸酉，升大宁都司领班佥书刘光先为神枢四营游击。[6]

这时的武官称谓均有都司卫所衔，在都司领班渐渐转化为领班都司之后，就发生了变化。在明中后期，"领班"二字被省去，有的领班武官或是被授予营伍都司，或是参将或守备。这种变化在明后期越来越明显了。

关于都司领班武官的选拔、职掌及其考核，在拙著《明代班军制度研究：以京操班军为中心》和《明代北边防御体制研究：以边操班军的演变为线索》已有详细的论证，兹不赘言。可以肯定的是，班军的派出、组织、管理在有明一代自始至终是以都司卫所为基础的，这是明代班军制度的基本属性。这一属性也决定了作为职官的

---

〔1〕《明孝宗实录》卷75，弘治六年五月丙子，第1423页。
〔2〕《明孝宗实录》卷148，弘治十二年三月壬申，第2603页。
〔3〕《明孝宗实录》卷192，弘治十五年十月乙丑，第3555页。
〔4〕《明世宗实录》卷280，嘉靖二十二年十一月辛酉，第5455页。
〔5〕《明穆宗实录》卷6，隆庆元年三月庚午，第169页；隆庆元年三月辛巳，第180页。
〔6〕《明神宗实录》卷120，万历十年正月癸酉，第2242页。

都司，明显带有作为机构都指挥使司的属性，即都司武官绝大部分出身世袭武官（来源于都指挥使司，或直隶卫所，或京卫军）。这一属性不完全等同于营兵制之下的其他武官的来源，而营伍都司官不是世袭武官仅发生在明末武官滥授的情况之下。

二　领班都司：领班武官的营伍化及其职掌

在明初，稳定政局之后的都司卫所，本质上既不是战时组织，更不是现代意义上的兵营。都司（行都司）作为管军机构，其下辖的卫所军士世居一地，且耕且守，是明代承平之时的军政管理单位。而以征战和戍守为主要职责的营兵制自元末明初就已产生，到永乐以后，由于边患日棘，建立稳定的镇戍、防守体制非常必要，军兵以营兵制（镇戍制）为编制亦属必然，营兵制也不断地发展演变。[1]营兵制是自明初由一种以战时征戍为基本特征的编制方式，逐步转变成以营为基本单位的镇戍编制，这种编制在京营、京畿、九边以及明朝的广大疆域内普遍推行。[2]营兵制侧重征战戍守，卫所则注重旗军驻地的日常组织管理。卫所制是以日常屯戍和军政管理为基本特征的编制方式。正是由于它们各自职责的侧重点不同，所以营伍编制下职官系统与都司卫所体制就有很大的不同。

营兵制下的武官大多由原卫所世官选充。各地卫所官带旗军到京师后，分配到不同的京营中任职，"每营各设中军一员，千总二员，把总六员。上班之日，与同京营坐营官分练，听六副将统属"[3]。这些来自都司卫所的武官被铨注以营兵制官衔是迟早的事情。

---

〔1〕　对明代营兵制最早、对本文多有启发的论述，参见王莉《明代营兵制初探》，载《顾诚先生纪念暨明清史研究文集》。本人采用了"营兵制"一词，而没有采取"营伍制"或"营镇营兵制"，主要是基于营兵制与卫所制二者的对应关系。
〔2〕　参见前揭肖立军《明代省镇营兵制与地方秩序》。
〔3〕　万历《明会典》卷134《兵部十七·营操·轮操》，第690页。

在营兵制的武官体系中，有的与五军都督府、都司、卫所等世袭武官体系结合较早，如总兵、副总兵、参将、游击将军以及把总等，而都司作为武官则出现得很晚。[1]

班军受两种兵制共同影响尤为显著。一直恪守出身世袭旗军的班军[2]，到京师（京营）或边地参与戍守，便被纳入营伍编制，卫所制与营兵制均影响于此。班军最初的目的是协助戍守地的防御，像京操目的原本是"一则可以壮王畿而负常尊之势，一则可以威四方而消不轨之谋，一则可以备调遣而潜抑京军之骄惰"[3]，最初的任务以练兵、防御为主，并有少量的工役，如修筑堡哨、建造城池等，中期以后则多被驱于做工。但他们一直是京师、边地重要的武装力量。为了保证其职能的有效发挥，明廷既要赋予领班武官一定的职权，又要制定相应的选拔、考核与管理的严格措施。

外卫上班赴京后，即编入京营，但初期领班官军并无统领京营官军之权，因此常常出现"各都司卫所京操官受制于在任军政官"[4]的情况。由于旗军随团营操练，而上班官军"分拨各营与各卫指挥、把总，有事悉听号头等官节制，有乖大体"，不利于对上班旗军的管理，于是政府决定：

> 上班官军分团营者，有领札付者，官旗故比较不及于都指挥三大营；无领札付者，其比较之法，诚如增等所言，乞增置官旗，领札付如团营例，其都指挥止今于五军营寄操，而往来查核军马之数。从之。[5]

---

〔1〕 肖立军认为"至迟于万历后期，都司已经成为镇戍将领的一级"，时间太晚（《明代省镇营兵制与地方秩序》，第231页）。都司为营伍官是渐变的过程，出现在正德年间，嘉靖后期九边军镇化加速，世袭武官普遍授予营伍衔，此都司军政官已普遍授以营伍官衔。

〔2〕 参见彭勇《论明代京操班军的选补制度》，《历史档案》2007年第4期。

〔3〕 张养蒙《阁试议处京操班军疏》，《明经世文编》卷427，第4672页。

〔4〕 《明宪宗实录》卷253，成化二十年六月丁巳，第4275页。

〔5〕 《明孝宗实录》卷192，弘治十五年十月乙丑，第3556页。

早期的领班武官只是都司卫所的普通武官，他们率军远赴外地，统军诸务仍要听由都指挥使司处置，多有不便，赋予他们独立处置班军事务之权，就显得非常必要。如成化八年（1472），山东领班武官就曾向中央提议，授予他们署职的权力。

> 山东都司把总指挥使高通言，奉敕总领卫所军马赴京操练，凡事皆禀于都司，而卫所官敌己者多违令怠事，乞以都指挥一人自代。事下兵部，言通与指挥使廉政共领京操兵，宜量授以署都指挥佥事之职。有旨：令仍原职领敕行事，有违误者，听指实奏闻治之。[1]

当时，山东都司领武官是"把总"指挥使，由于级别过低，且"凡事皆禀于都司"，不利于统辖，故署都指挥佥事。虽然当时没有获批，稍后即获批准。但随着形势的不断变化，领班武官的权限和编组等都必须发生相应的变更。对来自山东、河南和中都等京操班军，以及九边边操班军领班事务世袭武官权限的重大调整，始自正德初年始。最初，是领边操的领班武官以"署都指挥"行事，正德二年（1507），"铨注宁夏领班署都指挥佥事张雄于陕西都司"[2]。正德三年（1508）的大同也已实行："命管领偏头关游兵、镇西卫指挥使李经，与大同领班操备署都指挥佥事刘镇，更易其任，以大同地重，镇之谋勇不及经故也。"[3]在宣府，亦是如此，"命河南都司署都指挥佥事卯昂宣府领班备御"[4]。

京操领班武官"署都指挥使"职衔管事的目的，也是为便于外官领班官员在京管理所辖班军。嘉靖四年（1525），明廷提升了一些

〔1〕《明宪宗实录》卷101，成化八年二月癸巳，第1974页。
〔2〕《明武宗实录》卷26，正德二年五月丁未，第686页。
〔3〕《明武宗实录》卷40，正德三年七月甲寅，第944页。
〔4〕《明武宗实录》卷175，正德十四年六月丁丑，第3385页。

领班官员的职衔，俱令京操统领武官以"署都指挥"职衔管事。

> 升领班中都留守司指挥使卢佐、指挥同知赵俊，山东都司指挥佥事彭烈，河南都司指挥同知白祥，大宁都司指挥佥事周镗，各署都指挥佥事，列衔本司。佐等原以都指挥体统行事，兵部言势轻难以统辖，故擢之。[1]

"原以都指挥体统行事"，到"署都指挥佥事"并列衔于都指挥使司，从名义上到实际上的提升，是为了适应各都司领班武官实际作用的发挥。

随着京师和北边防御体系的构建，作为防御兵力之重要组成的班军，其管理体制也随着营兵制的变革不断变化，改革班军管理体制也相应进行，包括将卫所体制下的世袭武官铨选为营兵制下的官员，增设专门的领班都司佥事官或领班都司官。都司一词，也从只是都指挥使司的简称，逐步演变成营兵制中都司武官称谓之一种的。

领班都司作为官员称谓，在万历《明会典》中有体现。嘉靖中期，中央对领班都司官员的处罚规定中，已涉及领班都司：

> （嘉靖）二十一年题准，少军，卫所官员以十分为率，不到二分以上，行抚按官提问住俸；五分以上，将掌印官提解来京究治；八分以上，提问降级、调发边卫。领班都司，亦以十分为率，八分不完，参奏降用。其不到官军，自文书到日限一个月以里，验补解营。违者，巡按御史先将各兵备、守巡查参。其各该坐营等官私役卖放，兵部及提督科道访实参奏。[2]

---

[1] 《明世宗实录》卷50，嘉靖四年四月乙巳，第1255—1256页。
[2] 万历《明会典》卷134《兵部十七·营操》，第689页。

对领班都司官的要求，在稍后的山东班军事务中已得到体现。嘉靖三十八年（1559）莱州卫春班赴操时，就有了如此详细的要求和规定：

> 逐名整点齐备，并造完花名年貌文册，俱交与领春班札付指挥佥事陈京押带去讫。依文关行到职。准此，卷查未蒙之先，已于本年正月二十九日前赴守巡道投下，用印钤盖，仍赴山东都司倒文，亦赴抚、按两院挂号验发，领班都司一齐起程，赴部发操外，今蒙行催，拟合回报。[1]

同样，在官方典制《明会典》中，记载有嘉靖四十一年（1562）的规定："今后每军止许存留安家米两个月，其余尽数差官解部，委司官督同领班都司给散。"[2]

万历《明会典》对领班都司在京军三营中的建制有明确的规定：五军营有山东春秋两班四营，领班都司二员；神枢营有河南秋班一营，领班都司一员；神机营有中都春秋两班八营，领班署副留守四员（旧都司二员）。[3]领班都司原则上规定每领班都司领军三千官军。[4]

在边操班军和京操军改拨戍守蓟镇时，也参照京营的做法，给领班武官加以营伍官阶，初授以领班都司，再改升为游击职衔。

嘉靖初年，京操领班武官有领班都司的称谓，但据成书于嘉靖二十年（1541）的兵部官员魏焕辑《皇明九边考》记载，九边诸镇

---

〔1〕 《为将春班逃故军人照数拨补完足事给山东总督的呈文》嘉靖三十八年二月初九日，《明代辽东档案汇编》，第1111页。辽东档案中还有其他卫所，如成山卫、大嵩卫和靖海卫等，大量类似的启程赴班后给山东都督的申文，这些申文有严格的格式和内容要求，可谓"千篇一律"，兹不一一列举。

〔2〕 万历《明会典》卷134《兵部十七·营操·轮操》，第689页。

〔3〕 万历《明会典》卷134《五军营》，第690页。

〔4〕 例如："一议额班。山东、河南共班军一万五千余名，领以二都司，管理不前。宜照令甲，每营止领三千余，再添设领班都司以专责成，其军仍择稍强者为秋班，次者为春班。"《明神宗实录》卷13，万历元年五月戊戌，第427页。

多有边操班军，在边操军分布较为集中的蓟镇、宣府、大同、甘肃等镇，边操领班武官的称谓仍然没有变化，在大同，"管领河南春秋班官军大同备御官"计有二员[1]；在三关镇，有"管领山西春秋班大同备御官一员"[2]；在甘肃镇，甘、凉二州各有领班备御官二员[3]，称谓仍然是"管领备御官"，其与"都司领班"的称谓意思是一样的。

隆庆三年（1569），戚继光定蓟镇防守事例，任命河南、山东都司领班官员为领班都司，史载："于河南、山东京操军内再各请发三千人，照例改定春秋班次，各用领班都司官一员，责之选领，每年依期赴镇。"[4]至万历初年，河南、山东二都司领班官军和边镇入卫兵领班官员相继改变职衔，使之更符合营兵制编制。[5]

如前述，领班都司官员的出现，是为了适应营兵制的普遍运用后，来自都司卫所世袭武官的权责。在都司领班到领班都司称谓变化的背后，是他们前后不同的职权、职责的变化，这可以从领班武官的敕书得以揭示。都司领班统领旗军赴京师或边镇操守，凭敕书以为职掌凭证，最初中央下发给各都司的敕书均为不坐名敕书。不坐名敕书意在对固定性日常工作，即对常态化职责的合法化认定。大致从嘉靖中期开始，原来奉不坐名敕书的领班武官有获赐坐名专敕者，到隆、万年间已相当普遍，这实与嘉、万时期京师、北边防御体制发生了重大变化有关。在刘效祖所辑的《四镇三关志》中，这一时期的中高级官员的敕书多为坐名，表明营兵制之下针对中高级官员个人的责权逐渐明确。[6]

---

〔1〕 魏焕《皇明九边考》卷5《大同镇·责任考》，见《明代蒙古汉籍史料汇编》（第6辑），内蒙古大学出版社，2009年，第264页。

〔2〕 《皇明九边考》卷6《三关镇·责任考》，第272页。

〔3〕 《皇明九边考》卷9《甘肃镇·责任考》，第299页。

〔4〕 《明穆宗实录》卷29，隆庆三年二月戊子，第765页。

〔5〕 《四镇三关志校注》卷7《总督侍郎杨兆分布兵马以饬春防疏略》（万历三年），第411页。

〔6〕 详细论证可参见上一章的内容。

在此，需要特别指出的是，在正德、嘉靖，乃至更晚一些的文献中，领班都司一词，并不一定是绝对意义上的都司官称谓，有时候，它的意思仍然是负责领班的都指挥使，与都司领班官并没有明显的区别。只是都司领班的责任化，或者说官阶化越来越明显，使得领班都司官员的身份越来越清晰。万历初年时，有关领班都司的官员等级、地位和职位的规定，逐步明晰。

> 山东春秋两班分为四营，领班都司二员，河南秋班仍为一营，领班都司一员，中都春秋两班分为八营，领班留守四员。每营各设中军一员，千总二员，把总六员。上班之日，与同京营坐营官分练，听六副将统属，春班正月，秋班七月上班。随京营歇操放回休息，其金补额军二分以上者纪录，一分者免究，通无金补者附过，军数减于前班者，兵备留守都司等官分别参治。[1]

"领班都司二员"的表述中，"二员"是对官员数量的表示。促使"都司领班"向"领班都司"转变的原因，除明朝并行都司卫所制、营兵制之外，还有两种兵制在运行过程中各自内部职掌的演变，这也是促进武官和军兵之制随之变化的原因。

三 都司诸色：卫所制与营兵制的并行与交错

"都司"作为明代营兵制中的中级武官，《明书》的记载最为详尽："营伍武官皆因事而命，无定制。……曰都司、曰守备、曰提调、曰千总、曰把总、曰百总，皆营官。"[2]而作为官方典制的《明会典》

---

〔1〕 万历《明会典》卷134《兵部十七·营操·轮操》，第690页。
〔2〕 傅维鳞《明书》卷66《职官二》，《四库存目丛书》史部第38册，第665页。

并没有如此详细的记载，或许是因为即便到了万历初年，此时的营伍官制，尤其是都司官制并不像晚明时代那样典型。不过，都司作为营伍职官之一，万历《明会典》有明确的记载。

《明会典》关于万历九年（1581）营兵制中都司官的规定，是与副总兵、参将、游击、守都、把总、千总一起论述的：

> 凡将领交代。万历九年题准，除都司外，其副、参、游、守、领班都司、提调备御把总，除革任提问及紧急调遣，不候交代，听督抚委署。凡寻常升调，务候新官见面交代，违者抚按参革。仍将交代日期咨部记查。抚按徇情私放，听该科本部查参。[1]

这里提到"都司""领班都司"与营伍职官一并规定、同等对待的意思是清晰的。再如：

> 凡将领加衔。万历九年题准，副总兵官，下总兵一等，不可轻易请加。必有重大战功、紧要边工，勘实请加。其资深请加者，必总计其自任都司、参、游历十年以上，方许议请加授。[2]

这里把副总兵以上加衔的标准，定为都司、参将、游击任期十年以上，说明是把都司与参将、游击视作性质相同。但都司似不太可能是都指挥使司官的简称，因为都指挥使司一级武官在万历时人数众多，任职十年者数量甚巨，而担任参将、游击超过十年的人数就相当有限。同时，世袭武官的升等，以军功为最重要的指标，与年限无涉。

---

〔1〕 万历《明会典》卷118《铨选一》，第615页。
〔2〕 万历《明会典》卷118《铨选一》，第615页。

万历《明会典》关于武职考选的规定，与世袭武官的考选有了很大的不同，都司作为武官之一种，同样有明确的规定。

> 凡武官贤否文册。万历九年题准，本部将材簿登注将领职名、脚色、历履、荐章，以备推用。通行边腹抚按，着落司道，备将所属见任将领等官，通查职名、脚色、履历、到任年月、造册送部。仍每季终将各官内有升调、闲住、罚俸、住俸、提问、追赃、立功、降级、调卫、充军等项有碍推升，节略总具一册，即将各官贤否填注。副、参、游击、都司、守备、提调、备御、把总各四句。中军、千总、指挥、镇抚、千百户各二句。有堪边腹及贪暴实迹，皆注考语之末。总具一册，一并送部。其各镇总督，亦于每季将各官贤否揭部参考。[1]

然而，都司作为从明初机构名称中衍生出的中级武官称谓，它并不像明初即已出现的总兵、副总兵、参将、游击、把总、千总，而有诸多疑点值得追问。比如，作为营伍官的"都司"在原始文献中出现时，往往多加有限定词，如负责班军事务的"都司"，前面加有"领班"的限定。唐立宗有文章列举了明代中后期出现的大量都司类型，如中军都司、坐营都司、总捕都司、练兵都司、局捕都司、管捕都司、操捕都司、巡捕都司、屯捕都司、管屯都司、屯田都司、游兵都司、备倭都司、车营都司、备御都司等，并认为这些都司将领的设置明显带有专业性与地域性的特色，他对浙江总捕都司进行专题深入研究。[2]实际上，被冠以都司的官职还有不少，如捕盗都司[3]、标下都

---

〔1〕 万历《明会典》卷119《铨选二》，第616页。
〔2〕 见前引唐氏会议论文。肖立军《明代省镇营兵制与地方秩序》，第223—231页，亦列表介绍嘉、隆、万三朝的都司武官，可见诸色"都司"的官名及其背景。
〔3〕 《明世宗实录》卷21，嘉靖元年十二月丙戌，第612页载：山东流贼王友贤等剽劫地方，河南捕盗都司蓝佐因防御不严，戴罪立功。

司[1]、管操都司[2]、镇海都司[3]、入卫都司[4]等。

从上述所列20种以上的诸色都司的名称看，命名方法可以简单分成两种。一类是以五军都督府—都司—卫所体制下世袭武官的职掌来命名，如总捕、练兵、局捕、操捕、管捕、巡捕、管屯、屯田、备倭、备御、捕盗、管操、镇海、入卫和领班，就是常说的在京、在外都司卫所的各方面职责，有的职责因防御地域的不同，还带有明显的地域色彩，如备倭分布在沿海，入卫主要在北边，京操在长江以北，镇海仅见针对西海蒙古等，担任这类都司角色的，几乎全是来自都司卫所的世袭武官。另一类都司名称则源于营兵制下武官的分工或镇戍时扮演的角色，如坐营、车营、中军、标下、游兵等，它与传统的都司卫所职掌表述不大相同，担任这类都司有一小部分的军官不是来自世袭武官的。总体而言，诸色都司官与都司卫所的关系极其紧密，与都指挥使司常常并列使用。

> （隆庆四年）巡按广东监察御史杨标言：今广东之事……养无能之官，食无用之卒，行无益之事，臣窃惑之。夫该省六十三卫所，指挥以下官至五百五十余员，而统以都司，又如添设奏带跟随总兵、参将、游击、都司、守备、把总，及各色把总、哨官之类，多不可纪，率皆纤紫拖朱侵粮冒赏，无有一

---

[1] "巡抚福建右副都御史殷从俭疏裁本省巡抚标下游击，及总兵标下都司各一员，巡抚委都司金书、总兵委把总各带管"，载《明神宗实录》卷2，隆庆六年六月壬午，第61—62页。

[2] 江西省城有"管操都司"，"分布见造兵船，专一往来鄱湖，上下剿贼"，见《明神宗实录》卷29，万历二年九月乙亥，第704页。

[3] 据《明神宗实录》卷322，万历二十五年六月丁未，"海虏"（即西海蒙古部）入犯，镇海都司余世威、西宁参将赵希云等出兵抵抗。余世威职任"镇海都司"，后任"四川漳腊游击"（《明神宗实录》卷406，万历三十三年二月丙寅，第7582页）。这里的"镇海"当是镇海堡，万历、天启年间，明廷常于此处设"游击"镇守（第5990页）。

[4] 万历三十四年，一批营伍将官被革职，其中就包括两位"都司"武官，"革镇边路副总兵周易，倒马关参将王锡祉，密云左右营游击张秉忠、张大才，三屯右营游击陈大经，保定东营营都司刘应迪，河南营入卫都司王承恩，浮图峪守备唐显东，桃林口守备朱世勋等职，皆以科索论列故也"（《明神宗实录》卷427，万历三十四年十一月壬午，第8057页）。

能见敌者。此所谓养无能之官也。[1]

在这里，广东巡抚讲全省整体军事防御形势，当地有民族矛盾，有沿海倭患，但全省的武官却存在严重的问题。他所提到的全省兵力，一是广东都指挥使司系统，文中的"统以都司"，显然是都指挥使司，二是"添设奏带"的营伍总兵下，包括都司在内，"多不可纪"。两处都司的含义，可清楚辨别其各自的内涵。

仔细分析诸色都司官称，发现有的可以确定为独立的中级武官之名，有的仍然可以理解为由都指挥使司派出的负责某类事务的世袭都司（卫所）武官，都司称谓保留了职官用词原本的意思，有些领班都司仍然指负责领班事务的都司卫所世袭武官，而备倭都司则是负责沿海备倭事务的（都）指挥使诸色武官。

其实，就营兵制官员命名来看，官职称谓的本身也会包括官员的职掌，这是古代官职称谓的一个重要属性，是古代汉语表意的一个重要方面。比如，总兵意思是总理兵务事，副总兵则辅佐总兵管兵务事。

有一些名称、职掌或与都司出现在一起，但不一定就是有都司官名的意义，如标下都司，可能是都指挥使司所派官员的简称，因为总督、巡抚的标兵之下，所管都司多与都司金书在一起，这批中级武官来自各都司的都司金书，并不一定都实授都司营伍官，他们实际的身份当是都司的实际军政官，任命为营伍官后，仍以原来都司金书的身份行事，这些原为都指挥使的金书，到营伍之后，可能任命为都司，也可能会被任命为游击或参将等更高一级的营伍官职。例如，天启三年（1623）四月己巳，升云南临元参将施翰为神枢营副将，湖广郧阳巡抚标下都司金书许自强为湖广镇筸参将，南直泗州守备齐大宾为云南莽甸游击，凉州卫试百户唐明世为甘肃河

---

[1]《明穆宗实录》卷43，隆庆四年三月庚辰，第1085—1086页。

西备御都司。[1]再如，天启六年（1626）十月辛酉，升保定井大民兵营游击韩兆元为通州参将，昌镇总兵标下都司金书官抚民为蓟镇中路南兵营游击，山海都司金书赵光远为陕西红水河游击，南京大教场坐营都司金书王绳尧为四川松潘东路游击[2]，都说明了从都司卫所武官选充营伍官的事实。

营兵制下的都司称谓，如标下坐营都司与标下都司、坐营都司等，大体与标下坐营游击、标下游击、坐营游击等说法相似，当是标下都司的详称或别称。

> 隆庆六年七月乙未，升福建军门标下游击呼良朋为参将，分守本省南路地方，改总兵标下坐营都司吴京补本省都司军政金书，其游击坐营原缺，俱裁不补。[3]

再以管操都司之名为例，其实质仍是负责管理地方操练，并有防御之责的都指挥使司官员的简称，判断它是机构的简称，还是独立的营伍官名，关键是看该地方是否有独立的营伍编制，以及该官、该职是否纳入营兵制的考核体系和方法之中，该官或该职的铨选与任命的方式。实际上，即便营兵制到明代中后期在地方已普遍设立，也不能断然把都司卫所制和营兵制之下世袭武官职责完全划分清楚。这与总兵、副总兵、参将、把总等营伍官职在明初就已存在，并不相同。

因此可以说，营兵制中的都司含义，与总兵、副总兵、参将、游击、把总等营伍官的最大区别在于，都司一官在明代一直与都指挥使司及其军政官有千丝万缕的联系，换言之，它既有军政管理者的身份，又有营伍官员的特色，只不过，前期前者的身份很突出，

---

〔1〕《明熹宗实录》卷33，天启三年四月己巳，第1699—1700页。
〔2〕《明熹宗实录》卷77，天启六年十月辛酉，第3736页。
〔3〕《明神宗实录》卷3，隆庆六年七月乙未，第86—87页。

后期后者的身份更明显。

营兵制与卫所制的关系，还可以通过营伍中的都司武官的退出机制加以分析。都司卫所官选充而为营伍官，在营伍任期内，如果无法胜任或者考核时出现问题，营伍官相应处置之一是退回卫所，除出现重大违纪违法事之外，一般直接退回都司卫所内，他们仍可享有世袭武官制度下的政治、经济待遇。万历五年（1577），"论陕西防秋将领罪"，延绥副总兵高天吉、守备潘维淅被问责，宁夏副总兵陈力被降两级，"都司孟学孔革任回卫"。[1] 以下再举几例。

万历十九年（1591），蓟镇总督蹇达对其所属武官的考评，有如下处置措施：

> 春秋二防，将领功罪应纪录者，分别奖赏外，游击滕宄应革任回卫，都司张时中等革任听降，中军曹永昌等革任回卫差操，千总魏嵩等革去管事提问，俱依拟行。[2]

营伍中的游击滕宄、都司张时中、中军曹永昌等人，均被从蓟镇革职回卫，都司张时中应"革任听降"，而游击、中军二人"回卫差操"，他们即可能是上文所引的在都司卫所的大批"带俸差操"世袭武官。

来自都司卫所的世袭武官，有在营伍被革职回卫的，余缺仍然要继续从都司卫所中选充，或者从别处都指挥使司或营伍中选调而来，有的武官是在营伍中得到提升的。万历二十八年（1600），总督李汶对所属官员考核意见是：

> 革游击范良材、都司赵梦龙、守备高师韩任回卫，守备高

---

〔1〕《明神宗实录》卷58，万历五年正月丙申，第1329页。
〔2〕《明神宗实录》卷233，万历十九年三月丁酉，第4311页。

科革任，仍行巡按御史提问。总兵杜桐、达云、萧如薰、孙仁、王威、马孔英，副总兵鲁光祖各加纪录，游击姚德明仍以游击调管河州参将事，都司雷安升左营游击，守备吴继祖仍以守备调管右营游击事，指挥佥事刘国桢起不空寺守备，副千户冯印升临洮坐营，百户赵景升北川守备，各署指挥佥事，以都指挥体统行事。从总督李汶纠举故也。[1]

都司、参将、守备等营伍职革任后俱回原卫。如果是在征战戍守中获得军功的武官，除可在营兵制下获得晋升更高一级的官职之外，也可能获得世袭武官的机会。以万历二十八年（1600）平播之战叙功为例。

> 兵部题征播之兵松门垭失利，都司王芬、守备陈大纲、副招讨杨愈战死，并参刘䌽疏防缓救。奉旨：各官忠勇死战，恤录宜优。王芬赠都督佥事，荫一子，副千户；陈大纲赠署都督佥事，荫一子，实授百户，俱世袭。杨愈赠宣慰司副使，杨时和先准承袭父职。余如议。[2]

在这场平定杨应龙的叛乱战役中，都司王芬"中流矢死"[3]，叙恤之时，"赠都督佥事，荫一子，副千户"，可世袭。他们获赠世袭武职，越级甚多，而实授则仍然遵循正常的武官世袭之制。说明在营兵制与世袭武官的并行问题上，明廷一直保持各自的整体运行态势，这种态势持续于有明一代，甚至到清代还在一定范围内继续沿用。

营兵制下官员的铨选、任命与世袭武官制度的做法有很大的差异，营伍中下级武官的铨选更为灵活。如果营伍防御戍守需要，即

---

〔1〕《明神宗实录》卷 346，万历二十八年四月戊戌，第 6462—6463 页。
〔2〕《明神宗实录》卷 348，万历二十八年六月寅寅，第 6495—6496 页。
〔3〕 谷应泰《明史纪事本末》卷 64《平杨应龙》，第 1001 页。

便在都司卫所品级很低的武官，也有可能被任命为品级较高的营伍官员。

在明后期的边地防御与戍边武官中，守备、都司等营伍职官扮演了重要角色，原来常设的守备，多提升为都司衔，以便于管理。万历三十年（1602），延绥巡抚孙维城就建议，"副总兵驻平虏弹压，总兵官移镇玉泉营适中调度，抚夷守备改都司职衔，便于责成"[1]。在其他民族地区，确实有改"都司职衔"的情况。如"天启二年，巡抚何士晋请复云汉知州职，量加都司职衔，令率土兵援黔。从之"[2]。都司在西南也成为地方营兵制中的武官，而且任此职者，并非世袭武职出身。

到明末急需用人之期，不是世袭武官或武举出身的人员，也有被授予品级很高官员的情况，其中就包括都司一级的官员。明末，"辽左用兵方急，明旨欲搜罗草泽之人"，营伍官出现了滥授的现象，都司也不例外。万历四十六年（1618），辽东战事渐急，明廷急欲扩充营伍，"各处废弁，有多带家丁赴辽自效者。总兵、副将等官，皆复其职，其原无官、而自能带家丁至四五百名者，即授以副参、游击职衔"[3]。天启元年（1621），就对能募兵二百余人的民间勇士"量授游击、都司、守备、千总职衔……仍各赏银五两"[4]，而游击和都司官在隆、万年间往往是授予三品以上世袭武职的。

崇祯时期，在平定辽东战事和镇压李自成农民起义的明朝队伍中，都司是作为一种营伍官衔而存在的，在宣大总督卢象升的奏疏里，提到崇祯十年（1637）时的宣大将领中，多有把总、都司、游击、参将等营伍官员。崇祯八年时，"随征入援，统之者游击朱文进，都司杨从义，守备张宠、陈德也"[5]；崇祯十年时，"领兵把总

---

〔1〕《明神宗实录》卷369，万历三十年闰二月己酉，第6912—6913页。
〔2〕《明史》卷319《广西土司三》，第8260页。
〔3〕《明神宗实录》卷568，万历四十六年四月丙辰，第10694页。
〔4〕《明熹宗实录》卷12，天启元年七月庚戌，第601页。
〔5〕卢象升《恭报理标兵马疏》，见《卢象升疏牍》卷6，浙江古籍出版社，1985年，第115页。

二员为王登先、刘英，督阵守备加衔都司一员为刘成功"[1]。正因如此，也难怪卢象升有"盖营官最忌烦杂，故以简为贵尔"的感慨，而在他的奏疏里，多次出现"守备，加衔都司"的官员任命方式[2]，这里的"加衔"显然还不是一种正式的任命，只能为鼓励或平衡权力的临时手段。

实际上，明后期凡有军功者，以实授营伍阶官为主，而非世袭武职，概与世袭武职品级过高，又不着实际，选为武官实职则更具现实意义，这与明前期升授都司卫所世袭武官，有很大的不同。例如，在明前期的福州三卫中，一批卫所武官参加了郑和下西洋，因"公干""杀敌""厮杀"升功的世袭武官有 13 位，而在万历初年的四川都司，即便取得平定都掌蛮部大捷的战功，有功将士升世袭武职者绝少。[3]

明清易代，卫所制与营兵制继续并行，卫所制下的都司和营兵制下的都司并行，只是卫所制呈渐趋衰落趋势，而营伍都司官制依然保有旺盛的生命力。

到清代，就各省级都司而言，武官的数量被大幅度削减，级别和地位也是一降再降，直至被取消。[4]顺治十年（1653）时新修订的武职品级是"省城掌印都司从二品，参将正三品，游击都司金书、省屯操都司、行掌印都司、行屯操都司俱从三品，守备正四品，署守备从四品，守御所千总正五品，卫千总从五品"[5]，这一规定承袭了明朝卫所制与营兵制并存做法，而且把卫所制中仍保留下来的军政官与营兵制武官并列分级，但统一的趋势极其明显，这一方面是因为作为明朝留下来的地方军政管理机构必然会被取代，另一方面又说明都司卫所

---

〔1〕 卢象升《遵旨发标兵剿贼疏》，见《卢象升疏牍》卷 9，第 242 页。
〔2〕 卢象升《标兵如数募完并题营官疏》，见《卢象升疏牍》卷 8，第 183 页。
〔3〕 彭勇《论福州三卫之设与闽都文化之建》，载《闽江学院学报》2013 年第 4 期；《建武兴文：明代武建守御千户所建置考论》，（台北）《明史研究专刊》2013 年第 6 期。
〔4〕 参见顾诚《卫所制度在清代的变革》，见《隐匿的疆土：卫所制度与明帝国》，第 33—47 页。
〔5〕 《清世祖实录》卷 77，顺治十年八月甲申，第 611 页。

的行政管理职责在短期内不可能被取代。顺治十三年（1656）时，省级掌印都司、副将的品级再次变更，都司的职权更低。

> 兵部等衙门会题：武官自一品至四品俱有署衔，应与实衔同品，以便循序升转，其降调亦照此例。今改正品级，以左、右都督为正一品；都督同知、署都督同知为从一品；銮仪使、都督佥事为正二品；副将、署副将为从二品；冠军使、参将、署参将、掌印都司为正三品；游击、署游击、行掌印都司、省管屯都司佥书、行管屯都司佥书、营都司佥书、署都司佥书为从三品；云麾使、守备、署守备为正四品；守备所千总为从四品；治仪正、牺牲所所牧、卫千总为正五品；牺牲所所副为从五品；整仪尉为正六品。从之。[1]

作为营兵制之下的都司武官同样存在。在京营的步兵营巡捕五营中，有副将、参将、游击、都司和守备、千总、把总等武官。在地方的提督等官营兵制之中，则有提督军务总兵官、镇守总兵官、副将等，以下则是参将、游击、都司、守备、千总、把总、外委把总等。其官级如下：

> 提督军务总兵官，从一品，掌巩护疆陲，典领甲卒，节制镇、协、营、汛，课第殿最，以听于总督。镇守总兵官，正二品，掌一镇军政，统辖本标官兵，分防将弁，以听于提督。副将，从二品，为提、镇分守险汛曰提标，为总督综理军务曰督标中军，将军标、河标、漕标亦如之。参将，正三品。游击，初制正三品，顺治十年改从，掌防汛军政，充各镇中军官。都司，初制正三品，顺治十年改从，十八年改正四品，康熙九年

---

〔1〕《清世祖实录》卷103，顺治十三年八月戊戌，第802页。

复故，二十四年定正四品。所掌视参、游，充副将中军官。守备，初制正四品，康熙三十四年定正五品，掌营务粮饷，充参、游中军官。千总，初制正六品，康熙三十四年，营千总改从六品，五十八年复故。把总，正七品。外委把总，正九品。额外外委，从九品。各掌营、哨汛地。[1]

　　虽然清朝取消了明朝旧有的武官世袭体制，"绿营提镇以下，悉易差遣为官"[2]，但原卫所制下的武官名称与营兵制武官称谓长期并存，而且降清明臣旧有世袭武官及其家族的优渥地位仍然保有，所以营兵制武官仍然与都司卫所武官长期存在剪不断、理还乱的关系[3]，直到乾隆十八年（1753）而止。《清史稿》的记载是："初制，提督、总兵无定品，系左右都督、都督、同知、佥事各衔，乾隆十八年停，始定品秩。"[4]明清制度数百年的承袭与流变，从都司职官之制，得到了很好的体现。

　　（原文题作《从"都司"含义的演变看明代卫所制与营兵制的并行与交错——以从"都司领班"到"领班都司"的转变为线索》，载《明史研究论丛》第 13 辑，中国广播电视出版社，2014 年）

---

〔1〕《清史稿》卷 117《职官四·武职》，中华书局，1977 年，第 3389 页。
〔2〕《清史稿》卷 114《职官一·兵部》，第 3263 页。
〔3〕彭勇《清初降臣柳同春的旌赏之路》，载《纪念王锺翰先生百年诞辰学术文集》，中央民族大学出版社，2013 年，第 187—206 页。
〔4〕《清史稿》卷 117《职官四·提督等官》，第 3389 页。

第六章　明代卫所旗军的职能及其演变

明代都司卫所制度设计之中，最基层的群体是旗和军。旗有总旗和小旗两级，旗负责直接管领最基层的军人。旗这一群体，介于官与军之间，军由军功可升授小旗，到总旗，旗或军可由军功升至官的等级，即百户。实际上，鉴于旗的管理职能，他们又可称为"准官员"群体，他们是最基层的管理者。在明代的文献中，旗军又混称旗与军。

明代的旗军基本职能定位，本各有分工，如参与征战、戍守、屯田、漕运、班军等，以世袭军户身份服务国家的军事防御，但在明朝国家存在的近三百年里，旗军的功能实际上在不断发生变化，这种变化也是揭示明代军事防御、国家管理和时代变化的重要指标。

一　从操练之军到职业工匠的转变

班军，是旗军职役中的一种，他们周期性地离开所属卫所，自备基本生活用品，到指定的地区从事以防御为主的活动，并可能从事其他与军事相关的活动，如城建、修边或杂役等。明代的班军有京操班军、边操班军、广西班军和入卫班军等多种形式。本章研究的班军，以京操为主，兼及边操和入卫班军。[1] 班军制度历明一代

---

〔1〕　彭勇《明代广西班军制度研究——兼论班军的非军事移民性质》,《中国边疆史地研究》
　　　2004 年第 3 期。

而不废，前期以在京师地区操练戍守为主，后期多被役占工作。以操练防御为基本职能的班军，竟然变成了职业从事修筑长城（"边墙"）的工匠，这一状况让皇帝和各级官员始料不及。崇祯元年（1628），新君朱由检责问缺兵少将的局面究竟是如何造成的，兵部官员一时竟也无从说起，后经过查询说，"祖制，班军入京操练，赴边防御，今每拨班军做工修筑矣。军不化为兵，而乃化为砖灰石匠"[1]。本为操练之士，何以会演化为职业工匠的呢？班军职能的变迁与明朝在京畿地区的战略防御有哪些关联呢？

大体而言，班军的职能从操练之军到职业工匠转化的过程，也是卫所制度和班军制度嬗变和没落的过程，同时也是明朝在京畿地区防御战略转变的结果，即从原来战备型的操练防御转变为承平之时的日常防御，从直接以京师为中心的战略防御转变为以蓟镇为中心的京畿防御体系，从以提高军兵的作战能力为战略防御的重点转向以长城为防御屏障。

（一）从军人到工匠的演变历程

洪武初年，大量的边关堡隘和官署城池需要修造。然而，百废待兴，民人既无余资，又不便于组织，修造也与"休养生息、恢复生产"的政策相悖。在工役方面，明初一直执行着"役军不役民"和"农隙工役"的政策，《大明律》也规定非农隙之时或有兵荒之时[2]营造工役，属非法行为，要受到处罚。洪武三年（1370）编直隶等府州县均工夫图册时规定，"每岁农隙其夫赴京供役"[3]；洪武四年"命宋国公冯胜往陕西修城池"[4]。景泰年间，河南都司的河南、弘农、彰德、怀庆、信阳等卫官军500员名轮操到隆庆州"修城，

〔1〕《崇祯长编》卷12，崇祯元年八月己亥，第673页。
〔2〕 参见《大明律集解附例》卷29《工律·营造·擅造作》，《续修四库全书》第862册，上海古籍出版社，2002年，第622页。
〔3〕《明太祖实录》卷54，洪武三年七月辛卯，第1060页。
〔4〕《明太祖实录》卷60，洪武四年正月戊子，第1168页。

半年一换"[1]，弘治间始回宣镇。

兵部、五军都督府和都司卫所官员有修筑城池和军需工程之责。兵部职方清吏司有"以时修浚其城池而阅视之"的职责，工部屯田司典掌"屯种、抽分、薪炭、夫役、坟茔之事。凡军马守镇之处，其有转运不给，则设屯以益军储，其规办营造、木植、城砖、军营、官屋及战衣、器械、耕牛、农具之属"[2]。营兵制下的总兵官、副总兵、参将、游击将军、守备、把总等官，或镇守一方，或镇守一路一城一堡，各有职掌，甚至在地方最高军政长官督抚的职掌中，"操练军马，修理城池，缉捕盗贼，关防奸宄"[3]，大抵具有同等重要的地位，并以任期内城池修理的业绩作为考核的重要指标。按修造之例，军需工程类建筑，工部负责资金技术，但劳动力主要来自旗军或军民结合，并由武官负责组织修筑。

然而，班军作为旗军中的重要一员，参与工程修筑虽属分内之事，但京、边操班军在边关修筑关隘城池竟然成为一项经常性的工作，尤其是他们把绝大部分精力用于修造，就不能不加以思考了。笔者认为，京操班军从操练走到"尽驱工役"的历程表明了明朝军兵职责的本末倒置，这也是明朝在京畿地区防御战略转变的结果。

京操班军始于明永乐二十二年末，成祖朱棣北征清除蒙元的威胁既以无果而终，其继任者明仁宗就一改永乐朝主动出击的政策，转向注重防御，他采纳大臣的建议，抽调外卫旗军中的精锐部分入京操练，此乃京操之始。《明仁宗实录》记载：

太师英国公张辅、太子少保兵部尚书李庆等奏请，令直隶及近京都司官军更番于京师操备，可之。上谕之曰：古者务农讲武，皆有定期，故两不偏废。今宜略仿此意，无废屯种。令

---

〔1〕 嘉靖《隆庆志》卷6《武备志》，《天一阁藏明代方志选刊》，第166页。
〔2〕 《明史》卷72《职官一》，第1761—1762页。
〔3〕 王士翘《西关志·倒马关》卷4《制敕》，北京古籍出版社，1990年，第450页。

毕农事而后来，先农事而遣归，庶皆不妨误。[1]

仁、宣二帝全面执行稳健持重的治国方针，认为操练乃军国大计。宣宗认为：

> 方今海内小康，惟残虏叛服不常。古人制夷狄，惟在守备，若城堡坚固，粮刍充足，士卒精练，哨瞭严谨，彼亦何能为患？[2]

宣德九年（1434），成国公朱勇言：

> 初，户部奏拨五军、神机营官军万人通州缮仓，今工部已留运粮军一万赴工，请以所拨神机营官军仍回操备。从之。[3]

从材料看，神机营官军撤回操备，而五军营似乎仍然在参与修筑。这大抵是五军营官军参与修缮工作的较早事例，但此时仍把操备作为其第一要务。

"私役"班军工作远远比官方"公用"班军早得多。宣德五年（1430）时，就有中都留守司的留守左卫指挥陈鉴私役京操军匠137名，用以修盖私宅。[4]景泰初年于谦改革京营时，京营大军老幼强弱不分，私人役占和政府修造占用京军的现象均较为严重。当然，此时役占旗军仍然属违反规定的行为，一旦发现，辄予以制止。宣德十年时：

> 行在五军都督府言，在京七十七卫，官军士校尉总旗

---

[1] 《明仁宗实录》卷4（上），永乐二十二年十一月乙亥，第136页。
[2] 《明宣宗实录》卷64，宣德五年三月壬寅，第1499页。
[3] 《明宣宗实录》卷109，宣德九年三月申申，第2444页。
[4] 《明宣宗实录》卷68，宣德五年七月甲子，第1607页。

二十五万三千八百，除屯田、守城外，其十一万六千四百俱内府各监局及在外差用。今各营操练仅五万六千，选用不敷，况今工部人匠数多，足任役使，乞将各监局役占官军退回各营操练。从之。[1]

目前所能见到的较早的京操军在京城从事大规模土木修造的合法行为是正统八年（1443）的修建陵墓，史载：

> 户部尚书王佐等奏：河南、山东诸卫来京操官军，每月给行粮四斗，近拨天寿山工作，又增口粮四斗。按旧例，操备兼工作官军止给五斗，今多三斗，营军官俱宜有罪，多关米宜偿官。上曰，军士在山供役辛勤，每月于京操行粮四斗外增口粮二斗，已往多关之数，俱令无偿。[2]

正统十年（1445），政府用下班官军协助修筑河工，"今沿边新河等口宜加修理，暂拨下班官军一千九百余名往彼供役"[3]。此后，京操军参与工程修筑的活动越来越多。

英宗复立后，虽罢十团营编制，但仍以京军强弱定编。据载，"亡何，英宗复位而罢，仍三营，阅营阵二十三万有奇，定为头拨、次拨，而时训练焉"[4]。自天顺始，在以旗军强弱定编制的原则背景下，次拨（"老家"、"三大营"军）旗军最终被推向了成为职业工匠和从事杂差事务的道路，如史载："申敕总兵官太保会昌侯孙继宗等训练军士。初，天顺间简阅京军，第为二等，一等以备征调，二等以备工役诸杂差，岁久混淆，军伍多缺，至是西北边报有警。故有

〔1〕《明英宗实录》卷2，宣德十年二月甲寅，第52—53页。
〔2〕《明英宗实录》卷101，正统八年二月戊子，第2031—2032页。
〔3〕《明英宗实录》卷128，正统十年四月己未，第2557页。
〔4〕史继偕《兵制志》卷上《京营》，顾炎武编《皇明修文备史》，《北京图书馆古籍珍本丛刊》第8册，书目文献出版社，1998年，第184页。

是命。"[1]天顺年间确立的头拨操练，次拨工役杂差的做法，既是于谦建立团营思想的延续，也是京营旗军职能演化的一个重要阶段。

宪宗即位，旋即复团营之制，立十二团营，经过补充兵源和改制后，班军工役的情况有所好转。但是日久弊生，京军越来越多地被驱入工程，似乎难以避免。成化十九年（1483），班军修造工役问题再次凸显，兵部尚书余子俊等讲：

> 成化三年初置团营，以京卫官军不足，乃以河南等四都司及南北直隶卫所官军九万九千四百六十三人，分春秋二班更番赴京操戍，当时领敕符将领各得其人，能与士卒同甘苦，上班者无工役之劳，休戍者有室家之乐，是以逃亡者无二三。历年既久，人心渐懈，为将领者上下交征，无所不至，故军士上班未久，饥寒迫身，逃亡相继，将领畏罪，乃复规避他图。[2]

稍后，余子俊等官员分析了京营官军被大量役占的原因，并提出了相应的对策：

> 近年以来，上下交相徇私，不思国家兵戎为重，皇上洞见其弊，命内外官严加拣选，精锐者第为二拨，列奋武等十二营，简命总兵等官操督，复命给事中御史不时按阅，仍定占役逃窜之罪，立法可为至矣。近以边方颇静，十二团营或借以兴土木之役，此源一开，所司乘机作弊，不可胜言，所以上廑圣虑今既阅实，更无隐弊抗拒占怪之弊，造为三策，分送兵科、兵部及十二团营收照，头拨专一在团营操，遇有急切工役，止于三大营次拨官军内量拨。仍乞敕内外衙门，毋得擅自拟奏轻动团

---

〔1〕《明宪宗实录》卷2，天顺八年二月癸巳，第41页。
〔2〕《明宪宗实录》卷243，成化十九年八月乙亥，第4113—4114页。

营官军，沮坏军法。上曰，京营官军点选已定，今后内外提督等官，务尽心操备，振扬威武，痛革宿弊，抚恤下人，毋仍怠玩。兵部仍具前事例以闻。[1]

孝宗朝一向被认为是一个革故鼎新的时期，虽然在改革班军工役弊政方面曾做了一些严厉的规定，且有文臣武将的大声疾呼，但京营军士被役占的现象依然有增无减。弘治初年，内阁大学士刘吉言：

> 近年以来，凡遇修理城垣、宫殿、内府、房屋及成造各处坟茔等项，俱于京营摘拨军士应役，其内外管军官员又不许计算工役大小、财力多寡，有兴一役，本用五千人，而奏请一二万者，本用五百人，而奏请一二千者，朝廷虽不尽数拨与，其实所役倍多。[2]

役占者甚至还有来自团营的军士。兵部尚书马文升、英国公张懋等上书大声疾呼，"停工役以恤操军"，张懋还提出了具体的改革办法，他说：

> 暂停工作以息军困。切见京营操备军士连年工作繁重，以致困苦，且今天道炎热，劳苦万状，乞将各处工作暂止……一军匠相兼以给工役。乞敕工部查照，今后凡遇造作，该运木石重料，于班匠银内支给，雇车装运，庶得少纾军士之苦。下所司议，谓懋等所言皆可行，第修仓须留军千人。从之。[3]

这些建议一改过去强烈反对使用班军的态度，在默许了役占京

〔1〕《明宪宗实录》卷245，成化十九年十月甲申，第4159—4160页。
〔2〕《明孝宗实录》卷29，弘治二年八月戊子，第643页。
〔3〕《明孝宗实录》卷75，弘治六年五月戊寅，第1424—1425页。

营官军舍余的前提下，在减轻军人的负担和提高他们的待遇方面提出一些可行建议，得到孝宗的认可。

役占京营军士的做法既已被默许，京城的修造又接二连三，用工也多由京营调拨。弘治八年（1495），礼部尚书倪岳数列了数十种各类土木工程项目，并以"水旱相仍，灾异迭见"、必须修省为由，提出"乞量为停止"[1]。九年六月，马文升再次奏请"今后凡有兴造，诸司不得奏拨团营军，违者听科道官劾奏""着为定例"[2]，希望借以挽救日益颓废的京营操练。同期，王廷相要求政府杜绝滥役团营京军的行为，"各营操演教习武艺，专备听征之用，其团营杂项差役，并各处做工拽木等项，止许于三大营拣存数内拨用"[3]。弘治十一年令："京营军疲于工役，是后遇有工役，请于三大营摘拨，不得奏取团营军士，违者许言官指名劾治。"[4]这大抵成为以后各朝指导京军修造工役的基本思想，也为次拨或三大营京军（即"老家"）充役提供了合法的依据。

正德朝和嘉靖后期大兴土木愈演愈烈，京营军士成为最廉价的劳动力。隆、万之际，明政府与蒙古部的关系出现了重大变化，军事压力相对减轻，明政府遂采取更趋于稳妥的防守措施，对长城全面改造增修，其工程之浩大、参与劳动力之广是前所未有的。这次修筑几乎动用了辽东、山东、河南、山东、山西、陕西和北直隶诸区域内的一切军兵和民力，自然也包括班军在内。班军的职能也因此完成了由操练到修造的转变。

隆庆三年（1569），蓟镇总督侍郎谭纶说："班军本以备十二路修守之事，顷之复作墩台，日不暇给。"[5]为避免操练荒废，保定巡

---

〔1〕《明孝宗实录》卷106，弘治八年十一月甲申，第1929页。
〔2〕《明孝宗实录》卷114，弘治九年六月丙申，第2067页。
〔3〕 王廷相《浚川奏议》卷9《修举团营事宜疏》，《四库全书存目丛书》集部第53册，齐鲁书社，1997年，第571页。
〔4〕《明孝宗实录》卷157，弘治十二年十二月丙申，第2820页。
〔5〕《明穆宗实录》卷29，隆庆三年二月戊子，第765页。

抚宋缰建议，在防秋的一段时间内，"各将所辖隘口已分工修筑，但阅视届期，专于筑修，则疏于操练……惟修工操练间日举行，或先其工程之急者"[1]。隆、万间，给事中魏时亮提出把班军一分为三的主张，同时兼顾操练、工作和常川防守等三项职责，他说：

> 切谓城守兵十一营，掣空三营外，更宜添设三营，共得六营，分属五军等营内，皆名曰班军营。以中都班军分二营，河南班军分二营，山东班军分二营，每营春班大约五六千，秋班大约八九千以上，就五六千、八九千内，分作三班，一班做工，一班常操，一班教练备征。但系头年做工者，次年常操，头年常操者，次年教练备征，头年教练备征者，次年做工，务严雇倩更替之禁。凡做工夫役不足，宜取足城守备兵营内，不许取足班军中常操备征之卒。如是，则京操既非虚应之文，班军渐有可用之勇，且又合为一处，操在一营，入操者队伍可整，未到者着实可追。[2]

他还对官员的配置以及操练之法提出了建议。可以看出，这一时期的官员在明政府把防御重心转移到蓟、昌二镇之后，希望不要因此削弱京操班军在操练防守方面的作用。然而，此时操练与工役的关系显然已经颠倒了，"工作为正差，营操为末务"。

张居正去世后，改革之锐气渐渐散尽，明王朝的存在与延续只有靠其惯性来维系。太多太多的矛盾，靠统治者内部已经无法解决，班军制度颇有花自飘零水自流的味道。万历二十四年（1596），政府可以随时调取旗军参与工程事务。如史载："兵部题山东原借留班军一千名仍到京补班着役，毋得延缓，致误大工，并准徐抚按题催班

---

〔1〕《明神宗实录》卷3，隆庆六年七月癸卯，第105页。
〔2〕 魏时亮《议处兵戎要务疏》，《明经世文编》卷370，第3995页。

军一体起解。从之。"[1]在天启和崇祯年间的实录和档案资料中，甚至很难找到京操班军参与操练的记载了。

（二）修造工役的主要内容

如前述，参与修造工作是包括京操军在内的京营旗军的职责所在，但前提是一定要搞清他们从事了何种类型的工役。本章结合京营参与工作的实际情况，把工役类型简单分成了军需工程、宫殿陵寝等礼仪类工程和民用公共设施等三大类。

第一，军需工程的修筑。本文所讲的军需工程主要包括边墙（长城）、关隘城堡墩台、军储仓库等直接用于作战或防御职能等与军事职能关系最为密切的工程。

修"守战之具"是历代战争所必不可少的，明代有关作战和防守类工程建造的资料俯拾即是，我们主要结合京操军参与其中者来加以论述。

边地城池和粮仓修建相当重要。据前引文，宣德九年即有从五军和神机营拨出万名官军修筑通州城仓库的事例。[2]成化四年（1468），工部乞摘拨京营军士"修仓"；成化十九年时，据成国公朱永奏，大量的京营军疲于工作，已经影响到操练。"（修）通州仓者工毕即回营，京仓且勿修！"[3]景泰间，河南都司的河南、弘农、彰德、怀庆、信阳等卫官军五百员名，"轮操修城。今不复来州矣"，可能是河南都司官军轮流上班修筑延庆州城，待完工后，即行撤回。[4]

有明一代，班军参与修筑的最重要的军事工事是边墙，即长城。明代修筑长城的活动几乎与其朝代相始终，但在地区上最主要集中在京畿地区，时间上则主要集中在明中后期隆庆至万历朝。这一时

---

〔1〕《明神宗实录》卷301，万历二十四年闰八月壬辰，第5655页。
〔2〕《明宣宗实录》卷109，宣德九年三月甲申，第2444页。
〔3〕《明宪宗实录》卷240，成化十九年五月乙卯，第4069页。
〔4〕顺治《延庆州志》卷4《武备》，康熙增刊本，中国国家图书馆藏缩微胶卷。

期，在这一地区涌现出了谭纶、戚继光、王崇古、方逢时等一批著名将领，边墙的建设达到了顶峰，他们为加强沿长城各镇的防御做出了巨大的贡献。从参与修造的班军来看，主要是边操班军和轮班入卫军兵[1]，也不乏来自山东、河南、中都的部分京操军，像前文我们述及的京操军改戍京畿地区，他们大部分时间是在蓟、昌二镇修造长城。万历中期，王一鹗任蓟、昌等四镇总督，督统长城的修筑，其《总督四镇奏议》一书保留下来大量的当时修筑边墙时的考核奏疏，其中不乏领班官军在修筑过程中的表现等，证明了当时长城修造的主要力量是各类班军。[2]此外，散见于华北长城沿线的大量碑刻也足以证明班军在长城修建时所发挥的重要作用。

明末，班军被派到战争前线修筑工事。山东武定所班军至迟到天启朝以前就奔赴到辽东前线，"备边修筑"，防御后金兵的侵扰，计班军444名。天启七年（1627）时，"在辽修守，适奴房寇犯，宁锦杀戮大半……今日所军止子遗之二百余户"[3]。文中提及的"在辽修守"一事，是指天启六年，袁崇焕出任辽东巡抚，他说，"辽左之坏，虽人心不固，亦缘失有形之险，无以固人心。兵不利野战，只有凭坚城用大炮一策。今山海四城既新，当更修松山诸城，班军四万人，缺一不可"[4]，动用四万班军的建议竟然得到批准，这批班军在稍后的宁锦战役中死伤大半，对明末京操班军队伍也是一次致命打击。

第二，宫殿陵寝的修建。明末班军尽驱工役，多半在京畿北部沿边修边墙、守城堡，其余则在京师从事日常建筑与维修事宜。明代宫殿陵寝等御用类土木工程修造大致包括皇家宫殿园林亭台楼阁、祭祀礼仪建筑物和皇亲国戚的坟墓等。这些工程多属纯粹消费性工程，或宫殿楼阁，或帝王的陵寝与皇室宗亲的坟茔住所，修筑多在

〔1〕 戚继光《戚少保奏议》卷4《覆科议减免入卫之兵》，中华书局，2001年，第140—142页。
〔2〕 王一鹗《总督四镇奏议》，《玄览堂丛书续集》，国立中央图书馆，1947年。
〔3〕 崇祯《武定州志》卷7《职官》，见《明代孤本方志选》，线装书局，2000年，第61页。
〔4〕 《明史》卷259《袁崇焕传》，第6710—6711页。

承平之时，目的是为满足皇室的奢华生活。

帝王陵寝役占班军的情况尤为突出，可能是皇权至上、工程浩大、用工数多、建筑周期长、耗资惊人等原因，故频见于官员奏疏等文献中。世宗、神宗在修建自己的陵寝时，几乎调用了一切可以动用的军兵，并大量地雇募民夫，历时数年之久。嘉靖十九年前后的几项工程耗资惊人，"查四郊所费银两不过四十六万，慈宁宫不过四十八万，乃今慈庆宫已用银七十一万两有奇，一号等殿已用银七十六万有奇，费渐侈矣，而工犹未完。"[1]万历时修筑定陵更是惊人，每天用工匠23000人，以致巡视京科道官洪有复等奏言，"寿宫做工班军，人多工少"[2]，请求撤回部分京操军。在发掘定陵地下玄宫时，在一条花岩石条上，考古工作者发现了墨书字迹碑刻，其内容是修筑的时间，官军姓名、籍贯、职掌，以及建筑用石材质的优劣，从中可知山东、中都等五军营中的外卫京操军参与其中。[3]据胡汉生的研究，明帝王陵墓的修建，宣德年间用民夫5万人，天顺后开始用军匠夫役参与其中，长、献二陵多用南方军士，"中叶以后基本以班军为主……但因调集方便，所以包括陵寝营建等京师大工在内多役使他们作为工程的主要劳动力"[4]。

第三，京城公共设施的建造。道路、桥梁、河道等关系公众利益的工程建设项目，也在京操班军修造的范围之内，虽然许多工程具有为皇族宗亲服务的性质，而且这类修建也并不是很多，但不可否认的是，它在一定程度上改善了普通民众的生活环境。如成化十五年，动用了"外卫京操官军一万一千六百二十八人"[5]来修筑卢沟桥堤岸。弘治年间对京城内的桥梁进行维修，"俱于三大营拨

---

〔1〕《明世宗实录》卷238，嘉靖十九年六月丙戌，第4848页。
〔2〕《明神宗实录》卷219，万历十八年正月癸丑，第4109页。
〔3〕 杨仕、岳南《风雪定陵——地下玄宫洞开之谜》，新世界出版社，1997年，第159页。
〔4〕 胡汉生《明十三陵》，中国青年出版社，1998年，第58—59页。
〔5〕《明宪宗实录》卷190，成化十五年五月甲申，第3390页。

官军"[1]。再如万历初年，太后为体现"济人利物"之心，两次捐银65000两，由官军负担修浚涿州桥工。[2]

京城的城墙修筑与维护也非常重要。如成化年间就多次对京城城墙进行修理或改造，六年夏四月，"太监黄顺等奏安定、西直二门城垣修理，工程浩大，人力不敷，恐后雨水时行难以用工，乞拨官军并工修理"[3]，宪宗遂从三大营中拨去五千官军以供役用。十二年，又派拨四万人之众，"修理京师九门城垣"[4]。

修河方面，普通的城内河道的重要性远远落后于漕粮河道，这一点在安排班军做工时可以看出来。如在修上述所谓的"城、河"二工时，安排的顺序是先城池、后漕运河道，再一般河道。当时兵部官员说："运粮河长一千五百八十三丈要紧先挑，用军一百一十八万一千名……本部认派秋军人一万名，各做工五十日，共算做工五十万……东西南三面之工，姑俟明春再议。"[5]明末的筑城、修河俱为要务，催补班军自然是不择手段，"工紧时迫，全借军力"，此处"军力"自然指京操班军。以上材料也表明了，班军实际上已经成为国家的"官奴"或京师的职业工匠。

（三）修造工役的组织管理

明政府对土木工程的修建有严格的规定，按《大明律》，"凡军民官司有所营造，应申上而不申上，应待报而不待报，而擅起差人工者，各计所役人雇工钱坐赃论"，即便是官员在自己职掌范围之内的修造，也要及时上报，等待批准，不许擅兴工役。当然，一些紧急工程的修筑可视缓急而定，如"其城垣坍倒，仓库公廨损坏，一

---

[1]《明孝宗实录》卷75，弘治六年五月壬申，第1411页。
[2]《明神宗实录》卷28，万历二年八月癸丑，第685—686页。
[3]《明宪宗实录》卷78，成化六年四月丙子，第1525页。
[4]《明宪宗实录》卷151，成化十二年三月戊午，第2763页。
[5]《中国明朝档案总汇》第32册，广西师范大学出版社，2001年，第102—104页。

时起差，丁夫军人修理者不在此限"[1]。但事后要有详细的解释说明，否则仍将受到处理。皇族公侯个人按规定可以征用国家力量兴工修筑者，也需要事先讲明缘由，提出申请，等待批复。

工程的审批首先由相应的部门拟定意见，如系军需工程，要由主管诸司先提出申请，后转呈兵部，兵部呈报皇上，并转咨相涉及的户部或工部，待汇总各方意见后确定修筑方案。如果是宫殿陵寝类，尚需要礼部的参与。

崇祯四年（1631），山海关巡关王道直关于"修理山海关镇城"的题请及批复过程，大体说明了军需类工程审批的程序：

> 题为城守事、专理新饷山东清吏司案呈崇祯四年九月十四日奉本部，送准兵部咨，该兵部题覆巡关御史王道直题议，修理山海镇城缘由，本年九月初九日奉圣旨：据奏修葺城楼事宜，洵属急务，着该道将作速督理，刻期竣役，务以坚整为功，保左班军行粮盐菜，量从优给，该部即与议覆，其料理火器箭帘等项，知道了。该衙门知道。钦此。[2]

相应各部可以进行驳议，将准备的情况上报，或备案，或复议。民用工程则以户部主财、工部主管、兵部出军兵协修等合作完成。当然，违反规定者，如未经审批，或超越审批标准施工的私役军工匠士的现象在在皆有。

因涉及相关部门各自的经济利益，脱避责任、拈轻怕重者亦不在少数，这种情况在明后期大兴土木、财力窘迫之时尤其明显。崇祯九年到十三年间的修河、筑城工程，兵部与工部之间关于人力与物力方面的分配就因审批不当而发生争执，兵部驳议道：

---

〔1〕《大明律集解附例》卷29《工律·营造·擅造作》，第622页。
〔2〕毕自严《度支奏议》卷24《覆山海修城班军行粮疏》，《续修四库全书》第486册，第22页。

向来建议之始，未言专责臣部全用班军，故臣部误以为此工部之事，应有官夫挑浚畚锸如云，而班军亦在其内云耳。若知工部别无夫役，专靠有限班军竣此大举，则拟议措处以副程期，岂俟今日？乃今日者，既知工部无夫，当举班军全力注之一事，岂得再有旁分，春班已误，秋班正来，恰好从兹更始。而臣询工部城工，尚书刘遵宪以为什分已完其八，太监苏元民以为什分止完其六，土心尚未及也。又谓两工并急，城工钦限十月全完，班军未可全撤，则工部之城工，臣部既派班军，又助八万银两，而河工重大，数倍城工，独役臣部班军，无一夫一钱一官之助，其将能乎？虽均之公事，臣部不敢以原非职掌为辞，而事求可功求成，则有不得不明言者。[1]

看来，无论何方出资，班军都避免不了作为主要劳动者的角色。

参与修筑的班军有较为严格的管理组织，既是为便于组织修造，也是为防止班军逃跑误工。编制大体是，旗军以都司（军）—营—司—队—伍来进行；班军工役通常以 50 人为队，5 人为伍，各委以队长和伍长；来自同一都司卫所的旗军编在同一个营、司、队、伍中，分拨轮流赴工；领班武官负责修造过程中的具体管理事务。天启七年，中都等三都司修造建极殿时，即是以本都司领班官军领千余人一拨，每拨班期 15 天，每拨相接，京操军轮班，领班官员则有可能接续带领多班旗军。[2]

与京城修筑不同的是，边关地区的修筑兼有防守性质，其营伍制编制更为严格，责任分工更加明确，考核也更加严格。以万历三十五年（1607）修建蓟镇扳台子至鸡林山边墙事为例，当时即采取分区、分片、分段承包，责任到人的方法，每修完一段城墙，会

---

〔1〕《中国明朝档案总汇》第 32 册，第 99—101 页。
〔2〕《中国明朝档案总汇》第 3 册，第 406 页。

将官员姓名、修城班军所属、施工数量和任务、修建时间等勒石备查，作为稍后考评的依据。这次修筑长城的碑刻资料现存于迁安县（今河北迁安市）徐流口边墙上，其内容除详列参与此次工程督导监理的各级官员外，对具体的修筑官员及其分工亦进行了刻录：

> 中部千总河南□（宣）武卫指挥佥事何国脉，万历叁拾伍年秋防客兵、河南营官军原蒙派修建冷扳台子柒拾肆号台西窗起，至鸡林山柒拾陆号台东窗止，□等边墙捌拾陆丈壹尺，下用条石□砖垒砌，底阔壹丈陆尺，收顶壹丈叁尺高，连垛口贰丈五尺。万历叁拾伍年岁次丁未孟冬吉旦立。边匠王太儒等，石匠龚彦英等。[1]

在华北长城沿线发现的关于长城修建的碑刻内容大多非常简单，多系工程结项的勒石纪事。如"现存于北京市密云县水堡子村农民张连稳家石碑""现存于北京怀柔县莲花池村焦利祥家石碑""现存北京市怀柔县庄户村至铁峪关村间一座敌楼内石碑""现存北京市怀柔县大榛峪口西长城之上的石碑"等，仅仅记载了某段长城的起止点，由某都司春秋两防某部某职官下的官军负责，所修的尺寸如长、宽、高等，最后附以时间。"今嵌存于北京市延庆县八达岭城门台上的石碑碑文"载：

> 万历拾年，驻防本镇左右部，修工起自□石伍名关横岭南台，至八字贰号台止。共修城墙长三十丈三尺，城墙高连垛口二丈五尺。自七月中起，至十月中止，计工三个月完。今将□员役开具于后。钦差守备八达岭路等处副都指挥密云李凤志。中军百户眭宝、刘宗录。把总百户徐钦、张自、陆文镖。管工

---

〔1〕 穆远等《唐山境内的长城碑刻资料》，《文物春秋》1998年第2期，第79页。

头目赵淮、张文义。管烧灰头役诚启、谈名。窑匠头役王锐、杨二千。泥瓦匠头役□明、张举、李替、盖臣。万历拾年拾月吉日立。

在秦皇岛地区的抚宁县驻操营镇大尖洼村长城的敌台外也有许多类似的碑文。[1] 它们也是责任碑，便于后期的考核与管理。

京城的修河筑城也是采取分工定方的方法来安排工作的，从班军的赴班和实际执行情况来看，大抵嘉靖、隆庆和万历年间尚能严格按标准来执行，到明末天启、崇祯两朝则难以照章办事。崇祯十三年（1640）时，中都、山东班军参与修河时，虽然也强调了分工定方的规定，但暴露出的问题相当严重。

> 班军不容点察画限修方，先惟日上班军随责挑浚，有穷几日之力，而不能挑完一方者。后限定土方尺寸，定与挑挖人数日，每惟按方收工，有能一日挑一方者，即准以派定人数，有两三日挑一方者，亦止准派定人数日。[2]

既然有分工定量之规定，班军的待遇、官员的升迁自然就与出勤率和工程质量有密切关系。工程的直接管理者，如领班官军，会因此获得升迁的机会或遭到罢黜。工程完成的质、量与官军的津贴也有密切的关系，没有完成工程，或者有出工"挂欠"的现象，都是不能得到"工价犒赏恤银""工价银"或"盐菜银"的。崇祯十二年四月份修筑京城内河工时，班军的挂欠情况就相当严重。

> 中都头、二司自三月初十日起至四月十八日止，该上军

---

〔1〕 华夏子《明长城考实》，档案出版社，1988 年，第 301—307 页。
〔2〕 "中央研究院"历史语言研究所编《明清史料》（辛编），第 6 本，中华书局，1987 年（重印本），第 1058 页。

五万八千六百五十六名，逐日上过军二万七千五百七十八名，净欠军三万一千零七十八名。山东都司自三月初十日起至四月十八日止，该上军六万四千零七十一名，逐日上过军五万三千三百七十一名，净欠军一万零七百名。中都、山东等三都司共该上军十二万二千七百二十七名，除上过军八万零九百四十九名，净欠军四万一千七百七十八名。[1]

当年底结算河工添加银两时，就把"挂欠"部分扣除了，"今查春班各军据有内官监手本开称，做过实工，除挂欠外，共计四十六万七千二百五十名，每名加添四分"[2]。从中亦可知，明末的旗军已基本转变为职业工匠，以修筑为最主要职责。

（四）对班军工役的若干思考

崇祯皇帝即位时，大明江山已是危机四伏。抬望眼，京师南边农民军旌旗烈烈，北边白山黑水间的满族铁骑羽翼初丰。他自己也弄不清二百年来，大明帝国的运转何以会变得如此举步维艰。他常常向大臣询问祖制，特别是太祖、成祖时的军制兵法，大臣们在检讨军政制度时，莫不提及京操班军制度的沦丧，特别是明末班军无法挽回的"尽驱工役"的事实。崇祯三年，兵科给事中熊德赐上言：

> 夫京营向有战兵，而今尽以防守，为其未经训练而不能战耳。至问所以不练之故，则以冒役占役者多，而非实兵也。夫此兵也，昔以之犁庭扫穴，胡今日视畿辅之乱而莫敢救耶？则清京军为要。班军之以春来秋归者，必较弓马之短长，简枪弩之能否，语阵法

〔1〕《中国明朝档案总汇》第 31 册，第 459—460 页。
〔2〕《中国明朝档案总汇》第 32 册，第 397—398 页。

之生熟，以定统军者之劝惩，而近年皆具文矣。供工作之役，事奋锸之务，军力已竭，尚何暇于讲武乎？夫此军也，昔以之出塞防秋，胡今日闻风鹤之警而先自溃耶？则练班军为要。[1]

明中晚期以后，大臣们大多认为，班军从操练之士演变为职业工役是班军制度衰败的重要原因。如王廷相认为，京军之所以战斗力不强，其中一个重要的原因是，"军无定用"。他解释说：

> 何谓军无定用？夫军欲战胜攻取，须平日养其锐气，精于武艺，不以杂役夺其操练，斯志一事，专奋发果敢，直前无敌矣。今团营军士派之杂差，拨之做工，留之拽木，终岁不得入操，困苦以劳其身，而敌忾之气缩，奋锸以夺其习，而弓马之艺疏，虽有团营听征之名，实与田亩市井之夫无异。欲其战胜攻取，以张皇威武，夫何敢望？[2]

那么，原来以操练御守为重要职能的班军何以会逐步丧失其军事防御职能呢？当时人大都认为"边方颇静"和"承平无事"是一个重要原因，如成化十九年，司礼太监怀恩、尚书余子俊等人说："近以边方颇静，十二团营或借以兴土木之役，此源一开，所司乘机作弊，不可胜言。"[3]崇祯十二年，京营总督朱燮元也说：

> 祖制设立班军，更番入卫，原不言工。厥后有工作起，原以无事而议也。讵料延及今时，内外多故，举皆言工，竟忘入卫之义，而又半年休息，半年勤事，并忘之也。[4]

---

〔1〕《崇祯长编》卷32，崇祯三年三月丙申，第1858—1859页。
〔2〕王廷相《浚川奏议》卷9《修举团营事宜疏》，载《四库全书存目丛书》集部第53册，第570页。
〔3〕《明宪宗实录》卷245，成化十九年十月甲申，第4159页。
〔4〕《中国明朝档案总汇》第32册，第411页。

班军职能从操练转向职业工作的直接原因是明代工匠制度变革的影响，而根本原因却是嘉靖以后，明朝在京畿地区的总体防御战略发生了重大变化。

班军居有月粮，出则兼有行粮，赴京以后，仅操练一些无用的阵法，将官无聊，旗军松懈，在承平之时，政府自然不愿意白白供养大批官军。

正统元年（1436），大批官军集居北京，劳师运粮，杨士奇建议：

> 在京官军数多，除操练造作应用外，余者悉令于北京八府空闲田地屯种，倘遇丰年必有蓄积，可省南方转运之费，此实国家经久长策。上命行在户部兵部议行。于是拨京军三万就近地下屯。又言，先因巡边调选大宁都司并南北直隶卫所官军更番赴京操备，今天下安靖，请不必赴京，俱令下屯。[1]

但京师不可不备大量军兵，随着京操制度的延续，辄遇时局平稳，在一些重要工程也亟须修筑之时，京操军遂逐渐转向"工作"的道路。

京操军逐步沦为"工作之具"，首先是从官宦之家私役军士蔓延开来的，是他们开启了国家"役占"操练班军做工的序幕，而官宦之家又假借公务之需，而据为私用，如此推波助澜，自然京营堪以战守之军日少一日。正德末年，何孟春说：

> 今二处做工团营又该拨去九千，通计更番，即一万八千之数，缫丝见蛹，势殆未已，竭泽得鱼，后将何继？且臣闻之各处管工官员大较假公济私，便迁延以规利，务隐射以求闲，工程不急催完，军士致荒训练，在营听操者无几何矣。营中之弊，

---

[1]《明英宗实录》卷13，正统元年正月庚寅，第242—243页。

殷实私于办纳，精壮私于跟随，技艺私于造作，教场操点，暂令应名，号令甫毕，四散而去，稽其数目，莫竟所止，由做工有以为推托之地也。[1]

从官员私役旗军到国家派拨旗军做工，与明朝工匠制度的改革大有关系。虽然明朝匠籍始终存在，但匠户出役的方式却发生了很大的变化。工匠分住坐匠和轮班匠，匠籍专有匠册，府州县户籍管理有匠户，而都司卫所也有军匠。明代的匠役制度颇为繁杂，但南北二直隶及各布政司的工匠数量及种类各有定额。明初，他们被分派到京师各部司衙门以供差役。自成化二十一年（1485）始，实际轮班工匠折银，或亲役或折银，听工匠自便。嘉靖四十一年（1562），更是实行普遍的班匠折银制度。[2] 工匠身役既已免除，银两折征到京后，分拨给各衙门以备募役公用。但实际情况是银入公门，挪作他用，役用对象却转向世袭旗军。成化二年时，京营的情况已经是"今京师军士不下三十余万，间或占役于私家，或借工于公府，或买闲而输月钱，或随从而备使令。其操练者大率多老弱，不胜甲胄者也。且马多羸瘠而不堪骑操，器非犀利而不足以制胜，使之折冲御侮，安能婴锋而挫锐"[3]，其拨工或私役的情况已经相当突出了。

弘治时提学御史顾潜对这种现象进行了入木三分的分析，较为生动形象地反映了工役制度改革对京操制度的影响：

甲子（引者注：弘治十七年）三月，时予与蓝御史章同在本科……近年各处清解匠役，多是不通工艺之人，一到部后，即为作头包揽津贴工价，侵克肥己，无力贴价者，分拨内外权

---

[1] 孙旬《皇明疏钞》，《续修四库全书》史部第463册，第716—717页。
[2] 万历《明会典》卷189《工匠二》，第952页。
[3] 《明宪宗实录》卷25，成化二年正月戊申，第483页。

势之家，以供使令。朝廷不得其力，小民徒苦劳费，及遇凡百工作，内官监却于各营操练军役内选拔。中间多不堪用，又累卫所官员雇人应当，官军被累困苦，不免逃亡，以致行伍空缺，清勾旁午。乞敕兵部查照，除将武功等卫原有军匠者照旧拨役外，自余各营军士止令在营操练，一应工作，不许差拨。其各处轮班民匠，亦不许拨送内外官员之家役使，及纵容各色作头私自包揽。仍敕工部，照例每名一季出银一两八钱，行令州县征收转送该府，将原给勘合一并解部，遇有兴作，计量工程多少，径将前银雇人应役，庶几军无滥役，匠不虚费。[1]

这些操练之士转为职业工匠的根本原因却是明朝总体军事防御战略，尤其是在京畿地区战略防御的转变。从嘉靖庚戌之变后，明政府开始认识到对京师的防御仅仅依靠在京师大量驻军操练防守是不行的，也是非常被动的，于是开始有步骤地加强以蓟镇为中心的京畿地区的防守。对蓟镇重要的战略地位，许论的分析尤为全面而深刻，他说：

> 蓟，燕京左辅也，古会州地。国初即其地封宁藩，设大宁都司、营州等卫，与宣府、辽东东西并建，以为外边。靖难后兀良哈部落内附，乃改封宁王于南昌，徙大宁都司于保定，散置营州等卫于顺天之境，而以大宁全地与之，授官置卫，令其每年朝贡二次，每次卫各百人，往来互市，永为藩篱，即朵颜、大宁、福余是也。自此，宣、辽隔越，声援断绝矣。正统以前，夷心畏服，地方宁谧。土木之变，颇闻三卫为也先向道[导]，乃命都御史邹来学经略之……嘉靖二十九年，复道房入，直逼京都，始议添设总督军门，驻扎蓟州……开平陷入虏庭，大宁

---

[1] 顾潜《静观堂集》，《四库全书存目丛书》集部第48册，第522—524页。

徙之三卫，天子自为藩篱矣。在今日边情，惟蓟镇为急，规复旧疆，未敢卒言，乃若筑垣固封，列兵扼险，虽过计不为迂，过力不为劳，过劳不为损也。何也？所关至重也。[1]

反映在班军制度的演变上，就是在嘉靖"庚戌之变"后撤回了原来大宁都司、北直隶、山西都司和行都司，以及陕西都司和行都司在京师的京操、边操和入卫班军，回到沿边防守，把河南、山东、南直隶和中都留守司的京操班军和边操班军中的精锐部分改成到蓟镇和宣府一带，增加京畿地区的防守能力，以作防御之用，突出蓟镇在京畿地区防御的重要地位。史载："咸宁侯仇鸾言蓟镇空虚，宜以大宁都司移置其地，复虑人情重边，或为大宁所属外卫班军，免其京操，改拨蓟镇防御。"最后议定："大宁官军六万，既改发蓟镇，宜令总督镇巡等官酌量区分，冲僻分派战守，又春秋缓急异势，春班但以参将四员各统分五千赴镇，余尽分额秋班六参将，仍于其中选游击兵六千，责新设游击二员领之，与原设游击六员候警截杀。"[2]与此同时，北直隶河间等腹里卫所的京操班军22996名，"悉改发蓟镇，不必更番，听东阁御史选定人数"。同时，仍准河间、天津等卫每年轮班1000名，赴黄花镇防御，武清卫988名于古北口防守。[3]

原来的操练之军中，精锐者派遣到长城沿线戍守、修边，老弱者留京师从事修筑差役等。由于隆庆议和后，明王朝与蒙古族的敌对关系大大和解，派到蓟镇等京畿地区的军兵，日常的事务就是巡边和修筑长城。这样，明朝的军兵就具备了由操练向工作转变的可能性和必然性。班军自诞生至明末的二百年间，竟然从操练之军演化为职业工匠，沧桑巨变缘于不经意间细流沙沉，依然让人错愕万端。

---

〔1〕 顾炎武《天下郡国利病书》，《四库全书存目丛书》史部172册，第767页。
〔2〕 《明世宗实录》卷380，嘉靖三十年十二月丙辰，第6732—6733页。
〔3〕 万历《明会典》卷129《镇戍四·蓟镇》，第665页。

二 京军与北京城的宫殿庙宇建筑

明代的京军有狭义和广义之分，狭义的京军是指京军三大营，即五军营、神机营和三千营的军兵，广义的还包括其他长期驻京的军兵和定期从在外卫所调入三大营的京操军。本章的京军系指广义。京军的基本职责是以征战、戍守、操练、缉查或侍卫等形式为皇帝、宫廷和京师提供安全保障。同时，京军又是明代北京工程建筑的一支重要力量，尤其是宫殿庙宇建筑的最重要力量。然而，京军参与工程建筑的行为始终在饱受争议中进行，个中缘由，值得深究。[1]

（一）京军修筑项目一览

明代北京城内的工程建筑甚多，包括宫殿、陵寝和坛庙等皇室建筑，皇亲权贵等特权阶层的宅第、园林和坟茔等私家建筑，寺庙、道观和殿宇等宗教建筑，衙署、城池、街道和桥梁等公用建筑，以及大量的民用建筑，等等。本章所讲宫殿庙宇大体包括皇宫及其附属建筑、离宫别馆、皇家陵寝，以及皇亲贵戚宅第和宗教类寺庙道观等。这些建筑物的共同点是凭借皇权或国家政权，按照相应的礼仪等级制度规定，强征劳动者修建。

下表是检校《明实录》及其他典籍文献所得京军参与修筑宫殿庙宇的工程项目及其基本情况，按时间顺序罗列于此，稍后再加分析。

---

[1] 高寿仙亦认为关于明代北京营建的具体事宜缺乏比较系统的研究，他对明代北京营建管理、经费筹措、物料采办、匠役征用等营建的基本情况进行了论证，见《明代北京营建事宜述略》，《历史档案》2006 年第 4 期。

京军修建宫殿庙宇工程项目一览表

时间	京军类型	工程名称	基本情况	资料来源
永乐四年	在京诸卫等	北京城	在京诸卫，及河南、山东、陕西、山西都司，中都留守司，直隶各卫选军士，俱赴北京听役	《明太宗实录》卷57，永乐四年闰七月壬戌
洪熙元年	官军	献陵	献陵用工官军勤劳已久，可分为两班，每五月一更，俾得休息	《明宣宗实录》卷12，洪熙元年十二月癸未
正统八年	河南、山东诸卫京操军	天寿山	河南、山东诸卫来京操官军，近拨天寿山工作	《明英宗实录》卷101，正统八年二月戊子
景泰七年	官军	山陵	给山陵工作官军四万人各月米三斗、盐一斤，从总兵官武清侯石亨等奏请也	《明英宗实录》卷264，景泰七年三月庚午
天顺三年	军士	南内殿宇	都指挥所丞等官，及工作军士人等，各赏银钞绢布有差，以成造南内殿宇工完故也	《明英宗实录》卷310，天顺三年十二月癸亥
成化二年	五军、神机、三千等营，锦衣卫及在京诸卫军余	天地坛殿庑及西海子桥梁	军余六千人修理……人月支口粮三斗，以五军、神机、三千等营军少且有搜套之议故也	《明宪宗实录》卷30，成化二年五月乙未
成化五年	旗军、余丁	太岳太和山宫观及桥梁道路	司礼监奉御韦贵奏，奉敕修理太岳太和山宫观及桥梁道路，乞免守御所旗军差役，兼同余丁，专给工役。上允其奏	《明宪宗实录》卷66，成化五年四月庚辰
成化十四年	官军	朝天宫、国子监	罢朝天宫工役，命官军五千修国子监	《明宪宗实录》卷175，成化十四年二月己酉
成化十四年	京营	大圆通等寺	寺年久倾圮，命内官监修理，料物具备，惟假人力	《明宪宗实录》卷179，成化十四年六月甲辰

时间	京军类型	工程名称	基本情况	资料来源
成化十六年	京操等军	朝天宫、郊坛城垣	后军都督同知冯昇督领官军一万二千人修理朝天宫	《明宪宗实录》卷200，成化十六年二月戊辰
成化二十二年	官军	永昌寺	加永昌寺工作官军四万人米月四斗，盐一斤。从襄城侯李瑾请也	《明宪宗实录》卷285，成化二十二年十二月丙戌
弘治元年	京营官军、团营	山陵	候山陵毕日……见操军马务足，团营不许擅役工作	《明孝宗实录》卷10，弘治元年闰正月己巳
弘治二年	京营	西城垣、宫殿、内府房屋、坟茔、天寿山、卢沟河	工部大臣会同内官监管工官，即令先去相看工程大小，计其缓急，次第应修理者……	《明孝宗实录》卷29，弘治二年八月戊子
弘治三年	外卫京操军士	南海子等寺观	南海子等处修造工役乞暂停止	《明孝宗实录》卷46，弘治三年十二月壬戌
弘治六年	三大营、团营操军	昌国公坟、仙游公主坟、玄武门、金水河、浣衣局	俱于三大营拨官军，又于团营增拨	《明孝宗实录》卷75，弘治六年五月壬申
弘治七年	京操者	万春等宫、内承运库古今通集库、浣衣局、混堂司新房、六科廊、安定门殿宇桥梁、承光殿后石桥、大山子膳房、天坛、皇陵朝房、皇城红铺象房辇房、皇亲宅诸役	近来各处兴造，已拨军士一万四千有奇，其费动以数十万计。况京操者春往秋来，无有休期……	《明孝宗实录》卷93，弘治七年十月壬戌；卷106，八年十一月甲申
弘治十年	京军三大营	万春宫、皇亲宅第及公主茔宅、库藏仓廒	近修万春宫已役万余人，若三大营军多内直执事之人，比修皇亲宅第及公主茔宅，及库藏仓廒已用一万一千余	《明孝宗实录》卷123，弘治十年三月乙巳

时间	京军类型	工程名称	基本情况	资料来源
弘治十八年	团营官军	山陵	工役浩繁，今团营官军已例不许矣，宜俟山陵……	《明武宗实录》卷8，弘治十八年十二月壬戌
正德六年	京营军士	豹房、寺宇	京营军士摘拨做工，终岁不操……传闻豹房内添盖房屋	《明武宗实录》卷72，正德六年二月己亥
正德年间	三大营、团营	神乐观等五处	三大营已拨去一万七千，团营拨去五千，备更番者五千。工程浩繁，有一二年者，有二三年者	何孟春《省营缮以光治道疏》，见孙旬《皇明疏钞》。
嘉靖九年	团营、雇募人夫	东、西、南、北四郊的祭坛工程	惟团营做工官军止拨到一万二千五百员名，运粮、修工。动支太仆寺马价银雇募人夫二万名	夏言《桂洲先生奏议》卷1《郊坛工程及区画钱粮以恤军民》
嘉靖十五年	三大营等班军、保定入卫军兵	大工、山陵（世宗寝陵）	以大工人役不足，摘团营补官军……外卫春班官军见役他工及保定奏留防守官军，皆征至工所	《明世宗实录》卷188，嘉靖十五年六月甲申
嘉靖十九年	外卫上班官军等	建山陵寿宫、沙河行宫、慈庆宫、慈宁宫等	内外并兴工程二十三处，每日雇觅夫匠九万四千七百余，将外卫已到并在营各项官军量拨	黄训《名臣经济录》卷48，蒋瑶《题钦奉敕谕事》
嘉靖十九年	外卫班军，京营官军、锦衣卫旗军	宫殿	役外卫班军四万六千人，不足，郭勋乃籍其不至者，人输银一两二钱，雇役名曰包工，秋班雇四千人，春班五千人	《明世宗实录》卷238，嘉靖十九年六月丁卯
万历二年	班军	昭陵	昭陵兴工，钱粮浩大，各处班军俱有役占	《明神宗实录》卷28，万历二年八月癸丑
万历二年	河南、山东、中都班军	慈庆宫、昭康二陵	慈庆宫原议夫额尚少八百有奇，昭、康二陵兴工……	《明神宗实录》卷28，万历二年八月壬子
万历十一年	在京班军	武英殿、宫后苑	拨班军三十名修理武英殿及宫后苑……复诏免拨	《明神宗实录》卷135，万历十一年三月丙戌

时间	京军类型	工程名称	基本情况	资料来源
万历十四年	春秋班军	陵工	陵工大兴，春班军七月终旬始得放班，夫春班满于六月，而工役放于七月	《明神宗实录》卷175，万历十四年六月乙酉
万历十五年	河南、中都、山东班军	大峪山、大石窝	大峪山做工军夫数多，要将在营副将六员分为三班……半月一换	《明神宗实录》卷189，万历十五年八月辛巳
万历十八年	班军	万历寿宫（定陵）	寿宫做工班军人多工少，若必待三拨工完，不惟日月稽迟，抑且月粮不继	《明神宗实录》卷219，万历十八年正月癸丑

可以肯定的是，上表所列仅仅是京军参与建筑的宫殿庙宇的一部分，但这大体已能反映京军参与修筑的基本情况。下面对这些建筑项目的基本特点、京军参与修筑的发展历程和组织管理，以及产生的影响做出具体分析。

（二）建筑项目类别及其特点

京军修筑的宫殿庙宇项目具体包括：

1. 紫禁城城垣、内廷宫殿的新增部分和旧有部分的维修等。这些项目包括武英殿、慈庆宫、慈宁宫、万春宫、宫后苑、通集库、浣衣局、混堂司新房、六科廊、承光殿后石桥、大山子膳房、皇陵朝房、皇城红铺象房辇房等。其中既有增修改造，也有日常维护〔如万历十一年（1583）拨三十名班军维修武英殿及宫后苑〕；有"前朝"办公区的建筑，更多的是后宫及附属区的生活服务建筑。由于这些建筑是以满足皇室的奢华生活为主，故投资数额较大，而且越来越华丽。如嘉靖十九年（1540）前后，"查四郊所费银两不过四十六万，慈宁宫不过四十八万，乃今慈庆宫已用银七十一万两有奇，一号等殿已用银七十六万有奇，费渐侈矣，而工犹未完"〔1〕。

---

〔1〕《明世宗实录》卷238，嘉靖十九年六月丙戌，第4848页。

2．离宫别馆类建筑。如武宗时的豹房始修自正德初年，历时十余年增修扩建不止。嘉靖时修建沙河行宫，其规模宏大，始议用银七百余万，后减至二百余万[1]，亦历数年而毕。

3．祭祀神坛的大量修建。如对天坛、地坛，以及东西南北四郊坛等场地、城垣及相关交通线路的建筑及维护等。这一情况在嘉靖初年对郊、庙、社稷、历代帝王庙、孔庙、三皇等祭礼进行全面改革时表现得尤为突出。[2]

4．帝王陵寝。京军成为修建皇家陵寝的主力，原因是多方面的，比如皇权至上、工程浩大、用工数多、建筑周期长和耗资惊人等，也可能是出于保密或便于组织管理等方面的考虑。据胡汉生的研究，宣德年间用民夫五万人修帝陵，天顺后开始用军匠夫役参与其中，长、献二陵多用南方军士，"中叶以后基本以班军为主……多役使他们作为工程的主要劳动力"[3]。神宗修筑定陵时每天用军民工匠两万余人，造成大批工匠闲置，以致巡视京营科道官洪有复等奏言，"寿宫做工班军，人多工少"[4]，请求撤回一部分回京。20世纪50年代，考古学家在发掘定陵地下玄宫时，在一条花岗岩石条上发现了墨书字迹的碑文，记载了玄宫修筑的时间，参与官军的姓名、籍贯、职掌以及建筑用石材质量的优劣等，从中可知山东、中都等五军营的外卫京操军参与其中。[5]据笔者的统计，明迁都北京后，京军参与了所有"寿宫"的修建。皇帝陵寝耗资惊人，天启七年（1627），工部商议熹宗德陵修造时，有官员说，"各陵惟长陵、永陵、定陵为壮丽而皆费至八百余万，今议照庆陵规制可省钱粮数百万"[6]。

〔1〕《明世宗实录》卷201，嘉靖十六年六月庚戌，第4213页。
〔2〕参见赵克生《明朝嘉靖时期国家祭礼改制》，社会科学文献出版社，2006年。
〔3〕胡汉生《明十三陵》，第58—59页。
〔4〕《明神宗实录》卷219，万历十八年正月癸丑，第4109—4110页。
〔5〕杨仕、岳南《风雪定陵——地下玄宫洞开之谜》，第159页。
〔6〕《崇祯长编》卷2，天启七年九月辛未，第23页。

5. 京城内皇族贵戚奏请修筑的工程，如宅第、坟墓等。弘治年间，皇亲宅第、茔宅修筑用军就达万余人之多。到崇祯年间，大凡皇亲驸马侯伯有丧葬之事，"辄乞恩请班军"[1]以助修理。

6. 寺庙道观。明代皇室内廷官宦崇佛之风颇盛，道教也一度大行其道，京城里修建了大批寺观庙宇，这些项目有相当一部分是由京军修筑的。如成化时期的太岳太和山宫观、大圆通寺和永昌寺等，弘治时南海子处的寺观，正德时期的豹房附近及神东观等五处建筑，都是由京军营建的，有的一次用工达四万人之多。

7. 服务于以上六类宫殿庙宇建筑的道路、桥梁等附属建筑或配套建筑。

明初帝王慎待工役，修造事例不多。中期以后，京城大兴土木，各类修筑接二连三，加之军兵还要参与征戍操练，工程项目常常会出现人手短缺或经费紧张的情况。明廷只有根据建设项目的轻重缓急加以安排。

工程的紧要程度由朝臣根据实际情况商议，由皇帝最终定夺。通常，皇帝宫殿陵寝和军需工程等俱属"紧要之务"，凡"不急之务"，则能推就推，能缓就缓。嘉靖中期，诸工繁兴，嘉靖皇帝说，"各财用、军匠事宜，俱依拟，（惟）西苑、仁寿宫宜同钦定殿并力速成，余暂停止"，于是正在进行修造的"各处桥梁"先行停止，待"前工告完，以次举行"[2]。又如，万历二十年（1592），工部官员奏，"内工浩繁，库藏空虚，辄措办拟先将坍塌三处亟行修建，以济时艰，其余候钱粮完日以渐修理"[3]。

皇室宗亲、公侯勋戚等奏请修筑的宅第或坟墓等项目，常常以"不急之务"为名，最先停修。崇祯十四年（1641），在镇压农民起义和抵御清军的紧要时期，王公、大臣、亲族等题请拨取班军修坟

---

〔1〕 吴甡《忆记》卷3，《四库禁毁书丛刊》史部第71册，北京出版社，1997年，第710页。
〔2〕《明世宗实录》卷238，嘉靖十九年六月丙戌，第4848页。
〔3〕《明神宗实录》卷350，万历二十八年八月癸巳，第6564页。

的要求一概不予批准，如新乐伯于崇祯七年（1634）病故，"蒙特恩钦赐造葬，照例拨给班军三千名助工，除拨过一千七百七十七名外，嗣因城河两工并急，一切工役俱停。今两工已竣，祈将未拨班军一千二百二十三名……"此外，新城侯"援例讨军"，为父母修筑坟墓，"照恩赐班军补拨，早竣坟工"，也被拒绝，直到崇祯十四年，京师城、河两处工程都完工后，才考虑给他们调拨班军。[1]

（三）京军参与修筑的历程

洪武初年，京军主要包括：一是侍卫上直军，如锦衣卫等十二卫，是直接守卫皇室或宫廷的亲卫军；二是分隶五军都督府的在京卫所，分驻京城及附近冲要之地，负责京城（畿）之地的安全；三是五城兵马司，负责京城的日常治安管理等。[2]永乐时，为了加强北京的守御能力和提高军队的战斗力，同时为配合对蒙古部贵族的用兵，太宗抽调上述三类驻军组建京军三大营，即五军、神机和三千营，仁宗即位后又从河南、山西、大宁等都司和中都留守司抽调16万在外卫所的旗军，轮流来京操练戍守，称"班军"、"京操班军"或"京操军"，他们被并入三大营之中编组管理，构成了有明一代京军的基本规模。[3]

京军的基本职责是戍卫京师。但从前表看，京军参与北京城修筑的事例自永乐初年就已出现。参与修筑的京军既有三大营的军兵，也有锦衣卫的军兵，甚至有余丁等军属。从参与修筑的时间看，主要在正统以后，到嘉靖时尤其突出。那么，京军是如何从操练戍守之军演变成为职业建筑工人的呢？

宫阙、府城、公廨历来被认为是国家临民治事的工具和安邦定

---

〔1〕 "中央研究院"历史语言研究所编《明清史料》（辛编）《兵部题"新乐侯刘文炳等揭"稿》，第7本，第1313—1315页。
〔2〕 范中义、王兆春主编《中国军事通史》第15卷《明代军事史》，第142—145页。
〔3〕 彭勇《明代班军制度研究：以京操班军为中心》，第68页。

国的象征，它们的建筑和维修，一直受到统治者的重视。明中期的礼部官员丘濬有言："上而朝廷则有宫阙，下而官府则有廨宇，非以私奉养也。盖上之所居必尊严，则下不敢轻忽，上之所居有定在，则下知所趋集，上之所居有统会，则下有所联束。此势之必然，亦自然之理也。"[1]

明初，百废待兴，太祖爱惜民力，在"工役"方面，他定立"农隙工役"[2]的原则，即重大工程修筑，除极为紧要者由军兵集中完成外，一般工程尽可能选在农闲之时。在明朝的统治趋于稳定和匠役制度建立后，军、民、匠、灶诸户等各司其职。明初京城（南京）的工程，多以征派民力、抽调军兵和住坐、轮班的工匠协作的形式加以修建，京军参与或独立修造宫殿庙宇等项目并不太多。

明迁都北京后，越来越多的京军参与工程修筑，主要有三个方面的原因。

一是工匠制度的改革。明初，大批工匠被分派到京师各部司衙门以供差役，自然也参与京城内的宫殿庙宇的建筑与维护。英宗正统以后，由于京城修筑事务越来越多，额定的民、匠出工无法满足需求，尤其是自成化二十一年（1485）始，明廷实行班匠折银制度，应役工匠或亲役或折银，听其自便，赴京工作的工匠大为减少；嘉靖四十一年（1562），班匠折银制度的普遍实行，导致京城可利用的工匠更显不足[3]。工匠身役既已免除，银两折征到京后，分拨给各衙门以备募役之用。但折班银分到各部门后，除一部分用于招募雇工外，大部分银两被挪作他用，官署所需差役就转向了"养而无用"的京军。

---

〔1〕 丘濬《大学衍义补》卷88《备规制·宫阙之居》，《景印文渊阁四库全书》子部第19册，第39—40页。
〔2〕 如洪武三年编直隶等府州县均工夫图册时规定，"每岁农隙其夫赴京供役"，见《明太祖实录》卷54，洪武三年七月辛卯，第1060页；《大明律集解附例》卷29《工律·营造·擅造作》第622页也规定，"非农隙之时，及有兵荒之时"营造工役，属非法行为，要受到处罚。
〔3〕 万历《明会典》卷189《工部九·工匠二》，第952页。

二是统治者的生活日益奢侈浮华，土木工程大量增加，用工量猛增，军兵被大量借拨工作。"土木之变"后，于谦组建京军"团营"时，将京营旗军分为"选锋"和"老家"两类，"选锋军"主操练，"老家军"主杂役。虽然此举提高了京军的战斗力，但客观上也为官府和将官合法地"借拨"京军从事修筑活动打开了方便之门。承平之际大兴土木之时，"选锋军"也越来越多地被借拨到建筑工地。当时就有官员一针见血地指出："调操官军在京止堪备做工之役，在边则将领给私而已，供馈送而已"[1]。成化二年，京操军被公私杂务役占的情况越来越多，操练者越来越少，"今京师军士不下三十余万，间或占役于私家，或借工于公府，或买闲而输月钱，或随从而备使令"[2]。成化十年时，抚宁侯朱永说："先时，简选精锐官军十二万，分为十二营。今事故外，实有十万六千五百余人，内有两班工作六万四千余人，下场牧马二万五千余人，见在营者止一万七千五百，其工作者，劳役已疲"[3]。借拨京军参与京城修筑已是普遍现象。世宗、神宗在修建陵寝时，几乎调用了一切可以动用的军兵，借拨班军成为缓解劳动力不足的重要途径[4]。

三是北京城防御战略的转变。嘉靖"庚戌之变"后，明代北京城的军事防御战略也因为与蒙古族关系的变化而发生了重大转变，即明廷开始转变其战略防御重点，由固守京师转向以蓟镇为中心的京畿防御，部分京军（包括原在京的边操和京操军）和大量募兵构筑了新的防御体系，而留守京城的军兵进一步沦落为职业建筑工人，京操军最终完成了从操练之师演变为职业工匠的历程。万历时，礼部尚书冯琦说："今京营军不过十二万，老稚不任者居什三，厮养与隶什伍，负版及百工什九，名虽十二万，实不当边镇三万人。"[5]

〔1〕 李康惠《条陈弊政疏》，《明经世文编》卷100，第891页。
〔2〕《明宪宗实录》卷25，成化二年正月戊申，第483页。
〔3〕《明宪宗实录》卷131，成化十年七月癸亥，第2475页。
〔4〕《明世宗实录》卷188，嘉靖十五年六月甲申，第3965页。
〔5〕 冯琦《赠御史大夫少泉郝公入理戎政序》，《明经世文编》卷442，第4848页。

万历时期，京城内参与修筑的军兵以京操军为主，换言之，此时的京操军已经演变为职业建筑工人。万历二年（1574）时，神宗下诏说："其班军在京非系重大工作，不许滥行派拨。"[1] 虽是禁止滥拨修筑，言语中却透露出"凡有工作，即可借拨班军"之意。二十四年，神宗批准了兵部的提议："山东原借留班军一千名，仍到京补班着役，毋得延缓，致误大工，并准徐抚按题催班军一体起解。"[2] 在天启和崇祯年间的实录和档案资料中，甚至很难找到京操军参与操练的记载。

（四）京军修筑的组织管理

宫殿官廨既是国家权力的象征，也会劳民伤财，故历代统治者对土木工程的修建程序和组织管理均有严格的规定，明朝也不例外。按《大明律》，"凡军民官司有所营造，应申上而不申上，应待报而不待报，而擅起差人工者，各计所役人雇工钱坐赃论"；地方官修造之役，要首先申请，等待批准，不许擅兴[3]。皇亲国戚亦可以按规定申请征调军兵协助修筑，但要严格遵守报批程序。

公用建筑项目的审批首先由相应的部门拟定意见，如系军需工程，要由主管诸司先提出申请，转呈兵部，兵部再呈报中央，并转咨相涉的户部或工部，待汇总各方意见后确定修筑方案。由于宫殿庙宇的修筑在制式、规格、用料、颜色等方面均有严格的规定，故要有礼部按制规划。建筑项目确定后，由户部理财、工部主管、兵部出军兵协修，在礼部、道科官和内官的共同监督下进行。

各部门分工协作时，因涉及各自的经济利益，逃避责任、挑肥捡瘦者不在少数，这种情况在明后期大兴土木而财力窘迫之时经常发生。崇祯九年到十三年（1636—1640）间，兵部与工部就因修筑

---

〔1〕《明神宗实录》卷21，万历二年正月己丑，第563页。
〔2〕《明神宗实录》卷301，万历二十四年闰八月壬辰，第5655页。
〔3〕《大明律集解附例》卷29《工律·营造·擅造作》，第622页。

过程中的责任分配不公发生争执，兵部官员说："向来建议之始，未言专责臣部全用班军，故臣部误以为此工部之事，应有官夫挑浚畚锸如云，而班军亦在其内云耳。若知工部别无夫役，专靠有限班军竣此大举，则拟议措处以副程期，岂俟今日？……又谓两工并急，城工钦限十月全完，班军未可全撤，则工部之城工，臣部既派班军，又助银八万两，而河工重大数倍，独役臣部班军，无一夫一钱一官之助，其将何能乎？虽均之公事，臣部不敢以原非职掌为辞，而事求可功求成，则有不得不明言者。"[1]无论是兵部还是工部出资，修筑工人都是京操军。

工程修筑主要采取军兵分拨、轮流承包、责任到人的方式进行。参与修筑的京军有较为严格的管理组织，既是为方便组织，也是为防止班军逃跑误工。明后期，京操军以都司（军）—营—司—队—伍来编组。军兵通常以五十人为队，五人为伍，各委以队长和伍长。来自同一都司卫所的旗军编在一起，分拨轮流赴工。领队武官负责修造过程中的具体管理事务。如天启七年，中都、山东和河南等都司（留守司）参与修造建极殿，即是以本都司领班官军领千余人一拨（每一拨有一千人者，有一千一百一十五人者），每拨班期十五天，每拨相接，交替进行。京操军轮流开赴工地，而领队官员则有可能接续带领多班军人。[2]

这一时期京军出工不足，与明末京营和入卫军兵严重流失有很大关系，受明末农民军的打击，外卫班军不能及时足额地赶赴北京上班，像河南都司的京操军就因为李自成攻陷河南大部分地区而一度中止，中都留守司的京操军也因为农民军的突入中都凤阳而减员甚众，且一度暂停赴京上班。

---

〔1〕《中国明朝档案总汇》第 32 册第 2402 号档，《兵部为会同户部工部巡阅河工事题行稿》（崇祯十二年七月初七日），第 99—101 页。

〔2〕《中国明朝档案总汇》第 3 册第 286 号档，《兵部为开列依遵拨给建极殿做工班军赏银事题行稿》（天启七年七月十六日），第 406—407 页。此次修筑的过程分析，请见下节内容。

（五）京军参与工程修筑的影响

京军从操练之师转变成为职业建筑工人的过程，也是明朝军队逐步衰败的过程。由于明王朝一直采取全面的防御政策，承平之时，京军操练徒具虚文，助长了官府和贵戚借拨京军做工之风。京军常年奔波于各类宫殿庙宇的建筑工地，征战技艺日渐生疏，战斗力下降成必然趋势。嘉靖初年，曾官任兵部尚书的王廷相认为，京军战斗力不强的一个重要原因是，"军无定用"，即"夫军欲战胜攻取，须平日养其锐气，精于武艺，不以杂役夺其操练，斯志一事，专奋发果敢直前，无敌矣。今团营军士派之杂差，拨之做工，留之拽木，终岁不得入操，困苦以劳其身，而敌忾之气缩，畚锸以夺其习，而弓马之艺疏，虽有团营听征之名，实与田亩市井之夫无异"[1]。到明末，崇祯帝也非常感慨："祖制，班军入京操练，赴边防御，今每拨班军做工修筑矣。军不化为兵，而乃化为砖灰石匠。"[2]战斗力的状况可想而知。

京军尤其是京操军参与修筑，因生活环境恶劣，吃苦受累，导致大批逃亡。成化末年，五军都督府掌府事太子太傅英国公张懋等人说："各营官军大小工作岁无休期，非惟武艺疲废，锐气销沮，又且逃窜日多。"他们希望"若非朝廷切要营作，请勿擅拟差拨"[3]。孝宗时，户科给事中李禄言："近来各寺观斋醮所费甚大……外卫京操官军有因地方灾伤来迟者，有因工作频繁逼累在逃者。"[4]同期，巡抚马文升也坦言："近年以来，多拨做工，每占一二万，其工多者一二年不完，每名雇工等项月用银一两以上，行粮、柴蔬不得实用，负累疲弊，率多逃亡。"[5]到明末，逃亡现象更加普遍，京营缺额越

---

〔1〕 王廷相《浚川奏议》卷9《修举团营事宜疏》，载《四库全书存目丛书》集部第53册，第570页。
〔2〕《崇祯长编》卷12，崇祯元年八月己亥，第673页。
〔3〕《明宪宗实录》卷261，成化二十一年正月己亥，第4423页。
〔4〕《明孝宗实录》卷143，弘治十一年十一月癸巳，第2470页。
〔5〕 马文升《修武备以防不虞疏》，张瀚《皇明疏议辑略》卷22，《四库全书存目丛书》史部第72册，第46页。

来越严重。

此外，京军参与修筑还极容易诱发军队内部的经济犯罪。一些军官为了侵占建筑物资或人员费用，虚报人数和虚抬建筑成本；一些京军为了逃避做工的苦差，贿赂主管军官，均产生了极其恶劣的影响。这也是明中后期军队迅速走向衰败的一个重要因素。

三　天启年间故宫"三殿"重修与晚明政局

天启五年至七年（1625—1627），明廷对故宫"三殿"（皇极殿、中极殿和建极殿）进行了明代最后一次、最大规模的集中重建。这次重建，缘于万历二十五年（1597）的"三殿"受灾。这场大火详情，官方的记录颇为精练："三殿灾……火起归极门，延至皇极等殿，文昭、武成二阁，周围廊房一时俱烬……宫殿俱灾，则国朝以来所未有云。"[1]此后，历经万历、泰昌两朝二十余年的漫长准备，才有了大规模的集中修建。这场被认为是明代历史上前所未有的火灾，对明朝中央的政治心理、制度运行，乃至宫廷生活的影响是极其严重的，然而相关的研究却较为匮乏。

在阅读"明代档案"时，笔者发现三份与这次修建直接相关的兵部档案，它们从一个侧面详细记载了三殿重修的过程及其存在的问题，以这三份档案为线索，去探寻明末这次重修三殿的若干历史史实，会发现天启年间对故宫三大殿的重修，对晚明政局的走向，包括皇权运行、宦官专制、晚明的财政运作等，均有很深刻的揭示，对明清易代进程也产生了直接或间接的影响。本节也是在前两节的基础之上，继续探讨明代军人做工的问题。

---

[1]《明神宗实录》卷311，万历二十五年六月戊寅，第5810—5811页。《明史》卷29《五行·火灾》全文照录了以上实录的文字。《明史·神宗二》仅有"皇极、中极、建极三殿灾"九字记载。

（一）三份档案与三殿重修

三份兵部档案，根据时间顺序，第一份，"兵部为开列依遵拨给皇极殿做工班军赏银事行稿"（尾缺），天启六年（1626）十一月二十七日；第二份，"兵部为开列依遵拨给建极殿做工班军赏银事行稿"，天启七年七月十六日；第三份，"兵部为举劾皇工本卫指挥姚应爵等侵克军粮事行稿"，天启七年八月初五日。原档收藏于中国第一历史档案馆，已影印收录于《中国明朝档案总汇》（第三册）之中，档案编号分别为第 260 号、第 286 号、第 294 号。

第一份档案（第 260 号）："兵部为开列依遵拨给皇极殿做工班军赏银事行稿"（尾缺），天启六年十一月二十七日。

这份档案记载的是兵部应职方清吏司主事官员的奏请，给参与皇极殿做工的山东都司、河南都司第壹、贰、叁、肆拨的做工班军发"赏银"一事。奏疏称，按规定，参加修工的军人，每人每班该发赏银八分，其中五分由户部负责发放，三分由兵部负责。奏疏详细开列了山东、河南二都司班军凡三拨参与皇极殿修工的起止时间，做工日期，领工官员姓名，做工人数，以及兵部应负责的银两数等。[1]

皇极殿（原奉天殿，嘉靖时重修后改名）正式重修的时间在天启帝即位之始。[2] 泰昌元年（万历四十八年，1620）八月，熹宗即位之初，即下诏："传起建皇极门殿，择日兴工，以文华殿窄小，百官朝贺列班不便也。时辽饷愈急，大工起建，有司莫措。乃以工部请发内帑二百万，刻日起工。"[3] "百官朝贺列班不便"的实际情况确实如此，皇极等殿不修，严重影响到国家典礼和宫廷仪制的举行。万历末年，南京兵部尚书黄克缵在疏请神宗"修省"时也曾说，"圣

---

[1]《中国明朝档案总汇》第 3 册，第 222—225 页。
[2]《明神宗实录》卷 536，万历四十三年闰八月庚戌，第 10154—10155 页，神宗有"重建三殿"之令，但终究未动工。
[3]《明光宗实录》卷 3，泰昌元年八月戊申，第 76 页。

明御宇以来，火灾示惊者屡矣。一见于乾清宫，而宸居非旧；再见于皇极殿，而视朝无所也"[1]。"视朝无所"，真是一个现实问题。自天启三年始，随着皇极门的修复和皇极殿修建的进行（尚未最终完工），一些重要的朝贺、南郊、婚礼、岁贺、颁历等礼仪已在皇极门或皇极殿内象征性地举行了。

皇极殿完工的时间早于其他二殿。赵翼称"天启六年九月，皇极殿成。七年八月，中极、建极殿成"[2]，是指主体建筑完成时间。《明熹宗实录》载：天启六年四月，"内官监恭进'皇极殿'牌额。得旨。所进三字，端严堪用。着即颁刻，择吉悬安"[3]。六月时，熹宗说"皇极殿工已八九"[4]。至当年九月，"上御皇极门内殿，礼部进天启七年祀册"[5]，次年十月初一日，熹宗又"御皇极殿颁历"，说明皇极殿投入使用[6]。此外，信王朱由校（即后来的崇祯皇帝）的婚礼，时间在天启六年底至七年初，仪式也安排在皇极殿内举行[7]。这里既表明皇极殿的完成，其功能业已恢复，同时也反衬了皇极殿的政治地位此前的确受到很大的影响。

第一份兵部"行稿"所列河南、山东二都司班军参与皇极殿做工的时间始自天启六年七月初一日，每拨15天，每拨人数在700人至1100人不等。每拨有3批军人同时做工，连续至少有4拨人马（结合第二份档案，同时用工达八九拨），同时有数千名班军在皇极等做工，工程量很大。从工程进度看，这拨班军负责的应该是这次大修的扫尾工作。

第二份档案（第286号）"兵部为开列依遵拨给建极殿做工班军

〔1〕《明神宗实录》卷552，万历四十四年十二月癸亥，第10432页。
〔2〕赵翼《廿二史札记》卷32《明宫殿凡数次被灾》，《续修四库全书》第453册，第580页。
〔3〕《明熹宗实录》卷70，天启六年四月壬辰，第3377—3378页。
〔4〕《明熹宗实录》卷72，天启六年六月壬午，第3484页。
〔5〕《明熹宗实录》卷76，天启六年九月甲申，第3681页。
〔6〕《明熹宗实录》卷77，天启六年十月庚子，第3697页。
〔7〕《明熹宗实录》卷78，天启六年十一月戊子，第3767—3776页。

赏银事行稿"，天启七年七月十六日[1]。

其内容是兵部职方清吏司疏奏，按规定给参与建极殿做工的中都等三都司，即中都留守司、山东都司、河南都司的班军，包括第柒、捌、玖等三拨发赏银。按第一份奏议相同的规定，参加修工的都司班军，每人每班该发赏银八分，其中五分由户部负责发放，三分由兵部负责。参与做工的中都、山东、河南三都司的班军，每拨同样是15天（或以实际15天计），每拨各有领工官的名字，以及兵部应当负责的银两数等。不同的是，这份完整的奏疏所列人数比修皇极殿的人数更多，做工的时间在天启七年四月十八日至六月初八日。

建极殿（原谨身殿，嘉靖重修后更名）和中极殿（原华盖殿，嘉靖时改名）是同时修建的，竣工时间在天启七年八月，这也标志着"三殿"重修工程的最终完成。

熹宗本人喜爱土木建筑、工程制造，对中极、建极二殿的修建，也颇为关注，《明熹宗实录》颇为简洁地记载了两大殿重修的主要环节，以及熹宗亲自过问的主要仪式。

天启六年十一月庚辰，建极殿竖立金柱，遣尚书薛凤翔行礼，赐辅臣黄立极等银币有差。[2]天启七年二月己亥，迎建极殿金梁，赐辅臣黄立极等茶。辛丑，建极殿升梁，赐辅臣黄立极等茶。乙巳，以建极殿升梁，赐辅臣黄立极等银各五十两。[3]三月丙申，以建极殿安吻，赐辅臣黄立极等银各五十两。[4]

中极殿的金梁安装稍稍晚于建极殿约两月，据载：

　　　　迎中极殿金梁。上命升梁祭告，遣工部尚书薛凤翔迎梁，神木厂尚书杨梦衮，广渠门尚书孙杰，正阳门尚书崔呈秀，大

---

〔1〕《中国明朝档案总汇》第 3 册，第 406—412 页。
〔2〕《明熹宗实录》卷 78，天启六年十一月庚辰，第 3757 页。
〔3〕《明熹宗实录》卷 81，天启七年二月乙巳，第 3921 页。
〔4〕《明熹宗实录》卷 82，天启七年三月丙申，第 4011 页。

明门尚书王之臣，午门尚书郭允厚，皇极门尚书周应秋，各行礼。……己卯，中极殿升梁。赐大学士黄立极、施凤来、张瑞图、李国橚各银五十两，中书官张承爵等各五两。[1]

中极殿升梁，也是三大殿工程浩大而隆重的仪式，崔呈秀等"阉党"成员纷纷登场迎接，其政治深意尚待分析。

时至天启七年八月乙未，随着中极殿、建极殿插剑悬牌仪式的举行，三大殿重建工作基本告成。十天之后（甲寅日），司礼监王体乾传熹宗之意，宣布"殿工告成"，大学士黄立极、施凤来、张瑞图、李国橚即奉命题请皇上宣谕天下。次日，"上崩于乾清宫"[2]。三殿完工，熹宗即去世。可以说，熹宗一朝，也是三大殿重建的一朝，三殿的修建伴随他在位七年之始终。

第二份档案记载的三都司做工时间，起自四月十八日，截至六月初八日，此时金梁已升，距离完工尚有月余，但也进入了大殿修建的最后收尾阶段。之所以没有延续到三大殿建成之后的扫尾，大约是熹宗病重（并很快去世），宣布殿工告成，更有政治意义。

第三份，三都司班军参与大殿修建的兵部档案（第294号），题名"兵部为举劾皇工本卫指挥姚应爵等侵克军粮事行稿"，天启七年八月初五日[3]，是中都司所领参与三殿修筑官军举报军粮被侵占一事的行稿。据滁州卫班军林春芳称，他们于天启七年正月十六日"接替皇工"，应当分得的军饷被卫指挥"侵冒"，数量达300两之多。

虽然这份档案并没有明确指出滁州卫班军参与的"皇工"就是三殿的修建，但从班军到京参与的做工规定、参加做工的时间，以及军饷之数量看，林春芳等班军参加的必是三殿大修。

〔1〕《明熹宗实录》卷84，天启七年五月辛未，第4066页；天启七年五月己卯，第4077页。
〔2〕《明熹宗实录》卷87，天启七年八月乙卯，第4245页。
〔3〕《中国明朝档案总汇》第3册，第493—495页。

第一份档案已残缺，其记载的班军做工编为一、二、三、四等四拨，时间在天启六年的七、八月间；第二份档案完整，记载的班军做工编号为七、八、九等三拨，时间在天启七年的四、五、六三月。这里恰恰缺少了天启六年下半年至七年之初的这一段时间，这大约是第五、六等拨上班做工的时间。

还有一点特别引起关注的是滁州卫、凤阳巡抚与中都司之间的关系，以及三份奏疏都体现出的中都、河南、山东等三都司班军参与大殿做工的问题。这是我们详细剖析天启三殿重建的一个切入点，下文详述。

（二）三都司班军与三殿工程的组织管理

三份兵部档案的共同议题是明末天启年间三大殿之修中的班军做工报酬问题，前两份是讲在皇极、建极二殿做工班军的"赏银"支付问题，第三份则是关于参与修工班军的军粮发放过程中的舞弊问题，涉及的主体均为班军，他们来自中都、河南和山东等三都司，说明了共同的问题：班军，是宫殿营建的主力军。

关于京操班军被驱工役之事，以及京军与明代京城的宫殿庙宇修建，本章前两节已有集中的论述，然关于班军参与宫殿修筑之详节，此前的研究并未详及，故于此结合三份兵部档案，对三都司班军与明代宫殿营建事再加考辨。

都司卫所军人参与宫殿营建早在明前期即有先例，到万历时，都司班军已是营建宫殿的主力军。试以万历《明会典》"大工营建"[1]所记，略陈一二。

> 永乐四年，以将建北京宫殿，遣大臣诣四川、湖广、江西、浙江、山西督军民采木，及督北京军民匠造砖瓦。征天下诸色

---

[1] 万历《明会典》卷181《营造一》，第918页。

匠作。在京诸卫，及河南、山东、陕西、山西都司、中都留守司、直隶各卫，选军士。河南、山东、陕西、山西等布政司，直隶凤阳、淮安、扬州、庐州、安庆、徐州、和州，选民丁。俱定限赴北京听役，半年更代。

正德九年，重建乾清、坤宁二宫。起用军校力士十万……

嘉靖三十六年，重建朝门午楼。议准户、兵、工三部各预处银三十万两，以备兴作。……其工役，照先年营造乾清等宫例，用各营官军及班军、锦衣等卫空闲军士。如不敷，行北直隶及河南附近州县，量县大小，佥派夫役。差府佐官押送应役〔后停止派夫〕……

万历五年，重修乾清等宫，令兵部拨班军六千名。因班军不敷，题准行兵部支募夫银，户部支口粮银，送部募夫凑用。

在万历《明会典》这样的明代官方典制之中，明确说"其工役，照先年营造乾清等宫例，用各营官军及班军"，说明嘉靖三十六年（1557）之前，班军等京军在营官已沦为当然的宫廷营建力量。万历五年（1577）时，只是在"班军不敷"的情况下，才准行兵部支银募役，而且特别指明由户、工和兵部等三部共同出资，兵部既要出主力，还要出经费。明中期以后，班军遂成职业工匠。

三大殿自万历二十五年受灾之后，经钦天监卜得吉日，神宗下令于万历三十一年十一月十六日，开始清理地基，此时距离火灾已有六年半时间。[1]北京京操班军依然是做工的主力，因为万历三十四年时，当内监陈永寿疏请"仍用班军拨工"时，兵科都给事中宋一韩提出了严厉的批评，神宗对他的建议采取了置之不理的态度，从中我们可以清晰地知晓班军的设置理念以及班军做工的事实。他说：

---

〔1〕《明神宗实录》卷390，万历三十一年十一月己未，第7337页。

国家定立军制，有七十八卫所常川操备，谓之土著军；又有中都、山东、河南班军轮操，谓之更番军，总称三大营军，故凡有兴作，辄役班军，以为是客寓可任腃削，而不知拥护陵京，与京军无二也。

故先帝有径议拨用之禁，皇上初年，有免工着伍之旨。近来工作繁兴，一切俱用班军矣。用班军必至折价，折价必滋弊薮，今且尺籍伍符将尽化为乌有矣！此岂祖宗立法之意哉？顷京营科道周曰庠、张大谟查明不到数多，力言拨工非制，并请治领班军各官罪。既得旨矣！而永寿乃欲绌外庭之议以求胜。夫班军拨工似便，虑患实疏，折价甚小，而贻害甚大。

臣等再以祖宗用班军之意……自天子亲兵以及都城内外之兵，无一可恃，即得三都司健卒二万人，犹不能无恐，而况名存实亡，缓急何赖？[1]

"三都司健卒二万人"就是上引三份兵部档案所说的中都、河南、山东等三都司的京操班军，重修三殿时的班军人数，最多时也近两万人。通过三份档案所记，我们大约可以了解京操班军参与三大殿修建之时的组织与管理状况。

据第一份档案，参与皇极殿修筑的班军有山东4拨、河南3拨。由于档案缺失不全，仅保留山东都司的第一拨计3组，第二拨1组部分。从每拨出工的时间上看，计工均为15日，绝大部分起止也刚好是15天，但第一拨的"领工官陈承爵领军徐应中等柒百名""领工官赵延芳领军赵伏花等"等，均为七月初五日起，至二十九日止，长达24天，但计日仍然只有15日。是因为工种的原因，抑或有中断，待考。

领工官可能只领某一拨，也可能领2拨，甚至更多。如陈承爵

---

〔1〕《明神宗实录》卷425，万历三十四年九月乙未，第8029—8031页。

领山东都司第一拨的于月等 700 人，又领第一拨的徐应中等 700 人，而且他领的同一拨两批工作起止的时间并不一致。同一领工官率领二批做工班军的情况在第二份档案里同样存在。

第二份档案是完整的一份兵部行稿，这给我们多角度地分析三都司参与建极殿重修的史实提供了完整的证据。

这份档案记载的第七、八、九 3 拨，第七拨有 3 组，2 组来自中都留守司，1 组来自山东都司，共计 3000 人；编为第八拨的就有 3 批，每批又有 3 组，共计 9 组，人数高达 9600 人，是目前所见用工量最大的一拨，来自中都留守司的领班武官谢天叙、娄耀、李天鳞、庄宪周等，都同时领 2 组军人做工，中都留守司在修筑建极殿中出工最多。编为第九拨的计 2 批，每批 3 组，计 6000 人，同样是中都留守司各 2 组，山东都司各 1 组，中都司的领班官兼领 2 组，山东都司的领班官均为一组。三拨合计高达 18900 人。

外卫入戍京师之后的编组，目前仅知主要被编入京军三大营，但他们入京军之后的组织编制确实不清楚，其行使职责时的具体组织同样不清楚。今据三份兵部档案记，分"拨"当是工程量安排在一定时间内的做工，分组则独立由某一都司（中都、山东、河南）领班官下命名。

档案中出现的"领班官"每支所领不超过 1150 人，也有 1000 人、700 人的。三份档案出现了不少"领班官"的名字，然而遗憾的是，在检校《明熹宗实录》之后，这些领班官的名字并没有查到，除"中都司领工官刘懋勋"之外，其他人的履历情况也一无所获。

崇祯十五年（1642）闰十一月十四日，李自成大军攻克汝宁府，在此督战的保定总督杨文岳、监军孔贞被俘，因拒降，被李自成用火炮轰毙。汝宁战役，确立了农民军对河南大部分地区的有效控制，并开始了"守土不流"的新阶段。[1] 在这场战争中战死的一批卫所

---

〔1〕 参见顾诚《明末农民战争史》，光明日报出版社，2012 年，第 155—156 页。

武官中，有一位叫"汝宁千户刘懋勋"[1]的。汝宁，今河南汝南县。明时有汝宁守御千户所，其治所虽在河南境，但管辖权却不在河南都司，而是属南直隶，因该所长年赴京上班，需要有统一领导，明廷把汝宁千户所的京操事务由中都留守司"附领"，据天启《凤书》记载，"其征调京操凤阳中等卫所，原编食粮旗军……以本留守司都指挥二员，奉敕管领……本留守司附领直隶泗州卫、宿州卫、武平卫、归德卫、潼关卫、徐州卫、庐州卫、六安卫、寿州卫、滁州卫、淮安卫、大河卫、高邮卫、扬州卫、仪真卫、邳州卫、沂州卫、汝宁所、蒲州所、泰州所、通州所、盐城所、兴化所、海州所、东海所、莒州所等，官军亦隶焉"[2]。这里想表达的是，档案中所说的"中都司领工官刘懋勋"，应该是附领于中都司的南直隶守御所的刘懋勋千户。检索《明实录》均没有发现河南、中都司的几位"领工官"的名字，大约是因为他们的职务太低，像刘懋勋一样，只是个千户，或是更低一些的品级。第三份控诉被侵占军粮报酬的滁州卫虽然属于直隶卫，但其赴京轮班的事务由中都司代管，所以，直接控告的对象也是中都司的官员。

刘懋勋就职于汝宁卫，这样的"领工官"职位相当于千户，或卫所中的指挥使，品级不高，只是卫或所职位低级的直接管领者。另一条证据是，在第三份兵部档案里，被滁州卫班军林春芳等人联合控诉的"卫指挥姚应爵"同样是卫级官员，他是滁州卫京操班军的直接率领者。其下的"军人"则是他们所在卫、所上班的旗军。

第二份档案虽然提到了"中都等三都司领工官庄宪周等呈称"，但下文开列七、八、九各拨领班官下，只有中都、山东二都司，并无河南都司的领班官员之名，疑是每拨下每一批内或每一组的所有军人皆来自同一都司，即可能有三都司合并编排做工的情况出现。

---

〔1〕《明史》卷 293《忠义五》，第 7521 页；赵吉士《寄园寄所寄》卷 9《裂眦寄》，黄山书社，2008 年，第 724 页。
〔2〕天启《凤书》卷 5《武备篇·征调》，中国国家图书馆藏胶卷。

在"领工官"之上，更高级的都司卫所武官是"都司"。都司，本为"都指挥使司"的简称，但到明代中期以后又衍生出另一层意思，成为营兵制之下的中级武官职称。其中重要原因是，到明代中后期，卫所制度与营兵制在戍守、防御职责的方面有了较大的转变。[1]

我们在三份兵部档案里可查询到若干线索，第二份档案称"班军赏劳银两照数给发，都司汤允文、颜国泰、傅国节领回呈部，给军施行"。这里提到的三位官员的名字前面冠以"都司"之称，表明这是他们当时的实际职衔。

查，汤允文，天启五年（1625）由直隶镇江陆营练兵"把总"升任为中都留守佥书，"管领京操春班事务"[2]，是来自中都留守司的京操班军的直接管领者。他原来营伍职衔是"把总"，调任中都留守司之后，才升任"都司"衔的。颜国泰，原任陕西分巡关内道中军守备，天启六年二月先升任为万全都司佥书[3]，当年六月又补职为"中都京春班都司佥书"[4]。从万全都司佥书补任到中都司，且担任上班春班领班，显然可以理解为中都留守司领班官员缺额，而到京上班就是为了参与三大殿这样的重大工程修建，才紧急调颜国泰到中都留守司的。傅国节，天启五年由大同巡抚"旗鼓守备"一职升为"山东领春班都司"[5]。

各都司领操赴京的都司武官，他们是原来各都指挥使司武官，到京后统一编入各营伍制之中，并且挂以"都司"衔，以都指挥佥书行事，目的在于让他们有效管束所领上班军人。当时来自三都司卫所的轮操旗军，到京之后被以营伍制编制，这一观点的论述详见

〔1〕 参见王莉《明代营兵制初探》，载《顾诚先生纪念暨明清史研究文集》，中州古籍出版社，2005年，第218—234页。
〔2〕《明熹宗实录》卷63，天启五年九月庚戌，第2949页。
〔3〕《明熹宗实录》卷68，天启六年二月丙子，第3222页。
〔4〕《明熹宗实录》卷71，天启六年五月辛酉，第3450页。
〔5〕《明熹宗实录》卷61，天启五年七月癸酉，第2894页

前文。

各领班都司官员之上，更高一级的官员，是属京营以上的武官了。在三殿完工之际，诸部（礼部、工部、户部、兵部）官员奏表称赏，并希望讨得一些封赏。时任总督京营的保定侯梁世勋也有奏疏一道，其中云：

> 三殿大典已竣，文武劳绩咸叙，京营将领似难独遗，都督金事郑源、郑其心、任中美、马允升各加都督同知，参将刘见、杜承绪[1]、马永贵[2]、娄光先[3]、刘若美，各加副总兵，佐击许国元等各升赏有差。从之。[4]

梁世勋的意思是，在此大叙功绩之时，参与修筑的京营将领也不能被遗忘。经过对奏请所赏的官员履历的比对，我们可以发现，正是由于三份明档所说班军参与了做工，才会给京营武官升赏。论职位高低升赏，京营最高官员的都督金事，自然受到最高的封赏，而其下的参将、游击等，如杜承绪、马永贵、娄光先等，位列领班都司之上，也在封赏之列。唯独直接领导修工班军的管领官（千户）和旗军，却在"升赏有差"之外，旗军的报酬，也只有按时计工的"赏银"了！

---

[1] "升……湖广三江口守备杜承绪为领京操春班留守司金书，南京小教场坐营王崇德为秋班留守司掌印都司"，见《明熹宗实录》卷31，天启三年二月庚辰，第1590页。"升中都京春班都司金书杜承绪为留守司掌印都司"，见《明熹宗实录》卷61，天启五年七月癸酉，第2893—2894页。"升中都留守司掌印杜承绪为神机二营参将"，见《明熹宗实录》卷75，天启六年八月丙寅，第3656页。此时奖励的杜承绪亦为参将，并各加副总兵。虽然在两份档案里均没有出现这些总兵、副总兵等高级武官的名称，但最后的赏赐却落在他们的身上。此亦真应了兵科给事中吴国华之语。

[2] 参将马永贵，据《明熹宗实录》卷32（天启三年三月乙未，第1620页），"山东济宁州游击马永贵，为蓟镇燕河路参将"，这一职衔实际包含了两大系统职称，来自山东，当为山东都司下领班武官之一。

[3] 参将娄光先，据《明熹宗实录》卷71，天启六年五月癸亥，第3451页，"升宣府旧兵游击娄光先为五军三营参将"，五军营参与京城修筑，班军与五军营合修，是在一起的。

[4] 《明熹宗实录》卷87，天启七年八月乙巳条，第4225—4226页。

（三）三殿重修费用与晚明财政状况

三份档案共同的议题是参与修筑三大殿班军的赏银和粮饷问题。虽然领班官和做工军人在一线工作，异常辛苦，但获得奖赏或补助却相当有限，与那些仅象征性地参与巡视、阅视的内官、阁臣、六部尚书和主管的高级武官所受封赏相比，他们获得的辛苦钱少得可怜。即便如此，还常常被官员克扣或侵冒。

班军参与工程修筑，除正常的粮饷发放（月粮、行粮）之外，按惯例还有"补助"费，有"工价犒赏恤银""工价银""盐菜银""赏赐银"等，都纳入了正常预算编制。自嘉靖、隆庆、万历、天启，以至崇祯朝，这些做工补助在班军成为主要的建筑力量之后就已存在，名称不尽相同，含义也不尽相同，数量也高低不等，但其补贴的性质是一致的。

嘉靖二十七年（1548），户部以京操班军修工既有行粮，又有赏赐，请求减汰："减赏粮以省浮费。谓各省班军既有行月口粮，而于免操之后赴役工所，仍加支赏粮四斗，嫌于太多，宜减其半……班军赴工劳苦甚于操练，不宜减赏。"[1]

隆、万间，明中央大修边墙，尽遣边地军兵和京操班军。因工程紧急且非常辛苦，同时为保证边墙的质量，政府对参与修工者按例发放"工价犒恤银"，发放标准是按修筑边墙的数量和质量来核算发放的，"计台墙之丈尺而给工价焉。工完则每军犒恤银七分"[2]。工价银在修筑过程中发放，以补充班军日常生活之资，而犒恤银则通常是在修完工程、待验收完毕以后，根据工程完成的数量和质量发放，如果发现有质量问题，不仅领班官军要受到降职革任的处罚，已经发放下去的犒恤银也要收回以作重新修筑之费。

明末，参加修筑的军兵的劳动补贴名之曰"盐菜银"，其实就是

---

〔1〕《明世宗实录》卷342，嘉靖二十七年十一月辛巳，第6216页。
〔2〕毕自严《度支奏议·新饷司》卷36《覆督臣议裁班兵盐菜复给工犒疏》，《续修四库全书》第486册，第671页。

此前一直实行的工犒银,只是标准略高一些。给上班修造官军以盐菜补助,崇祯朝以前就有,如天启四年以前,南直隶东、西二海所上班官军"有安家,有大粮,又有月米盐菜等项"[1]。军人在京做工,其做工补助标准大体按以上标准执行。

国家重大工程修建,动用举国之力,除工部外,礼部、户部和兵部,从典制、财务和用工等方面均参与并分摊费用。做工劳务和修筑费用多以"户七兵三"来担负,明末,户部尚书毕自严说:"近日蓟门三年小修则例,其工犒银两,户七兵三,兵部三分出自同寺,户部七分出自太仓。此从来旧例也。"[2]

三份档案中所说修建三殿班军,"(每拨)每军赏劳银捌分,内户部五分,兵部三分",是指每名工作每参加一拨(15天),一次性得到赏劳银8分,其中5分来自户部,由云南清吏司兑付,3分来自兵部,由太仆寺负责兑付。

太仆寺(行太仆寺)管辖全国官牧和民牧马政,隶兵部。按《明史·职官志》,太仆寺职责主要是:

> 太仆寺,卿一人(从三品),少卿二人(正四品,正德十一年增设一人)……卿,掌牧马之政令,以听于兵部。少卿一人佐寺事,一人督营马,一人督畿马。……其草场已垦成田者,岁敛其租金,灾祲则出之以佐市马。其赔偿折纳,则征马金输兵部。主簿典勾省文移。大使典贮库马金。[3]

官牧主要是各都司卫所马匹,民牧则是司府州县分养马,太仆

---

[1]《中国明代档案总汇》第2册,第165页,《兵部为已准中都司东西以二海就近训练并求长久之策事行稿》(天启四年四月二十五日)。再如,崇祯初年,毕自严说,"在京班军每人每月该本折米四斗,折盐五分,小赏二钱,名为犒赏盐粮,而未始有盐菜也",参见毕自严《度支奏议·新饷司》卷10《覆边工犒赏盐粮规则疏》。

[2] 毕自严《度支奏议·新饷司》卷10《覆边工犒赏盐粮规则疏》,《续修四库全书》第484册,第702页。

[3]《明史》卷74《职官三·太仆寺》,第1800页。

寺设老库贮马价银，以调剂用马。至迟在嘉靖年间，马匹及草场等相关收入一直具有专供军政事务的特点。此后，由于官牧渐废，而民牧陪补累民，隆庆间遂采纳太仆少卿武金的建议，将民牧种马出售一半，折银入库。到万历九年（1581）五月，"尽卖民间种马"，以种马折价入太仆寺囤库收贮。但自万历中期始，军兵催饷急如星火，政府也只好动用仅有的太仆寺银以救急。万历三十年（1602），户部尚书赵司卿说，"今春非荷皇上允借寺银百万，几不可支。目前九边之饷、三大营军马草料布花之资，又见迫矣"[1]。他认为，太仓银与太仆寺马价银"皆皇上之财，而制用惟时，宜先重巨，总之皆皇上之用，而于时有济，正可通融"，云云。这次借支遭到了太仆寺署事少卿李恩孝的驳议，李称户部已从太仆寺借用马价银达990万两之巨。[2]显然，明后期，太仆寺银库成为解决军饷不足的重要途径。天启、崇祯年间，太仆寺作为兵部下设机构，负担兵部的费用支出，也是顺理成章的事情。

第三份档案的主要内容是班军粮饷被侵冒，侵冒军兵钱粮，在有明一代的军队里都普遍存在。为了避免班军粮钱（月粮、行粮、盐菜、犒赏银等）在发放过程中被侵冒，明中央想尽办法，也形成了较为严格的制度，以防止官员作弊。如官员唱名、班军亲领、附以监察等，规定有："凡发放班军钱粮，一以督工二衙门，号领为据，职立一定规则：凡有领银，俱于先日投领，次日发放，一刻不爽，必不稍有参差错乱，以滋军士守候之苦、开吏胥需索之端。至于放银之时，眼同官军开鞘称兑，务令针锋不错，官军自行戛弹，按验足数，然后发去，凡打点使用扣克短少，一切陋规，盖已洗脱尽矣。至于关领本色亦同折色，先日投领，次日坐仓发放，职仍不时稽查，委官监看，仍于各军下次领粮之时，面质上次领粮多寡之数，务

〔1〕 赵世卿《司农奏议》卷3《请会计国用疏》，《续修四库全书》第480册，第184页。
〔2〕 赵世卿《司农奏议》卷5《借太仆寺银疏》《办借寺银疏》，《续修四库全书》第480册，第222—226页。

令一升一合不致短少。"[1]实际上，在发放时，克扣现象极其普遍。

重建三殿总的花费，明朝官方公布，仅白银将近六百万两。

> 工部奏，三殿大工开工自天启五年二月二十三日起，至七年八月初二日报竣，总算钱粮给与领状者，共五百七十八万八千一百三十五两八钱三分八厘二毫二丝八忽六微，应找者共三十万零一百三十三两八钱九分四厘七毫五微，透支者一十三万零七百四十九两九钱四分四厘二毫二丝，外兑者共一十三万九千一百五十三两三钱八分一厘六毫九丝，所费银计五百九十五万七千五百一十九两七钱六分八厘四毫一丝六忽一微。虽前朝册籍无可稽考，而工倍费省未有如斯举者也。
>
> 得旨，览奏"三殿鼎建，两载告成，工大费省皆赖厂臣心计经营，力效鸠庀，以故顶石之运，楠杉之采，节省金钱数百万，而禁苛恤力，子来胥悦，劳勚独高"。说得是。这截算钱粮，自开工迄工竣，计五百九十五万七千五百两有奇，具见稽核详恪，还宜以册案宣付史局，用彰实录。其夫匠铺车等役，给银未完的，须外解补还，着行各省直严催，题过助工银两，星速内解，以完工局。[2]

三殿被毁之时，明中央的财政已经出现了颇为严重的问题，皇室费用、官俸开支、军费年例等日常开支已相当庞大，而战争支出，也不是一笔小数字。而三殿二宫俱毁，更是一笔不小的损失。大灾之后，惊魂稍定的神宗君臣们开始盘算修复作为国家权力运行象征的三大殿，并为筹措巨额修建费想办法。

《明史·食货五》载："迨两宫三殿灾，营建费不赀，始开矿增

---

〔1〕 毕自严《度支奏议·新饷司》卷15《考核管理边工钱粮主事包凤起疏》，《续修四库全书》第485册，第203页。
〔2〕 《明熹宗实录》卷87，天启七年八月己酉，第4236—4237页。

税……中官遍天下，非领税即领矿，驱胁官吏，务朘削焉。"[1]导致万历中后期民怨沸腾的"矿监税使"开征的借口就是重修三殿。两宫三殿对于大明王朝的重要性不言而喻，似乎无法反对修建，但中使四处、矿监税使遍地的危害却也是有目共睹。

万历三十四年（1606），工科右给事中王元翰言"时事可痛哭者八事"，就对借"三殿之名"，致矿监税使遍天下提出批评，"榷税之使遍天下，致灾异迭见，又指三殿以为名，掊聚无虚日，诗曰：'小东大东，杼轴其空'，可痛哭者七"[2]。此后神宗虽然因为身体原因，一度想罢停监税之派，但他的身体康复之后，却变本加厉。到万历四十三年（1615）时，江西抚臣王佐反映说，"湖口税役，横扰地方"，希望"待三殿工有次第，奏请停止"[3]，既揭露了矿监税使的恶果，又对三殿修工表示了无奈。官员们这种态度到明末时更为突出。

> 湖广巡抚梁见孟疏议，酌催大木以济殿工。言三殿肇工，万国同庆。凡有血气愿效子来，湖广原派大木二万四千六百，后以灾疲减派十分之三，五运起解，查督木道合川、贵、湖三省，新运几足七分之数，初运业已交厂，二运报解在途。今部咨复派金柱三百八十根，各长六丈四尺，围一丈五尺，明梁等一百六十余根，各长五丈五尺，高三尺五寸，皆异常巨材，而又责限于一年之内。窃念楚非产木之区，从来求之黔蜀，而巨材所生必深山绝箐，人迹不到之地，阅千百年而后成材，商民冒毒瘴履蛇虺，万人邪许排岩批，各经时历月始达江河。然此等异材，自嘉靖年间已不可得，今采伐凋残，山穷水远，即搜取一二犹难，况三百之多乎？故为数甚奢，而减派宜议也；取材甚异，而帮折宜议也；勒限甚促，而宽假宜议也。乞敕部覆

〔1〕《明史》卷81《食货五》，第1978页。
〔2〕《明神宗实录》卷428，万历三十四年十二月丁酉，第8064页。
〔3〕《明神宗实录》卷533，万历四十三年六月戊寅，第10065—10066页。

或量减株数，照嘉靖年题准帮折之例，如长足度而或歉于围，围可合而或歉于长，与夫长围虽合而本末欠匀，及木无疵瘢而长围稍逊者，俱准起运，仍稍宽限，以便购取，则大工无妨，地方不致重困矣。[1]

这里颇能反映当时官员对三殿大工的态度，没有人明确反对，因为三殿作为国之典礼政务处理的重要场所，重修的理由是正当的，三殿之受灾，影响甚巨。万历帝甚至以此作为不朝见大臣、不出席典礼、不举行仪式的理由。[2] 但针对大殿修筑过程中的诸多问题，许多大臣提出质疑，希望宽缓民力，多加通融。实际上，矿监税使给整个明王朝带来的巨大影响是实实在在的，许多学者认为，它是导致明朝灭亡的重要因素。

矿监税使最终停罢，是在神宗去世之后。

罢天下矿税令旨。先年开矿抽税，为三殿两宫未建，帑藏空虚，权宜采用。近因辽东奴酋叛逆，户部已加派地亩钱粮，今将矿税尽行停止，其通湾等处税监张烨、马堂、胡滨、潘相、丘乘云等，都着撤回，其见征在官税银解进。自万历乙未，大工鼎建，武弁市猾辈以开矿奏，而诸珰从中主之，矿事遂兴，榷税亦起，遣珰四出，而首事弁猾投为爪牙，其奸利之徒夤缘差遣，谓之奏带。官所至骚动，驿递暴苦，平民间有内输而得不偿失，至于设店征税，算及鸡豚，税以万计，官仅得其什一。当神宗晚年，亦议停、议减半以助经费矣，而余虐未息。至是，遵遗命，悉蠲焉。后又有各内使将见征并拖欠等税银，俱亲押

〔1〕《明神宗实录》卷544，万历四十四年四月庚戌，第10327—10328页。
〔2〕据《明神宗实录》卷545（万历四十四年五月辛卯，第10345页），"上以足疾未愈，不便视朝。且文华殿狭小，难以行礼。欲俟三殿工成，乃出升殿。传谕阁臣示该部，勿得渎请"。《明神宗实录》卷554，万历四十五年二月己酉，第10459—10460页，有类似的记载。

解进之旨。兵部尚书黄嘉善复请所解进者，应以本年七月前已征者为定，毋更以拖欠扰民。上从之。于是关市山泽一切无艺之征，为之尽洗。[1]

这里特别提到，因辽东用兵，户部已在田亩加派，言下之意或有二，一是修筑之费的问题通过别的途径可加以解决，二是如继续开矿抽税，百姓负担更加沉重。其实，真正的原因是矿监税使给广大百姓带来的祸害。以修建三殿为名派出的矿监税使对明后期社会经济的发展造成极大的危害，使社会矛盾激化，这是不争的事实。

开矿抽税所得，显然无法满足三大殿之修筑费用，更何况此项经费也不可能做到专款专用。熹宗即位，即宣布重建三殿。除神宗已有的积蓄，还包括从西南地区大量采征的木材等建筑材料[2]，另外还向内外臣工、士农工商进行普遍的劝捐。首先是内外大小文武百官通行捐款一年，据天启六年督察工程的崔呈秀称："各官捐俸并催外解积欠，得旨。大工繁费，物力不赀，内外大小文武百官，通行捐俸。原系会典旧例，待三殿告成，方许开支。惟庶常教职及行人、京卫指挥、千百户，不在此例。其各省直节年拖欠等项银两，差御史守催查解，并着酌议申饬行。"[3]后宫群体也响应号召，参与捐款，"今中宫等官，诸王、公主，并司礼监等衙门、各监局司库掌印管事牌子，及内外私家闲住太监等官，恭进助工银共四十万两，俱发公所贮收"[4]。

熹宗赞扬说"大费省皆赖厂臣心计经营"，工部也认为"虽前朝

〔1〕《明光宗实录》卷2，万历四十八年七月丁酉，第25—26页。
〔2〕如万历中期，"三殿工兴，所派湖广楠、杉等费，约银四百二十万两，比嘉靖年间多百万有奇"，（《明神宗实录》卷456，万历三十七年三月庚子，第8604页）。同年九月，"户科给事中韩光祜言，内监陈永寿所派三殿木植大工钱粮，至九百三十余万，比嘉靖间三门午楼之费尚增一倍"（《明神宗实录》卷462，万历三十七年九月己卯，第8713页）。
〔3〕《明熹宗实录》卷71，天启六年五月庚戌，第3426页。
〔4〕《明熹宗实录》卷58，天启五年四月丙午，第2723页。

册籍无可稽考，而工倍费省，未有如斯举者也"，这样的结语自然是官样文章。笔者没有查到这些经费的花销情况。

回到三份档案中所记对参与做工班军的"赏银"，这也可以视作整个三殿大作工程开销的一部分。虽然在明朝大部分时间里，只要参与做工，工人都会得到相应的津贴；但三殿完工之后，他们作为劳动者，分别从兵部、户部那里各得到了3分、5分，计8分银的赏赐，他们每组1000人，共获得80两银子（兵部30两、户部50两）。

为庆祝三殿完工，明廷也对参与重建的几位重要的大臣，在参与立金柱、迎金梁和升梁等环节予以奖赏，赏银不过赐茶，或银50两、20两，赏赐的范围也远远不如同期因"宁锦大捷"赏赐的范围要广，后者赏赐的总额要多得多。[1]从官、军获得的"赏赐"数量看，晚明的财政状况真的是非常困窘。

不过，重修三大殿之期，正值宦官魏忠贤权倾朝野之时。宦官群体，以及攀附于"权阉"的王公大臣，他们在修三大殿之时所扮演的"角色"值得关注。以魏忠贤为代表的内臣权势颇重，利用三殿之建和完工之际，彰显自己的地位，可谓不遗余力。

天启七年八月己亥，礼部"奏三殿告成，请择吉临御"。于是，各部纷纷上表称贺，言辞中透露出当时宦官专权的政局态势。工部尚书薛凤翔"题叙殿工"，得旨：

> 三朝旷典，久需运会，才余两载，焕复旧规，实赖厂臣魏忠贤，生符名世，精禀扶舆，真有与国家共休戚之心，卓尔肩天下系安危之望。定倾济弱，则炼石之补天，摘伏发奸，则铸鼎之象物。扫反侧之世界，以还平康，振偷惰之人情，以归震肃。金科玉律，城社寒心，湛露甘霖市涂洽髓。河干，鸡犬不惊，三藩之彩鹚频飞，塞上貔貅直使，累载之风鹤俱定，鳌足

---

〔1〕《明熹宗实录》卷87，天启七年八月乙未，第4191—4196页。

莫于地轴，旄头落乎天街，伟烈丰功，岂易枚举？[1]

这段材料，对魏忠贤极尽吹捧之能事，登峰造极。其赞誉之词对于权臣来讲，达到无以复加之地步。宦官擅权之祸，由此可见一斑。

同时，吏科右给事中陈尔翼也奏表称贺：

> 臣仰见三殿告成，旷典肇新，三王之国，随处帖宁。……为大典克襄省财节费，地方受福，此皆厂臣干国宏猷，匡时伟略所以臻此。而皇上倚毗得人，亦足概见矣。若厂臣以独任为分任，则以臣所见……[2]

文中所言"厂臣"，字面意思是"东厂、西厂的主官"，其实是特指宦官魏忠贤。据《明史·魏忠贤传》载，"所有疏，咸称'厂臣'不名。大学士黄立极、施凤来、张瑞图票旨，亦必曰'朕与厂臣'，无敢名'忠贤'者"。魏忠贤权势之大和外廷官员媚态之丑，尽显无遗。自然，魏忠贤附党崔呈秀、杨梦衮等也因此各得封赏甚巨。

对天启年间三殿之重修，明末刘若愚对熹宗、魏忠贤于修筑过程中的心态及其政治目的有自己的分析，虽不甚全面，亦不无道理：

> 圣性又好盖房，凡自操斧锯凿削，即巧工不能及也。……太阿之柄下移，南乐、蓟州、东光辈及在京之徐大化等，一派线索，如枹鼓之捷应也。先帝每营造得意，即膳饮可忘，寒暑罔觉，可惜玉体之心思精力，尽费于此。然皇极等三殿落成于天启之年，肯堂肯构，先帝之好土木，岂亦天启其朕兆耶？抑逆贤之干济才智，刻意督催之迹，或借此以难泯耶？按万历中

---

[1]《明熹宗实录》卷87，天启七年八月乙巳，第4216—4217页。
[2]《明熹宗实录》卷87，天启七年八月乙巳，第4227页。

年，乾清、坤宁两宫告成，神庙令正一真人张国祥率道侣数十人于宫中启建黄箓大醮，圣德格天，曾感群鹤飞鸣旋绕之瑞。至皇极等三殿告成，逆贤等只图荫赍为己荣耳！[1]

这段常被后世史家引据为熹宗因喜好匠作，致使阉人乱政，贻误大明江山的史料，把天启年间重修三殿与晚明政局结合在一起思考，是值得深思的。

晚明时代，自万历二十五年（1597）始，神宗以修三殿之名，滥派矿监税使，搜括民财，纵有重大的天灾与人祸，有边民叛乱，有征倭之战，也只会加剧统治者的贪恋，却终未启动三殿大工。万历末，努尔哈赤兴兵，辽东震惊。虽然天启即位即停止监使之派，却迅速启动三殿重修工程，终天启一朝，乃有朝野东林与阉党之祸，耗资惊人的三殿竟然顺利竣工。工成之期，熹宗驾崩，辽东战局愈发紧张，陕西农民起义的烽火业已燃起。

这些看似悖谬的历史演进，却在提醒我们重新思考明末的政局。万历时三殿不修，缘于他的长期怠政，以及他对把控晚明政局的自信。天启喜好土木工程，即便大家普遍认为当时的财政很困难，即便宦官专权、文恬武嬉的政局是事实，即便班军制度早就被人唾骂，但修筑三殿的人力却能得到充分的保证，三都司班军几乎以完整的队伍、近两万人的规模照常上班，按期完工，明代后期军事动员的效率不可小觑。纵然有天灾、人祸、民灾、辽东战事，似乎晚明财政已濒临破产，但六百万两白银的大工支出，竟然得以顺利筹措，表明晚明国家财政能力同样也不可过于低估。

明中央对人力、物力和财力的有效控制，在三殿大修之时得到很好的体现，因此，绝不可过于低估明清易代之际明朝的综合国力。

---

〔1〕 刘若愚著，冯宝琳点校《酌中志》卷14《客魏始末纪略》，北京古籍出版社，1994年，第72页。

决定明清易代进程的偶然因素，远远大于必然因素，这是一个基本的历史史实。

（本章第一节原文《班军：从操练之师到职业工匠——明代北京城军事防御战略转变的一个侧面》，刊于《北京社会科学》2006年第6期，《新华文摘》2007年第5期第162页摘要介绍；第二节《京军与明代京城的宫殿庙宇建筑》，刊于《故宫博物院院刊》2008年第3期；第三节《天启年间三殿重修与晚明政局——以三份兵部档案为线索的考察》，刊于《满学论丛》第四辑，辽宁民族出版社，2014年。本书均有修改。）

第七章　卫所制度与明代的民族政策和民族关系

明朝的民族政策多受非议，议者多把明朝的民族政策、民族关系和国家实际控制区域与元、清两朝比较，得出了明王朝苟且保守的结论。然而，明代的都司卫所管理体制为我们理解明代的民族政策和民族关系提供了一种全新的视角。确实，在今天看来，明王朝的疆域不如元帝国那样广大，也似乎不如清朝前期实际控制地域广袤，但这绝不意味着明朝民族政策的保守与落后，也并不是像柏杨在《丑陋的中国人》中所说的，明代的辖域只有秦朝疆域那么大。相反，明朝统治者的民族观有先进与积极的一面，明朝在广大的边疆和民族地区并不设置府、州、县等行政机构，而是普遍设立都司卫所管理机构，或军政合一进行管理，或由边疆民族自主管理（纳入都司卫所管理体制之名下）。明代的"内治外安"治国理念指导下的民族政策，对边疆稳定和民族发展曾起过积极的作用，一直影响到清代、民国时期甚至今天，为后世提供了诸多可资借鉴的经验。

一　明朝的民族观

历代王朝国家的民族政策都是在统治者的民族观指导下制定出来的。明朝的民族政策和民族观是由明太祖和成祖二人创制确立的。明朝的民族观非常庞杂，举其大要包括"大一统""内中国而外夷狄""华夷一家"等几方面。

明太祖及其后继者继承了儒家治国的"大一统"思想。明成祖登基后，他"绍皇考太祖高皇帝之先志"，也以实现"天地清宁""华夷绥靖"[1]为己任，不仅多次统兵亲征漠北，还大力经营东北和西北，一心想"控四夷制天下"[2]，完成统一全国的大业。

明朝"定天下于一"的民族观，在前期体现在对统一天下的追求与渴望，尽管当时明王朝的统治者对天下和疆域的概念并没有一个非常明显的界定。在中期以后，既有"守成天下"的举措，如长城的修建、俺答封贡以及西南土司制度的推行与变更等；也有量力而行积极抵御分裂明王朝大一统局面的战争，如万历年间的对西南和西北的用兵，以及利用女真族强势部落对东北的管理等。尽管这些管理措施有许多不尽如人意，却反映了明王朝的治国理念及民族观。

"华夷"或"夷夏"观念在中国历史上源远流长。明太祖继承了"内中国而外夷狄"的观念，把少数民族视为"禽兽""犬羊""豺狼"[3]，认为"非我族类，其心必异"[4]。他说，"戎狄之祸中国，其来久矣。历观前代受其罢弊，遭其困辱，深有可耻"[5]，明王朝即以此确立自己的天下观、民族观和国家关系等。

在民族融合趋势的影响下，诸子百家在强调"夷夏之防"的同时，又提出了兼容与亲近夷狄的主张。明太祖目睹元朝统治者施行的民族歧视与压迫的不平等政策，对蒙古族统治者实施的民族压迫极为不满。他曾愤慨地抨击说："元时任官，但贵本族，轻中国之士，南人至不得入风宪，岂是公道？"[6]起义之初，在刘基、宋濂等儒生的汉族主义思想影响下，为了争取北方汉族地主的支持，他曾提出"驱逐胡虏，恢复中华"的革命口号。即帝位后，他反复声明，

---

〔1〕《明太宗实录》卷231，永乐十八年十一月戊辰，第2235—2238页。

〔2〕《明太宗实录》卷182，永乐十四年十一月壬寅，第1965页。

〔3〕 朱元璋撰，胡士萼点校《明太祖集》卷15《解夷狄有君章说》，第342页。

〔4〕《明太祖实录》卷41，洪武二年四月丁丑，第822页。

〔5〕《明太祖实录》卷190，洪武二十一年五月甲午，第2874页。

〔6〕《明太祖宝训》卷3《任官》，洪武四年正月己卯，第160—161页。

"朕既为天下主，华夷无间，姓氏虽异，抚字如一"[1]，"圣人之治天下，四海内外，皆为赤子，所以广一视同仁之心。朕君主华夷，抚御之道，远迩无间"[2]。因此，他不仅把蒙古族的问题当成是国内的民族问题，把汉族与蒙古族的矛盾当作国内的民族矛盾来看待，而且一再宣扬"华夷一家"的思想和观点，在民族政策上坚持"以威服之""以德怀之"。为此他制定了"德威兼施"的民族政策，"威"是指军事上的征服、镇压，即所谓"以威服之"，"德"是指政治上的恩怀、德惠，即所谓"以德怀之"。德威兼施，两手并用。这一政策，始终为其后继者所遵循，只是根据形势的不同而有所侧重罢了。

二　明朝的民族政策

明朝民族政策的基本特征是"德威兼施"，这一政策的内容又是极其丰富的，其主要内容包括"克诘戎兵""怀之以恩""以夷治夷""因俗而治"。明太祖大体确立了这一指导思想，即针对不同时期、不同地区的民族采取不同的政策来加以管理。

（一）"克诘戎兵"

强调武力在震慑边疆民族方面所起到的突出作用。明太祖认为，"上世帝王创业之际，用武以安天下，守成之时，讲武以威天下"[3]，军队可以"除暴乱""平祸乱"，"凡中国之民安于畎亩衣食而无外侮之忧者，有兵以为之卫也"[4]，故"自古重于边防，边境安则中国无事，四夷可以坐制"[5]。因此，他反复强调："当平康之时，克诘戎

---

〔1〕《明太祖实录》卷 53，洪武三年六月丁丑，第 1048 页。
〔2〕《明太祖实录》卷 134，洪武十三年十月丁丑，第 2125 页。
〔3〕《明太祖实录》卷 22，吴元年三月丁酉，第 323 页。
〔4〕《明太祖实录》卷 85，洪武六年十月癸巳，第 1521 页。
〔5〕《明太祖实录》卷 103，洪武九年正月，第 1739 页。

兵，内以安国家，外以制四夷。"[1]明成祖也认为："自古国家盛衰存亡，未有不系于武备之张弛。"[2]为此，明王朝在立国之初，即大力加强军队及国防建设。

洪武建国后，明太祖将唐代府兵制和元代禁卫军的卫所制加以发展和完备，推行卫所制度。有关卫所制度及明代军兵制度演变的基本情况在前章已有叙述。大体论之，明朝民族政策是以卫所体系来构建的，明宣宗说："今兵政之本系于五军，五军能修其政令，以表率天下，都司卫所使各理其职，则武备充实，足以壮中国、服四裔，天下国家永永安靖。"[3]具体而言，就是对在汉族聚居区或民族杂居区的边疆民族采取较为严格的民族管理与融合政策，把边疆民族编入卫所，加以统一管理；在汉族聚居区与边疆民族聚居区交界地带则采取驻扎汉军和收编土著相结合的办法加以管理，较多吸纳土著首领参与卫所的管理；在更远一些的民族聚居区"因俗而治"，以卫所官职为框架，采取更加灵活的民族政策。

明朝立国之初，不甘心丧失统治地位及特权的蒙古贵族，拒不归附于明，图谋复辟。因此，明朝从一开始就把边防的重点放在北方。明太祖与成祖曾依靠强盛的国力，多次遣兵大漠南北，对蒙古部进行打击，并在长城内外遍置卫所，部署重兵，屯田戍守，形成一道坚固的防线。一旦遇到蒙古部的袭扰，立即调动兵力，随时给予反击。正统末年"土木之变"后，由于朝政腐败，国力下降，对蒙古遂由前期的进攻势态转入全面防御，大力加强辽东、蓟州、宣府、大同、太原（山西）、延绥（榆林）、固原、宁夏、甘肃九个边镇的建设，并修缮加固诸边的长城，实行重点设防、分地守御之策。隆庆五年（1571）"俺答封贡"后，明朝与蒙古部的关系缓和下来，但不久又与崛起于东北的女真部（满族）形成尖锐的对立。于是明

---

[1]《明太祖实录》卷67，洪武四年七月辛亥，第1254页。
[2]《明太宗宝训》卷4《武备》，永乐十七年十二月丁丑，第295页。
[3]《明宣宗实录》卷39，宣德三年三月丙戌，第966页。

朝把防御的重点逐渐转移到辽东地区，进一步加强辽东及其邻近的蓟州镇的建设。

总体论之，明朝"克诘戎兵"的政策从实际执行的情况看，更多地存在于治理的理念方面。如在全国范围之内广泛设立的卫所这种类似军事管理与镇压的机构，从实际运行情况看，更像一个地方行政管理机构。在北边列阵置兵，看似雄兵压阵，实则是在漫长的民族聚居接壤地带构置了一个温和的"缓冲带"。除明太祖、成祖时期大规模对北边用兵之外，明朝在正统及成化年间还动用武力以对付大藤峡地区的瑶壮族，在万历年间对宁夏用兵，但这些同镇压境内的农民起义以及各地坐大的地方割据势力并没有根本的区别。这一点与清王朝借少数地区出现局部的问题即兴师动众、毕其功于一役的武力控制方式有很大的不同。

（二）"怀之以恩"

在"德威兼施"的两手中，明太祖特别重视"德怀"的作用，认为："自古人君之得天下，不在地之大小，而在德之修否。"[1]"蛮夷之人……若抚之以安静，待之以诚意，谕之以道理，彼岂有不从化者哉？此所谓以不治治之，何事于兵也！"[2]洪武元年（1368）十月，明军攻下大都后，朱元璋宣布前元贵族及其他官军民人等，"果能审识天命，衔璧来降，待以殊礼，作宾吾家……故官及军民人等近因大军克取之际，仓惶失措，生离父母妻子，逃遁他所，果能自拔来归，并无罪责，仍令完聚。"[3]此后，朱元璋又多次重申优待归附故元官军人员的政策，此类材料在实录中俯拾皆是。明成祖也反对"穷兵黩武以事夷狄"的做法，他认为："春秋驭夷之道，来者不

---

〔1〕《明太祖实录》卷76，洪武五年十一月辛未，第1406页。
〔2〕《明太祖宝训》卷6《怀远人》，洪武元年八月戊寅，第490页。
〔3〕《明太祖实录》卷35，洪武元年十月戊寅，第633页。

拒，去者不追，盖彼之来既无益于我，则其去也，亦何足置意？"[1]
永乐元年（1403）二月，他致书鞑靼可汗鬼力赤，曰："今天下大
定，薄海内外皆来朝贡，可汗能遣使往来通好，同为一家，使边城
万里，烽燧无警，彼此熙然，共享太平之福，岂不美哉！"[2]同时他
赐给归降的蒙古官员大批物品。因此，明太祖及其后继者，在大力
加强武备的同时，尤其注重在政治上的恩抚、怀柔，力争"以德怀
之"，使之归附于明，服从明王朝的管辖和统治。

　　明初在统一全国的过程中，对北元和其他民族用兵之前，一般
都要反复遣使招谕，谕之以理，晓之以义，争取实现和平统一。只
有在招抚失败后，才临之以兵。在明政府的感召和实际安置工作的
影响下，大批官员携家带口向明政府归附。一大批北方民族或迫于
明朝统治者的压力，或迫于生存需要，或仰慕汉民族先进文化，进
入中原，他们基本上被安置于各地卫所里，"凡归附鞑靼官军皆令入
居内地，仍隶各卫所编伍，每丁男月给米一石"[3]。早期通行做法是
"以少壮者隶各卫为军，俾之屯守；老弱隶北平为民，从之"[4]，构
成明代人口迁徙与民族融合的显著特点。明朝时"内附"的民族或
部族主要有女真、鞑靼、兀良哈、瓦剌、哈密、沙州、西番、扯儿
禅、车儿禅、土鲁番、赤斤蒙古、撒里畏吾儿、别失八里、回回钦
察、番国、高丽、交趾、暹罗、阿速、古里、天方诸部族等。[5]这
些民族或部族原来生活的地区主要在东北、华北和西北，另外一些
在西南边地，而他们的杂居地区则遍及明朝实际控制区的各个都司
卫所。

　　归附的北方民族在内地的居住地，是本人提出申请，由明政府
批准。洪武、永乐时多考虑到他们的生活习惯，能就地安置者尽量

〔1〕《明太宗实录》卷15，洪武三十五年十二月辛酉，第278页。
〔2〕《明太宗实录》卷17，永乐元年二月己未，第307页。
〔3〕《明太祖实录》卷188，洪武二十一年二月丁卯，第2827页。
〔4〕《明太祖实录》卷80，洪武六年三月丁巳，第1454页。
〔5〕参见张鸿翔《明代各民族人士入仕中原考·序》，中央民族大学出版社，1999年。

就地安置，故元廷皇亲大族归附者，多安置于京畿。元朝故将在重新编制后，尽量委派于各战略要地，先是征战四方，后则送去家属以安居，在云南、四川、两广、湖广、浙江和福建的达官，大抵属于此类情况。正统以后，达官军的调动多随所在卫所进行。当然，为达到御控的目的，中央也不会允许他们自由选择居住地。正统二年（1437），镇守陕西都督郑铭等奏西安左等卫安插番达官军，欲以调除为名移入河南偏僻地方，到南阳汝宁等处分住，就没有被批准。[1]

　　归附明朝的各民族将领，既有故元皇室后裔，也有贵族勋戚，大量的则是中下级官吏及军士。由于他们身世不同、经历各异、职业有别，明政府采取不同的方式对他们加以安置，使其各得其所、各尽其能、各务其业。在生活方面，明政府首先保证他们的物质生活。宣宗说，"留其家属于京者，以系其心，而无以赡之，能得其心乎？其如京官例给之"[2]。达官的俸禄总额与京官虽相同，但他们实际可支配收入却远远高于京官，因为汉族京官俸禄的大部分是折俸的，而达官的俸禄则是全支。除俸禄外，各民族官军的其他物质待遇也明显高于汉族官军。在广东，"踏勘空闲地土起盖房屋，拨与居住，内有家小者，乞敕南京守备官差官拨船，沿途应付行粮、下程，起送前来完聚；无家小者，着落三司设法措办官钱，代为聘娶。俱定与则例，按月厚其廪饩供给下程柴草；冬夏给与绢布衣服靴帽，并着落廉忠加意抚治，不许剥削科害"[3]。由于生活有经济保障，这批内地达官虽然分散各地，人数也不多，但生息繁衍非常快。在广东，总督都御史凌云翼说，"诸凡优厚，今生齿渐繁，应从节省……因生齿日繁，支给太滥"[4]。在北京，吏部主事李贤说，"切见京师达

---

〔1〕　徐学聚《国朝典汇》卷 176《兵部附夷官》，书目文献出版社，1996 年，第 2246 页。
〔2〕　《明宣宗实录》卷 27，宣德二年四月己巳，第 713 页。
〔3〕　韩雍《处置地方经久大计疏》，见应槚等《苍梧总督军门志》卷 23《明代史籍汇刊》。
〔4〕　应槚等《苍梧总督军门志》卷 14《经费》。

人，不下万余，较之畿民，三分之一"[1]。这部分民族将领很快融入上层社会，他们侵吞土地，鱼肉百姓，作威作福。早在正统年间，"浙江盘石卫蒲岐千户所舍人何福奏，近制归附胡人验口给粮，今年久弊滋，多买汉人诈为己子，冒支粮饷"[2]，这又何异于普通汉族官吏？

"怀之以恩"对于边地民族而言，主要包括恩赐、互市、发展社会经济和文化教育等政策。对边疆民族地区的僧俗诸王、羁縻卫所长官和土司头目的朝觐入贡，明政府都根据"厚往薄来"的原则，给予高出贡物数倍的赏赐。明太祖叮嘱礼部大臣，凡各地土官亲自入京朝觐者，"赍予之物宜厚，以示朝廷怀柔之意"[3]。明成祖也说："盖远人慕义而来，当加厚抚纳，庶见朝廷怀柔之意"[4]。永乐十二年（1414），西藏格鲁派创始人宗喀巴的弟子释迦也失进京朝觐，明成祖给予大量赏赐，十四年，他回到西藏，用这批财物在拉萨修建了著名的色拉寺，可以想见其赏赐之优厚。在广大北边，明朝把贡赐和互市作为控驭民族首领的重要手段，贡赐、互市的次数与数量皆视各部首领对明廷的恭顺程度而定，恭顺者入贡与互市次数多，赏赐也多，以示奖励，否则减少或停止他们入贡与互市，以示惩罚。

鉴于边地民族地区生产方式比较落后，"民未熟化"，明太祖还为明王朝提出了一条安抚的原则，即"严明以驭吏，宽裕以待民"[5]。所谓"严明以驭吏"，即要慎重选择守边将领或官员，对他们要严加约束，令其抚辑百姓，以防滋扰。"宽裕以待民"，就是要体恤民情，减轻边地民族的负担。他之所以在边地设立卫所而不设官，原因就在于他认为行政官员增加一人则增加百姓负担一分，卫所官军自给自足，有利于边地社会的稳定和经济的发展，明太祖说："蛮

---

〔1〕《明英宗实录》卷25，正统元年十二月庚寅，第510页。
〔2〕《明英宗实录》卷69，正统五年七月壬寅，第1333页。
〔3〕《明太祖实录》卷154，洪武十六年五月戊申，第2402页。
〔4〕《明太宗实录》卷141，永乐十一年七月丙午，第1696页。
〔5〕《明太祖实录》卷54，洪武三年七月己亥，第1063页。

俗素与中国异，岂可拘其徭役？能善抚之，久则自然服从。"[1]明前期政治清明，上述政策执行较好，中后期，日趋腐败的各级统治阶级为了满足自己的穷奢极欲，对边地民族的赋役榨取日益增加，也激起了他们的反抗。

（三）"以夷治夷"

"以夷治夷"又称"以夷制夷"，它是历代王朝统治边疆民族的一种惯用策略。明朝统治者认为，以夷治夷是治理边疆的"经久之图"[2]。他们把这种策略普遍运用到边疆各地，封少数民族的首领为官，或赐予封号，令其治理本地或本部。在东北和西北建立羁縻卫所，在西北、西南和南方等地设置土司，在藏区僧俗官员并封，羁縻卫所与土司并设，均以当地民族的首领担任官职，治理本部。对北方的鞑靼和瓦剌，当其首领表示愿意归附之后，分封其为王，令其代理明天子管辖地方。这些世袭土官，"袭替必奉朝命"[3]，如果违背明廷意愿，将会被罢黜。

在敕封边地民族首领王号或官职时，明廷极力利用各族各部之间的矛盾，区别对待，使其互相掣肘，便于朝廷的控驭。明太祖在洪武二十一年（1388）命蓝玉统兵北征后，即利用蒙古部发生分裂，兀良哈归附之机，建立朵颜三卫。其后作为明朝的东北"藩篱"，以之"东捍女直，北捍蒙古"[4]。明太祖与明成祖先后在西北嘉峪关以西建立关西七卫，目的也是用以屏障西陲，"北拒蒙古，南捍诸番，俾不得相合"[5]。明成祖在五次亲征漠北的过程中，先后分封瓦剌的马哈木、太平、把秃孛罗与鞑靼的阿鲁台为王，更是利用两部之间

〔1〕《明太祖实录》卷195，洪武二十二年三月辛巳，第2936—2937页。
〔2〕张萱《西园闻见录》卷66《属夷前》，《续修四库全书》集部第1169册，第516页。
〔3〕《明史》卷310《土司序》，第7982页。
〔4〕《明世宗实录》卷146，嘉靖十二年正月戊辰，第3386页。
〔5〕《明史》卷330《西域二》，第8549页。

的世仇，扶弱抑强，使之互相牵制，彼此消耗，防止他们互相联合而成为明朝的劲敌。在藏族地区，明初"以西番地广，人犷悍，欲分其势而杀其力，使不为边患"[1]，彼此互相制约。在东北地区，不仅设置众多羁縻卫所，令其"各雄长，不使归一"[2]，而且利用某一部族的势力来钳制另一部族的势力，起初是以"东夷"（女真）来制"北虏"（蒙古），后来女真族各部逐渐壮大，又"设海西抗建州"，扶植海西的王台以"南制建州"。建州女真的努尔哈赤崛起并进入辽东地区后，又转而利用"北虏"以制"东夷"。

明王朝还大力推行"以夷攻夷"的做法，利用边疆民族军兵或土兵来打本民族或别的民族。洪武二十八年（1395），都督杨文征剿广西奉议、南丹等地"梗化"的"蛮人"，除发广西都司及护卫官军两万人，还"调田州、泗城等土兵三万八千九百人从征"[3]。永乐八年（1410）二月，明成祖亲征鞑靼的本雅失里、阿鲁台，也征调凉州都督吴允诚、柴秉诚等诸归顺于明的蒙古族军队，以及临洮、河州、岷州、西宁、平凉诸卫所土官所辖藏族土兵和建州卫指挥使释加奴等率领的女真军。正统年间，明英宗认为"以夷攻夷，古有成说""大抵以夷攻夷，古人长策"[4]。许多大臣也都认为，"中国之形，惟以夷攻夷，是为上算"[5]。明政府根据归附的元朝将士原来的任职情况，分别授予不同的职务，在五军都督府、各都司及下属卫所中担任各级职务，并根据他们的表现加功授爵。有的甚至做过五军都督，加封公侯伯者也不在少数。《明史》卷156所载诸达官大臣，如吴允诚、孙瑾、薛斌、蒋信、李英等，大都参加过洪武、永乐两朝对蒙古部族的战争。归附明朝后，他们积极参与追剿残元势力的战

---

〔1〕《明史》卷331《西域三》，第8589页。
〔2〕《明神宗实录》卷444，万历三十六年三月丁酉，第8430页。
〔3〕《明史》卷319《广西土司二》，第8269页。
〔4〕《明英宗实录》卷103，正统八年四月己丑，第2077页。
〔5〕张萱《西园闻见录》卷66《以夷攻夷》，第509页。

争，并成就卓越功绩，受到明政府的嘉奖。有相当多的民族官员被委派到云南、四川、湖广、两广、福建等地，镇压农民起义和民族叛乱，屡立战功，晋官加爵，世代相袭。

（四）"因俗而治"

"因俗而治"是指因袭、保留边地民族原有的政治制度、生产生活方式、风俗习惯、宗教信仰。这也是历代王朝统治边疆民族地区一种常见的羁縻策略。明王朝继承、发展了这种策略。早在至正二十三年（1363），当朱元璋大败陈友谅于鄱阳湖，向江西和湖广进军时，当地元廷所授的宣慰司、安抚、长官诸土官，先后迎降。这些土官都是当地的大姓豪酋，他们世代据有其地，势力雄厚，根深蒂固。为了争取他们的归附，瓦解元朝的统治，朱元璋决定维持其原来的政治制度不变。次年十一月，慈利土官覃垕等"以故元所授参知政事照会三道来上，乞改置官司"时，朱元璋即从其请，置慈利军民宣抚司，以覃垕、夏克明为宣抚使，田重禄为同知宣抚司事，"俾因其俗而治之"[1]。此后，凡"西南夷来归者，即用原官授之"[2]，通过他们来统治当地的民族，从而把该地区纳入明朝的版图，以维护国家的统一。

当然，"因俗"是为了"致治"，巩固明王朝对当地民族的统治。但土司制度保留了土官落后的政治、军事和经济特权，他们往往借此更加肆无忌惮地压迫人民，壮大自己的实力，或者互相兼并，乃至于发动叛乱，与朝廷对抗。为此，明政府在推行土司制度的同时，又在土司周围设置府州县和军事卫所，推行军屯与民屯，有些卫所和屯田甚至设在土司的辖境之内，借以对土司进行监视和牵制，并积极创造条件，为最终废除土司做准备。一旦土司反抗，明廷即有

---

[1]《明太祖实录》卷15，甲辰十一月庚辰，第208页。
[2]《明史》卷310《土司传序》，第7982页。

可能进行严厉镇压，并以此为契机，"乃裂疆域，众建诸蛮"[1]，将一个土司分割为几个土司，以削弱其势力。如果明朝统治势力已经深入，当地社会经济特别是农耕经济已得到发展，则干脆实行改土归流，废除土司制度。

明王朝还尽量照顾边疆民族的生产生活方式和风俗习惯，明太祖主张，"凡治胡虏，当顺其性"[2]。明廷最初是就近安置归附的蒙古族，强调要尊重蒙古人、色目人的风俗习惯。当然，明朝尊重、照顾边地民族的生产、生活方式和风俗习惯，是以边地民族服从明朝的统治为前提的。

藏族地区盛行佛教，教派众多。明廷充分尊重藏族人民的宗教信仰，并"因其俗尚，用僧徒化导为善"[3]，沿用元朝赐给僧徒封号的办法，敕封众多的教派首领为法王、西天佛子、国师、禅师等，同时在西宁、河州等地设立僧纲司、汉僧纲司与番僧纲司等机构，借以加强对藏区的统治。此外，在万历初年，明朝还积极鼓励和支持俺答汗将藏传佛教格鲁派（俗称黄教）传入蒙古，借以束缚蒙古领主的思想和行动。先是派出在北京的藏僧前往蒙古传经，后又助工助料，帮助俺答汗在青海建寺，钦赐寺名，使他能如期在仰华寺与索南嘉措（即三世达赖喇嘛）会见。接着，又协助俺答汗在库库河屯建造弘慈寺，并于万历十五年（1587）派人至土默特敕封索南嘉措为"朵儿只唱"（藏语译音，金刚持），召其入觐北京。在明朝的鼓励与支持下，黄教在仰华寺大会后传入蒙古草原，迅速传播，后来逐渐成为蒙古族的主要宗教信仰，并成为清朝统治蒙古的重要工具。明朝"德威兼施"思想的四个方面，既各有侧重，又有密切的联系。

---

〔1〕《明史》卷249《朱燮元传》，第6446页。
〔2〕《明太祖实录》卷59，洪武三年十二月戊午，第1147页。
〔3〕《明史》卷331《西域三》，第8572页。

三　民族地区的卫所管理

我国地域幅员辽阔，由于自然和历史的原因，各地部族的政治制度和历史传统有很大的差别，尊重这些民族长期形成的历史传统显得尤为重要。在"华夷天下一家"的天下观和思想指导下，在都司卫所制度（羁縻都司卫所）框架内管理统辖边疆事务的基本理念不变的前提条件下，根据各民族具体情况，明朝又对边疆各民族分别采取灵活多样、务实进取的管理制度。

（一）羁縻卫所制度

"羁縻"，"制四夷如牛马之受羁縻"，为控制与管理边地民族之意。羁縻之制创始于秦王朝。秦统一西南民族地区后，对归降的西南夷酋领封授"王侯""蛮夷君长"等，使西南地区的社会秩序很快安定下来。秦朝羁縻之制对后世产生很大的影响。两汉时期，中央对西南（时称益州）、长江南（时称荆州）等地区的"蛮夷君长"均授予"王""侯""君长"等，还赐以印绶、钱帛等，让这些"蛮夷君长"代表中央王朝在地方实施管理。此后，三国、隋、唐、宋等朝皆在民族地区实行羁縻制度，只是具体的组织管理方法略有差异。

明王朝在广大北边地区，包括东北和西北地区的民族地区采取的管理制度是羁縻卫所制度。明太祖洪武年间除抚兀良哈部，设立朵颜等三个羁縻卫外，还以辽东都司为基地继续对东北和北部边疆的女真族和蒙古族进行招抚，原来归附于故元的女真族等部族"悉境归附"[1]，像黑龙江下游奴儿干都司地区的元朝旧部老撒、捏怯来、失列门、答不歹等，也"率其部三千人，至京进马乞降"[2]。明成祖

---

〔1〕　茅瑞征《东夷考略·建州》，《续修四库全书》第436册，第58—72页。
〔2〕　《明太祖实录》卷194，洪武二十一年十月丙午，第2910页。

时，又成功招抚了建州、海西、野人等女真诸部，建立奴儿干都司，"因其部族所居，建置都司一，卫一百八十四，所二十。官其酋长为都督、都指挥、指挥、千百户、镇抚等职，给与印信，俾仍旧俗，各统其属"[1]，地域东及库页岛，北至外兴安岭，南临日本海等。奴儿干都司与辽东的最大不同在于其官军的民族成分及卫所的管辖权，从上文文献可知，奴儿干都司"官其酋长"和"仍旧俗"，并没有从内地派驻大量的汉族官军，体现了地方的高度自治。

西北地区处在中原与边地之间，地域辽阔，民族成分复杂，明政府在此主要设立关西七卫，即安定卫、曲先卫、阿端卫、罕东卫、沙州卫、赤斤卫、哈密卫等，管理者多为归附的蒙古部族。这些卫所成为明王朝与敌对的蒙古部族之间的缓冲地带，对保持西北边地的稳定、维护西北及中亚诸地的交流都极具重要的意义。至嘉靖初，关西七卫相继罢废，嘉峪关以西不复在明王朝的直接控制与管辖之下。

明王朝对设置羁縻卫所地区主权的拥有和管辖权的控制，是毋庸置疑的。第一，朝廷通过控制卫所首领的职务袭替、升迁来控制地方社会，通过约束贡市和赏赐待遇，来控制部族首领。第二，明朝加强了对这些地区的巡视和具体的控制与管理，如从永乐七年（1409）至宣德八年（1433），派遣内官亦失哈九次巡视奴儿干都司诸部，抚辑和处理女真诸部事务，有效地行使对这一地区的行政管理。第三，明中期以后，在具体的管理措施上，明王朝因时而变，因地相宜。对数百个羁縻卫所既不便于面面俱到，又不想放任不管，于是改由辽东都司代为巡视奴儿干都司，并重点扶持建州卫，以建州卫管理和控制其他部族，既尊重了地方传统社会的结构特点，避免了汉族大量参与治理带来的民族纠纷，又实现在边地"以夷治夷"的目的。

---

[1] 李贤等《大明一统志》卷89《外夷·女直》，三秦出版社，1990年，第1367页。

（二）对北边蒙古部的封贡

封贡制度包括册封和朝贡两方面的含义。册封是蒙古族地方政权首领对明王朝正朔地位的认同，同意接受明王朝的册封；朝贡是边地民族定期持方物到京师觐见皇帝，以表示政治上的臣属关系和履行纳贡的义务。在北边，封贡制度在政治上表明中央王朝与蒙古族之间的臣属关系，在经济上也是中央与地方之间的互相补充，以及中央对民族地区实行的经济制约。

在处理敌对的北边蒙古族势力问题上，明朝一直采取非常审慎的态度。兀良哈蒙古部族最先归降，受到了明王朝最高规格的安置，设置羁縻三卫以善待之。鞑靼、瓦剌二部与明王朝的关系，是明朝最重视也是最棘手的民族关系。尽管蒙元一直保留着自己较为完备的独立行政体制，但对中国的归依与中华民族的认同始终如一，他们也一直试图谋求与明王朝建立一种依存的关系。永乐初，蒙古贵族鬼力赤自立为汗，"去国号，遂称鞑靼"。稍后，瓦剌部接受明政府的管辖，受封顺宁王。虽然"土木之变"后双方关系一度紧张，但蒙古贵族与明王朝仍保持时断时续的朝贡关系。明政府针对不同地区的蒙古部族采取不同的民族政策，以处理他们之间的关系。尤其是俺答封贡之后，俺答被封顺义王，其他蒙古部首领，也多被授予都督同知、指挥同知、指挥金事、正千户、副千户和百户等都司卫所各级武职。明政府成功地把蒙古族诸部纳入其卫所管理框架内。

明王朝与瓦剌和鞑靼蒙古族地方政权的封贡关系，和更为边远的"夷国"的朝贡又有所不同。一是蒙古贵族始终认为他们是中国人，是中国大家庭的一员，这种向心力与归属感一直是存在的。二是明朝人在处理与蒙古族的关系问题上，也始终认为这是"国内"事务。如《大明会典》在记载朝贡民族时，就有明显的区分，即"北狄"包括瓦剌、鞑靼和兀良哈等蒙古族诸部；"东北夷"包括海西、建州等380余女真等民族卫所；"西戎"包括关西七卫、吐鲁番和西域等，还有西番僧俗诸王以及各土司；西南土官包括湖广、广西、云南、四川、贵州等腹里 126 个土官。这些有别于"不征诸夷",如朝鲜、日本、安南等 24 国。[1]

（三）西南地区的土司与卫所并行

土司制度亦属"羁縻"性质,元以前的王朝对边地民族酋领只是授一个职官称号,到元朝时开始制度化,土官土司均正式赐予诰敕、印章和虎符等,并实行较为严格的世袭制度。明王朝在四川、云南、贵州、广西、广东、湖广和陕西等设有土司,是土司制度完备时期,对包括职衔、品级、信物,以及授职和袭替、权力和义务等都有极其明晰的规定。

明朝的土司制度是在卫所制度的框架内进行的,它依地方风俗而治,保留原来的"土官",即土司制度,这是一种独具特色的民族区域自治与管理的模式。南方少数民族地区山高林密、地形复杂、交通不便,孕育了支系繁多的民族,如苗、瑶、壮、黎、高山、土家、纳西、彝等数十个民族,各民族划地而居,约定俗成的基层管理沿袭久长。明朝土司制度之"盛",即盛在其与卫所制度结合下的完备的组织管理体系和较好的管理效果。

这些土司官,或从属文官系统官职,或从属武官系统官职,或以军民府相称,或以军民指挥使司相称,"或土或流,皆因其俗,使之附辑诸蛮,谨守疆土,修职贡,供征调,无相携贰。有相仇者,疏上听命于天子"[2]。所谓"听命于天子",即对土司职官有极其严格烦琐的约束机制,其一是规范世袭行为,预防承袭争端,其二是突出中原王朝的威仪与地位,即《明史·土司》中所言"袭替必奉朝命,虽在万里外,皆赴阙受职"[3]。土司官兵有从征、纳赋及差役职责,有明一代西南地区一直在明中央的强有力控制之下。

---

〔1〕 万历《明会典》卷 105—108《朝贡》。
〔2〕《明史》卷 76《职官五》,第 1876 页。
〔3〕《明史》卷 310《土司》,第 7982 页。

土司势力在明中后期趋于衰落，明政府在条件成熟或恰当时机，会裁除土官，改任流官，即改土归流。或者在改土归流受阻之时，实行"众建诸蛮而少其力"的方法，以分解土司的势力。这些方法都为清王朝的"改土归流"提供了经验，做了必要的准备。

（四）藏区在卫所框架之下的政教合一

对西藏、青海和四川西部等藏族的"政教合一"的管理模式则突出明朝尊重宗教信仰的历史传统。在平定陕西后，明太祖遣使招抚，令举元朝故官赴京授课；并采取与西北蒙古族地区相似的管理方式，一方面在藏区建立军事统治机构，"置指挥使司二，曰朵甘，曰乌斯藏，宣慰司二，元帅府一，招讨司四，万户府十三，千户所四，即以所举官任之"[1]。另一方面，册封乌斯藏摄帝师喃加巴藏卜、元帝师八思巴之后公哥监藏巴藏卜等以国师、大国师的称号，并授予乌斯藏曾哈立麻"大宝法王"称号，总领天下释教，令其抚治人民，定期入贡。

"广行招谕"和"多封众建"是明朝在藏区管理的两大重要特点。明朝这里的政教合一制度，并不像故元那样独尊萨迦派，而是借鉴扶植藏传佛教、礼遇高僧的经验，根据各派自以为是、互不统摄的特点，充分尊重各派教仪与宗旨，采取"多封众建"的政策。《明史》载："初，太祖招徕番僧，本借以化愚俗，弭边患，授国师、大国师者不过四五人。至成祖兼崇其教，自阐化等五王及二法王外，授西天佛子者二，灌顶大国师者九，灌顶国师者十有八，其他禅师、僧官不可悉数。"[2]明前期在藏区实行的这些政策，是在充分尊重藏区宗教信仰和历史现状的前提下做出的正确决策，有助于边疆社会秩序的稳定与社会经济的发展。

---

〔1〕《明史》卷331《西域三》，第8587页。
〔2〕《明史》卷331《西域三》，第8577页。

四 明朝民族政策的成效

明王朝的民族政策在洪武、永乐两朝基本确定。它是在民族观指导下，以"抚"字至上，"德威兼施"为手段，因俗而治，在卫所制度框架内制定民族政策，构建民族关系，以达到"内治外安"的政治目的。具体而言，即在维护明王朝一统天下的至上地位前提下，尽可能不改变或打乱原来民族地区政治结构和社会进程，这种做法无疑具有积极的意义。

（一）民族政策的演变

明朝民族政策在实际执行过程中前后有较大变化。洪武朝试图消灭北元势力，曾谨慎地采取一些统一战争，由于朱元璋以"安民为本"治理国家，把主要精力放在社会的稳定和经济的发展上，对民族地区采取内敛而灵活的政策。明成祖时，在明初经济恢复的基础上，曾试图拓展明朝实际控制的疆域范围，但事与愿违。他身后的两位继任者——仁、宣二帝，改变了他的这种努力，转向了"积极守成"，发展朱元璋"因俗而治"的思想，采取控制内地、防御边地、招徕边远的措施，放松对边疆的经营和巡视，更多地采用经济与社会的手段对边疆民族地区施加影响，进行控制与管理。此后，明朝整体的民族政策偏软，一旦某一民族部族出现强有力的首领，他们极有可能制造事端，影响地方的稳定。

明朝民族政策和民族事务的处理是在卫所制度的框架内开展的，而卫所制度赖以存在的经济基础是屯田制，但到永乐朝末年，屯田制度就出现了衰败的迹象。尽管对在内卫所的"达官"经济补偿上有所优待，边地卫所旗军的屯田份额也比较大，九边重地军兵的粮饷拨额仍连连攀升。明中期以后，国家普遍地出现了财政困难，物价飞涨，卫所军兵的月、行粮及补助时常拖欠，可支配收入明显下降。明政府所构建的在边地与腹里之间设置大量卫所屏卫中原、震慑边疆的功能已经大大降低。大量的羁縻卫所因为中原王朝缺乏强有力的约束而变得极不安分，西南地区、西北地区都出现了土官叛乱的情形。

具体到各地，在东北，由于宣德年间，明政府停止了直接派出官员巡视的制度，先是改由辽东都司官员代为巡视，进而通过扶持一部分实力强大、顺从中央的卫所官员打压或控制其他部族（卫所），这就难免助长地方割据部族势力的坐大。同时，正统末年，由于瓦剌、鞑靼蒙古族势力一度崛起，进入东北女真族聚居区，蒙古族与女真族上层结合，对明朝东北边境采取联合行动，打破了这一地区在明初形成的统治格局，扰乱了社会稳定，奴儿干都司逐渐脱离了明王朝的实际控制。随着辽东都司、万全都司和大宁都司面临的防御压力越来越大，明政府逐步推行较为消极的"筑墙守边"政策。为全力对付东蒙古和保持这一地区的相对稳定，明政府采取经济交流的手段以为抚辑，倚重哈达和建州卫管理东北女真族，这一政策恰恰给雄心勃勃的努尔哈赤以可乘之机，最终令明朝吞下亡国的苦果。

在西北地区，明初国力强盛，七卫谨遵律例，听从征调之令，按时朝贡。但至正统年间，哈密卫率先衰落，沙州卫废，其他卫所"渐不能自立"。正德年间，罕东左卫"徙肃州塞内"[1]，标志着明初保障丝绸之路、镇戍防关的卫所全部废弃，嘉峪关遂成明朝实际的西部边塞。陕西行都司和陕西都司的卫所军兵，也由于替补、财政和防御措施的调整而变得不堪一击，到了"有防无御"的地步，致使明王朝实际控制的西北边疆地域日益缩小。

西南地区的民族关系也一度比较紧张，正统年间有三次麓川用兵，万历年间有平定播州宣慰杨应龙之乱。虽然一度劳民伤财、兴师动众，但西南诸夷始终在明王朝的有效控制之中。同时，明政府

---

[1]《明史》卷330《西域二》，第8566页。

一直没有放弃对这一地区的改土归流，或利用平叛之机，或在袭替者无后之时，改土归流。截至明末，云南改县以上土司26家，贵州约改流九府十州二十县（包括播州改流划入的一州三府）。[1]究其原因，大抵是西南土司组织内部相对稳定，土司具有绝对的权威，便于中央通过上层制御下层。西南地区普遍建立的内地卫所、边地卫所和羁縻卫所，尽管减员甚众，问题很多，但一直保有较为完备的组织体系，这与北边卫所沿革兴废不定也有很大的不同。虽然当地也有个别土司势力坐大、割据一方，但当地的自然环境固守有余，回旋空间却不如广袤草原。这些因素，都决定了西南地区的割据政权不如北边那样强悍难制。

（二）民族政策的得与失

历史地看待明朝的民族政策，可知它的积极意义远胜消极影响。同前后两个王朝即元、清的民族政策相比，明朝的民族政策无疑是较为开明的。元统一中国后，把辖境内的各民族按照被征服的先后，分成蒙古、色目、汉人和南人四个等级，公开实行民族歧视与民族压迫。清入关以后，也确立与之相类似的满洲、蒙古、汉军和汉人四等，"不但不以平等待汉人，而且也不以平等待汉军、蒙古和其他族人"[2]。不仅如此，还用暴力强迫广大汉族人民剃发易服，改变自己的生活习俗。但是明朝完全抛弃这种划分民族等级的做法，而是实行"因俗而治"，让各个民族保留自己的政治组织、经济制度和生活习惯。这种开明的民族政策，无疑是值得肯定的。

清王朝的统治，固然对奠定近代中国的疆域和版图起到非常重要的作用，但如果以此映衬明朝民族政策的落后与保守，就显得目光短浅了。清朝在边疆地区的治理方面大多承袭明制，如继续沿用

〔1〕　张显清、林金树等《明代政治史》，广西师范大学出版社，2003年，第917页。
〔2〕　王锺翰《清代民族宗教政策》，《中国社会科学》1992年第1期。

卫所制度作为民族地区行政管理制度，继续把改土归流进行下去。然而，它在边远的民族地区实行"画地为牢"的政策，从多民族国家的发展角度看，远远不如明朝开放交流式的管理方式更为文明和进步。

第一，明初洪武、永乐两朝在卫所框架内处理民族关系、制定民族政策的做法取得了很大的成效。以优厚的条件安置归降的各民族官军于内地，在腹里与边地间建立一批汉军卫所以镇戍边地，建立一批羁縻卫所，构成东、西两面屏障，切断蒙古与女真、藏族的联系，凭借武力，打击残元势力，总体构想是可行的、客观的。明初边疆局势整体稳定是不争的事实，多民统的中华民族认同感并没有因为这种灵活的管理而弱化。

第二，明王朝尊重民族地区的宗教信仰和风俗习惯是值得称道的，以明王朝在西藏实行的"多封众建"的做法最具代表性。明太祖说"凡治胡虏，当顺其性"[1]，明成祖也说"驭夷之道，当顺情以为治"[2]，其主观意图是维护大一统的格局，客观上维护了民族地区的稳定，并且能够通过边地与内地的经济、文化和社会的交流，促进落后的边疆地区的发展。

第三，明朝对民族交流与民族融合采取较为温和的方式，在专制主义中央集权政权体制下是极其难能可贵的。

在通婚方面，虽然有立法的限制，但这种规定更多地是一种引导，而很难去理解成冷酷的规定。内地蒙古族人在元朝时作为统治者几近百年，入明后，这批达官军入居内地只是身份上稍有变化，对于普通百姓而言，这种角色转变对他们之间的姻亲关系的建立构不成不可逾越的鸿沟。所以我们有理由相信蒙古、色目人与汉人的婚姻是出于自愿，而非强制，他们内部的婚姻也有自己的传统。

---

〔1〕《明太祖实录》卷59，洪武三年十二月戊午，第1147页。
〔2〕《明太宗实录》卷18，永乐元年三月戊戌，第330页。

在经济方面，明王朝试图通过官方的朝觐入贡，给予数倍的赏赐，以控制边远各民族首领；通过茶马贸易，开展互市交易，与沿边各民族开展更为广泛的经济交流，如藏族所需的茶叶、布帛、纸张、牛等，蒙古族所需的粮食、茶叶、布缎和铁锅等，女真族所需的铧子、铁锅、绢缎、袄子、驴、猪等，都是通过互市交易获得。明政府通过增减入贡的次数和茶马交易的场所来达到控制与调整同各民族关系的目的，这要比战争温和得多。至于在沿边汉族与其他民族杂居地区，在汉军卫所驻地附近，则是一派军民、汉夷交易的热闹场面，在贵州，"军民至其贸易"，"汉夷不问远近，各负货聚场贸易"[1]。

在文化教育方面，明政府非常重视边地各民族的文化教育，其中虽然不乏承宣布政的目的，但在提高边地民族教育水平方面则有着划时代的意义。明政府在边地卫所开办有卫学，甚至还有宣慰司学，允许边地民族子弟参加学习。官府推行的儒学教育与汉族军民和边地民族人民之间的不断接触交流，使云南、贵州的文化发展在明代呈现出一片崭新的局面。这主要表现为一些民族逐渐懂汉语、识汉文，有的甚至能够运用汉文构思意境，并运用汉字音韵写诗作文，连黔西北边地之乌撒卫也出现"衣冠礼乐，不殊中土"[2]的情景。

强制性的民族同化是反动的，而自觉的民族融合则是进步的。明代的民族融合是特定时代的产物，是政策性与自觉性的统一。明政府提供政治上的招抚任用、优厚的物质待遇、宽松的社会生活条件来化解民族矛盾，这种做法是应当给予充分肯定的。对明王朝而言，这尽可能消除了敌对势力，对各民族而言，则避免了朝代更替带来的民族流亡，可以在和谐的环境中共同生活、共同发展。可以说，明朝的民族政策在促进民族融合、社会稳定、边疆开发和社会

---

〔1〕 嘉靖《贵州通志》卷3《风俗》，巴蜀书社，2016年，第266页。
〔2〕 嘉靖《贵州通志》卷3《风俗》，第272页。

进步等方面，都做出了积极的贡献。

纵论有明一代的民族政策，明朝中期以后政治体制的总体腐败对东北女真族的崛起推波助澜，如统治者荒怠政事漠视了边政的积极处理；边政腐败激发了民族的分离运动，卫所制度的衰落使整个以卫所制为基础的民族政策难以有效实施，等等。首先，明朝民族政策最大的失误在于实际执行过程中缺乏连续性和灵活性。有时单纯依靠军事征伐，有时一味强调政治恩抚，未能始终如一地做到"德威兼施"。如永乐朝穷兵黩武，欲毕其功于一役，劳而无功，适得其反。其继任者反其道而行之，一味强调恩抚，对蒙古族、女真族无原则地息事休兵，缺乏足够的控制力度，致使瓦剌重新崛起。其次，明政府对高度自治的民族首领缺乏强有力的约束机制，尤其缺乏必要的日常巡视与考察，听任地方势力坐大，最终汇合成一股强大的离心力量。再次，"德威兼施"的措施是建立在强大的军事力量和雄厚的经济基础之上的，大量戍边士兵的供养和屯田制度的实行必须保持协调发展，但随着卫所屯田职能的衰落，边境的防御削弱了，对边地的威慑小了，不安定的因素也就多了。

明后期，建州首领努尔哈赤恰恰利用了明王朝民族政策中的漏洞，在兼并中逐步崛起，在较短的时间内统一女真后，攻入辽东，建立后金政权，并乘农民战争之机入关，夺取了对全国的最高统治权。

［本章据笔者撰写的《明史十讲》"第七讲"（上海古籍出版社，2007年），《徘徊在近代化社会的大门外：明代的边疆民族观点及政策评说》（《中国史研究动态》2016年第5期）等内容修改］

第八章　建武兴文：明代后期新设卫所的个案研究

　　建武守御千户所，设于万历二年（1574），隶四川都司，治在今四川省兴文县九丝城镇（原建武乡），意在镇戍刚刚平定的"都掌蛮"人聚居的川南地区。建武守御千户所（以下简称"建武所"）一度是四川总兵官驻扎之地，四川都司绝大部分军兵汇集于此，地位不可小觑。建所十数年后，川南地区最终安定下来，都掌人却彻底消失了。

　　在研读主持平定都掌部的曾省吾（确庵）、张居正（太岳）等人奏议文集时，笔者对在平定都掌人前后明廷的对策产生了浓厚的兴趣，尤其认为以筑镇城、设卫所为善后之策值得思量。因为，到明代后期，卫所的诸多职能已萎缩，其防御及征伐能力备受诟病，但雄才伟略的张居正仍然于此时新建卫所，他究竟是出于怎样的考虑？幸运的是，曾省吾、张居正二人的著述里均保留了较为丰富的相关记载，尤其是前者所著《重刻确庵曾先生西蜀平蛮全录》（以下简称《平蛮录》）[1]详细记述了"平蛮"的经过。该书虽没有专文探讨卫所建置详情，散见其中的记述，如明代卫所组织管理机构的主要建置，包括官员选拔、军兵来源、屯田设定、粮饷调拨、衙署营房等，均有助于我们了解有明一代卫所制度的基本建制，尤其是明后期卫所新置及其运行的基本情况。此前，关于川南都掌部的平定经过，及其对悬棺葬风

---

〔1〕　曾省吾《重刻确庵曾先生西蜀平蛮全录》，《北京图书馆古籍珍本丛刊》第9册。据万历九年张一鲲刻本影印，该刊本白口（中间印书）标书名为《平蛮录》，故后文以此简名称之。

俗、铜鼓文化消失等方面的影响等，学界多有关注[1]，但围绕建武所建置的前因后果，阐释卫所制度在特定的时间（明代中后期）、特定的空间（多民族交错区域）和多重制度（土、流兼治）的运行情况，尚无人论及，故略成一文，经研究可以坚定地认为：卫所制度在明代后期、在民族地区，依然可以发挥重要的组织管理作用，甚至具有无可替代的优势，而此时它作为卫所辖区的基本属性依然是齐备的。

一　明朝在川南地区的卫所管理

都掌部散居在川南的民族地区，"都掌蛮者，居叙州戎县，介高、珙、筠连、长宁、江安、纳溪六县间，古泸戎也"[2]，它的重要、特殊与复杂，从历代频繁的冲突和中央王朝在此管理机构设置的沿革变化上，可知一二。

> （建武守御千户所）古僰国地。唐、宋以来为羁縻晏州地。宋政和间，蛮卜笼谋叛，先据五斗坝，后据九丝天险，号九丝山都掌。元至元间归附，为水都四乡、山都六乡，隶于戎州。明初为戎县地，其水都则阳顺阴逆，山都则猖獗日甚，先后凡十有二征，俱弗克。[3]

洪武四年（1371），川南九丝山都掌部地域初置有戎县，属叙州府。《明史·职官四》载，"上川南道，雅州，嘉定二署；下川南

---

〔1〕 参见屈川《都掌蛮：一个消亡民族的历史与文化》，四川人民出版社，2004 年（从族属源流、社会演进、民族消亡和悬棺葬俗、铜鼓文化、岩画史诗诸方面，对都掌蛮社会历史发展和民族文化面貌进行了阐述）；以及《川南"都掌蛮"的反明斗争考述》，《民族研究》1987 年第 4 期；刘复生《"都掌蛮"研究二题——明代"都掌蛮"的构成和消亡》，《四川大学学报（哲学社会科学版）》1998 年第 2 期。

〔2〕 《明史》卷 212《刘显传》，第 5619 页。

〔3〕 顾祖禹《读史方舆纪要》卷 70《四川五》，第 3332 页。

道，叙州、泸州二署"。其中，下川南道建辖设置，《明史·地理四》载，"叙州府，元叙州路，属叙南等处蛮夷宣抚司"。更广义上的川南地区从行政区域上可包括叙州府、马湖府，乌蒙、乌撒、东川、镇雄四军民府，雅州、嘉定、泸州，永宁宣抚司、播州宣慰司等区域。戎县所在的叙州府，以及邻近的马湖府和雅州、泸州、嘉定等三直隶州，均是都掌人集中分布区。川南虽然早已纳入中央王朝的管辖，但控制的程度大有不同，且当地少数民族高度独立的族群组织和浓重的风俗习惯仍然存在，"土著渐染华风，夷则仍有夷俗（戎县志）"[1]。

鉴于四川西、南部地区复杂的民族关系，明朝在四川不仅设置有布政司（府州县）等行政管理系统，还设有四川都司、四川行都司两大军政管理系统，另设相对独立、权力分散的土司、土军卫、军民府和军民卫等组织管理形式，这种政治待遇、经济职责和军事管辖存在一定差异的民族管理措施，由于不同民族之间的关系也错综复杂，使得明廷在这一地区的管理很棘手。

以守御官军"世守"地方，即设置都司卫所，是明太祖制定的国家防御体制。明前期，中央曾在辖境大量设置都司卫所。川南地区属四川都司，与贵州都司、湖广都司、四川行都司等辖区相去不远，分布于此的卫所主要有叙南卫、泸州卫、雅州千户所等，它们协同防守，共筑安宁。在万历初年平定都掌部时，川南卫所悉数参与，是主力军。关于四川都司和川南地区卫所的基本建置沿革，郭红等在《中国行政区划通史·明代卷》均有涉及，由于研究角度不同，作者没有对当地卫所设置的理念予以分析。[2] 笔者亦仅围绕叙南戎县都掌部与中央的冲突，分析为何直到万历初年才以颇为罕见

---

〔1〕 嘉靖《四川总志》卷8《叙州府·形胜》，《北京图书馆古籍珍本丛刊》第42册，第155页下，据明嘉靖本影印。

〔2〕 周振鹤主编，郭红、靳润成《中国行政区划通史·明代卷》，复旦大学出版社，2007年，第415—434页。

的方式，新置守御千户所，以做固定守御。

明朝建立后，在控制川南民族地区问题上，中央尝试了多种方法。明初设置流官，编户齐民，戎县"流官钤治，属之戎县办纳税粮，已为编民"[1]，将他们纳入中央的直接管制。同时，又给少数民族首领以管领本族民众的特权，"山都蛮长阿苟，先年同父阿共大肆猖獗，案行招抚，给赏冠带，管兵食粮"[2]。由于都掌部的土官长期自治，明廷于此设置流官，尽管我们并没有找到"山都""水都"都掌部的田地和人口登入赋役簿册材料，但这些土官和百姓受流官的控制，包括赋税征收、差役派遣，亦是有据可寻，土官实际上失去了原来的高度自治，经济负担加重了，"每年公差下寨征粮"。因土官长期自治的传统，都掌部对中央的控制呈现明显的心理不适应，与明中央的冲突时有发生，而且矛盾冲突不断加剧，成为明廷控驭西南的"顽症"。

明廷虽然曾研讨过针对都掌部采取"改流为土"的办法，终未成行。这里平时的防御由邻近卫所承担，战时抽调更多的兵力征讨。这种情况一直持续到万历初年建武所的设立。

二　建武所设立前川南地区的戍守与征战

"军以卫民，民以给军，各有常职"[3]，是明代设置卫所和军民关系的初衷。"卫民"，所保卫者，自然是"顺民""子民"，对犯上作乱的都掌人，既要严防，又要征讨。承平之时，对川南都掌部的防御，包括日常秩序和治安的维护，乃至小的冲突与纠葛，主要由当地的卫所旗军负责。每次征伐，小者动用本地卫所，大者则要联合诸卫或者跨都司的军兵共同参与。

---

[1]　曾省吾《平蛮录》卷1《覆勘将官疏》，《北京图书馆古籍珍本丛刊》第9册，第39页。
[2]　曾省吾《平蛮录》卷1《破凌霄城报捷疏》，《北京图书馆古籍珍本丛刊》第9册，第36页。
[3]　《明宣宗实录》卷72，宣德五年十一月戊午，第1690页。

（一）川南卫所的日常防御

戎县地处云、贵、川三省交界，行政上隶属叙州府。洪武四年（1371）初，戎县所在的叙南地区先设叙南守御千户所，由何鼎任千户。[1]洪武十年（1377），叙南千户所升格为叙南卫，由原安陆卫指挥佥事王承"署卫事"[2]，原因大约有二：一是叙南地区防御的压力增大，二是四川战事初平，防御兵力得以充实。

戎县的日常防御主要由叙南卫负责，叙南卫治在今宜宾市，两地相距约三百里，显然戎县治安并非叙南卫所能完全掌握。洪武二十七年（1394），叙南卫下辖的左千户所还一度迁调到戎县防御，据嘉靖《四川总志》载：

> 洪武二十七年，戎县夷贼出没，奏调叙南卫左千户所于本县守御。[3]

虽然不清楚左千户所在戎县守御持续多长时间，但应该不是长期、固定性防御。因为翻检明清时期四川省、叙州府、戎县、兴文县和宜宾等地的志书，均未查到有千户所长期驻扎于此的记载。

同样是都掌人聚居区，珙县的日常防御也主要由叙南卫等卫所官、军负责。

> 上罗计堡。治南九十里，明设都宁驿。国初（清——引者注）县治亦在此，今改为上罗场。
>
> 下罗计堡。治西九十里，明设叙南卫都指挥于此。今改为回龙场。
>
> 罗星营堡。治南一百二十里。明嘉靖中设总兵参将于此，

〔1〕《明太祖实录》卷68，洪武四年冬十月丁未，第1285页。
〔2〕《明太祖实录》卷113，洪武十年七月甲申，第1870页。
〔3〕嘉靖《四川总志》卷16《经略志》，《北京图书馆古籍珍本丛刊》第42册，第313页。

以扼九县六诏，今废。……

落亥堡。治南二百一十里，明设巡视指挥于此。今废。……

青山堡。治西南二百二十里，明设操捕指挥于此。今废。……[1]

承担着叙州府诸县的防御任务，叙南卫的职责相当繁重，旗军还常被零散抽调到许多地方防御，与州县地方防御力量如弓兵、民壮等协同进行防御。宣德三年（1428）：

四川掌都司事都督同知李敬奏：叙州府高、珙、筠连三县与蛮寨接境，蛮寇不时出劫掠，请于筠连县设三岔巡检司，高县设江口巡检司，珙县设洞门巡检司，各置弓兵八十人，以四川三司所问囚徒充。又珙县东堡，宜令叙南卫添拨军士七十名，与原拨三十名相兼守备为宜。从之。[2]

戎县的日常防御绝不仅有叙州卫一卫，泸州卫也会参与。实际上，明代各地卫所的协同防御并不受府州制约。泸州卫曾参与戎县的防御，并最终把治所从泸州境迁到叙州戎县境内。成化四年（1468），征讨川南都掌人时，泸州卫就是主力。当时泸州卫治所从泸州茜草坝径直迁至百余里之外的渡船铺（又名宋江渡，今兴文县古宋镇），迁址的大背景是参与平定川南都掌部的需要，更为长远的目的则是叙州卫在戎县的日常防御能力不足，新的形势下，必须加强川南戎县的日常防御。《明宪宗实录》载：

迁泸州卫于渡船铺，增置江门、水流崖、洞扫等处关堡，

〔1〕 乾隆《珙县志》卷13《屯堡》，乾隆三十八年刻本。
〔2〕 《明宣宗实录》卷49，宣德三年十二月庚寅，第1184页。

改大坝为太平川，设太平长官司。时提督军务尚书程信、总兵官李瑾等以都掌蛮民素号难治，非瓜分其地、设官建治以控制之，殊非久安长治之策。事下兵部，覆奏以为宜。从之。[1]

具体的迁移工作，是由都指挥沈运、指挥使韩雄奉命在渡船铺修建"泸卫城"，作为泸州卫治所，以"控制蕃落"[2]。

附近卫所之间互相协调防御的情况普遍存在，尤其是防御压力相对较轻的卫所调拨旗军到防御压力大又不便于大量驻军的地方参与防御，这一直是明代地方防御的基本思路。四川都司卫所就近调拨，轮班番戍也是其形式之一。像叙南卫的旗军就长期调拨到马湖，参与日常防御，"叙南卫三所军数，仅一千有零，又经题拨马湖府一所"[3]。

日常防御时，川南都掌部所在地区的卫所官军与当地少数民族间的小冲突时常发生，汉族官军受到骚扰，被打死打伤的情况时有发生。"嘉靖中，戎夷负崄骄肆，绑掳千百户，杀死巡检，抢辱知县妻孥"[4]。严重之时，百姓不得安生，官署竟然无法正常工作。

> 照得高、筠、戎、珙、庆、长六县人民，二百年来被都蛮荼毒最苦最深，丁壮非被虏掠，即散之四方；老弱非遭杀戮，即转于沟壑，田地尽成草莽，村舍尽成丘墟，白骨如麻，冤鬼野哭，虽有孑遗之民挨县居住，亦朝不保暮，而县之官徒拥空名，有选出不赴任者，有赴任即乞休者，此以前时势孤危有不可尽状者。[5]

---

[1] 《明宪宗实录》卷53，成化四年四月癸丑，第1079页。
[2] 县志编委会《兴文县志》，四川辞书出版社，1994年，第50—51页。渡船铺在清乾隆年间为九姓长官司治所，曾为当代古宋县治所和兴文县政府驻地。
[3] 曾省吾《平蛮录》卷4《经略平蛮善后疏》，《北京图书馆古籍珍本丛刊》第9册，第82页。
[4] 光绪《兴文县志》卷2《经制志·边防》，光绪十三年刻本，第94页。
[5] 曾省吾《平蛮录》卷4《经略平蛮善后疏》，第86页。

对此，明廷也只能一而再，再而三地予以征讨。都掌部一贯"既叛复平，平而复叛"的行为给明廷留下太深的印象。成化初年，翰林院侍读周洪谟（1420—1491）曾建议实行"土流分治"，具体方法是：

> 四川总兵巡抚三司官，亲临其地，择其寨主素有名望为众所畏服者一人，立为长官司长官，统各寨夷民，仍隶本府管辖。其戎县流官则专管汉民，而各寨夷民则专付长官司管束。统属既定，自然顺服，不劳兵革，而边境自宁矣。[1]

当地土司自然欢迎，宪宗也认为有道理，遂命正在四川率军征讨的金都御史汪浩、都督芮成论证可行性方案。但在准备过程中，地方官谋求私利，意见纷纷不一，甚至对部族首领采取诱骗杀戮的手法，导致都掌部更激烈的反抗。[2]明廷遂大举进兵，矛盾持续激化。

（二）征调卫所军参与平叛

"城守"卫所之责，以本地日常性防御为主（旗军亦有远离本驻地，承担漕运、番戍等固定职责），一旦地方出现重大、突出事件，则需要由本都司抽调兵力，或由中央在更大范围内调兵。

从洪武至万历初年的二百年间，明廷对都掌部的用兵，"先后凡十有二征"[3]，"十二"并非确切数字，言征讨之多，然诸史籍遂奉为定数，不妥。明初平定四川后，较早见诸史籍的都掌人叛乱是洪武二十五年（1392），"四川叙州府戎县山贼掌阿那等作乱，重庆卫指挥金事左遄讨平之"[4]。此后的征讨则大小交替，冲突不绝。

---

〔1〕《明宪宗实录》卷15，成化元年三月戊午，第336页。
〔2〕嘉靖《四川总志》卷16《经略志》，《北京图书馆古籍珍本丛刊》第42册，第313页。光绪《兴文县志》卷2《经制志·边防》，第91—95页。
〔3〕顾炎武撰，黄坤等点校《天下郡国利病书》，《四川备录下·建武千户所》，《顾炎武全集》第15册，上海古籍出版社，2012年，第2333页。
〔4〕《明太祖实录》卷217，洪武二十五年三月庚戌，第3191页。

永乐十三年（1415），都掌部骚乱，四川都司卫所征讨力量不足，奏请贵州都司协助，二都司联合平息了叛乱。

> 掌四川都司事右军都督同知李敬等奏戎县蛮寇平。先是，叙州府戎县山都掌蛮人作耗，攻劫高、珙、筠连、庆符诸县，敕敬发兵剿捕，且敕贵州都司都指挥李政以兵会敬等，合攻之。遂围落卜大坝等处山寨，擒捕蛮贼，悉斩以徇，招抚良民复业。至是，奏请罢兵归农。从之。[1]

宣德二年（1427），戎县都掌人再乱，四川都司调集叙州卫等周围都司卫所军予以平定。

> 宣德二年夷复寇筠连，都指挥徐谅抚安之。未几，又劫高、珙、长宁、庆、江等县，监察御史杨燦诣戎县招抚大坝等寨，捕获夷首，械送京师。[2]

都掌部与明廷的冲突时断时续，大有愈演愈烈之势。成化年间，明中央已将其视为西南大患，并意欲讨平。

> 蜀自永宁抵江门、戎县一带，为川贵云南三处水陆喉襟之会，普市、芒部等处为三处肘掖腹背之所，而都掌夷部蟠据其中，实为大患。宜速进兵以平之。[3]

成化三年（1467），中央直接派襄城伯李瑾佩征夷将军印充总兵官，升兵部侍郎程信挂尚书衔提督军务，太监刘恒监督，四川、贵

---

〔1〕《明太宗实录》卷166，永乐十三年七月乙巳，第1859—1860页。
〔2〕光绪《兴文县志》卷2《经制志·边防》，第90页。
〔3〕《明宪宗实录》卷51，成化四年二月癸卯，第1038页。

州和云南三地组成20万大军[1]，攻入"山都六乡"都掌部众的聚居区，虽有重创，仍有逃脱者继续与官府对抗。

隆庆、万历初年，都掌部对当地的骚扰日益频繁，有限的统计表明，妇女、文武官员、生员和民众的生命财产受到极大威胁，有卫所下百户被绑架劫掠的。

> 山都蛮长阿苟，先年同父阿共大肆猖獗。案行招抚给赏冠带，管兵食粮，仍复叛逆。与义子阿幺儿雄据凌霄擅抬大轿，黄伞蟒衣，僭号称王。又招贼首阿肉为义婿，及纠阿夅阿缪等与各乡都蛮肆出焚劫，攻陷边堡，强奸民妇。罗氏女冬儿不从，登时碎剐支解。将民喻正文开膛杀血祭旗。捉绑百户张汝昆等，并杀掳军民数百。又于万历元年出劫高楼子等处，杀死生员胡一侗，并居民文中等叁拾伍名口。掳去监生胡天锡壹家贰拾壹名口，并董从元等壹拾玖名，杀伤傅成贵等壹拾叁名口，烧毁房屋叁拾间。抢去牛马贰拾玖只，猪羊百余节。[2]

都掌部的所作所为让明廷无法容忍，遇到隆、万之际阁臣革新派强势的大背景，都掌人遂有灭顶之祸。

万历初年征伐动用的兵力计14万，除云、贵、川三地的官兵外，还有为数不少的土司兵、民兵、募兵和僧兵等，这类官兵的数量应该不比正式的官兵少。因为万历初年四川总兵下辖正式的官军不过1.5万，"（四川）兵马。原额官军一万四千八百二十二员名，见额一万八百九十七员名，马军一千四百八十九员名，步军九千四百零八员名"[3]。与明初相比，都司卫所世袭兵在地方征战与戍守的人数已有大幅度下降，从曾省吾战事结束时的叙功奏报看，

---

〔1〕《明宪宗实录》卷43，成化三年六月辛酉，第894页。
〔2〕曾省吾《平蛮录》卷1《破凌霄城报捷疏》，第36—37页。
〔3〕万历《明会典》卷131《镇戍六·各镇分例三·四川》，第671页。

表现出色的有四川都司、行都司，以及调来的贵州、广东等都司的武官，均予以减免原有惩处，授予实职等奖励。[1] 据简单的统计，武官来源的卫所有叙南卫、泸州卫、重庆卫、茂州卫、宁番卫、宁川卫、贵州平越卫、成都右卫、成都前卫、成都中卫、南京留守中卫、广安千户所、大渡河千户所、雅州千户所、忠州千户所等。[2]

由叙功的名单可见，来自川南地区的都司卫所官军是战斗的主力，冲锋陷阵的恰是一些长期驻守于当地的汉族或少数民族官军，他们既熟悉地形和天气，长期任职或戍守在川南地区，与都掌部打交道，有的甚至还受到都掌蛮的侵扰与迫害。曾任总兵官的郭成就是其中之一。

> 总兵郭成，叙南人，其父为都蛮所杀，成有不共戴天之仇。比来镇守，愤在必报，未几论罢，所领倭兵，尽岭南乌合枭健之众，遂多散去，其留者尚千余人，隶（刘）显麾下。显之勇能摄之，乃其心未尝不思成。盖成能恩之也。余因成之痛父，兵之思成，会张相公亦谓成当用。遂于元年二月中勉以忠孝，檄起任事。[3]

这里促进郭成复起的理由是"忠孝"，其实是为了发挥他和军兵的作用。另一位曾任贵州总兵的安大朝也有类似的情况。

> 原任总兵安大朝，贵州人，昔官叙泸参将，尝愤蛮之横，自请死战，蛮亦惮之。余具题充为事官领兵，以原任都司韩似

---

[1] 笔者遍览《中国明朝档案总汇》中仅存的参与平定都掌部的武官世袭选簿（第57、58册），竟然没有发现这次军功的叙功记载。究其原因，与明后期军职世袭过多而滥，世袭武官地位下降有关，奖励以物质为主，提拔以实职为主，因功提高武官品级的较少，这与明初时大不相同。
[2] 曾省吾《平蛮录》卷3《荡平都蛮叙功疏》，第72—74页。
[3] 曾省吾《平蛮录》卷10《征蛮杂录·十》，第180页。

甫佐之。[1]

安大朝隆庆年间任贵州总兵，此前曾长期驻守在川南，在叙南、泸州地区任永宁参将，隆庆二年（1568）都掌人活动频繁时，四川巡抚曾提议他升职为副总兵，负责征讨事务，无奈安大朝刚刚升任贵州总兵，负责征讨贵州宣慰司土舍安国亨的变乱[2]，后因在贵州遭败绩被免职。万历初年再调他率领军队征讨都掌人，他对敌情可谓了如指掌，也适得其时。因此，平定过程中发挥先遣和主导作用的仍是川南官军，进一步讲，都司卫所仍然是安定地方可靠而稳定的武装力量，这是明廷在平定当地之后继续发挥卫所镇戍作用的前提之一。

土司兵在平叛过程中也发挥了重要作用。"以夷制夷"是明廷在边疆地区惯用的措施，在平定少数民族叛乱时，明廷充分把握部族之间的矛盾，征调或利诱土司兵参与作战，"各土司官兵奉调如期，具见忠顺"[3]。本文认为，充分利用土司兵的主要原因是他们更了解当地的地理形势、民族风俗，适应作战环境，又节省了必要的军备物资的运输与调配，这比较符合战略战术原则。

> 永宁宣抚司准土官奢效忠开称，奉调该司土兵五千名，今各夷有父兄子弟同心随跟帮助，共增一万余名。申乞验名犒赏牛酒行粮，均沾实惠，鼓励群心等情由。详批：原调五千，增兵一万，虽出土人父子兄弟相卫之情，实效忠平日得人心所致，而奉公趋事之勇，于此益见，良有可嘉。仰兵巡道即查验明白，便与补给牛酒行粮。[4]

〔1〕 曾省吾《平蛮录》卷10《征蛮杂录·二十》，第183页。
〔2〕 《明穆宗实录》卷24，隆庆二年九月壬戌，第656页。
〔3〕 曾省吾《平蛮录》卷6《公移·檄文四十八》，第117页。
〔4〕 曾省吾《平蛮录》卷8《公移·批申一》，第149页。

实际上，当地土司出于各自的利益考虑，往往游走于"贼"与"民"之间，因屈服于中央的压力而归顺，实际多在谋求私利。"平姓二司土人素与都蛮交通，先年调征，受蛮敛银纳税之贿，或佯败，或暗助，以致领兵者不知此弊，不惟无功，反遭挫衄。"[1]明中央对他们多采取宽容的"睁一只眼，闭一只眼"的态度，对造成严重后果者，才予以惩处。像平姓土司与都掌部的关系就很微妙，鉴于都掌部已经平定，平姓土司也不会给明朝的统治带来很大的威胁，明廷对他们就采取了宽容的态度。

三 建武守御千户所的设置

在平定都掌人叛乱的同时，曾省吾等官员开始考虑如何建立长治久安的统治。建立稳固的地方统治，就需要有强有力的防御武装。平定某一地区之后，设卫建城，留兵戍守，是明初的一贯做法。针对川南地区长年战乱不息的教训，张居正、曾省吾等人力排众难，围绕卫所的设置，提出了一系列应对措施。

（一）筹备新卫所面临的困难和争议

都掌部既已平定，在此地修建城垣以做镇守，就必须有"世守"的军兵，世守要有世袭的卫所官军，但此时卫所旗军的组成已不可能完全采取明初组成卫所的方法，因为新增兵源是相当困难的事情。明中后期的卫所制度运行面临巨大的困难，包括世袭旗军的来源，改调的开支，可耕地的重新分配以及粮饷供给等问题，都直接关系到新置卫所存在的经济基础，新建卫所多饱受非议。

所以，许多情况下，即使某一地区急需常备军兵防御，也未必新设立卫或守御千户所。先举北边的事例一则：山西北部的偏头关，

---

[1] 曾省吾《平蛮录》卷8《公移·批申一》，第149页。

地处蒙古部南下要冲，地理位置十分重要。"盖山西惟偏头亦称外边，与宣大峙。宣大以蔽京师，偏头以蔽全晋，全晋安，则京师安矣。"[1]虽然急需重兵把守，但直到宪宗成化年间才在当地常设偏头关守御千户所，"立山西偏头关守御千户所，以巡边刑部左侍郎杜铭言，其地孤悬朔漠，最为要害故也"[2]。在此之前，明中央一直采取从山西、河南都司抽调卫所旗军轮番戍守的形式。[3]究其原因，是偏头关自然条件恶劣，耕种不易，粮草难以解决，不适合旗军长年生活，故而采取长期轮戍的形式。

都掌部地区属少数民族聚居区，虽然当地实行了改土归流，但新派一支汉族官军到一个新的地区构建卫所，无论自然条件还是社会条件，都有困难。困难越大，意见的分歧也就越大。成化年间，为防御都掌人，曾将重庆卫的前千户所改归泸州卫管辖[4]，但这只是改变管辖权，并未新增千户所，也未改变戍守地。万历初年，反对对都掌部用兵、在都掌部设流官和建卫所的官员大有人在。

> 以大征为不可者三：曰山险，蛮逸而我劳也，急之则遁，徒老师费财耳；曰地不可耕，人不足使，既克之奚益？且将自困；曰此一肢病耳，奈何骚动全省？[5]

曾省吾认为，"山都巢穴今已荡平，虽除既往之凶残，尚虑将来之萌孽，盖一时之功不足取快，而百世之计所当永图"，相应地，就必须解决"张官、置吏、立所、建城等项关重大之务，系长久之宜者"[6]。但他提出建城、置所等措施时，同意他意见者寥寥无几。曾

---

〔1〕 顾炎武《天下郡国利病书》，《续修四库全书》596 册，原第 17 册，《山西》，第 473 页。
〔2〕 《明宪宗实录》卷 148，成化十一年十二月壬寅，第 2722 页。
〔3〕 彭勇《明代北边防御体制研究——以边操班军的演变为线索》，第 158—160 页。
〔4〕 曾省吾《平蛮录》卷 4《经略平蛮善后疏》，第 82 页。
〔5〕 曾省吾《平蛮录》卷 10《征操杂录·七》，第 178 页。
〔6〕 曾省吾《平蛮录》卷 4《经略平蛮善后疏》，第 79 页。

省吾回忆：

> 成化元年，大征都蛮，周文安洪谟上疏，力言唐虞之时外薄四海，咸建五长，宜立土官，以掌都蛮土人相传，以为不易之论，独恨往日不立土官耳。余初亦信其然，既而深思，殊有不可者。缘我大明开国以来，改土为流则有之，未有改流为土者。改土为流，若马湖、龙安之属是已，今都蛮所据巢穴，既汉之土地，而其人又隶籍戎县，若立土官，非改流为土乎？故曰不可。况九丝天险，素闻土酋觊觎，此要害所系，非细故也。若委之土官，与借兵资寇何异？目前大体既所不安，日后隐忧，又所难测。余是以荡平之后，但请立镇城以控制汉土。余初为此议，莫与余同者，过眉州质之乡先生，张中丞渠所见，乃大合。然余至叙州，犹宣言建土官以安蛮心而诱之降，声实之间有微权，固不可同日而论也。[1]

"余初为此议，莫与余同者"，说明当时对立所、建城，改土归流反对者为多。但曾省吾最终以雷厉风行之举彻底消灭都掌人，并采取断然措施新置卫所之时，正值张居正主政初期，显然与张居正的鼎力支持是分不开的，相关证据，文末再提供。

（二）建武所的军兵组成

设置建武守御千户所最终获得明中央的批复，事见《明神宗实录》万历二年（1574）二月：

> 兵部覆四川抚按曾省吾、孙代题经略平蛮六事……一移守御。泸州卫中前二所官军割并守御千户一所，移守新定镇城内。

---

[1] 曾省吾《平蛮录》卷10《征蛮杂录·二十九》，第187页。

即查叙南卫有屯田附近九丝者，听改拨新所差操……所名与做
建武。余俱如议。[1]

曾省吾提议以"移守御"和"割并"的方式组成建武所，官员
和旗军由泸州卫中、前二所官军抽调合并而成，同时命叙南卫"有
屯田附近九丝者"，改到建武所听差。貌似新所仅是将泸州卫下中、
前二所移至九丝新所城内来守御，其实，事情并非如此简单。因为
明代卫所是相对独立的军政管理机构，并非单纯的军事守御组织，
它既需要有自己官军及其家属的生活保障，也需要军需供应和配套
物资、设施，以保障卫所的独立运转。

在曾省吾的著作里，我们找到了他与张居正等人商议都掌部善
后处理的多篇公牍书信，详细地探讨了包括设置卫所在内的一揽子
方案。上引《明神宗实录》"题经略平蛮六事"实际有更为详细的论
证，只是编辑入实录时做了精简。

> 一移守御。照得城垣既建，应有守御官军世守本土，而
> 外用招兵协守，则主客相济，斯保无虞。今照叙南卫三所军
> 数，仅一千有零，又经题拨马湖府一所，难以别议。[2]查得附
> 近泸州卫先与泸州同郭，止设左、右、中三所。成化年间，因
> 大坝蛮叛，将该卫改调太平、九姓二长官司适中之地，奏将
> 重庆卫前所全伍官军割附泸州卫，凑并肆所，每所额设旗军
> 一千一百二十名。今蛮既荡平，即当全卫改入九丝。但该卫去
> 新建所城不满百里，分兵两地，同御一方，声势足以相援，控

---

〔1〕《明神宗实录》卷22，万历二年二月壬子，第577—578页。
〔2〕洪武四年（1371）十二月马湖路总管府土官安济遣其子安仁归附，将总管府改为马湖府，
以安济世袭知府，领雷波、平夷、泥溪、蛮夷、沐川五个长官司，安济五传至安鳌，淫虐
残暴，弘治八年（1495）反叛，御史张鸾奏准鳌有罪，弘治九年（1496）平定安鳌之乱，
鳌被刑杀，马湖府改设流官，首任知府为江西人程春霖。

扼尤为便益。合无将该卫中前二所官军割并守御千户一所，及将叙南卫原守隘官军有屯田附近九丝者，行兵备道查明，附改新所差操，充实营伍。请乞钦定所名，另颁印信，直隶都司，仍于叙南、泸州二卫指挥内，军政考选一员，掌管所印，吏役听布政司注拨。其泸州卫二所旧印，另行奏缴。官军俸粮，于该卫原额内照数拨运，待贰年之后，于该所田粮内量加衣布银两，以优恤边军，永固疆围，伏候圣裁。[1]

正是因为明代中期以后的新置卫所主要是拆分旧有卫所而成（不可能像明初采取大规模的抽充、垛集等），这给早已定居的旗军带来很大的不便。所以，通常明廷多采取改调的方式（或轮戍、协同防御的形式），这样既不影响原来戍守区的防御，也不影响旗军原来的家庭生活。抓重点，补漏洞，拆东墙补西墙的做法在明代中后期很常见。在此大背景下，万历初年仍然新设建武所，就显得非同寻常了。

建武所虽设，但防守兵力之不足，只得再从叙南卫中抽调旗官参与戍守，原因是他们的屯田距离建武所比较近。当然，新建和改调都要恪守一些基本原则：一是由世袭旗军组成建武所，而不是由民兵、募兵和土司兵；二是卫所掌印、管领官，须从叙南卫、泸州卫考选；三是屯田以养卫所军。这均与明初卫所管理制度无异。不同的是，尽可能考虑到了实际运行中的困难，比如旗军缺额较多，分散偏远，粮饷有限，故而附以"改拨差操"等变通措施。

明代一个标准的千户所配置官军合计为1120人，这当然只是参照标准，严格执行者很少。如果割并泸州中、前二所官军组成建武所，而泸州中、前二所的编制满额的话，建武所就有2240人，再加上附近参与戍守的叙南卫，这在明代后期绝对是一个大型千户所，

[1] 曾省吾《平蛮录》卷4《经略平蛮善后疏》，第82页。

实际情况并非如此。原因是明中后期千户所的旗军很少能够达到1120人的标准配置，仅存其半，甚至更少者，比比皆是。

建武所初设之时，四川总兵官就驻扎于此，有文献记载说建武所官军达17699人，这并不是常态下建武所的旗军数量。据光绪《兴文县志》：平定都掌部期间，明廷共调兵14万人。万历二年（1574）决定成立建武所之初，仍然留有17600人防御，局势平稳后，万历二年三月即撤走7600人，当年年底再撤走5000人，仅剩余5000人。此后陆续撤走，最终剩余1200人。[1]1200人，大致就是一个千户所的标准配备。

建武所设置的主要目的是防御都掌人"死灰复燃"，"巢穴虽空，犹虑逃匿并土夷人等构衅。即将险要地方建筑墩堡，分兵防守"[2]。这些险关要塞，正是当年都掌人活动地区。

> 石岩关。县东南八里，今谓之关上。其路逼窄陡峻，外有大石俯临，可避风雨。因谓之石岩关。
> 芭焦隘。治南六十里，旧有关。今废。
> 茅坝城隘。歇马坝西北二十里。
> 以上俱平都掌蛮后建，凡镇兵共一万七千六百名。今废。[3]

（三）建武所的领导体系

建武所建置之初，因平定都掌人反叛，这里汇集了全四川的兵力，四川总兵亦驻扎于此。万历初年编订的《明会典》载，"近年平都蛮，置建武所，设总兵坐镇，诸路官兵皆属焉"[4]。四川添设总兵官于建武所，《明会典·镇戍二》亦有记载"四川镇守一员，总兵

〔1〕 光绪《兴文县志》卷2《兵制》，第84页。
〔2〕 《明神宗实录》卷22，万历二年二月壬子，第577页。
〔3〕 乾隆《珙县志》卷13《关隘》，第24页。
〔4〕 万历《明会典》卷131《镇戍六·各镇分例三·四川》，第671页。

官。隆庆五年添设，驻扎建武所。凡都、司、卫、所、宣慰、宣抚、土知府、招讨等司与副参游等官，俱听节制"[1]。

《明会典》这里犯了一个逻辑错误，隆庆五年设四川总兵官以征讨都掌部时，建武所实际上还没有设置。所谓的"四川总兵"实际是总理四川军务事，《明实录》载：

> 四川抚按官以蛮贼攻掠高县等处，势益猖獗，请推择谋勇主将一员，委以剿灭。因劾叙泸参将周宗、游击谢崇爵、守巡参议包汴、佥事田应弼等罪状。得旨，宗、崇爵姑令戴罪杀贼，汴、应弼各夺俸二月。遂调广东总兵官署都督同知郭成于四川。[2]

当年三月，"铸给镇守四川总兵官关防"[3]。但当时的都掌部进攻势头强劲，以地方总兵之力无法像稍后直接派兵部曾省吾更为有效，郭成在任仅仅一年就因"抚按官劾其不职"[4]而被革职。

明代中后期，都司卫所负责管理旗军，具体在执行防御任务时，都司卫所官再以营伍之制下武官衔管其事，这种制度的理念虽然在太祖时代就有确定，但具体的实施还是经历了从京军到地方的变化过程。[5]有明一代的军事制度在洪武朝就有明确规定，后世虽有变动，并没有突破旧的框架。

> 明洪武初年，立大都督府节制中外诸军事，若有征讨之役，以公侯伯充总兵官，名曰挂印将军，其在外镇守地方武臣，置都指挥使司以领卫所，置总兵、参将、游击、守备，以司攻守。[6]

---

〔1〕 万历《明会典》卷127《镇戍二·将领下·四川》，第657页。
〔2〕 《明穆宗实录》卷53，隆庆五年正月庚寅，第1325—1326页。
〔3〕 《明穆宗实录》卷55，隆庆五年三月己巳，第1358页。
〔4〕 《明穆宗实录》卷66，隆庆六年二月丙申，第1587页。
〔5〕 王莉《明代营兵制初探》，《顾诚先生纪念暨明清史研究文集》，第218—234页。
〔6〕 雍正《四川通志》卷22《兵制》，乾隆元年刻本，第9页。

这里所说的置总兵、参将等官以司战守，在明中后期的地方防御中普遍使用。像万历初年平定都掌部时，四川等都司俱听兵部右侍郎曾省吾之命，总兵刘显、原总兵郭成等人俱有都司卫所世袭武官的身份，再以总兵衔行事。所以，建武所防御力量的配备，就体现了卫所制、营伍制并行的管理体制。

建武所的武官俱为世袭武职，负责所内的日常管理，从世袭武官队伍中选拔，"于叙南、泸州二卫指挥内，军政考选一员，掌管所印"。但到明代后期，这种世袭制度的弊病已经充分暴露出来，想找到能领兵打仗的世袭武官颇为困难。曾省吾在选拔平定都掌部武官时，对当地都司卫所官有如是评价：

> 刘（显——引者注）、郭（成——引者注）二将，皆起自行间，四川各卫军官肩摩踵接，乃无一人得用。可叹成都五卫，止指挥葛琼其才可备游击、参将之选，为总镇坐营官，以都指挥体统行事。其气吞都蛮，愤刺于骨，但气量浅狭。本院稍奖进之，即傍无人，以是为众口所讪；不得自当一队，竟郁郁病死营中。琼前此誓曰："但得剿灭都蛮，愿死无恨。"其言若谶也。[1]

当时的卫所世袭武官能力普遍很弱，这是不争的事实。不过，卫所官军征伐虽不堪大用，但在地方日常防御的职能还暂时无法被取代。

诞生于明代中后期的建武所还驻扎有"兵备一员"，主要职责是沟通协调卫所与府州县行政、监察系统之间的事务，这也反映了时代特色，是明初所没有的。

> 叙马兵备一员，驻扎建武镇城。招集民兵，充实墩堡。整

---

〔1〕　曾省吾《平蛮录》卷10《征蛮杂录·二十二》，第184页。

饬叙马二府泸州所属及叙泸二卫新所，并永宁、东川、镇雄、乌撒、乌蒙等土司地方兵备。[1]

吴智和指导、谢忠志所著《明代兵备道制度》一书是迄今研究明代兵备道制度最为系统、全面的论著。作者认为，兵备道之制为明代创设，兵备道最早并非传统史家所认为的弘治十二年（1499）由马文升所创，而当早在成化初年，甚至更早，其说良是。四川是较早设置兵备道的地区之一，作者列举万历《四川总志》的记载："分巡下川南道副使一员，成化初年添设，原系兵备……驻扎泸州"[2]。下川南道兵备显然就是针对都掌部而设，当时明廷正在进行其建政以来最大规模的围剿都掌部的行动。通常，兵备道因事而设，事毕即罢，川南兵备自然也非常设；万历初年，曾省吾再奏请设兵备，就再正常不过了。

除兵备道官外，建武所周边相关衙署也迁至所城，协同办公。

兵巡叙马二道会呈，将洞门巡检司改移武宁城建武所，比照雅州、广安千户所事例，注选吏目一员。[3]

从建武所及治所的官军配备可看出，明后期的卫所建置体现了对卫所官军与地方府州县关系的关照，兵备道发挥了重要的作用。营伍编制的防御职责更加突出，卫所仅仅负责日常性防御并被纳入营伍编制之下开展工作。在日常运行方面，卫所与府州县的财政关

---

[1] 万历《明会典》卷128《镇戍三·督抚兵备》，第 664 页。
[2] 谢忠志《明代兵备道制度：以文驭武的国策与文人知兵的实练》，收入吴智和主编《明史研究丛刊》，宜兰明史研究小组，2002 年 8 月，第 39—40 页。谢著附表页 166 所附"四川兵备道"，据万历《四川总志》称"叙马兵备道"设于成化初年，"驻建武所"，将成化初年、万历初年的两次川南设兵备混淆，曾省吾在《善后疏》中亦称"复兵道"。成化初年尚无"建武所"之名，不可能驻扎在建武所。
[3] 曾省吾《平蛮录》卷9《公移·批申二》，第 163 页。

系又纠合在一起，换言之，卫所管理体制的独立性受到兵部、户部及其下辖机构的分解，并较多地糅合在一起。万历初年规划的建武镇城内，主要管领官员的衙署一应具备，总兵、兵备道衙门为明初所无，体现了明后期卫所管理新特点，而军兵营房1200间等，则符合明初设建卫所的基本配备：

> （城垣）周围计九百丈，开东南西北四门。内设总兵、兵备道衙门，同知府馆，守御千户所坐营公署，仓场库狱，城隍庙、旗纛庙各一所。修盖营房一千二百间。另立演武厅于马草坡。[1]

都掌部被平定之后不久，建武所周围防御形势就发生了很大的变化，设在建武所的官军及配套机构也在悄然变化。"以总镇统辖。（万历）二十四年裁总镇设游击，兵数更减至□"，到清朝，"仍设游击守备，马步战守兵三百九十名，营马三十九匹。乾隆四十三年，奉裁游击守备，改设都司一员，千总一员，把总二员，外委三员，额外一员……驻扎建武城"[2]。首先是四川总兵的撤离，接下来是兵员的裁减，以及往外调拨防御。显然，昔日困扰川南的民族问题已不足为虑。最后，川南兵备道的设置，也发生了变化。

> 都匀，原设总兵，驻建武所，今议移驻建越，当马湖冲要。叙马泸，旧设兵备一道，驻长宁，近年裁革，今议复设，专驻马湖，而叙泸之属，并在整饬，与建越总戎文武同事。[3]

清初，兴文县以弹丸小邑，设有大坝、建武两营分兵防御。建武营驻防县城西南，额设都司一员，千总一员，把总二员，外委四

---

〔1〕　曾省吾《平蛮录》卷4《经略平蛮善后疏》，第81页。
〔2〕　光绪《兴文县志》卷2《兵制》，第85页。
〔3〕　《明神宗实录》卷202，万历十六年八月壬午，第3779页。

员，马步战守兵丁214名巡防张家嘴、中正堡、界牌、落亥四汛，统辖筠连、珙县、罗星渡三汛。[1]这或可反映明末清初建武所旧有建置和防御职责汛地之延续。

（四）建武所屯田及其辖境

都司卫所是相对于行政系统具有自己独立管辖区、人口等的地理单位，有各自的辖境。屯田是旗军存在的经济基础。明初的叙南卫像全国其他各地的卫所一样，无论世袭武官，还是旗军，都有一份可耕屯田。

> 明洪武初设叙南卫，卫公署在府治后，所授指挥使、同知、佥事，附以五所千户、百户，品秩有差，凡武职一员，皆食有田。时当开创，各属腴田，听其自择，而卫有兵丁，以备防御者，概发屯田。此叙郡屯田之自也。[2]

明廷在长期与都掌人的斗争中，深知边地民族拥有天险屏障，并具有自然资源方面的优势。

> 平蛮城即九丝城，壁立万仞，周围三十余里，上有九岗，四水极广，可以播种，仅通一径鸟道，真天险也。去镇一十五里为左榜山，今立头、腰、尾三堡墩矣。[3]

只有断绝敌人的经济来源，并保证新添卫所旗军的经济供给，才能建立统治优势。曾省吾认为："蛮言不怕十万官军，只怕十万

---

〔1〕 乾隆《四川叙州府兴文县志·兵卫》，民国二十二年抄本，不分卷。
〔2〕 嘉庆《宜宾县志》卷20《屯田志》，道光二十三年刻本，第7页。
〔3〕 曹学佺《蜀中广记》卷36《边防记第六·建武千户所》，《景印文渊阁四库全书》史部第591册，第474页。

粮米，盖粮多则困久，是所惧也。"[1] 所以，万历初年筹备建武所时，明廷就把卫所屯田因素放到重要位置，"查叙南卫有屯田附近九丝者，听改拨新所差操"[2]。

但明代中期以降，卫所屯田所有权虽在，使用权却出现了严重问题，原来的屯田或被侵占，或被租售。尽管卫所官军的总人数在减少，但由于屯田流失严重，旧属卫所屯田不能满足新增官军的需要。

> 查勘卫所屯田，其在官舍军余名下占种者，系年久故军之田，仍与耕种，常纳粮草。如军见存无田者，即令退还本军为业。其领种故军之田，一人止许一分，一户止许二分，其余亦令退出，以给未领之户、新附之军。[3]

建武所在筹建时，已经考虑到了屯田问题，如抽调来的军人原来是有屯田的，由于卫所管辖权发生了变更，而且戍守地也变了，屯田就必须调整。分配给建武所官、军的屯田就有原来的屯田，但主要来自原都掌部集居区的可耕地。都掌部众被消灭或遣散安置后，明中央对他们的世居地进行了"肢解"，以"新居民"和军人取代原来相对独立的聚居民族。关于都掌部旧有土地的重新分配和管理，参与平叛的曾省吾等人有详细建议。

> 一理疆土。照得平蛮地方延袤广远……其见在田土，一面委官丈量，分别上中下三等，上田每亩起科四升，中田三升，下田二升，造册收查。一面广行招集附近军民，有情愿受厘为氓者，各委官就籍名在册，分定某处住居，量其人力众寡，拨给田亩，即为世业。仍分别某人上中下田粮各若干，新造黄册，

〔1〕 曾省吾《平蛮录》卷10《征蛮杂录·十四》，第182页。
〔2〕 《明神宗实录》卷22，万历二年二月壬子，第577页。
〔3〕 嘉靖《四川总志》卷16《经略志》，《北京图书馆古籍珍本丛刊》第42册，第302页。

注定某里某甲每年止征本等额粮，本折各半，一应驿传、盐钞、丁差、杂泛俱行免派，其高山深谷，不便耕种者，分拨近住居民樵牧，俱免起征。内有茶利者，仍丈量亩数，官佃与军民采摘每亩征银一钱，收贮所库，专听兵道、总镇赏犒军兵布花之费。前项田地税粮，俱待二年之后征输，听安边同知催征收放，置立循环文簿，送兵备道稽查。[1]

从稍后曾省吾的奏报可知，本次清理出的土地数量很大，"清出原占民田给主三万六千八百余亩，丈出蛮田并地一十四万八千余亩，拨给州县军民领种"[2]。"蛮田"除分配给建武所官军之外，其余部分通过招集与自愿相结合的方法，由编户民、民兵耕种，相应的赋税收入，主要用于卫所军兵支出。

建武所官军的屯田和给养分配，明廷严格遵循相关规定。以下是武官屯田的分配标准：

及照所城新设，遐荒百无一备，戍守官员相应酌其职之崇卑，将附近田地量行拨给，以敷薪菜马料之资。总兵衙门田地，各一百五十亩。同知衙门田地各八十亩。新设千户所掌印指挥一员田三十亩，千户每员田二十亩，百户每员田十亩，不拘田地，永不起科。其总兵衙门廪给每日五钱，于泸州商税银内动支，待新定地方赋有定额，即于本处征解田地，候裁革之时，止给一半，与游击衙门耕种，余一半入官，另行招人领种，办纳粮差。[3]

除屯田之外，建武所管辖的还包括它直接负责戍守的都掌部地区，它们共同构成建武所的"辖境"，尽管很难划分清楚，但我们仍

---

〔1〕 曾省吾《平蛮录》卷4《经略平蛮善后疏》，第82—83页。
〔2〕 《明神宗实录》卷45，万历三年十二月庚辰，第1014页。
〔3〕 曾省吾《平蛮录》卷4《经略平蛮善后疏》，第83页。

能在纷繁的史料中找到一些蛛丝马迹。

建武所的主要辖区，首先是从原戎县辖境中划分出一部分，"明改戎县，以九丝城都蛮作乱，巡抚都御史曾省吾勒兵讨定，割县属山都六乡，设建武所"[1]。其中所说"山都六乡"，就是原都掌人主要聚居区，"叙南四百里许，有夷曰都掌，从鸟名也。在昔夷种实繁，叛服不常。国朝分山都六乡、水都四乡，属隶戎县"[2]。

关于"山都六乡"和"水都四乡"的确切地点，现有生活于兴文县，在九丝城镇工作多年的中学高级教师刘明贵曾走访九丝城周围的历史遗址，他对照古今地名后认为：山都六乡，即武宁乡（建武乡，今属九丝城镇），都定乡（石碑乡，今属珙县），文印乡，居杭乡（今先峰乡、九丝城镇簸峡各一部分），平蛮乡（今毓秀乡），洛罗乡（今珙县上罗、洛表、老保寨一带）。这六乡都是山高陵满、沟深壑险、茂林修竹的林箐地带。水都四乡，即上半乡（后改为让半乡，今两龙乡、僰王山镇、共乐镇各一部分），下半乡（后改为跃龙乡，再改为水泸乡，今僰王山镇的博泸和玉屏乡），卜昏乡（后改为荟灵乡，今仙峰乡一部分和石海镇），扫洞乡（后改为六合乡，进而为麒麟乡）[3]。今天，汉族已是上述地区的主要民族。

清初，顾祖禹在回顾建武守御千户所建置沿革时，首先交待了建武所所处的地理位置，又详细解读了元、明中央对"山都"和"水都"的不同管理方式，揭示了建武所城管辖的新景致。

> 建武守御千户所。府南四百二十里。东北至泸州卫九十里，东至永宁宣抚太平长官司八十里，西至珙县百五十里，南至镇雄府安静长官司八十里，北至长宁县百五十里……万历元年，剿平山都，水都震惧，悉归编户，拓地五百余里。于是择山都

---

〔1〕 康熙《兴文县志》卷1《建置沿革》，康熙二十五年刻本，第7页。
〔2〕 光绪《叙州府志》卷16《金石·明周爰平蛮颂碑》，光绪二十一年刻本，第20页。
〔3〕 刘明贵《特级教师之路》，中国统一出版社，2012年，第146—147页。

六乡适中处建所城，设将领。所治，即内官寨也。寨址坐西向东，前对印坝山，后坐鸡冠岭，左扼九丝城，右把都都寨，实为雄胜。前有大河，因为城濠。城开四门，周七里有奇，环四山而连云贵，襟三水而接叙泸，屹然雄峙矣。[1]

（五）建武所设置成效及演变

万历以后的建武所，控驭区域不仅仅是山都六乡，还有周围广袤的山地和丘陵，范围相当广泛，"拓地五百余里"系平定之后由明中央直接控制的地域。在短暂的重兵戍守防御之后，昔日兵荒马乱的都掌部之地，很快就恢复了平静。到万历中期，建武守御千户所的防御重心已经发生了变化。

> 万历元年，剿平之。用兵九阅月，告成事。始改戎县为兴文，水都震惧，悉归编户。于山都六乡适中处建武宁城，拓地五百余里……设镇守总兵、安边同知、坐营守备及建武守御千户所。环四山而翠连云贵，襟三水而清派叙泸。招集流移，建学育才，夷风丕变矣。万历丙申、丁酉间，虏酋火落赤率其部入寇松潘，乃移总戎之西，改设游击于建武，建武兵亦移入松，而所存无几焉。[2]

这里所说的"万历丙申、丁酉间"事，顾祖禹在其《读史方舆纪要》中也有记载，"万历二十三年，松潘多事，将领多奔命于西北，而建武之守备弛"[3]。既然能投入到新的防御戍守任务之中，这也从侧面说明建武所防御本地的压力大不如前。

---

〔1〕 顾祖禹《读史方舆纪要》卷 70《四川五》，第 3332 页。
〔2〕 顾炎武《天下郡国利病书》，《四川备录下·建武千户所》，第 2333 页。万历丙申、丁酉为万历二十三、二十四年。
〔3〕 顾祖禹《读史方舆纪要》卷 70《四川五》，第 3332 页。

到明末，建武所不再防御早已消亡的都掌部，而是担负该地区的整体防御，因为川南处于省区交界，地理位置重要，民族成分复杂，矛盾颇多。建武所及相关机构也做出了调整。

> 叙马泸道，开府马湖，统辖叙、泸二卫，乌蒙、乌撒、东川、镇雄、永宁等府司。参将一员，驻扎永宁；游击一员，驻扎建武，实左右之。但永宁者兼贵州迤西等处地方，故称川贵参将云。[1]

在平定都掌部后短短的二十余年间，都掌人曾长期生活的地域，最终化为明中央直接控制的地区，这里长期形成的以九丝城为中心的"山都六乡"（山僰人）和"水都四乡"（水僰人）等"十乡"僰人之地逐步呈现出新的统治方式。该地区的人口、土地和赋税也在真正意义上纳入了明朝的控制之下，实现了内治外安的目标。纪平蛮功的碑刻上，镌写下了如下文字："山都遂平，斥境四百余里，腴田沃野十八万亩有奇，今张官置吏，列障乘城，分田授地，已屹然新巨镇矣，自不佞而下，蒙受朝廷爵赏有差"[2]。

建武所的防御职能完成转变，从一度成为四川总兵驻扎镇守地，到被抽调派往外地参与协调防御，昔日的火药桶渐渐趋于平静。就中央控驭地方而言，明代的"平蛮"是相当成功的。

四 偃武修文：改土归流的治国理想

文章最后要反思明朝中央在西南地区的民族政策。以悬棺葬、铜鼓文化著称的都掌部正是在万历初年的征讨中最终消失的，这也成为

---

〔1〕 顾炎武《天下郡国利病书·四川备录下·下川南》，第2326页。
〔2〕 曾省吾《平蛮录》卷10《功宗小纪》，第173页。

明廷残忍对待少数民族的鲜明例证，以及张居正当国执政时的"污点"。对隆庆、万历朝历史颇有研究的韦庆远亦称，"对于起来反抗的少数民族族众，张居正颇有嗜杀的倾向"，张居正"天戈所向，歼殄无遗"，指使两广总督殷正茂大开杀戒："大事芟除，见贼即杀，勿复问其向背"，甚至"虽被虏坐镇之人，亦不足惜"，显然张居正的这种严厉态度，对东南、西南等地少数民族的消失，起到极大的影响。[1]

韦先生对张居正参与都掌人平定的事例所举不多，在张居正本人的文集里，我们找到六份他与曾省吾的往来信函，证明曾省吾主持的这场平叛行动，是在张居正直接指导下进行的，曾省吾亦言，他的征讨、改土归流主张也是在张居正的支持下才得以推行的。在征讨开始前，张居正敦促说，"都蛮为害多年，不容不除……兵食已足，方略已定，可一鼓平之"[2]。随着战争进程加速，他要求曾省吾务必斩草除根，"凌霄既破，我师据险，此天亡小丑之时也。宜乘破竹之势，早收荡定之功"[3]。在平定都掌人后，张居正迅速指示曾省吾拿出处置方案，指导思想他交待得也非常清楚：

> 十月十四日，闻九丝捷音，不觉展齿之折，殄此巨寇，不惟蜀民安枕，且国家神气借此一振。四方有逆志干纪之人，亦将破胆而不敢恣睢矣。喜甚喜甚。此地险要，宜屯兵设官以镇之。其有功有罪人员，及一切善后事宜，当次第俱奏区处。[4]

从这段话可以看出张居正高兴的心情溢于言表，并对善后事宜做出指示，张居正坚信"数年之后，人情定帖，畏威怀惠，皆吾赤

〔1〕 韦庆远《张居正和明代中后期政局》，广东高等教育出版社，1999 年，第 672 页。
〔2〕 张居正《张太岳集》卷 25《与蜀抚曾确庵计剿都蛮之始》，上海古籍出版社，1984 年，第297 页下。
〔3〕 张居正《张太岳集》卷 25《与蜀抚曾确庵计剿都蛮》，第 304 页下。
〔4〕 张居正《张太岳集》卷 25《答蜀抚曾确庵》，第 307 页上。

子矣"[1]，事实证明，他的这一意愿实现了。

笔者认为，前说张居正对待南北诸少数民族在态度上"基本上同等看待"，即一味采取残忍的杀戮政策，是有失公允的。理由之一是，在隆庆年间，正是由于张居正、高拱等人的极力促进，才有"俺答封贡"的达成，就是通过和平的手段成功化解了蒙古部与中央近二百年的敌对状态。可以说，张居正对待"北虏"与"西南夷"的态度是大不相同的。个中缘由，或许可以从曾省吾的一则《公移·批申》中了解张居正等人的民族观。

> 夷狄相攻，中国之福，此指无官无爵，如北虏、南倭之类是也。若有官有爵之土夷，不能安分守己，大胆相攻，使无辜土民日遭杀戮，则朝廷何忍不诛？必分别是非强弱，兴师问罪，不免劳民伤财，如何是中国之福？[2]

在这里，对明廷对待少数民族（政权）与中央王朝之间关系的处理原则有交待，即有无"官""爵"存在本质的区别，那么像"南倭"和没有允准封贡的"北虏"，明廷对他们只会选择作壁上观，对西南夷就有很大的不同。

在明代，对西南民族问题的处理，长期存在"土官自治"和"改土归流"两种观点，周洪谟主张土官自治，也受到不少人的支持，但最终决定川南都掌人命运的却是强力的改土归流。曾省吾、张居正等人的基本理念就是：西南诸夷既已改土归流，纳入明廷的管辖，中央有责任维护安定，为了"内治外安"，即便以残忍的手段乃至采取消灭的方式，亦不足惜。[3]

---

〔1〕 张居正《张太岳集》卷26《答蜀抚曾确庵计都蛮善后事》，第322页上。
〔2〕 曾省吾《平蛮录》卷9《公移·批申二》，第169页。
〔3〕 改土归流首先要求行政上和政治上的一体化，然后才透过文化机制来达到同样的目的，这是明廷处理边地民族的主流态度。参见朱鸿林《丘濬与成化元年（1465）大藤峡之役的关系》，《中国文化研究所学报》第47期，2007年，第115—134页。

同时，我们也注意到，曾省吾等人的"善后事宜疏"，既体现了强硬新设"建武所"的军事措施，又充满了对川南地区"偃武修文"的政治理想。这体现在不仅将戎县改名为"兴文县"，还提出了具体"修文"举措：

> 设社学。照得修文来远，贵戢干戈，而用夏变夷，莫先教化。今蛮荒初辟，既建镇城，本宜立学设官，以修文教……合无于新所之中，设立社学一处，大书圣祖《教民榜文》，抡选近县年高有德、明于讲说者二名，送赴学中，为教读塾师，令新集之民朔望赴学听讲圣谕。其后生子弟送学，训教诗书，渐变夷风，归依大道。[1]

"善后"方案还包括恤民困、通道路等恢复和发展经济的措施，这些都反映了明廷对西南地区"偃武修文"的治理理念。这就是明后期建武守御千户所之新设给我们的另一点启示。

[原文题作《建武兴文：明代建武守御千户所建置考论》，刊于明史研究小组（台北）《明史研究专刊》2013 年 8 月]

---

[1] 曾省吾《平蛮录》卷 4《经略平蛮善后疏》，第 85 页。

第九章　明代卫所制度与边疆社会

——四川行都司的官员群体及其社会生活

行都指挥使司在明代虽然主要只有五个，却管辖着辽阔的疆土，设置在西南边疆民族聚居区内的四川行都指挥使司（下文简称四川行都司）就是其中之一。限于史料和研究的方法，相关研究成果极其有限。本文从明代卫所制度设置的基本属性和理念出发，重点利用选簿、实录、碑刻、家谱和文集等史料，并附以田野调查等手段，认为四川行都司内官员群体的构成特点是：世袭武官被临时抽调、来源地域相对集中，文官以贬谪者居多。行都司内的各民族划区域生活，各安生理。卫所汉族官员主要分布在安宁河谷，以镇戍和稳定当地秩序为务；土司奉中央之命管理属民。土司内部的权力争夺和各阶层势力的消长，是引发当地动荡的主要原因，而卫所设置并不是扰动边疆社会秩序的诱因。受卫所制度长期运行的影响，来自全国各地、扎根于边疆的世袭武官和被贬谪文官的社会生活（婚姻、家族、宗教信仰和精神世界等）也发生了重大变化。透过冷冰冰的制度下一个个鲜活的家庭，可以看出六百年以来边疆社会组织的因循与演变。

四川行都司地接明代四川、云南、贵州和朵甘思宣慰司等地，位置在今四川省西南部凉山彝族自治州、攀枝花市一带。四川行都司与四川都指挥使司（下文简称四川都司）、四川承宣布政使司同是四川"自然境"之内三个省级"地理单位"，却以"行"称之，主要原因是它建立的时间在后，且"行"有"行省""行署""行在"中的"行"字之意，因此被视为派出的省级管理机构。四川行都司管辖的地区不大，职责与四川都司的相似但更加具体；所辖的卫所绝大部分是军民卫指挥使司、军民千户所和长官司，负责管理建昌（今西昌）地区这一典型的边疆民族聚居区。[1]

建昌地区纳入明廷版图的时间很早，一般认为明王朝统治建昌地区的时间是从洪武十五年（1382）元朝罗罗斯宣慰司平章月鲁帖木儿向明王朝输诚开始，"故元平章月鲁帖木儿等自云南建昌来朝贡马"[2]。但发现于今西昌泸山光福寺大雄殿东寺的《泸山寺院创建碑》的落款时间却是"大明洪武甲寅年"，即洪武七年，显然此时已奉明朝为正朔。[3]其实，早在洪武五年，就有"啰啰斯宣慰安定来朝，赐绮六匹，纱衣、葛衣各一袭，通事衣有差"[4]的记载，笔者的理解是当时建昌地区前元各地方政治力量的政治倾向不尽一致。四川行都司设置的时间在洪武二十七年九月，"置四川行都指挥使司于建昌府，以建昌军民指挥使司及建昌前卫、宁番、越嶲、会川、盐井六卫隶之"[5]。

四川行都司有几个特点值得关注：第一，虽然这里的卫所是以军民卫为主，但卫所内主要职官却是汉族，世袭武官形成了特殊的汉族聚居的上层社会；第二，它是明朝设置在典型的民族聚居区之内的都司卫所，当地民族成分和民族矛盾复杂；第三，这里地理位置偏远，但官员却来自全国各地，世袭武官成为本地势力派，被贬谪的文官因品阶低，大多郁郁不得志，形成了与明中央统治核心区

---

〔1〕 明代的山西、陕西、湖广、福建和四川等五个行都司，设置时间均晚于本自然境内都司设置的时间。谢忠志认为行都司因特殊的军务关系，乃为都司所分设，有一定的道理，但他认为其设置与内地都司不同，除具有军事性质外，亦兼理民政、负责屯田、征收赋税等，以加强对边区的统御能力，则不甚准确。福建行都司也属于内地都司，主要是防御山区变乱，而且所有的都司和行都司都具备兼理民政、屯田并在一定范围内征派赋役的权力。参见谢忠志《明代的五行都司》，见吴智和主编《明史研究专刊》第 16 期，宜兰明史研究小组，2008 年 7 月，第 79 页。
〔2〕 《明太祖实录》卷 149，洪武十五年十月壬寅，第 2353 页。
〔3〕 《凉山历史碑刻注评》，文物出版社，2011 年，第 33—35 页。
〔4〕 《明太祖实录》卷 73，洪武五年三月壬申，第 1339 页。
〔5〕 《明太祖实录》卷 234，洪武二十七年九月丁未，第 3421 页。

所不同的社会现象。

　　对四川行都司进行过较为系统研究的，一是郭红，探讨了四川行都司卫所的建置过程及其沿革[1]，二是前引谢忠志《明代的五行都司》，对明代五个行都司建置、功能、布防、运作一一进行简述。此外，还有单篇论文，主要集中在对四川行都司的卫所建置、土司制度，以及移民、民族关系等方面。[2]比较而言，关于凉山土司的研究成果则颇为丰富，像龚荫的《中国土司制度史》（四川人民出版社，2012 年）和姜先杰《凉山土司研究》（光明日报出版社，2013 年）都对凉山土司的历史及发展进行了专门的介绍；而对凉山地区四川行都司这批汉族武官和文官的研究却极其有限，比如这批官员群体的构成及其相互关系，他们在边疆地区的生活状况和精神世界，并不为前人所关注。究其原因，主要是此前的学术研究积累成果不多，加之史料的整理与发掘工作没有全面展开，对行都司的研究还缺少细致深入的工作。本文除利用传统的《明实录》《明史》等史料外，综合利用已整理出版的明代档案、碑刻以及奏议、文集和田野资料，对四川行都司内官员群体以及他们的精神世界、汉族与边地民族的社会关系进行深入剖析，以期推进对明代行都司的研究，进而揭示卫所制度影响之下的明代边疆社会实态。

一　边地卫所官员群体的构成

　　四川行都司所辖的六卫此前均已建立，它们由四川都司管辖，再改由行都司管辖。据《明史·地理志》，"四川行都指挥使司领卫

---

〔1〕　郭红、靳润成《中国行政区划通史·明代卷》，第 439—449 页。
〔2〕　主要论文有：李宗放《明代四川建昌地区的行政和军事建置及变化》，《西南民族大学学报（人文社科版）》2006 年第 10 期；杜玉亭《明四川行都司土司制度未因元制说》，《内蒙古社会科学》1987 年第 6 期；徐铭《明代凉山地区的民族关系》，《西南民族学院学报（人文社科版）》1982 年第 2 期。对内容有所涉及的论著不一一列举，与本文有关者在行文中征引探讨。

五，所八"[1]，其全称分别是：建昌卫军民指挥使司、越嶲卫军民指挥使司、盐井卫军民指挥使司、会川卫军民指挥使司（会川军民千户所）、宁番卫军民指挥使司。谭其骧称"卫或兼辖军民，称卫军民指挥使司，图中简作卫。守御千户所、千户所皆简作所。军民宣慰司简作宣慰司。长官司及蛮夷长官司、御夷长官司皆简作司"[2]，这一简称在明代史料中也是如此。永乐初年，行都司之下陆续添设五个长官司，分隶于建昌卫和越嶲卫，因为当地的卫所情况确实相对复杂。在四川行都司属下，只有当时刚刚成立的建昌前卫不是军民指挥使司性质，它到万历三年（1575）被裁革。行都司设置后，明初于此设置的府州县同时被撤销。这种改制情况在明代较为普遍，对此，谭其骧在《释明代都司卫所制度》一文中曾说，"置卫所以统辖军伍，设都司以掌一方兵政，其初本与地方区划不相关。洪武初或罢废边境州县，即以州县之任责诸都司卫所；后复循此例，置都司卫所于未尝设州县之地，于是此种都司卫所遂兼理军民政，而成为地方区划矣"[3]。

由于卫所武官基本都是来自全国各地的汉人，他们以屯田耕作为主要经济形式，卫所主要分布在最适宜发展农业的宁远河（今安宁河）地区。这种控制河谷等交通线和适宜发展农业经济地区的做法，在边疆地区较为普遍，如贵州都司卫所的设置便是如此。所以，由迁徙而来的汉人构成的卫所军户社会也呈现出聚居的特征。

（一）世袭的武官群体

《中国明朝档案总汇》一书收存有四川行都司下宁番卫、越嶲卫的武官世袭选簿，为我们分析该两卫和行都司武官群体的构成状况提供了详细的资料。本部分主要依据这批选簿来分析四川行都司世袭武官群体的构成特点。

---

[1] 《明史》卷43《地理四》，第1049—1053页。
[2] 谭其骧主编《中国历史地图集》第7册《元明时期·明时期图组编例十》。
[3] 谭其骧《长水集》（上册），人民出版社，2009年，第159页。

1. 专门从全国抽调一批武官

在洪武二十七年成立四川行都司之前的两年，当地已经撤销了洪武前期因过渡而设的行政性府州县。这些府州县的运转情况和实际治理效果是令人怀疑的。从设置于洪武二十五年的越巂卫（今治越西县）选簿中，我们能明显地感觉到洪武二十五年至二十七年之间，明中央在全国各地集中抽调了一批武官，意在当地建立新的卫所防御和管理机构。究其背景，主要是镇压原建昌卫指挥使月鲁帖木儿叛乱，既把前来镇压的官军就地安置，又抽调了一批到这里来，"于是置建昌、苏州二军民指挥使司及会川军民千户所，调京卫及陕西兵万五千余人往戍之"[1]。

在越巂卫的职选簿中[2]，定远人、都指挥使刘顺在洪武二十三年时已调任建昌卫中所副千所（57页）。定远人、都指挥陶圭的先祖陶信在二十七年二月时任越巂卫指挥金事（59页）。芜湖人王兴在二十五年袭父王保副千户后调任越巂卫中所（63页）。扬州人朱谅在二十五年袭替父亲在松州卫的流官百户之官后，即于二十七年升为越巂卫左所世袭副千户（67页）。固始人陶贵在二十七年二月时调任越巂卫左所副千户（71页）。盱眙人陈应龙在二十二年时任越巂卫中所百户（72页）。婺源人汪公道二十五年时由府军左卫试百户调任越巂卫左所（72页）。淄川人杜巴山洪武元年归附，四年选充小旗，二十五年调到越巂卫，后在征交趾时阵亡（75页）。武进人耿锐原任府军右卫总旗，二十五年时调征建昌后留居于此（78页）。钧州人曹富曾为襄阳卫百户，二十五年"钦依复职"调任越巂卫副千户（82页）。诸暨人邵兴于二十五年十二月任越巂卫右所世袭百户（84页）。无为人黄成于二十六年以总旗钦升越巂卫右所世袭百户（85页）。吴江人沈荣二十五年由虎贲左卫右所世袭百户

---

〔1〕《明史》卷311《四川土司一》，第8017页。

〔2〕《中国明朝档案总汇》第58册《越巂卫选簿》，第53—115页，正文括号中页码即为选簿中的页码，不一一出注。按：广西师范大学出版社影印时，目录页误为"越隽卫"。

调越嶲卫右所守御（86页）。天长县（今安徽天长市）人葛保子以虎贲左卫右所小旗于二十五年调越嶲卫右所，以年深小旗并枪后升总旗（87页）。滁州人丁得于二十五年升越嶲卫前所副千户（94页）。濮州人王成于二十五年"钦依复职"调越嶲卫前所世袭副千户（95页）。确山人高贵先为龙江卫中所世袭副千户，二十五年被任命为越嶲卫世袭副千户（97页）。河内人冯旺原为总旗，二十五年升授越嶲卫前所百户（98页）。高邮人严贵原来为试百户，二十五年调任越嶲卫前所为世袭百户（99页）。安仁县人段原善原任小旗，二十五年拨越嶲卫，于永乐三年升总旗（102页）。合肥人吴兴曾任海门卫副千户，洪武二十二年时犯事充军，二十五年时"复除"越嶲卫后所副千户（103页）。越嶲卫后所世袭副千户侍信来任时间为二十七年二月（104页）。怀远人王宣（伴奇）以纪录收拨军于十六年并充小旗，二十二年并充总旗，当年六月钦除越嶲卫百户（105页）。江都人蔡旺于二十五年调越嶲卫后所（108页），江都人魏镛的父亲魏辰原任沔阳卫右所试百户，他于洪武二十六年世袭时改调越嶲卫镇西驿试百户，三十年又改越嶲卫（111页）。

越嶲卫有记录的世袭官旗人员，包括年远事故或资料不全者，共计只有90人，其中有超过25人是在洪武二十五年前后调拨而来。从这25位世袭武官的选簿看，明中央为了组建越嶲卫，除平调了一批官员外，还通过将原来的低品级升授于此，借出幼袭替之机改调到此等手段调入武官，甚至还起复了一批"问题武官"。中央在四川行都司重建防御体制的意图非常明显，力度也非常大，由此在这里就形成了新的边疆军卫社会群体。

2．官员总体规模略小于内地卫所

《宁番卫选簿》收录有该卫下指挥使1员、指挥同知3员（另年远事故3员）、指挥佥事3员（另年远事故3员）、卫镇抚年远事故者5员，以及所辖左、右、中、前、后所与中左所、中右所、中中所、中前所中时在任和年远事故者100员，和苏州驿实授百户1员、递运所试百所的年远事故者 2 员。以上官员合计 121 员，其中，年远事故的官员多达 83 员，也就是说截至隆庆四年（1570）全国大造选簿、在编写"宁番卫选簿"[1]，他们已经因事、因故离开了宁番卫，原因不详。即便是选簿上出现的官员，像指挥同知赵昺，其一辈祖赵亮系永乐十六年（1418）时任宁番卫中后所副千户，其二辈祖赵禄因宣德和成化年间的两次军功历升至正千户、指挥同知，赵昺系正德十一年（1516）六月因其父赵辅年老，作为嫡长男袭职于宁番卫。但选簿的记录到此为止，正德之后赵氏的结果如何，不得而知（8—9 页）。卫所武官的流动性很大，与其他内地卫所的年远事故者人数相比，要多很多。[2]

《越巂卫选簿》收录指挥卫官指挥使 3 员、指挥同知 2 员（另年远事故 2 员）、指挥佥事 3 员、卫镇抚 2 员（另年远事故 1 员），加上卫所辖千户所有左、右、中、前所，镇西守御后所、镇西驿递站以及冠带把事（本司普雄乡民籍），共计 90 人，其中年远事故者 19 人，其比例远远低于宁番卫。从地理位置上看，宁番卫在越巂卫之西，在行都司的最西边，但二卫相接，距离似乎不是影响官员流失的最重要原因。

3. 武官来自全国，又相对集中于南直隶等地

世袭武官主要来自朱元璋最早起兵、发展的地区。《宁番卫选簿》中的 121 名官员，有 76 人标明有原籍贯地。[3] 限于篇幅，本文仅将统计结果公之于此。

宁番卫的武官来自 13 个以上的省级单位。其中，来自今江苏（南直隶，南京）地区的武官最多，共计 18 人，包括扬州府江都县

---

[1] 现存的明代武职选簿之前的每一卷，都有隆庆四年《兵部为清查功次选簿以裨军政事》的奏疏。

[2] 在撰写本书的《论福州三卫之设与闽都文化之建》和《河南军卫移民与文化传播》两篇文章时，笔者曾查阅了数十个都司卫所的世袭武官的选簿，并进行了粗略的统计，故有如是结论，限于篇幅，兹不详细论证。

[3] 《中国明朝档案总汇》第 58 册《宁番卫选簿》，第 1—52 页。

（今扬州江都区）的 7 人，宁番卫的最高武官指挥使李遵就是该地人，他的一世祖李通"丁酉年随义祖父于扬州归附，庚子年采石被陷。洪武三年钦除济南卫百户，十一年除龙骧卫后所推千户"，后世承袭时，于洪武三十四年调建昌前卫，到四川行都司任职（6 页）。这里说明李遵祖上是最早一批归附于朱元璋起兵的开国功臣。实际上作为朱元璋早年起兵、发展和建国最重要的地区，南直隶和南京地区也是明代世袭武官的主要核心群体聚集地，该地区另外 11 人分别来自沛县 2 人，高邮 2 人，泰州 2 人，睢宁、六合、会稽、丹徒和江宁各 1 人。来自朱元璋的老家安徽在四川行都司任职者也多达 19 人，是总人数中最多的，包括定远县 6 人，临淮 3 人，凤阳 3 人，合肥 3 人，以及全椒、寿州、望江、砀山各 1 人。河南和湖北也是朱元璋较早平定的地区，河南人有来自祥符、考城、固始、尉氏、阳武、通许和南阳共计 7 人，今湖北人则有京山、沔阳、蕲水、大冶、樊城等县武官 5 人。其他各省市分别是山东 3 人，湖南 3 人，山西 3 人，陕西山阳县 2 人，今浙江 2 人，今河北 2 人，北京和四川各 1 人；另有来自山后的武官 4 人，山后人在明代主要指前元统治时的北方民族，极可能是蒙古人或回回人，他们也是较早归附明朝的故元官军。

越巂卫的 90 名武官中，记载有原籍贯地者有 79 人，同样来自江苏、安徽和河南者居多，来自四川本地者却相当少。在典型的内地都司，卫所的武官来源分布呈现出"集中与分散"相结合的特点，此前学界多有研究。[1] 本文意在结合四川行都司武官群体的地域来源特点，说明当地的武官群体的构成也完全具备有明一代都司卫所的一般属性，并不因为它设置在边疆民族地区，亦不因为它是行都司，就有特殊之处。四川行都司武官群体同样是由一群来自全国各

---

[1] 参见于志嘉《试论明代卫军原籍与卫所分配的关系》，《"中央研究院"历史语言研究所集刊》第 60 本第 2 分（1989 年）；彭勇《论明代州县军户制度——以嘉靖〈商城县志〉为例》，《中州学刊》2003 年第 1 期。

地的世袭武官群体构建的军卫社会，只不过他们生活在边疆地区，给这里的社会带去了"多元风情"。

（二）被贬谪的文官群体

都司卫所管理体系本是并行于行政管理系统之外的相对独立的军政管理体系，由于都司卫所世袭武官的文化素养普遍不高，以及边地卫所的军、政事务也无法完全分开运行，明中央也向都司卫所派出少量文职流官，以协助或参与都司卫所的事务管理。

除明初的短暂过渡，四川行都司地区没有设置府州县，是《明史·地理志》中所讲的"实土卫所"，当地一切军事、行政、司法等事务，俱由行都司办理，而有些事务是世袭武官和当地土官等不方便或无法完成的。而且，四川行都司是省级管理机构的一部分，也需要同时分担国家在地方的职能运转。所以，明中央根据当地的需要或者依据地方官的奏请，会往都司卫所里委派一些文职官员。

1. 经历司官员

都司卫所中普遍配备的文职官员是经历司经历、经历司知事。据《明会典》载，"各卫经历司，经历一员（后添设），知事一员（后止设八十三员，万历八年以后裁四十员）。各守御千户所，吏目一员"[1]，其职掌除负责卫所内的文书工作外，对卫所内的日常管理事务也多有参与，如参与管理钱粮、军饷、屯田、司法、诉讼等，协助掌印做好日常的政务管理。[2]

然而，四川行都司卫所内担任经历司知事的官员与中央、内地各机构的人员有很大的不同，原因是该地处于边远之地，许多文官来此任职实则属于贬谪性质。

如弘治二年（1489），时任湖广沔阳州知州的董杰（字万英，宁

---

[1] 万历《明会典》卷4《职官三·外官》，第22页。
[2] 参见张金奎《明代卫所经历司制度浅析》，《故宫博物院院刊》2007年第2期。

国府泾县人，成化丁未年进士出身），被降职改任四川行都司经历司都事，原因是"与御史汤鼐、主事李文祥、庶吉士邹智等私议朝政也"[1]。这里的"私议朝政"详细情况是："弘治初，孝庙数御讲筵，近暑犹不辍。吏部尚书王恕言不宜过劳，请罢讲，且曰：臣官以保名，此亦保其身体之意也。杰疏恕所言非是，忤旨，谪四川行都司知事。"董杰在四川期间"尝摄卭州事，兴水利有功，州民德之。尝摄松茂州事，督粮运有法，夷人畏之"，以"考最"[2]结束任期。而后，他改任至河南钧州（今禹州市），后"入为刑部员外郎署郎中事，迁保定府知府，历山东右参政、河南右布政使、湖广左布政使，遂擢都察院右副都御史巡抚江西"。董杰既有政治才能，又很有气节，"时多盗警，颇有安辑功。未几卒，讣闻。赐祭葬如制。杰有豪气，每以才略自负，居官可纪"[3]，时人称颂。

又，正德初年曾任湖广按察司副使的刘逊也曾被"降四川行都司都事"，原因是劾奏权贵、得罪岷王府，《明实录》记载：

> 勒旧任湖广按察司副使刘逊致仕。初，逊为御史，劾奏权贵，降澧州判官，既又沮抑岷府，降四川行都司都事，数为抚按官论荐，迁至按察副使，后裁革。至是，吏部请以补广东整饬琼州兵备，乃命究逊得罪之由。罢其官。[4]

查：刘逊，安福县人，成化十四年（1478）进士，他曾建言诏狱，复议裁岷王府禄米，又得罪了宦官刘瑾等，故连续被贬、夺职，终被强令致仕，贬谪于四川行都司只是其经历之一而已。[5]刘逊毕

〔1〕《明孝宗实录》卷25，弘治二年四月甲寅，第574页。
〔2〕 杨廉《杨文恪公文集》卷61《嘉议大夫都察院右副都御史五城董公神道碑》，《续修四库全书》集部第1333册，第245页。
〔3〕《明武宗实录》卷82，正德六年十二月乙酉，第1773—1774页。
〔4〕《明武宗实录》卷54，正德四年九月丁巳，第1226页。
〔5〕 过庭训《本朝分省人物考》卷68《刘逊》。是书记刘逊为四川行都司断事，而非"经历"。

竟为才能卓异之士，四川在任官员对他也非常器重，并没有视他为低级的经历官，许多事情因为他的到来也得以顺利解决，"人无称冤，代去，百姓感泣不舍"[1]。

官员被贬降调于此充任都司的事例还有不少，既是官场贬谪之官，不论其原来的品级高低，皆有可能任职于此。成化年间，巡关监察御史蒋昺因上疏陈言边关事务，被认为言论不当，又得罪其他大臣，"坐奏事不实，当赎徒还职。有旨：昺难居风宪，免赎罪，送吏部降二级，调边任。遂调为四川建昌卫知事"，作为正史的《明实录》甚至毫不掩饰地猜测蒋昺实则是"官场斗"的牺牲品，"或昺素为学士刘珝所厚，而王越恶之，故及于祸，时珝与越已反目矣"[2]。

2. 其他文官

学校诸官也要由有文化的专门人才充任，而非武官可以担当。如洪武二十八年（1395），明中央决定在四川盐井卫军民指挥使司内设置儒、医、阴阳学官，"时本卫新置，以儒、医、阴阳学并仓库驿传未设官，为请吏部议仓库官以镇抚兼之，驿官以百户领谪卒当传者兼之。儒学等官，宜许其请。从之"[3]。

在明代一些特殊的都司卫所里，因为职责的复杂，除经历司官员外，还有别的文官临时被派来处理相关事务。如景泰初年，给事中李实奏请在四川行都司添设"镇守大臣"，于是时任大理寺右少卿的新喻（今江西新余）人张固被派驻建昌，"有政绩，三年还理寺事"。张固是典型的铨选文官，他是宣德八年（1433）进士，正统初任刑科给事中，后改任吏科。[4] 镇守大臣是由中央直接派出、参与和领导地方政务的"钦差"官，虽不常设，但权力很大，因为他直接代表中央。

〔1〕　嘉靖《四川总志》卷15《郡县志·四川行都司》，第25页。
〔2〕　《明宪宗实录》卷219，成化十七年九月丁亥，第3791页。
〔3〕　《明太祖实录》卷236，洪武二十八年正月丁酉，第3443页。
〔4〕　《明史》卷160《列传四十八·张固传附》，第4366页。

万历《明会典》"商税"条规定："凡一应收税衙门，有都税，有宣课，有司，有局，有分司。其收税，有本色，有折钞。其起解收贮，有入内府，有留各处，亦有添设除免。其差官，有巡视、监收。例各不一。"四川行都司下辖的建昌卫和盐井卫均设有税课局，但在嘉靖四年（1525）均已革除。[1]四川行都司是重要的产盐区，一度也在明中央的关注之内，但地处边远，收入与支出的管理俱不方便，革除税课局也在情理之中。早在正统九年（1444），就有当地官员请求精简机构，据《明实录》载，"裁省四川行都司盐井卫军民指挥使司黑盐井副使一员，以本卫税课局大使牛原等奏事简故也"[2]。此外，四川行都司还设有河泊所，以征收渔税，直到万历三年（1575）裁革。[3]驿站、巡检司和仓库等自然也少不了。以上诸机构，是卫所军政机构国家职能的体现，在当地能用武官者用武官，不能用武官者，则奏请中央添设文官来充任。

按察使整饬兵备是建昌地区临时设置的最高级文官，在成化年间就已经出现，隆庆三年（1569）时，应四川抚按官严清等人的奏请，兵备道改为"兵粮道"[4]，其直接参与管理四川行都司内军事和钱粮的职责更加突出。该职官属四川提刑按察司派出的监察类文官，目的之一是协调处理四川行都司内的军政、行政和司法监察等事务。建昌兵备道驻扎在建昌城，即四川行都司治内；所任官员，则是从全国同等文官系统中选充，如天启元年（1621）时，"升福建布政使司右参政诸允修为四川按察使建昌兵备道"[5]。

像董杰和刘逊这样优秀的文职人员到四川行都司，大都尽力在职任内做有益的事。如景泰年间，江西人罗容任四川行都司经历司

〔1〕 万历《明会典》卷35《课程四·商税》，第246—254页。
〔2〕《明英宗实录》卷112，正统九年正月丙寅，第2253页。
〔3〕 万历《明会典》卷36《课程五·渔课》，第264页。
〔4〕《明穆宗实录》卷39，隆庆三年十一月乙酉，第976页。
〔5〕《明熹宗实录》卷9，天启元年四月庚寅，第464页。

都事时，"兴利除害，土民怀之"〔1〕。但从仕途发展看，贬谪而来的官员不同于正常铨选而来的经历司知事（知事只有从八品，一般属举人或监生充任）流放到此，这些曾经的高级文官自知到此任职是惩罚性的，绝大部分都可以回任内地或中央。

二 土官、汉官与各民族间的关系

四川行都司官员群体的显著特点就是各民族杂处，当地最分散的土著，由土司直接管辖，但土司又直接听命于汉人控制的都司卫所或中央，于是就形成了土著—土司—卫所汉官—行都司汉官—中央这样的管理层次，这也使得当地的民族矛盾和社会矛盾变得比较复杂。

（一）土官及其职责

四川行都司下有土官，分别设有：昌州长官司、威龙长官司和普济长官司（俱属建昌卫）、马喇长官司（属盐井卫）、邛部长官司（属越嶲卫）。〔2〕内部的事务由他们自行处理，所承担的国家事务一是由所属卫所代为监督和管理，二是直接对中央负责。如建昌府的土官安思正妻师克等，直接到南京贡马，时间在洪武二十一年（1388）。〔3〕建昌土司在明前期经常到京师进献马匹等方物，与中央保持较为密切的关系，在《明实录》中材料甚多，兹不例证。

四川行都司卫所治下的军民府，皆有世袭的土官担任土司，管辖各自辖区内的百姓。建昌卫指挥使司指挥使可考世袭安氏彝族土司，其世系传袭，从安配到六世孙安忠，还有安忠的妻子、族人等，俱可考。而建昌府土知府也是安氏彝族。至于诸长官司，则全部由本地土

---

〔1〕 乾隆《雅州府志》卷8，乾隆四年刻本。
〔2〕 《明史》卷90《兵志二》，第2210页。
〔3〕 《明史》卷311《四川土司一》，第8017页。

著来管理。[1] 土官同样设有知事，亦有把事。每一个族群各安生理，更与汉族官军接触不多。《明史·四川土司一》载：

> 改建昌路为建昌卫，置军民指挥使司。安氏世袭指挥使，不给印，置其居于城东郭外里许。所属有四十八马站，大头土番、麹人子、白夷、麽些、佲鹿、保罗、鞑靼、回纥诸种散居山谷间。北至大渡，南及金沙江，东抵乌蒙，西讫盐井，延袤千余里。以昌州、普济、威龙三州长官隶之，有把事四人，世辖其众，皆节制于四川行都指挥使司。西南土官，安氏殆为称首。

就明朝中央而言，设立四川行都司、卫所以及长官司等，因地制宜，土流结合，显然是为了更好地控制与管理这一地区，期盼稳定地区局势。这些民族聚居区内，由中央颁敕任命的土司来进行管理，土司内部的事务由他们自行处理，只要不出现对外抗拒中央、对内仇杀骚乱，中央便听任其各安生理。在平定月鲁帖木儿之后，朱元璋对蓝玉说，"月鲁帖木儿信其逆党达达、杨把事等，或遣之先降，或亲来觇我，不可不密为防。其柏兴州贾哈剌境内麽些等部，更须留意"[2]。"不可不密为防"和"更须留意"的思路大体从明初确定，一直到明末并没有实质的变化。如永乐元年（1403），四川行都司官员奏报称"越巂卫之地番贼不时出没"，请求发兵予以剿捕，但成祖对兵部尚书刘俊说："鼠窃狗偷，蛮夷常性。若能严加备御，彼亦何施？今不务此，而辄欲兴兵，殊不思官军一动，善恶均受其害。况所费亦重，但令严兵守备而遣人抚谕之。"[3] 对于偶尔出现的边民劫掠现象，也只是严加防守，并无兴兵讨伐之意，如"四川行都司奏，建昌卫有漫水湾，地逼生番，山势险峻，岁冬河涸，番人时出

---

〔1〕 参见姜先杰《凉山土司研究》，光明日报出版社，2013年，第193页。
〔2〕 《明史》卷311《四川土司一》，第8018—8019页。
〔3〕 《明太宗实录》卷25，永乐元年十一月己卯，第451页。

标掠。请置城堡，量摘军民兼守。从之"[1]。

除明初外，明廷对建昌诸部直接用兵有限，实际上，四川行都司及其所属土司经常参与明朝的征调，参与平定其他地方的叛乱，频现于史籍，土司官也大都能按规定按时朝贡，他们受封赏的记载在《明实录》中也有较多的内容。宣德初年，宣宗调天下都司卫所之兵近十万人，由黔国公沐晟、安远侯柳升等人统领，"往征交阯"，四川行都司也有数千人参加。[2]景泰二年（1451），四川行都司的盐井卫中千户所土官副千户剌苴白等16人，因"杀番贼功"，受赏"钞、绢布有差"[3]。以上两例都是土官率土著远征安南或其他民族的事情。

（二）土司内部的矛盾与冲突

实际上，明军在建昌几次大的用兵主要是针对当地部族内部的冲突。各部族、大小土司之间以及土司内部经常会发生动乱，给当地造成巨大的破坏和社会影响，一旦影响到土司官员的正常袭替，四川行都司就可能奏请中央出兵加以干涉。在四川行都司管辖内，明廷大规模地对当地部族用兵，许多时候是因为民族内部矛盾，因事态发展严重，明廷不得不出兵干涉。比如，嘉靖四十四年（1565）到隆庆二年（1568）间，云南的土官凤继祖与寻甸土舍郑竑争袭职，参政卢岐嶷遣使调解。凤继祖不听，反而杀死调解的使臣。《明实录》对此事的前因后果做了交待：

> 云南叛酋凤继祖伏诛。先是，继祖与寻甸土舍郑竑争袭，参政卢岐嶷使使谕解，不听，反执杀竑，而兵围武定府城，不克，还袭通判胡文显、周良卿等兵于鸡街子、陆块山，佥事张泽死之。知府周赞等率兵迎击于法江渡，亦败。澜沧兵备副使

---

[1]《明仁宗实录》卷4（上），永乐二十二年十一月辛巳，第140页。
[2]《明宣宗实录》卷23，宣德元年十二月乙酉，第621页。
[3]《明英宗实录》卷205，景泰二年六月丁丑，第4399页。

杨守鲁等乃大集土汉兵，与贼遇于会江里州堡，连战破之。贼溃，走至青鸡罗山坠崖谷，死者不可胜计。官军追及之因止壁淄简河，纵反间入贼中购以重赏，于是贼党者色，遂斩继祖首，诣军门降。事闻。[1]

由凤继祖引发的变乱，涉及四川行都司的会川卫及其以南的云南武定府、寻甸府等地区，当时巡抚云南兵部尚书吕光洵、巡抚四川都御史谭纶、总兵沐朝弼、右参政陆纶等负责组织征讨，四川行都司也参与其中，组织者是建昌兵备副使叶应乾。他在平叛取得胜利之后，也得到了明穆宗的赏赐。[2]

这次战争之后，谭纶和叶应乾都及时反思了事情的缘由，并提出加强四川行都司等西南边地防御及稳定局势的建议和意见。

> 为照会理七州，虽系四川行都司会川卫所辖地方，然皆是苗民，不奉法令，以其接连滇境，往往交通为患。其会理又与东川府联界，东川亦系罗猡，在四川直有羁縻之名而已，先年凤继祖因云南征讨逃匿七州，遂苟合阿茹联姻阿科，益其狡猾之计，以会理、东川为三窟久矣。后虽投降云南，寻复猖狂弗靖，此在云南不得不征，在四川不得不备。[3]

谭纶对四川行都司所处的重要地理位置以及民族地区的各民族内部的矛盾，也有自己的分析和判断，对嘉靖时建昌兵备道副使叶应乾的能力予以充分肯定，说明驻守建昌的卫所官员是有其价值和必要的。他说：

[1]《明穆宗实录》卷23，隆庆二年八月己卯，第609页。
[2]《明穆宗实录》卷16，隆庆二年正月乙卯，第429页。
[3] 谭纶《谭襄敏奏议》卷4《剿贼计安地方疏》，《景印文渊阁四库全书》史部第187册，第658页。

照得四川行都司所辖建昌等六卫地方，西接土番，南连滇徼，距省会千五百，为巴蜀极边要地，加以蛮众跳梁，土官桀骜纨绔，不知奉法，武备渐以废弛，纲纪陵夷，冠裳倒置，可谓大坏极敝，非一朝夕之故矣。迩自整饬建昌兵备副使叶应乾莅任以来，锐意振作，百废具举。盖缘本官有冰蘖之操，足折其骄慢之态；有奇杰之才，克胜其盘错之任；有忠义之气，可动其本心之良，故未期月而法度修明，蛮夷率服，祸变消弭他弗论，论其著者，建昌卫土舍安信其人，乘土官指挥安忠乏嗣，遂招纳叛亡，挟分土地，肆行劫掠，数百里内、十余年间，军民之众被其荼毒不可胜纪。前此任兵备者，视其猖獗莫之谁何，而副使叶应乾于入境之初，目击其害，即赫然震怒，擒缚安信及信党数十百人，尽剿灭之，如探囊取物，振落发蒙，用是六卫安堵。[1]

谭纶也特别提到了建昌土司舍人安信，借土官指挥安忠乏嗣之际，起兵反叛，扰乱地方，为害军民的事实。

明后期建昌土司发生动乱是在万历三十七年（1609）五月，原因仍然是土司上层之间的权力争夺。

建昌土官安世隆者，为其仆那固所弑，妻禄氏索那固杀之。乌蒙土官禄承爵垂涎其爵土，纵兵要挟，必得禄氏继职，而阴图易赢之计。于是京山、沈嵯等处夷猓掳掠村屯，宁番一带涂炭为甚。[2]

通过以上云南和四川的例子，我们可知，在明中叶以后，地方

---

〔1〕 谭纶《谭襄敏奏议》卷4《议处贤能兵备官员以重至要极敝边方疏》，《景印文渊阁四库全书》史部第187册，第669页。
〔2〕《明神宗实录》卷458，万历三十七年五月庚寅，第8638—8639页。

民族内部矛盾激化的重要原因，是该地区各土司内部地方各阶层悄然发生了变化。从明前期开始，随着时间的推移，他们之间及各阶层之间出现了流动性变化，原来由中央任命的土司自身控制力出现了问题，而内部新势力的崛起开始动摇旧有的格局。

唐宋以来，彝族部落的首领称为"鬼主"，彝语称"兹莫"，是最高统治者。这些兹莫，实际上就是明朝敕封的大大小小的土司。在兹莫的统治下，凉山全部土地都归兹莫所有，由属于兹莫统治下的"臣民"领种。凉山彝族社会内部的大小兹莫是各自辖区内全部土地的最高所有者或唯一所有者。明代中叶以前，既没有不受兹莫统治的彝区，也没有不受兹莫统治的彝族居民。但到明代中叶以后，兹莫势力日衰，诺合势力崛起，使凉山彝族内部的整个等级、阶级和阶层结构都发生了重大变化，呈现多样性、多层性、多变性的特点。这一时期凉山地区如建昌、邛都、沙骂、阿都、海烈、阿卓、彭火等主要土司之间的势力格局发生了变化，各个土司内部的变化主要表现在兹莫控制力的下降，原来地位稍低的诺合的势力大增。到嘉靖、万历时期，凉山各地诺合纷纷反抗明朝敕封的兹莫，带来内部的仇恨与动荡，于是支持土司的明朝便派兵镇压，这一矛盾反而成为当地最主要的阶级矛盾和社会矛盾。[1]

（三）卫所官员引发的矛盾

明朝初年，四川行都司建立伊始，民族冲突时有发生，但相对于其他民族地区，这里汉族与边地民族的关系较为缓和，边民给明中央、四川行都司卫所的汉族驻军带来的影响很少。汉族官军虽然集中居住，但他们以管理者和镇戍者的身份出现在这里，明代统治的近三百年的时间里，反倒是定居于此的汉族世袭武官队伍内部会出现许多问题，诸如权力腐败、社会问题和矛盾激化等。这些官员势力坐大

---

[1] 参见易谋远《彝族史要》，社会科学文献出版社，2000年，第647—663页。

后，成为这一地区的当权者、强势群体，既会欺压卫所内下级军人，也会侵扰周围的民族，激化社会矛盾，成为地方一害。像正统十一年（1446），四川行都司建昌卫土官把事刘华、严奴奏，署都指挥佥事施祥犯法扰民，"设立土豪通事，起灭词讼，剥害夷民，殴人致死"，英宗下令让巡按御史会四川按察司和四川行都司堂上官调查实情奏上。[1]从此后发生的事情看，施祥不仅没有受到处罚，还升职到了四川都司，仍作恶多端，最终受到制裁。两年后的正统十三年，"四川都指挥同知施祥为下人发其夺水利、强取女子及杀害人诸罪。巡按监察御史执其妻，究之有验，命逮问之"[2]。

这些武官，也有贪污侵占公私财产的。如永乐十四年（1416），四川行都司都指挥使郭赟有"隐匿罪人家财，分受进贡马，及诸不法事"。他还与点军监察御史汪淋中串通一气，被一并治罪。[3]此后，各地卫所仓库的贪污现象越来越普遍，天顺年间，英宗就下令户部主事李玙调查四川行都司所属卫所及松潘等处卫所的"仓粮出纳作弊多端"问题，由李玙会同进士徐源、巡按四川监察御史等人，亲自到当地仓库，查验有无"亏折及侵欺等弊"[4]。

在地方作威作福、欺压百姓的武官也为数不少。如成化九年（1473），四川行都司都指挥佥事宫恒的事例就很典型。史载：

> 四川行都司都指挥佥事宫恒，贪淫无厌，恣肆妄为，为巡按御史所劾。命巡视等官核实，且得其状。下巡按御史会按察司官逮治之。恒再奏，申辩皆诬，竟坐强夺良家妻女罪绞。都察院以具狱奏，诏恒免死，押发云南边卫充军。[5]

〔1〕《明英宗实录》卷148，正统十一年十二月戊申，第2912页。
〔2〕《明英宗实录》卷170，正统十三年九月戊子，第3277页。
〔3〕《明太宗实录》卷177，永乐十四年六月癸未，第1935页。
〔4〕《明英宗实录》卷305，天顺三年秋七月壬午，第6434页。
〔5〕《明宪宗实录》卷120，成化九年九月乙卯，第2327—2328页。

真是不查不知道，越查罪越多。这些地方官之所以敢胡作非为，很大程度上可能是以为天高皇帝远，可以逃避法律的制裁。实际上，明中央对这里的监察、管理和控制，仍然保持着足够的力度。

也有武官贪图军功，弄虚作假，竟然滥杀平民和俘虏，以冒领军功，严重违反军纪军规。万历三十九年（1611）时，四川建昌守备署指挥佥事薛经就因此被处以极刑。《明实录》载：

> 建昌会、盐地方，与云南武定界比壤。三十五年，武定有阿克、郑举之乱，薛经驻扎姜州堡，距金沙江三百里。是时克、举已遁矣，经贿结土夷戈备买首级十二颗、俘十三人，虚张捏报，以为当阵擒获阿克党贼，两省抚按觉察，往覆勘明，引擅杀平人及被房人口冒作贼级报功例，并夺袭，该道右布政蔡守愚罚治，通判殴阳炳降调。[1]

上述军官违法乱纪、为害地方的行为，在全国其他地方也比较常见，只是这样的事件发生在边疆民族地区，不仅会激化社会矛盾，还会引起更为激烈的民族矛盾，所以影响更加恶劣。明廷对军官的违法违纪行为会区别对待，虽然会考虑他们驻守边疆地区的辛苦和特殊性，但对影响极坏者并不姑息。

三　卫所武官的婚姻、家庭与生活

明代的武官世袭，是在军户家庭内部进行的，它以"嫡长子承袭"为原则，无嫡立庶，无长立幼，旁及兄弟子侄，甚至族内男性（父亲、叔伯、女婿）等，均有可能承袭世职，以保证在卫军职的延续。关于明代卫所武官世袭的情况，前人多有研究，兹不赘述。本

---

[1]《明神宗实录》卷486，万历三十九年八月丁酉，第9162—9163页。

书中有专节"河南军卫移民与文化传播"探讨河南籍都司卫所军户承袭状况，从四川行都司现存的宁番卫和越巂卫的选簿看，官旗世袭的基本特征与河南亦无明显的区别。从中我们看到的是一个家族的男性在传延他们世代的职务或者说承担的差役。

（一）军户内部的联姻

在边地军卫社会里，这些来自全国各地的世袭武官，聚居在自己的卫所辖境内，在职责上要面对的是更大范围的、聚居区以外的边民。虽然他们已扎根于边疆地区，但他们的婚姻关系或者说联姻选择的对象仍然是特定的，这从某种程度上可以揭示出家族圈层以外的社会关系和民族关系。

现存凉山州博物馆、出土于安宁河西岸高草乡的《武德将军盐井卫中左千户所正千户陶公墓志铭》记载了明初这位凤阳寿州人早年的军功事迹及其家族的婚姻与生活。陶春，元至顺癸酉年（1333）生人，死于洪武戊寅年（1398）十二月二十五日，年65岁。至正壬辰年（1352）从军充先锋，随朱元璋下金陵、战两淮、克江西，并一路北征，辛亥年（1371）驻泾州（今甘肃平凉市泾川县），收集军士百余人，授昭信校尉，任泾州守御千户所管军百户，后又因年深、功升宣武卫左所副千户、信阳卫左所正千户等，由其子陶安世袭其职。此后，甲戌年（洪武二十七年，1394）建昌月鲁帖木儿作乱，"既平，开设盐井卫，公以宿将老成防边，调任中左所左千户"，于是举家迁到四川行都司。陶春到此，设屯垦种，安营扎寨，分兵设防，使局势稳定了下来，从此扎根于此。陶春育有一子陶安，先他而殁，这可能是他再次出任千户的原因。陶安生有三子，长子陶宏，以嫡长孙之名分承袭了陶春的武德将军之位，娶了同所百户刘侯的长女妙喜；次子陶礼，娶了会川卫迷易千户所百户高侯的长女妙谭；三子陶敏，娶了建昌卫中前所百户高侯长女妙谭。陶安有孙男五人，尚幼未婚，孙女八人。其中陶端，嫁与信阳卫指挥力荐男朱珍；陶因，嫁与四川行都司都指挥长男黄震；陶果已许配给同卫河口驿百户男王杰，尚未过门；陶清，已与同卫中右所百户长男幸荣订了亲；陶圆，已与同卫前所千户长男杨清订了亲。还有三个更年幼的孙女，是陶贞、陶洁、陶惠。陶春死后，直到永乐辛丑年（1421）八月十二日，才安葬在安宁河旁。[1]

墓志记载不仅显示洪武年间筹建四川行都司时，明中央确实想尽办法抽调一批武官到这里以安定边疆，还详细地提供了四川行都司卫所下移居的第二代、第三代世袭武官家庭的基本婚配状况，他们的子女无一例外地与卫所内部武官子弟结亲，既没有与当地的土司（边民）结亲，也没有与低一级军人成婚。

在《凉山历史碑刻注评》一书收录的有限的墓志铭中，还有两通记载有作为世袭武官的传主的婚姻状况。一通是出土于冕宁县的《刘氏墓志》（第 41—42 页），墓主刘氏字妙湛，她随在宁番卫任镇抚的丈夫唐原一起来到四川，她的长子叫唐凯，承袭了唐原的卫镇抚一职，后来在征交趾时去世，唐凯的长子唐胜又承袭了卫镇抚之职。刘氏于正统二年（1437）正月十二日戌时去世，享年 80 岁。唐胜向江陵人姜学为祖母求墓志铭，以感谢祖母"教育以成人"的抚养之恩。墓志铭中提到，唐凯另育有一女，"适舍人许子良"。舍人，是明代世袭武官的男性后代（非嫡长子）的称谓，说明她嫁的也是武官家庭。[2]

另一通是出土于今西昌市北上的《王裕墓志》（第 43—45 页），墓主生于壬申年（洪武二十五年，1392），死于壬戌年（正统七年，

---

[1] 《凉山历史碑刻注评》，第 38—40 页。
[2] 在《宁番卫选簿》中，有"年远事故卫镇抚壹员"，恰好记载的是唐氏家族的世袭状况，记载的前三辈世袭与此碑刻资料完全一致。据载，唐原，祖籍高邮州，他死后由唐凯世袭的时间在洪武三十一年六月，唐胜袭职时间在永乐十九年六月。唐胜死后由他的亲叔唐通在正统九年十一月世袭。唐家世袭的最后一次在成化二年九月，"唐勖，高邮州人，系宁番卫世袭卫镇抚唐通亲庶侄，有庶堂兄唐胤患风嗽兼矮小残疾，不堪承袭（替），本人替职，待堂弟唐胤有男，还与职事"（见《宁番卫选簿》，第 13—14 页）。后续不知所终，也许唐氏从此绝嗣，也许已调出了宁番卫，后者的可能性要小一些。

1442），已为第三代四川行都司人，他的祖父王兴，洪武初年从征有功，历升宣平右卫百户，其父辈王宝袭职于普安卫千户，洪武二十三年时到四川行都司下任建昌卫正千户。墓主出生在四川，他娶的是四川宁州卫邓指挥之女，他有三个儿子，年幼尚未娶亲，但他的女儿已经许配给本卫中中所的正千户刘贞。可见，武官的第三、四代军户子孙仍然是在武官内部通婚的。

在经过明洪武二十年之前的征战之后，明中央对全国都司卫所的调整与布局进入相对稳定的状态，所以，卫所官军就地扎根落户的政策陆续推行。一方面，这一时期实行严格的承袭替役之制，男性要确保族内有人承袭世职差役；另一方面，他们在陌生的环境里，在与驻扎地百姓没有更多交流的情况下，自觉地与系统内来自全国各地的世袭武官通婚联姻。

生育男子，婚配女儿，是武官家族的大事，也是每一个家庭的大事。本人2013年夏到四川凉山州和甘洛县海棠镇考察四川行都司历史遗存时，镇里罗氏村民提供了一份2000年新续修的《罗氏宗谱》，宗谱初修于明末，其始祖为罗隆泰，系浙江省金华府金华县（今金东区）海门桥豫宁乡罗家庄人，洪武二年"授职都总指挥，领兵来川，亲率子征伐蜀南，长子罗巡任先锋，守镇西，次子罗雄任骠骑，防范相岭八载，力剿夷服番，降立土司。年上保祖，设千户，岁纳草粮，边疆大靖。驻营越同越巂"。自罗隆泰之后，罗氏就一直生活在这里了。然而，罗巡乏嗣，罗雄年过半百未育。于是，罗雄"发心向善，修竖瑶厂、镇西石硚一座，感应上苍，不数年而凤凰是占，麒麟忽降，生一子名命硚大。于此接修瑶厂、上下街头石桥二座，又连生二子，名命为硚二、硚三。自此人同合族，后代相传"。随着家族日盛，后世逐步移居，"子孙繁盛，各处移居，有迁越巂中所镇中坝者，有迁海棠、富林、白马堡者，有迁晒经关大树堡者，虽年远代湮，而始祖来蜀宗谱，犹存于中所坝"。家谱历经同治二年（1863）的战火而补修，又经光绪十一年（1885）再修，一直流传下来。罗氏后人迁居的地区，正是越巂卫、镇西所所辖的卫所军户的聚居区，他们的周围不远，就是彝族聚居的土司管辖区，五六百年之后的今天，当地的民族分布格局仍然没有太大的变化。

（二）武官的患病现象

异乡的生活，无论是从武官家族生产、生活方式，还是从他们的生理和身体来看，都有一个从陌生、适应到渐趋熟悉的过程。从武官的来源看，不少是被贬谪来到建昌这样的苦寒边远之地的。虽然他们的感受，很难像文官那样有足够的史料可供阅读了解，但我们仍然可以从他们袭替的经历以及患病的情况略知一二。

生老病死乃人之常情。古代医疗条件有限，加之武官世袭纪录长达二百余年，在选簿中出现病患的记载既相当普遍，也是完全可以理解的正常现象。但系统阅读明代武职选簿之后，明显感受到四川行都司官员患病残疾或逝故影响到袭替的例子更多，几乎每个世袭武官家族都有因疾病被迫袭替的事例，有的家族此类事例比例极高。试举几例，金华人刘敏正统年间为越巂卫后所试百户，因患风疾，天顺时由其嫡长男刘澄世袭，刘澄本人后来患寒湿疾，成化时由嫡长男刘荣世袭（第 116 页）。越巂卫吴贵老疾之后，其长子吴忠因病故无法替袭，由其弟吴宗道袭百户，吴宗道的嫡长男吴贵同样因病故，在此前后，吴家六辈袭职，因病而故者就有五辈（第 104 页）。越巂卫前所实授百户"严世勋条"下，从洪武朝到崇祯朝共世袭九辈人，其中共有五辈（二辈严旺、三辈严武、五辈严威、七辈严世勋、八辈严思忠）明确记载是病故、老疾、患疾等疾病原因导致袭替，其中特别提到严旺"正统十四年为畏守边方事，在监病故"的细节（第 99—100 页）。越巂卫后所副千户"吴嘉谟"条下，前六辈之中也有三辈因为病故而袭替（第 103—104 页）。

作为军事将领和士兵，战争是他们致残的主要因素。同时，这些来自全国各地（以黄淮、江淮流域为主）的军事移民群体在异域他乡出现气候不适、"水土不服"，感染"瘴病"的情况是客观存在的。[1]当然，唐宋以来文人笔下对"烟瘴之地"的描述，加剧了外来军事移民在精神层面的不适应[2]，这种不适应对于必须定居于此的世袭武官自然无法避免，而对于铨选或贬谪而来的文官来讲，西南边陲的烟瘴更是他们必须克服的心理和生理障碍。

（三）家族的生息演变

经过数代、上百年的发展，许多的武官家族已经演化成为当地有权有势的大家族，成为社会的上层（也存在一些军户家庭绝户的情况）。据撰写于万历十三年（1585）的《宋兴一墓志》，宋兴一的先祖来自昆山，明初以事谪戍建昌卫，任百户，举家迁居于建昌。此后，其家族生息繁衍，相继任职云南昆明县县丞，湖广蕲水、广西奉议州判官，田州府通判等，宋兴一死后，云南沾益州知州、乡贡进士马昌人马中良给他撰写铭文，四川保宁府阆中县（今阆中市）儒学训导谌朝宣篆额，由在建昌卫儒学廪膳生员的后辈为他立墓碑。[3]

四川行都司世袭武官的屯田住所主要分布在安宁河谷，土地比较肥沃，适宜发展农业生产，也有利于广大来自传统农耕区的汉族官军及其后代从事农业生产，在异域他乡，同样得以生息繁衍。如万历中期的钟辅夫妇，他们的墓志铭已经淡化了自身世袭武官的色彩。他们的先祖从河南嵩县而来，洪武二十七年（1394）时到建昌后所。此后，其子孙七代在三坡村生活，有了属于自己的熟田，以耕种为生计，这大略是明后期广大汉族世袭武官的基本生活缩影。[4]

---

〔1〕 参见周琼《清代云南瘴气与生态变迁研究》，中国社会科学出版社，2007年。
〔2〕 张文《地域偏见和族群歧视：中国古代瘴气与瘴病的文化学解读》，《民族研究》2005年第3期。
〔3〕《凉山历史碑刻注评》，第55—57页。
〔4〕《凉山历史碑刻注评》，第66—67页。

四　卫所官员的精神世界

虽然四川行都司的卫所建置与内地并没有实质的区别，但是它的机构设置和职官建置有明显的特殊性，具体表现在深入边地民族聚居区之内，自然地理环境相对于内地绝大部分地方是恶劣的，因此卫所官员形成了自己小聚居的社会。尤其是身处西南边疆，文武官员有不同的心境，长期驻扎者与流动任职者也有着不同的感受。

（一）被赋予的期许

首先，四川行都司地处偏远，在中央和普通官员的眼里，这仍然是一片"化外"之地。对长期、世代扎根于建昌的军户而言，除了国家按制度、分等级给军旗舍余等各类人等配备的基本生活物资之外，他们自己还必须在物质和精神上做好适应并完全本地化的准备。第一代、第二代移民，必须生存下来。像建昌卫中左所正千户陶春，就带着自己的属众，开辟出一片属于自己的新生活环境，"于时余寇尚出没，况值饥馑，公于是严号令，谨烽堠，置保障，练士卒，乃缘崖布栅、虚阁构营，篾竹为绳，编木为梁，以通桥道，延袤六十余丈，往来辎重牛马，若践坦途，岁则易之。复设屯、垦田、火种，凿渠灌溉，岁计倍收，士蒙其利。不逾年，所治城堡鼎然一新，无不严备"[1]。

明中央深知这里的条件特殊，在管理措施、考核与评价体系中，都会予以特别的对待。比如，对官军的考核就有极大的变通，亦由此引发弊端。成化三年（1467）规定："各卫所总小旗、户丁并枪补役，会彼处镇守、抚、按，并布、按二司官亲诣监并。四川行都司建昌等六卫相离四川路远，及无镇守等官，有总小旗、户丁曾经保申兵部准

---

[1]《凉山历史碑刻注评》，第 38 页。

并枪者，就令本处首领官会同本都司掌印官监并回报"[1]。这种看似变通的办法，有可能造成上级监视和主管的缺位，导致一些官员出现徇私舞弊的情况。实际上，四川行都司的犯法乱纪情况确实不少，如前述。

然而，从制度的设计上看，四川行都司的设置，就是为了定边安民，官员、士兵被赋予了这样的职责，也被寄予了很高的期望，或者说，反映了制度设计层面对官员的要求和官员自我的崇高追求。对此，我们可以通过《送都阃萧君赴四川行都司序》略知四川行都司官员眼里的四川，以及他们对四川官员的期许。

> 四川去京师万余里，而行都司治建昌，领六卫之师，以控扼诸番，尤西南重镇也。迩者兵部以择帅，闻萧君大用受命以往。乡进士马君谦合诸姻友壮其行，乞赠言于予，予不及识萧君，然窃闻之缙绅间而得其人矣。盖萧君承其先世之烈，数奉诏使房庭从征伐，起忠义卫正千户，至佥都指挥事，智名勇功，出列营诸校之右，故总戎者以将才荐于兵部，而上亚用之，如此岂非得人也哉。建昌，古越嶲地，南接滇池，西杂吐蕃，诚蜀之要冲。然国家承平百年，王化之渐被者日广，冶场盐井之利足以裕边，学校弦诵之风足以兴俗。近者诸番又鲜出没之患，则建昌之为乐土也久矣。萧君提一道之印而守其土，抚其人固绰乎有余地矣。或以为萧君凤将且有志于功名，疑建昌一道不足以尽其才者，是亦不然，千里之行始于足下，所以试之者固将有以待之也，君岂可以所辖为荒服、分阃为偏师而遽忽之也哉。视篆之后，简其士马，修厥戎器，广屯田，礼师儒，毋狃于宴安，而常若寇至，使西南号令斩然一新。又以其暇日，履涉山川，指其不毛之地曰：此诸葛武侯之所谈笑而禽孟获者也。按行城垒，抚其楼橹之具

---

[1] 万历《明会典》卷121《铨选四·旗役升用》，第625页。

曰：此李卫公之所经营而夺蛮险者也。忠贤往矣，遗迹具存，慨然兴起于百世之上，而思见其人焉。则三军足食，诸番向风，朝廷无西南之虞，而方面果不足以淹君矣。大镇元戎之选珥貂横玉之贵，皆上之人悬之以待诸将之有功者。萧君勖哉！[1]

作者程敏政（1446—1499），徽州府人，成化年间科举一甲第二名，任翰林院学士，至礼部侍郎赠尚书。他文中的"萧君"姓名为萧通，到四川行都司任职时间应该是在成化二十一年（1485），《明宪宗实录》有记，"铨注忠义前卫带俸都指挥佥事萧通于四川行都司管事"[2]。这篇看似官场客套文书的背后，有值得关注的深意。萧通为世袭武官出身，原所在的忠义卫（其实是忠义前卫）属京卫所，在北边的战功又多，从正千户升至都指挥佥事，属中高级武官。他在京城的交友甚广，程敏政亦称"闻之缙绅间而得其人"。此次萧通被选派出京到四川行都司任职，由同乡、亲朋共同出面，邀请当时的著名文人、高官程敏政来撰写"序文"一篇。这是明朝官场上的常见做法。在程氏眼里，建昌之地经过明代百年的治理，承平日久，已是一片"乐土"，但他仍然念念不忘地寄希望于这位"封疆大员"能够勤于工作，像诸葛亮等一样，在边疆成就百年不拔之功名，使"三军足食，诸番向风，朝廷无西南之虞"。可以说，这篇赠序，大体可反映国家、官员与社会对四川行都司设置及其官员的期许和良好的愿望。

萧通在任期间的政绩如何，暂未知晓。他在四川行都司任期大约是 6 年，弘治四年（1491）以都指挥佥事一职去世。死后，他的世职由侄子萧瓒来承袭，职任会川卫指挥佥事，"支俸差操"，也就是领俸食禄，即被降了级别，没有实际的职务。[3] 看来，他的侄子

---

〔1〕 程敏政《篁墩文集》卷 25，明正德二年刻本，第 36—40 页。
〔2〕《明宪宗实录》卷 264，成化二十一年夏四月癸酉，第 4481 页。
〔3〕《明孝宗实录》卷 55，弘治四年九月乙酉，第 1073 页。

一家也要继续生活在四川行都司了。萧通、萧瓒叔侄在这里的生活与原来在北京城的生活相比,自然有极大的不同。

(二)军民的宗教信仰

由于缺乏必要的文献,我们无法去窥探武官从繁华内地都市到西南边陲小城任职的内心感受,但或许可以从他们的精神世界与宗教信仰略知一二。

武官的家庭和生活观念体现了军户家庭与当地民族存在着不同的风俗文化,比如重视对后代进行传统文化教育等。不少军户之家在亲人故去之后,一定要求得一方墓志铭,甚至死后还要有买地券。在《凉山历史碑刻注评》一书中,收录有一份《李善买地券》,记载了四川行都司宁番卫指挥使李善于成化十二年(1476)死后所埋墓地的刻有买地券的碑刻,有正面、背后两面。李善是宁番卫品级最高的世袭武官,原为扬州府江都人,其家族承袭从洪武初年一直到明朝灭亡(《宁番卫选簿》,第6—7页),其后世子孙一直到今天,仍然生活在冕宁县城厢镇大垭口村。[1]在凉山州出土的买地券除李善的以外,还有《张□买地券》,为天顺年间四川行都司世袭武官所使用,以及万历十七年越巂卫镇西守御后千户所城内(今凉山州甘洛县海棠镇南)河东屯人龙王氏的买地券,万历三十三年(1605)建昌卫木托村寿官赵璋的买地券。[2]据鲁西奇的统计,今见明代买地券近六十种,其中可考者54种,四川发现的6种买地券中有5种都与卫所有关,其中4种都出自四川行都司管辖地区,实际的数量要多于他的统计。[3]可以认为,买地券在四川有广泛使用,反映了卫所军人的精神信仰,作

---

〔1〕 陈云庚《冕宁惊现明代古墓:昭勇将军墓志填补历史空白》,《凉山日报》2011年12月15日。

〔2〕 黄承宗《凉山州出土的明代买地券》,《四川文物》1997年第5期。

〔3〕 鲁西奇《中国古代买地券研究》,厦门大学出版社,2014年,第580—623页。据《甘洛县志》的记载,"海棠明墓买地券"记载肯定不止一份,除万历十七年的龙王氏之外,还有分别亡于嘉靖四十四年、万历十一年的王氏、蔡氏淑宁者,二人疑为合葬墓,四川人民出版社,1996年,第491页。

为中国传统文化中丧葬礼仪与风俗的重要载体，买地券盛于两汉，在唐宋中国传统版图内使用很广泛，在明清时期趋于衰落的情况下，在边远的凉山地区再使用，反映了卫所军人对于传统文化的认知、留恋与继承。

在《凉山历史碑刻注评》一书收录的26份明代碑刻资料中，与佛教寺院和道教道观相关的碑刻有13份之多，值得关注。从碑刻看，这一时期有著名的泸山寺（光福寺）、隐溪寺、发蒙寺、白塔寺和玉皇阁等，这从一个侧面反映了明时期四川行都司地区佛、道等宗教的盛行之下，卫所军卫群体的宗教信仰和精神世界。另据嘉靖《四川总志》的记载，四川行都司"祠庙"有旗纛庙（各卫俱有，为卫所军人祭军旗之所）、光福寺（旧名泸山寺）、景净寺（俱治建昌西北）、圣寿寺（越巂治南）、华严寺（盐井卫治内）、胜功寺（会川卫治内）、崇真观（宁番卫治内）、玄天观（宁番治东南）。[1]说明在四川五个主要的卫所之治内，都有佛教或道教宗教场所满足军家在精神层面的需要。

凉山州博物馆现存《白塔寺残碑》一通，内容已不完整，可辨认出是万历中期建昌卫社会各界人士募捐重修白塔寺的碑记。据称，白塔寺建于唐初六诏时期，因"年远寺隙，不胜芜秽。而况兵火叠逢，莲花座……"于是有倡募捐修者，"明年工成"，新修成的寺院"田土皆清而归于寺中，以供本寺僧人衣钵，接待十方衲子沙门"。碑的后半部分由参与捐修白塔寺的群体构成，很有价值，他们依次是时任游击将军马应智、宋明德、关天爵，建昌卫掌印守备张成、傅玉春，前所官刘希贵，左所官单唐祚，中所官方允昇，右所官汪自贤，礼州所冯国正，依次还有流寓信官、乡绅、经历司经历、儒学教授，土指挥使安泰宁，寿官、信善、生员、信士，以及土匠、型匠、画士、铁匠等。建昌卫社会各色人等，不分民族、不分文武、

〔1〕　嘉靖《四川总志》卷15《郡县志·四川行都司》，第23页。

不分等级，集众力完成了白塔寺的修建工作，他们是为了共同的信仰走到了一起。[1]

明代民间信仰佛、道合流的情况极其普遍，佛寺与道观并存或合祀一处的情况也是常见现象，像建昌著名的道教活动场所玉皇阁，同时也是著名的佛教活动场所，该处保留下来的石刻就是很有说服力的证据。万历三十三年（1605）三月二十日，"大明国四川行都司"、建昌卫东土城外马水长江村居住的信士段文学，偕缘信女刘氏等发心捐资命匠塑释迦佛一尊，安放于泸山玉皇阁后殿伺奉，"布种今生福果，功修后世津梁，用助遐龄，增崇善果"。同时同村的信士徐大国、信女张氏命匠镌造金轮炽盛光王佛一尊，奉于玉皇宝阁供养，"祈保夫妇作今生之福果，积来世之功勋，忏罪省愆，增延福寿者"。与此同时的还有信女张氏善缘、夫信士徐大国命匠镌造觉华自在王佛一尊，迎奉于玉皇宝阁供养，"祈保夫妇作儿存福，积来世功，忏罪省愆，增延寿年者"。是年，题为建昌卫中左所东土城外马水长江村居住的莫汝贵、缘人杨氏等人命匠于家镌造西方教主佛像一尊，迎奉于玉皇宝阁供养，"作今生之福果，积来世之功勋，专祈老年康泰，福寿绵延吉祥"。同时，同村人段文华也在玉皇阁镌造药师佛一尊，迎奉于玉皇定阁供养，祈保夫妇寿命延长。像原存于泸山玉皇阁上的《郑荣华镌造佛像三官像题记》碑等，都是在道教圣地镌造佛像的例证，时间也是在万历三十三年。这些信士、信女及其家人，都是建昌卫中左所的同一个里（村）内的人，以分别捐献不同佛像的形式祈福，内容大体相同，即求长生、平安、健康和功勋等。类似的镌造还有建昌卫泸沽里南山下居住的杨桂裕，他捐资命匠余加臣镌造了金相毗卢佛一尊，万岁牌一座，迎安隐溪寺侍奉，"祈见福寿"[2]，这些都反映了军卫之家朴素而善良的愿望，这些愿望

---

〔1〕《凉山历史碑刻注评》，第70—71页。
〔2〕《凉山历史碑刻注评》，第72—85页。

成为他们精神生活的重要组成部分。

（三）文官的精神世界和物质生活

四川行都司的文、武官员群体构成的差异也带来他们生活质量的不同。比较而言，在这里任职的文官因属于流官，自然不会在这里终老一生，他们许多是贬谪、流放之人，心境自然大不相同。在内心失落之余，也有不少文官把内地先进的文化、思想和观念带到边疆，对边地社会产生很大的影响。这与世世代代扎根于此的世袭武官的心境是大不一样的。

从前面我们征引的刘逊、董杰等人的事迹看，他们在努力践行中国传统文人"治国平天下"的责任与理念。当然，也有一点是相同的，即适应边疆的物质环境和精神生活是他们都必须迈过的一道坎。南直隶淮安人蔡昂（1480—1540），在正德、嘉靖时曾任翰林学士、礼部侍郎赠尚书，他有诗《送朱伯仁任四川行都司断事[1]》传世，写道：

> 白帝秋风动，乌蛮夕照含。怜君游宦处，地极势西南。
> 殊俗聊相问，军谋亦共参。雄飞方自此，休说鬓鬑鬖。[2]

短短的 40 个字，把四川行都司偏远的自然地理位置和迥异的社会风俗环境刻画出来，友人之间生死别离与肃杀凄冷的情感也跃然纸上。

卫所经历司经历、都事或行都司的断事官，是常设文官，流动任职。因经历品级比较低下，收入菲薄，正常情况下的生活水平不

---

[1] 断事，为断事司官，正六品，出现在洪武初年，负责五军都督府及内外都司卫所的讼诉事法，因建文时革五军断事官，各都司的断事职掌也被弱化。参见李军《明代断事司考述》（《故宫学刊》2011 年），然该文谈到了其他四个行都司的断事司官设置情况，没有提到四川行都司的断事官。

[2] 朱彝尊《明诗综》卷 40《蔡昂一首》，《文渊阁四库全书》本第 146 册，第 1 页。

会很高。由于明代官俸甚薄，许多低品级的官员赴任时是不敢带家属的。[1]万历年间，在四川行都司职任经历的赖天祚就是一个真实的例子。

> 赖道寄，字惟中，闽之宁化人，幼有志节，岸然异凡儿。父天祚，初为沈阳卫中屯经历，再移四川行都司宁番卫，卒于官。宁番去家万七千余里，值番夷叛，丧滞不还，逾年，讣始至。道寄一恸几绝，已甦，谋迎丧。宗老哀道寄年少，又道阻夷乱，欲尼其行，道寄益恸绝。遂变产得百金，留其半以赡二母，轻装重趼，披棘入宁番，而橐已罄矣。[2]

对赖天祚的履历，李世熊在《明四川行都司宁番卫经历赖公墓表》[3]中，借其子道寄之口，有更为详细的交待。

> 吾父也，父少习举子业，每试辄蹶，弃为布政司吏，就铨部试，占第三人，会铨曹不戒，文牍尽灾，父牍特岿然存。遂除直隶沈阳中屯经历，久之，瀜水灾淤，流败桑麦，比岁大饥，路殍相枕。

赖天祚是福建宁化人，字任，又闻之。赖天祚早年读书学习，尝试通过参加科举考试步入仕途，后被选充至沈阳中屯卫（治在北直隶河间府）担任经历一职，共8年时间，此时已到万历后期。[4]

---

〔1〕 彭勇《明代士夫追求润笔现象试析》，《史林》2003 年第 2 期。
〔2〕 李世熊《寒支集》初集卷 9《赖道寄传》，清初檀河精舍刻本，第 24 页。
〔3〕 李世熊《寒支集》初集卷 8，第 68—69 页；另据黄宗羲《明文海》补遗，清涵芬楼钞本；乾隆《汀州府志》卷 42《艺文四·赖道寄传》。个别字句表述略有不同。
〔4〕 《赖道寄传》中提及"道寄于是谒布政使邓公思启、按察使蔡公守愚"，查《明神宗实录》卷 509（万历四十一年六月壬寅，第 9642 页），"升云南按察使邓思启为四川布政司右布政，备兵建昌"，而蔡守愚长期在四川任职，至迟万历四十年九月尚在任（《明神宗实录》卷 499，万历四十年九月庚戌，第 9428 页），故赖天祚故去时间当在此后。

其间，当地出现重大灾荒，许多官员束手无策，只有他救灾有方，"莫不欢诵者当路。下其法，任丘诸县活民以数万计"。因继母去世，他丁忧回家，后又被补任四川行都司的宁番卫，"盖在万里边夷间矣，居二载，禁民诬借夷财，抚叛有成绩，大吏叙题，未得请，遂病卒于官。悲夫"。

在赖天祚去世四十年后，作为同乡的知名文人，也是他儿子的好朋友李世熊（1602—1686）给他写了墓表、传记等。其中对赖天祚的道德、人品予以高度评价，尤其是对他担任四川行都司经历予以评说，感慨颇多。

> 葬后四十年，道寄之友李世熊始拜公墓而表之，以铭曰：活万人奚不润一身也，浚万顷奚不偿五鼎也，利百年奚不名一钱也，祝万口奚为屈五斗也，天收其声，而予表其茔，巨衡失平，而使予定其正倾乎？

细读关于赖天祚生平履历，其中并没有提及天祚在宁番卫的家资、家室的情况，但可知他在宁番卫时，儿子道寄并不在身边，道寄的"二母"也不在他身边。也就是说，赖天祚极可能是独身一人在四川任职。另一个细节是，道寄从福建宁化到宁番奔丧，要花掉家资的一半，超过 50 两的银子，可见路途之遥远、费用之高昂。像赖天祚这样一个原身处明朝最东南的福建人，先是被委派到遥远的华北，在沈阳中屯卫任职，再被调任到大西南任职。尽管明代制度有规定，职官要地域回避，但这样只见制度不见人性的规定，多少让人感到制度的无情，而身处这一制度中的人，注定要饱受物质和精神生活的双重考验和折磨。

卫所制度虽然在元代已经出现，但在全国范围之内，将其最大化地普遍应用于整个国家疆域层面的管理，却是明朝的创制。以朱元璋的治国设想，兵农合一的卫所制度既可以安邦定国，又可以节省民力，具有得天独厚的优势，所谓"养兵百万，不费百姓一粒米"就是此意最简洁的表达。为了保证卫所制度的顺利推行，明中央还同时推行了屯田制、军户世袭制等作为配套，即卫所的军户（包括武官、军人）世袭当差，每个军人的背后，都是一个家庭，甚至是家族，他们世代生活在指定的卫所，卫所里的军人则是从全国各地抽调而来的。为了保证每个家庭的物资供应，他们均分配有数量可观、可以世袭的屯田。四川行都司内的军人，就是从全国各地抽调而来，他们要世世代代永远生活在这里，转变为当地永久居民（个别会被抽调到别的地方）。这样的卫所群体在整个明朝内地和边疆都普遍存在，具有共同的属性和高度的相似性。

明朝在边疆地区普遍推行卫所制度，还有更深一层的含义，因为边地既是经济基础相对薄弱的地区，也是少数民族聚居区。既然卫所行使军事和行政管理的双重职责，可以镇戍边疆和保卫地方，就不必复设行政文官（府州县），以此简化地方行政职权，减轻百姓负担。同时，由于边疆地区民族关系复杂，明中央"因俗而治"，允许当地保持高度的民族自治，大力推行土司制度，在土司接受中央封贡的前提下，允许统治权在其本族内部世袭（名义上仍须中央批准）。这样，在四川行都司所辖的凉山地区，汉人社会主导的卫所和彝族人聚居的土司，共同构成了边疆社会的两大管理体系。卫所军人和高度自治的边民被划区而治（土司、羁縻卫所、地面、府州），各安生理，又相互影响，抑或时有矛盾和冲突，这种并存共生的关系，在有明一代长期存在，并对此后数百年产生深远的影响。

有学者认为，明中央向边疆民族地区大量移民，是对边疆社会秩序的扰动，给当地社会带来了不安定的因素。不可否认，四川行都司卫所大都设置在安宁河谷等土地肥沃、交通便利、易于控制局势的地区，占据的是有利的位置。实际上，安宁河沿线从汉代以来一直是历代中央控制西南地区的重要地带，在此设治所，既非明朝首创，也没有对聚居性极强的边疆民族群体产生重大的扰动。这种情况，在贵州、云南、湖广以及西北等边疆地区也同样存在。仔细分析明朝近三百年民族地区的变乱，主要是地方文官（行政官员）的贪污、腐败、苛捐杂税所致，从武选簿所见犯法行为看，武官的日常生活行为并没有表现得比文官更恶劣。至于卫所军对土司变乱的镇压，主要原因一是当地土司内部势力消长变化，导致土司之间的权力争斗，二是这是明中央统一组织的军事行为，几乎不存在地方卫所小规模的擅自行动。

实际上，对那些必须要永远扎根在边疆社会的世袭武官家族而言，他们以服从国家命令为天职，移民于此，所付出的代价，无论是肉体上还是精神上的都是巨大的。首先，从全国四面八方举家而来的军人，都面临着职役袭替、娶妻生子、家族繁衍的重任和压力，因为家庭婚姻结构直接影响到他们在边地社会的地位、生存和发展。其次，在承平的日子，他们既会恪守祖居地的文化传统，又要学习和适应居住地的风俗习惯，还有寻求精神慰藉的意愿，都要直面精神世界的巨大变化。凡是种种，在明代以降数百年的发展衍变中，在广大边疆地区，逐渐塑造了别具特色的边疆移民群体，从某种程度上来讲，他们是明代卫所制度在边疆社会的见证者。

（原文《卫所制度与边疆社会：明代四川行都司的官员群体及其社会生活》，载《文史哲》2016 年第 6 期，中国人民大学报刊复印资料《明清史》2017 年第 2 期全文转载）

第十章 明代湖广行都司的制度运行与地方社会秩序

　　鄂、豫、陕、川四省交界的内地"边区"，因山多林密、人口不多，明初采取了"空其地，禁流民，不得入"的措施。但到明中期，这里还是酿成荆襄流民变乱。在平定变乱后，明中央决定在这里新置郧阳府、湖广行都司等机构以加强管理，并设置郧阳抚治（巡抚）来统辖，"边区"因此演化为"政区"。湖广行都司是权兼军事和行政的管理机构，在明中期设置时已呈现出新的时代特征。湖广行都司建置虽然中间有被裁撤过，但终因卫所事务的特殊性，一直延续到清康熙年间。从有明一代湖广行都司制度设计、运行及实效可见，作为军政管理的重要机构，都司卫所在明清时期社会秩序的调控中发挥了重要作用。

　　鄂、豫、陕、川交界的荆襄地区，在传统史学的研究领域，这里的流民问题最为大家熟知，从 20 世纪 80 年代以前，直至今天的通史和教科书都会对荆襄流民问题予以介绍和分析，把它作为明代中期阶级矛盾和社会问题日渐突出的例证。[1] 近年来，走出阶级分析史观的学者，开始对该问题从多学科领域予以关注，或把荆襄流民纳入人口史和移民史的研究体系[2]，或从历史地理、环境史角度，

〔1〕 赖家度《明代郧阳农民起义》，湖北人民出版社，1956 年；李洵《试论明代的流民问题》，《社会科学辑刊》1980 年第 3 期。
〔2〕 曹树基《中国移民史·明时期》，福建人民出版社，1994 年；张建民《明代湖广人口变迁论》，《经济评论》1994 年第 2 期；方志远《明清湘鄂赣地区的人口流动与城乡商品经济》，人民出版社，2001 年。

分析复杂环境下当时郧阳地区人地关系及其对后世产生的影响[1]。同时，从这一地区国家层面的治理史看，已有学者注意到"郧阳抚治"管理模式及其特殊性。[2]学者们长期多层次的研究，说明明代荆襄地区社会问题的重要性和复杂程度。

本章研究的对象是安置荆襄流民时设置的湖广行都司，前人的研究虽偶有提及，却多有空缺。[3]本章关注的重点是明中央处置荆襄流民问题时，在制度设计方面是如何最终落实到设置都司卫所之制上的。明代历史上，湖广行都司曾遭遇裁撤，中间到底发生了什么？本章尝试通过湖广行都司及其卫所的运行，来评估都司卫所体制在内地边界地区的管理中所发挥的不可替代的作用。同时，由于湖广行都司在成化年间设置时，距离明朝建国已有百年之久，它与明前期都司卫所制的基本规定相比较，已发生许多变化；对湖广行都司制度设计的考查，也有助于我们全面、动态考察明代都司卫所制度的基本特征及其运行实效，或可宏观评估明代国家制度设计与地方社会秩序调适之间的关系，尤其是在内边地区所发挥的重要作用。

一　湖广行都司建置的出台

洪武朝在致力于"以武功定天下"的进程中，逐步确定了"以

---

[1] 邹逸麟《明清流民与川陕鄂豫交界地区的环境问题》，《复旦学报（社会科学版）》1998年第4期；张建民《明清长江流域山区资源开发与环境演变：以秦岭—大巴山为中心》，武汉大学出版社，2007年。

[2] 例如徐永安的《郧阳抚治形成时期的三位一体结构及其历史地位》（《湖北大学学报（哲学社会科学版）》2011年第4期）总结出了三位一体的管理体制，他认为"同时配置一个巡抚（郧阳抚治）新辖区，辖区核心区内一个新的府州（郧阳府，抚治驻地），一个行都司（湖广行都司）。这样的配置在明督抚历史中或可谓是绝无仅有的。三者互相依存，不可偏废一方，以保证辖区的长治久安"。胡丹《一个多元管理体制的典范——"荆襄"管理体制初探》（《济南大学学报（社会科学版）》2015年第6期）认为，"明代湖广省域内存在四种特殊体制，显示出地方治理的多样性，其中尤以荆襄体制最为繁复，几为新省"，权力层次多达五层。

[3] 明代行都司的总体研究，有谢忠志《明代的五行都司》、郭红和靳润成《中国行政区划通史·明代卷》，探讨了湖广行都司卫所建置及其所辖卫所的沿革。

军卫民，军民并立"的军政管理体系，即除布政司和府州县系统之外，以军政合一的都司卫所兼理军政。不仅在广大边疆地区不设布政司及府州县，代之以都司卫所来直接管辖，即便是十三布政司和南、北二直隶地区设置的都司卫所，也保有相对独立的管理权，拥有独立的户籍、屯田辖区以及若干管辖权，是独立于府州县的地理单位。

元末明初，鉴于荆襄地区特殊的自然地理环境，新朝管理不易，遂采取了"空其地，禁流民，不得入"的政策，荆襄地区的行政管理一度出现了一段时间的"相对空白"[1]。高岱《鸿猷录》记：

> （郧）地多山，元至正间，流逋作乱，元祚终，竟不能制。国初，命邓愈以大兵剿除之，空其地，禁流民，不得入。然地介湖广、河南、陕西三省间，又多旷土。山谷隈塞，林箐蒙密，中有草木，可采掘食。天顺中，岁馑，民徙入不可禁。[2]

在明初的地方管理中，"移其民、空其地"的做法并不少见，在广大的北边地区，蒙元贵族退出中原后，明廷也曾在长城地带移徙百姓，空出大片区域，一部分屯住军士，另有大面积疆土一时无人居住。[3]这一政策的实施，显然一是因明初人口较少，二是因政府需要强力调整和控制。

---

〔1〕 谷应泰《明史纪事本末》卷38《平郧阳盗》，中华书局，1985年，第561页；张建民认为，不能根据当时山区中的河区、盆地等平地生产条件较好的地方居民稀少，进而推测山区山地人口也少，甚或更少乃至近于空白。他认为战乱之后，平地少人，山地人多，或平地无人，山地有人。本人认为张先生的观点有一定的道理，同时认为，平地人少，对山地脱籍人口不宜有过高估计，故使用"相对空白"一词。参见张建民《明清长江流域山区资源开发与环境演变：以秦岭—大巴山为中心》，第90页。

〔2〕 高岱《鸿猷录》卷11《开设郧阳》；谷应泰《明史纪事本末》卷38《平郧阳盗》，与前者多有雷同，个别字词稍有不同。

〔3〕 以宁夏地区为例，"国初，立宁夏府。洪武五年废，徙其民于陕西。九年，命长兴侯耿炳文弟耿忠为指挥，立宁夏卫，隶陕西都司，后增宁夏前、宁夏左屯、右屯、中屯，为五卫。寻并中屯于左、右二卫，为四卫。见弘治《宁夏新志》卷1《宁夏总镇·建置沿革》（胡玉冰、曹阳校注），中国社会科学出版社，2015年，第2页。

当然，短暂"空白"的地带被填补只是时间的早晚而已，根本的原因是社会稳定之后，人口的增长和流动必然导致这些区域被重新使用，政府出面管理也将成为必然。建文朝时，曾设置过湖广行都司，可惜详情暂不可考。[1]

诚如上引高岱所言，毕竟此地山高林密，资源丰富，有食可采[2]，随着全社会人口的增加，流民迁入山区呈必然之势。当大规模的流民潮出现之后，如何应对流民，明朝中央和地方出现了许多声音。前后历经反复，劳师动众，初步平定变乱，控制了形势。"时寇虽平，诸郡邑控制戍守皆未设，地旷险如故"[3]，明初留下的管理缺位，制度该如何弥补？如何管理荆襄之地，成为摆在明政府面前的棘手问题。

从中央、地方等官私所修史书看，侨置流民，设卫守御，是君臣上下的普遍共识。在平叛过程中，对流民大肆杀戮、驱赶遣散的项忠，在事后受到许多大臣的猛烈批评。项忠上疏自辩，也得到了皇帝的理解和支持。但在大规模调兵平定叛乱之后，如何建立长治久安的统治，是大家更加关注的问题。鉴于当地的防御力量不足，甚至是空虚的现状，增加卫所以加强防御被提到议事日程上来。

在郧阳开府、设行都司问题上，郧阳首任抚治、都御史原杰毫无疑问是首功之臣。然而，他并不是第一个提出在荆襄设都司卫所的官员。早在成化二年（1466），时任提督湖广军工部尚书的白圭和总兵官抚宁伯朱永等人，就上奏称"荆襄一带山林深阻，流民往往群聚"，但距离周围的州县较远，而千户所的设置很少，不足以防御，"县小民寡，遇有盗贼，急难救援"，他们建议"请于此设立

---

〔1〕《明史》卷90《兵志二》记："建文帝嗣位，置河北都司、湖广行都司。"（第2195页）
〔2〕据中国人民银行郧阳地区分行编《郧阳地区主要资源及产品》（内部资料）的调查报告称，"这里地形复杂，南北气候兼而有之，适宜多种动物、植物的生长繁衍。自然资源极为丰富，发展潜力深厚，前景十分广阔"（见《前言》第1页），可见长期以来特殊多样的自然和地理条件孕育了农、林、畜牧、水利、土特产、中药材和矿产等丰富的资源。
〔3〕高岱《鸿猷录》卷11《开设郧阳》，第257页。

千户所，以备御地方"[1]。在新安定的地方调去或新添设一个守御千户所来加强防御，是有明一代通行的做法，故他们的提议很快得到了宪宗的批准。在次年三月，"初置湖广远安守御千户所。襄阳府远安县在万山之中，去军卫远，编户止一里半。流民数多，易为变乱。巡抚都御史等官请以荆州卫带管护卫多余军立千户所。故有是命"[2]。这里特别提到了建千户所的理由之一，是官府能控制的里甲数太少，民兵防御力量显然严重不足，故把荆州卫下的军人组成一个新的千户所。

此后近十年间，有不少官员参与了安置荆襄流民、稳定荆襄社会秩序的大讨论，许多官员强烈批评项忠的滥杀，建议设置府县、卫所，以安置流民。如国子祭酒周洪谟著《流民说》，建议借鉴东晋时"侨置"郡县以安置流寓之策，"若今听其近诸县者附籍，远诸县者设州县以抚之，置官吏，编里甲，宽徭役，使安生业，则流民皆齐民矣"[3]。此说得到都御史李宾的赞赏，李再上疏，"荆襄流民必立州县、卫所以统治控制之，可免后患"[4]，得到宪宗的同意，"命（原）杰往莅其事"，时在成化十二年（1476）五月。

此后不久，我们在《明宪宗实录》中还读到了一位身份特殊的建言者，倡立府州县、卫所，他就是北城兵马指挥司带俸吏目文会。他说：

> 荆襄，自古用武之地……谨条陈处置流民三事。其一，荆襄之地多高山深谷，其中土地肥饶皆可耕种。欲将远年入籍流民给还田土，收籍管业。其新附籍领种田土者，编成里甲，量加存恤，仍给与牛具、种子；欲回原籍者，听；其为生员、里

---

[1]《明宪宗实录》卷36，成化二年十一月癸酉，第707页。
[2]《明宪宗实录》卷40，成化三年三月甲申，第821页。
[3] 谷应泰《明史纪事本末》卷38《平郧阳盗》，第566页。
[4]《明宪宗实录》卷153，成化十二年五月丁卯，第2795页。

胥被逐去者，令其复业；其发充军逃回者，就编本处卫所。其二，流民潜处，出没不常，非得贤守令莫克与治。乞选府州县正官及军卫守御之臣，文武皆得其人，则流民自安。其三，荆襄上流为吴楚要害，民居星散，道路多通，欲于总隘处所添设府卫州县，创立铺舍、巡司，先命官管束，不得扰害。凡五家立为一伍，十家置以为联，不许散处，立保甲之法，禁异端之教，通货贿以足其衣食，立学校以厚其风俗，则其民自日趋于善矣。[1]

都察院会议之后，认为其言有理，便"请移文抚治都御史原杰斟酌处置"，并得到了皇帝的批准。原杰到任之后，充分听取诸多大臣的意见，并通过实际考察和调研之后，正式向中央提出一揽子建议，这便是他著名的《处置流民疏》[2]，时在当年九月。

据原杰讲，他到任之后，委派湖广、河南、陕西的都布按三司官员王用等遍历山谷，取勘流民共 113317 户，男妇共 438644 丁口，这些人除来自以上三省外，还有山东、山西、陕西、江西、四川等省的军、民等籍。流民的数量多，来源地区广，成分复杂。同时，流民聚集的襄阳之地，俱在万山之中，现有的湖广三司等往来处置均不方便。因此，他建议：

> 必须就近添设司、府，分管卫、县。位高望重，且知利害所系，较之所、县，百倍有益。此郧阳立镇之始。今踏勘得郧县地方广阔，迫近汉江，路通竹山、房县、上津、洵阳、淅川等县，正四通八达要地，递年盗贼出没之所。应合展筑城池，

〔1〕《明宪宗实录》卷 155，成化十二年七月丙午，第 2819—2821 页。
〔2〕 该奏书在多种文献中有记。如万表《皇明经济文录》卷 22《湖广》，嘉靖刻本；裴应章、彭遵古《郧台志》卷 9《奏议》，长江出版社，2006 年；陈子龙《明经世文编》卷 93《原襄敏公奏疏》，第 822—823 页。此后地方史志文献多有收录，文字大同而略异。

添设府卫，控制地方，抚安军民……俱系长山大谷，密傍江河，各离县远，非独藏贼巢穴，抑亦禁捕不前，俱合添设县治并巡检司，等因。

成化十二年十一月，中央决定开设湖广郧阳府，设湖广行都司、卫、所及县。郧阳府及辖县，是析分重组了湖广、河南和陕西等三布政司原辖政区而成。在郧阳同时设置的行都司及其卫所则是改并了原湖广都司的卫所。郧阳府于成化十三年春正月正式成立。

湖广行都司主体部分由湖广都司改设，二都司同属于五军都督府中的前军都督府。初设时下辖8个卫，分别是荆州卫、荆州左卫、荆州右卫、瞿塘卫、襄阳卫、襄阳护卫、安陆卫和郧阳卫，其中郧阳卫为新设卫。千户所9个，旧有夷陵千户所、长宁千户所、枝江千户所、德安千户所，此后设置的有远安千户所、竹山千户所、均州千户所、房县千户所，以及忠州千户所。嘉靖十八年（1539）至二十一年间，又因设立兴都留守司，安陆卫改名为承天卫，荆州左卫改名为显陵卫，与德安千户所一并脱离。[1]

从镇压驱散到侨置附籍，明中央的处置流民之策从收一时战功转向了长治久安的管控，项忠戡乱功在一时，原杰经略利在百代。江西广昌人何乔新当时协助原杰工作，他死后，《明实录》有小传，"都御原杰巡抚荆襄，引以自助。先是，都御史项忠驱逐流民，械系死者无算，闻杰至，皆逃匿，将为变。乔新驰至山谷，诲谕恳到，民感悟，愿附籍"[2]。这就从一个侧面反映了成化年间荆襄政策的巨大变化及前后效果的迥异。

纵观这一时期全国的整体形势和湖广行都司建置出台的前后历程，像江西的南赣地区，在贵州、湖南交界的偏远地区等内边地区，

〔1〕 万历《明会典》卷124《兵部七》，第641—642页。
〔2〕《明孝宗实录》卷194，弘治十五年十二月庚申，第3577—3578页。

都曾经出现大规模的地方变乱，明中央也一度兴师动众前去镇压，那里也都曾设置过巡抚以及新的卫所或州县，但都没有像在荆襄地区设置省级湖广行都司的力度之大。笔者认为，明中央在制度设计时，主要基于荆襄地区如下几个特点：一是流民人数众多，来源广泛复杂，遣散几不可能；二是这里四省交界，地形复杂，涉及防守区域面积大，设立省级行都司是必要的；三是当地是唐宋以来兵兴之地，而湖广都司管辖范围很大，有足够的卫所资源可以拆分，有组成新都司的可能性。

二　湖广行都司管理体制的新特点

湖广行都司属省级都指挥使司，虽然从湖广都司析出，在地位上二者却是平级的，之所以称之为"行都司"，原因是在湖广自然境内已存在湖广都司，它并不是湖广都司的派出机构。明代主要有五个行都司，由于行都司设计的职能相对单一，所以卫所数量少，辖区相对较小，但其职掌和运行与都司并无二致。[1]然而，湖广行都司与湖广都司，乃至全国其他都司、行都司相比，又有自己不同的"时代特色"。成化十二年，湖广行都司设置时，距离明朝建国已逾百年，此时的卫所制度运行，以及地方三司（都、布、按）之制与明初洪武时代相比已有明显的变化，故湖广行都司管理体制既沿袭了都司卫所的基本特征，在实际运行时又呈现出新的特征。

第一，湖广行都司与郧阳抚治同时设立，并统之于抚治，体现了明代地方治理鲜明的时代特色。洪武九年（1376），明太祖下令废除行中书省，在地方分设承宣布政使司、都指挥使司和提刑按察使司，三司并行，互不统属，权力一统于中央和皇帝。三司并行的缺

---

[1]　参见本书《明代卫所制度与边疆社会——四川行都司的官员群体及其社会生活》相关内容的论述。

陷很快显示出来，于是中央陆续派出巡抚、总督以弥补。如湖广巡抚始置于宣德五年（1430），辖湖广全境，后虽时有罢置，但在绝大部分时间里，湖广巡抚是地方实际最高长官。

湖广行都司设立之前，除湖广巡抚外，为应对荆襄流民问题，成化元年（1465）先设荆襄抚治，后改荆襄地归河南巡抚管理，再于成化十二年与行都司同时设立郧阳抚治。[1] 抚治即巡抚，"台以中丞开府为文武总宪"[2]。湖广行都司作为郧阳抚治辖区的一部分而存在，行都司只是辖区内专管其下卫所事务的管理机构，它与同时列入郧阳抚治的河南、陕西和湖广的部分州县一道，由郧阳抚治来统一管理。

为安置大量的荆襄流民，稳定地方社会秩序，明中央决定"编附州县，开设郧阳府县、湖广行都司及郧阳卫"，同时拆分重建了湖广、河南和陕西的部分原属府州县，新置了竹溪县、郧西县、南召县、桐柏县、淅川县、白河县、山阳县、商南县，升商县为州。[3] 此后又陆续改置归并，郧阳抚治的辖区包括了湖广的郧阳府、襄阳府、荆州府和安陆府，河南的南阳府，陕西的汉中府、西安府，以及四川的夔州府，以及治在郧阳的湖广行都司及其卫所等。巡抚辖区与都司卫所辖区一样，都不是与布政司府州县完全对应的"政区"，甚至并没有清晰的四至与边界，拥有的主要是"事权"，因事而设，非历史地理学上典型的"政区"。[4]

值得注意的是，郧阳抚治曾被短暂撤罢。万历九年（1581），当时吏部官员认为郧阳抚治完成了历史使命，湖广行都司又同时被撤，抚治内的府州县事权改归原布政司管理，行都司卫所的管辖权改归

---

[1] 靳润成《明朝总督巡抚辖区研究》，第90—91页。
[2] 万历《郧台志》卷5《官属第五》，第236页。
[3] 万历《郧台志》卷1《建置·总镇》，第3—4页。
[4] 徐永安注意到了湖广行都司并不是单一的"军事管辖区"，而是"特殊辖区"，并指出"行都司为辖区"这一属性此前为学者研究抚治辖区时所忽略，参见《郧阳抚治辖区的历史演变》，《陕西理工学院学报（社会科学版）》2015年第3期。实际上，这恰是都司卫所所具有的行政管理属性之体现。

湖广都司。而撤罢之后留下的是难以有效管理的乱局，很快又只好恢复郧阳抚治和行都司建置。从某程度上讲，湖广行都司是为了配合或保障郧阳抚治的运行而设立的，这与明初省级都司的设立背景不太一样。

第二，都司卫所制与营兵制并行。都司卫所制与营兵制本是两种不同的军事组织运行和管理方式，二者存在并行与交错的密切关系，本书有专章论证。[1]成化年间，鉴于卫所历经百年变化，世袭官军或数量不足，或职责不明，明廷采取了对世袭武官进行军政考选的方式，明确武官的责任，以营兵制编制，各司其职，定期考核。这在其他都司卫所是经过长期的变化才形成的，但湖广行都司在设立时，已明确了兵源以卫所为主，戍守则以营兵制编组。在万历《郧台志·武职》中，湖广行都司的官员均为军政考选出的武官[2]，虽然他们还都是世袭的身份，但武官考选有定额，其下设都指挥掌印、金书（管屯、巡捕），中军守备官，郧襄守备、荆瞿守备、南阳守备和汉中守备等。其下辖郧阳卫等诸卫所，则直接记其指挥、镇抚、千户、百户等世袭武官。[3]这表明，湖广行都司武官体制一改此前的弊端，适应了新的防御形势。

郧阳抚治下的防御体系也因此发生明显的变化，郧治之下，都司所属卫所的武装力量仍是地方防御的中坚，湖广行都司、河南都司和陕西都司等三都司中均有卫所听其差调，而抚治之下各府的民兵、机兵、义勇和弓兵均有定额，分配有相应的任务。[4]

因此，湖广行都司出现在明代中期之后的特殊性，有地方都、布、按三司职能交叉运行，有郧阳抚治的特殊管理模式，有权兼地

---

[1] 参见本书《明代卫所制度流变论略》和《明代的"都司"：从军政机构到武官称谓》两章的相关研究。
[2] 有关明代军政官的铨选问题，参见曹循《明代卫所军政官述论》，《史学月刊》2012年第12期。
[3] 万历《郧台志》卷5《官属第五·武职》，第244—245页。原书此处的断句有误。
[4] 万历《郧台志》卷7《兵防第七》，第275—286页。

方三司的巡抚，有跨四省和行都司的郧阳抚治辖区。湖广行都司在实际运行时，既要与都察院都御史抚治官和钦差提督太和山的内官等中央派驻官员打交道，也有分守道、分巡道和兵备道等省级监察官员参与相关事务。这种复杂性，虽然在明朝国家制度运行中有存在的依据，但它不仅为其他都司卫所前期所不具备，也在明代中后期的其他都司卫所中不多见。

湖广行都司的设置，改变了原来的卫所管辖权，设置新的行都司（后因特殊需要再拆分出兴都留守司）。设置新的都司，毕竟不同于新设一个卫或者所，它需要较大范围内的综合协调，湖广行都司的设置直接涉及三个都司的十多个卫所，是明代中期以后最大规模的卫所管辖权调整。它主要是上级管理和指挥权的变化，实际屯住地并没有发生变化。所谓"国初，授屯去卫多致数百里，久益淆乱，不可穷核……督属卫所，去镇远者，起于国初，其弊尤甚"[1]，只有郧阳卫新设，"郧军左、右二所，皆从流遁充发至前所"[2]，情况与之不同。

三 湖广行都司建置的多次变化

在明朝建国百年之后，都司卫所的管理体制发生明显变化，一些原来的基本属性也发生了明显变化。比如屯田、户口信息的相对公开，为总督、巡抚，甚至科道官所掌握；世袭军人数量和质量的变化，使得军事防御的结构组织、人员组成、经费来源等都发生了较大的变化。

然而，湖广行都司仍基于都司卫所制度，在它的实际运行中，始终有一些不变的基本属性。都司卫所系统是相对独立的管辖系统，

---

[1] 万历《郧台志》卷8《储饷第八·屯田》，第291页。
[2] 万历《郧台志》卷7《兵防第七·军兵》，第275页。

有自己所辖的地区（屯田等）、户口（卫籍，含军户和代管民户）和相对独立的管理体系（司法、行政、财务等）。首先，卫所屯田的性质和管理组织没有实质变化。湖广行都司是改变原来卫所的归属而设置的，虽然分布相对集中于鄂西北地区，实际却散处四省的府州县之间（即历史地理学者所谓典型的"非实土卫所"）。因为卫所的屯地本来就比较分散，不可能形成相对集中、封闭的"政区"，此时此地都司卫所屯地的分散性要比明初卫所辖地更强。不变的是，卫所屯地的官田属性并没有发生改变。其次，卫所官军舍余的世袭军籍，以及卫籍的管理方法没有变化。正是由于这些属性不变，在湖广行都司长期运行中，遇到诸多变化因素，当"变"与"不变"发生冲突时，调适之中，"不变"的成分得以坚守，在某种程度上也说明都司卫所管理体制在明荆襄社会的不可替代性。

（一）兴都留守司的建立与湖广行都司的拆分

嘉靖登极，经过长达 18 年的"大礼议"之后，他的父亲兴献王最终被尊为"睿宗献皇帝"，神主入太庙，升原陵为显陵。嘉靖十八年（1539），世宗下令改湖广行都司属荆州左卫为显陵卫、安陆卫为承天卫，到二十一年，又将湖广行都司的德安千户所和湖广都司下的沔阳卫划拨，组建了兴都留守司，并将原郧阳抚治下的安陆府改为承天府。

兴都留守司是依托湖广行都司、湖广都司的卫所设立的，其 3 卫 1 所中，有 2 卫 1 所来自行都司。据《明世宗实录》，"改荆州左卫为显陵卫，移置其官军之护守陵寝。仍照凤阳例建留守司，命之曰'兴都留守司'。序次中都，设正、副留守各一员，金书指挥一员，经历、都事、断事、司狱各一员。统辖显陵、承天二卫"[1]。这表明：第一，兴都留守司属于省级卫所系统，官、军世袭承担差役，

---

〔1〕《明世宗实录》卷 224，嘉靖十八年五月丙子，第 4667 页。

其承担守陵与仪卫的职责，规制遵循孝陵卫。第二，凤阳中都留守司的职责所系及运行，给兴都留守司的建置提供了参照。第三，时代变迁，兴都留守司的设立已不像中都留守司那样有充裕的兵源，实际上中都留守司也大量参与了留守司外的其他事务，如长期参加京操、漕运等事务，并非仅仅拱卫中都而已，这表明政治地位与现实的需要有一定的差距。

（二）湖广行都司的裁撤与争议中的复设

万历九年（1581），郧阳抚治被罢，湖广行都司同时裁除，《明神宗实录》记载：

> 吏部题称，抚治郧阳都御史添设百余年来，更置州县，安集大定，且三省各有巡抚，而郧阳所属，有参政副使四员，使能协谋夹持，必不误事，抚治都御史似当裁革。[1]

万历九年，正值张居正当政之期，吏部尚书为山西人王国光，对这次裁革的因果，王国光在《司铨奏草》中有简要的交待。当时，山东巡抚缺员，时任郧阳巡抚的杨俊民调任。"奉圣旨，杨俊民升都察院右副都御史巡抚山东等处地方，督理营田，兼管河道提督军务，写敕与他。这郧阳并顺天巡抚官，设自何年，即应否裁革，还查议来说。"圣旨特别提到了郧阳、顺天二巡抚存在的必要性问题。吏部遂奉圣旨"调查"，结论便是上面《明神宗实录》所记。万历九年四月二十六日，圣旨再下："巡抚原非额设之官，先朝偶因地方有事，特遣大臣经理，事宁回京，后乃相沿，遂为定员，实非旧制，这顺天、郧阳巡抚官，既查议明白，都着裁革。其听用武职、军伴及徭编、人役、公费等项，都尽数裁省免编，毋得牵制量留，复滋冗

---

[1]《明神宗实录》卷111，万历九年四月己未，第2133页。

滥。"[1]如此说来，裁革郧阳巡抚的理由是巡抚官原非额设，因事而设，既然郧阳安集大定，又有鄂、豫、陕三省官员协调防御，这里治安可保无虞，为节省开支，力主革减冗官滥费，郧阳和顺天巡抚因此被裁。这与万历时期张居正的吏制改革有一定的关系。

郧阳抚治裁革后，其所辖区分属原鄂、豫、陕三省巡抚。湖广行都司也深受影响，当年六月，时任湖广行都司佥书的解节调任兴都留守司，"掌兴都留守司军政"[2]。九月，吏部对郧阳巡抚治内的军事防御提出了善后事宜，"郧阳抚治既革，行都司经历、断事等官，及郧、均二驿，地僻差简，俱宜省革。止添设参将一员，及下荆南道参政兼宪职，改驻郧阳，以便弹压"[3]。这样，湖广行都司地区的卫所仍在，但省级日常管理机构已被裁撤。

然而，郧阳的实际情况却并非中央官员想象的那样，郧阳的地方事务处理，不是"安集大定"之后就可以安稳运行的。由于明朝疆域和事务管理的特殊性，卫所体系与行政体系并行而不可替代，此次裁撤导致原郧阳抚治内管理体系之间，尤其是湖广行都司内卫所事务的处置面临重重困难。这一时期也是郧阳地区管理和军民关系出现重大波折的时期。甚至还引发了"丁亥之变"（郧阳兵变），足见废除抚治和行都司之后暴露出的尖锐矛盾，以及军民系统之间的矛盾。

实际上，郧阳抚治在被废除后不久，便恢复了它的设置。督抚在明代并非地方的常设机构，因时因事而设，是明代这一制度的基本特点。不过，从另一角度看，郧阳抚治旋废旋置，也说明地方治理已离不开巡抚职官的统管。万历十一年（1583）正月，郧阳抚治恢复后，湖广行都司并没有同步恢复，原所辖卫所的管理问题没有得以解决，代之而设的参将在管理军政事务时，显然无法与都司卫

---

〔1〕 王国光《司铨奏草》卷7《议裁郧阳顺天贰巡抚疏》，全国图书馆文献缩微复制中心影印中国国家图书馆藏万历十年刻本，2009年，第359—365页。
〔2〕 《明神宗实录》卷113，万历九年六月癸卯，第2156页。
〔3〕 《明神宗实录》卷116，万历九年九月壬午，第2195页。

所管理体制相衔接。郧阳抚治复置的同时，顺天府尹张国彦为右副都御史，抚治郧阳，他上任后就议复行都司，但没有被批准。此后的三年间，郧阳抚治如走马灯一样，换了毛纲、方弘静、李材三人，直到万历丁亥年（十五年，1587）李材任上爆发了"丁亥之变"。[1]

也正是因为郧阳爆发的这场激烈的军民冲突，湖广行都司才最终得以恢复。万历《郧台志》记载：

> 万历九年罢镇，并裁行都司，置参将镇其地。参将客官仅以事权弹压，而官军袭替、钱谷收支，仍归湖广，往复二千里，卫所多苦之，且独任专城，指顾惟意。十一年，都御史张公国彦条上议复，不果。已，参将米万春稍短长其间，遂成丁亥之变。丁亥之明岁，都御史裴公应章抚定诸军，疏革参将，复行都司如故，置中军，标下兵三百名，请以管操都指挥带管中军事务。[2]

"丁亥之变"发生的原因，据时任郧阳抚治的都察院右佥都御史李材称：

> 顷因郧阳府县两学生员惑于风水，欲将分守参将驻扎旧设行都司公署议改学官，一时军众思系本管衙门，忿激噪呼，将首议数生住屋一并毁打，以相酬对，致乖法体。[3]

事情的起因是湖广行都司因被裁撤未复，公署旧址却被郧阳府、县儒学学生看中，想把它改为学宫。军人认为这地方是他们的军政衙门，便把儒学生给打了，还进一步扩大了事态。这是一起典型的军民冲突。为什么参将尚可进驻旧行都司公署，府县的生员议改学

---

〔1〕 万历《郧阳府志》卷9《秩官表》，长江出版社，2006年，第107页。
〔2〕 万历《郧台志》卷1《建置·军卫》，第6页。原校注本断句有误，今改。
〔3〕 万历《郧台志》卷9《奏议·营军噪呼乞恩宽处以宁地方疏》，第384页。

宫却不可以？当然，参将与原来行都司都指挥使下掌印、金书官的身份有明显的不同，我们下文分析。

我们再通过抚治裴应章的奏疏来一探行都司职能的不可替代性。这份奏议是裴应章在接替李材之后，充分听取了湖广都司各级卫所官员、湖广布政司和郧阳府州县，以及在中央的批复和建议之下，在多次进行充分调研和论证后，提出的恢复湖广行都司、设置中军等提案，并最终获得批准。

> 故先年因流寇荡平之后，议设行都司以统辖郧、襄、荆、瞿等一十三卫所。凡一应征调、袭替、钱粮、文移等项，悉听该司总理。盖于控驭之中寓联属之意，其为郧中苞桑户牖之谋，至深远也。近因本镇奉裁，亦将行都司并议革，而改设参将一员代之，其各卫所官合袭替、比并，岁进表笺与一应文册，俱属湖广都司管理，道路险远，往返艰难，而各项公费、钱粮又不免重复征派，于是人情苦累莫胜，大称不便矣。且参将之事权虽云隆重，而流官之脉络终欠贯道，去年呼噪之变可为明鉴已。故臣谓今日复行都司，其便有五：体统相维，臂指相使，而无抵牾阏隔之弊，则便；官所之袭替、旗军之比并，免困累沉滞之苦，则便；岁进表笺、赍解文册，省往返跋涉之劳，则便；衙舍见成，修故葺新，无烦改创，则便；俸薪公费，添彼酌此，大略相当，则便。此五便，乘此时势复之，益而不损，安而不劳，事体人情两相妥顺，顾奈何执拘孪之见，而不为郧中久远之谋也哉？
>
> 至于全设之议，尤为远见。若止设二员，则每年除赍进表文外，止掌印一员，中间升迁事故，往往缺人。若临期借置于省会，则迎送之烦费，奸弊之丛生，诚有如该道之所虑者。故与其慕一时节省之名而滋后日劳费之累，固不若全设之为愈也。既经三司会呈前来相应具题，伏乞敕下吏、兵二部再加酌议上请。合无将行都司照旧全设，掌印一员，金书二员，一管操捕，

一管屯粮。其管操者即注定带管标下中军事务，统领五县民兵，常川操练。首领经历、断事各一员，吏、承、知、印查照原额仓设，听用、军伴等役于郧阳卫拨送，俸薪、公费等项原编衙门派征。原奉敕书一道、符验二道、旗牌各五面副、铜牌十面，俱照数颁给布政司收贮。原印三颗，候议复之日，听本司径自移送收掌。其改设参将一员，径行裁革。……

一议设中军官以肃军令。照得郧阳北枕商於，西连汉沔，东扁宛洛，南控荆襄，盖四通八达之区也。山岩险阻，易以凭陵，流土销居，乘间窃发。先年建置抚臣虽职专抚治，然防微制变，戒切衣袽，则诘戎耀武之计可置之而弗讲乎？先任抚臣孙应鳌虽题奉钦依，业已加提督军务职衔，顾提督徒有虚名，而军务尚未料理。即如中军官所借以传宣号令，整肃步伍，上听军门之指麾，下为三军之领袖。体统之所维系，血脉之所贯通，皆于此官攸赖者也。先年本镇亦有中军官一员，向以所属卫分闲住守备等官充之。然枌榆瓜葛，威令不行，且非奉钦依，事权掣肘，见以为无益旋设而旋废矣。查得南赣地方控制诸省，事权体统与本镇相同，已有钦依中军官，而本镇独无，甚非所以壮军威而戒不虞也。今欲另议增添，不免又滋俸薪供应之费。合无即将臣请复行都司管操佥书一员，带管标下中军事务，斯官不增设，而调度有人，军威可振矣。然设中军官而不设标兵，则官徒设也。今不敢议设标兵者，一则以召募之众恐难制驯，一则以军饷之供无从措办。臣查得郧阳府所属郧、房、上津、竹山、郧西五县，每县原有民壮六十名，五县共三百名，皆拣选强壮有武艺者，谓之精兵。每年春秋二季，齐赴郧镇操练……斯则不召募而兵见成，不征派而饷自足。一转移之间而威武奋扬，缓急有赖，久安长治无有便于此者矣。[1]

_____

〔1〕 万历《郧台志》卷9《奏议·条议善后事宜以图久安疏》，第401—403页。

湖广行都司撤除后引发的不便、冲突，充分表明了卫所体系之下，世袭武官的升迁袭替考核、旗军舍余的日常管理，以及卫所内的行政、财政等管理均有不同于府州县的特殊之处，仍然是由都司卫所系统独立管理，不能由府州县系统取代。即便是参将作为营兵制下武官，是"流官"，是"客官"，也无法取代世袭官员的日常管理，毕竟"参将之事权虽云隆重，而流官之脉络终欠贯道，去年呼噪之变可为明鉴已"，"参将之添设固亦足以弹压三军，而流官之体统终不足以联属众志"。

　　为此，裴应章请求比照南赣事例，设"中军"一员，意在寻找卫所制与营兵制之间适当的连接点。"借以传宣号令，整肃步伍，上听军门之指麾，下为三军之领袖。体统之所维系，血脉之所贯通，皆于此官攸赖者也"，这样的官员，选择对象是"复行都司管操金书一员，带管标下中军事务"，中军官下的"标兵"又来自民兵，"五县共三百名，皆拣选强壮有武艺者，谓之精兵。每年春秋二季，齐赴郧镇操练……斯则不召募而兵见成，不征派而饷自足"。

　　从《明实录》的丰富记载看，此后湖广行都司一直在正常运行，担负起地方的日常管理之责，行都司下的都指挥掌印和金书，要经过军政考选担任，他们一直参与在全国各都司之间任职的轮替，直到入清之后很长一段时间内，仍然发挥着管理作用。康熙二十一年（1686）六月，清廷下令"裁湖广省行都司缺"[1]，此时距离郧阳抚治被裁撤又过去两年之久了。

四　制度运行与边地秩序

　　在明代，都司卫所军政制度和司府州县行政制度是明代并行的国家管理运行体制。都司卫所制度延续到清代仍然长期存在的事实

---

[1]《清圣祖实录》卷103，康熙二十一年六月甲午，第5册，第39页。

表明，作为一种国家管理模式，它仍然是省府州县行政制度无法取代的。卫所制度的长期存在，固然有制度的延续与传统的因素，但无法回避的是制度本身存在的合理性，也就是说像郧阳这样虽非处于典型意义上的边疆地区，却地处几个政区边缘的交接地带，这些地区又不像国家东部或北部的平原地带，易于控制和管理，这里山高谷深、交通不便，行政控制力较弱，形成了典型的"三不管"地带。边地亦在腹心，它影响的是周边地区的安宁，进而影响到国家的安定。郧阳地处三藩四省犬牙交错之地，距离各省腹心均为偏远，靠一省之力控制均为不易，"郧阳，一弹丸之地，赋与民不当齐鲁一大邑。然穷荒极险，实为秦、蜀、楚、豫四省咽喉"[1]。嘉靖时抚治都御史叶照曾言，"凡三藩之郡，若县兵卫之列，于褒斜、江汉、汝洛山谷之间，咸控制之。兵力则错出蜀之夔忠，中原重地莫加焉"[2]。这样的地方一直是比较难以治理的，南赣地区也是如此。

必须指出的是，虽然这些地区的百姓时常成为影响地方秩序的不安定因素，但他们在明朝统治者看来，依然是自己的子民，而非远在边疆之外的"夷狄之人"，要爱护他们，以安抚化育为主。如山东博兴县知县陈文伟奏抚安流民事，就曾说："荆襄流民非若蛮夷戎狄，不可以中国之治治者，今严兵固域，劳民费财，御之若敌国，然此可暂而不可久也。臣愚以为不必屯兵久戍，不必遣将分守，欲为良图……仍谕令有司暂宽其近县徭赋，足其衣食，使之观感兴起倾心向化，令守备官用心操习官军以张兵威，则恩威并立而彼易化矣！"[3]前文提及的北城兵马指挥司带俸吏目文会言提出设立卫所、州县时也说："且以当阳一县言之，其入籍人户，已有生子与孙为官吏及充生员里胥者，此皆非夷狄远人，一旦焚其庐，逐其人，又夺

---

〔1〕 康熙《郧阳府志》卷6《秩官》，校注本，长江出版社，2016年，第53页。
〔2〕 叶照《前郧台志略序》，万历《郧台志》卷10《著述》，第493页。
〔3〕 《明宪宗实录》卷84，成化六年十月乙卯，第1637页。

其田土，悲哀怨怼无所于归，以故仍集其境，官司复欲驱逐，则恐生他变况。"[1]

由此，我们可以尝试扩大对明代"边地"的理解视角。郧阳抚治与南赣巡抚一样，他们都是以都察院都御史的身份出任，常被称为"抚院""抚台"，故有"郧台""虔台"（虔，赣州别称）。又其职在军事，兼兵部侍郎衔，开府称"镇"，曰"军门"。从职能和地位上讲，郧台、虔台如同九边十三镇一样。此外，万历中期，在贵州与湖广相接的地区曾添设有"偏沅巡抚"，意在保障西南边陲的安宁。[2]而清代中期的严如熤在其《三省边防备览》一书中仍然将鄂、陕、川交接地区的防御称为"三省边防"，内地边区不论是在观念上，还是在实践中都是名副其实的。

荆襄、南赣、偏沅等地区，最终由"边区"演变成为实际运行的"政区"。明代地处赣、粤、湘、闽四省交界的南赣地区与荆襄地区有很大的相似性，当地通过设置南赣巡抚的方式，将"盗区"变成了"政区"，其间，南赣也设置新县，却并没有新置行都司。从制度设计的力度上讲，鄂西北山区的调控力度又在南赣地区之上。南赣地区的治理，除委任南赣巡抚（与郧阳抚治同）外，只是新设置了少量新县，并没有对当地卫所的管辖权进行大调整。南赣地区的治事，依赖乡兵、巡检、关隘设置比重较大，唐立宗将两地关隘、巡检司数目做过专门的统计分析，南赣地区比郧阳地区多出许多，这些地区均非卫所驻屯所在，由当地乡兵、民兵（特别是招抚的新民）担任治安工作。[3]所以说，利用乡兵和民兵的前提是，南赣地区原来就有足够的府州县行政机构，而郧阳是流民聚居之地，荆襄流民数量相对较多，据原杰的奏报，"勘流民丁口共四十三万八千六百

〔1〕《明宪宗实录》卷155，成化十二年七月丙午，第2819—2820页。
〔2〕靳润成《明朝总督巡抚辖区研究》，第63—64页。
〔3〕参见唐立宗《在"盗区"与"政区"之间——明代闽粤赣湘交界的秩序变动与地方行政演化》，《台湾大学文史丛刊》118，2002年，第325页。

有奇，除断发原籍外，凡三十九万二千七百五十二丁口"[1]。他们是被防范的对象，而且当时流民的来源比较繁杂，编户齐民的工作也未完全落实，在短时间内组织起来用于防御，似乎有一定的困难。

从中央层面讲，制度设计的目标是安定地方社会秩序，当然还会考虑行政成本的问题。到明朝后期，荆襄地区内部确实没有出现过大的社会变乱。郧阳地区再一次兴起兵戎，是崇祯六、七年间（1633—1634），陕西农民军如老回回、罗汝才、李自成等部下相继进入。郧阳府在万历、天启和崇祯年间，出现数次大水灾、连年旱灾和饥荒等，但并没有出现地方饥民对抗官府的起义。[2]当时，奉命前去郧阳镇压农民军的郧阳巡抚卢象升对当地的形势是这样描述的：

> 臣顷自南阳入境，达襄、郧之间，见所属郡县，连岁饥荒，赤地千里，加以流寇所经，燔庐杀掠，四野寂无人烟……总之，今日郧疆事势，所患尚不在无兵，而专在无饷；所忧尚不在有贼，而更在无民。[3]

在明清易代之际，郧阳因山地纵横，交通不便，易守难攻，竟成为农民军抗清的最后阵地。当地驻扎的湖广行都司诸卫所，仍然是明廷稳定地方秩序、发展生产的希望所在。卢象升特别强调了普通百姓逃亡，或流离失所，难以管束，但还有数量可观的卫所军余可以利用。他说："臣查荆襄等卫，有正军，有余军，各军各种额田，而余军自食其力，犹之民也。但借民于他属，将见小人怀土，趋避纷纷，无益于郧，徒以滋扰。若余军，每卫不下万人，抽其壮者，即统以本卫指挥、千百户等官，臂指相承，运掉颇易。"[4]这不

---

〔1〕 万历《郧台志》卷1《建置·总镇》，第2—3页。
〔2〕 康熙《郧阳府志》卷2《星野》，第12页；卷28《事纪》，第339页。
〔3〕 卢象升《卢象升疏牍》卷1《兵食寇情疏》，第3—4页。
〔4〕 卢象升《卢象升疏牍》卷2《募军开屯疏》，第24页。

能不说，郧阳抚治和湖广行都司在安定地方社会秩序和解决荆襄流民问题的制度预设的目标上，达到了实际的效果。

与郧阳一样"地方控制诸省，事权体统"的南赣地区，在明末的情况却有所不同，南赣巡抚设置后的很长一段时间，纵然有像王守仁这样的心学大师"破心中贼"的不懈努力，但当地的不安定因素比荆襄地区要多很多，唐立宗认为这里的"三不管"问题仍然存在，特别是在事权矛盾上，一直无法解决。[1]明清鼎革之际，郧阳地区的人口像元明之际一样再度大幅度减少，而南赣地区却迎来了流民的高峰，流民与土著的对抗进一步加剧。[2]南赣和郧阳地区在制度设计上有相似之处，却又不尽相同，由于两地的自然地理环境、社会群体构成有明显的差异，制度设计的效果差异明显，两处"边区"在演化"政区"的道路上，走了不太相同的路，结局也不尽相同。

（原文题作《从"边区"到"政区"：明代湖广行都司的制度运行与社会秩序》，刊于《求是学刊》2018年第3期，中国人民大学报刊复印资料《明清史》2018年第9期全文转载）

---

[1] 唐立宗《在"盗区"与"政区"之间——明代闽粤赣湘交界的秩序变动与地方行政演化》，第409页。

[2] 这一时期赣南的局势，可参见黄志繁《"贼""民"之间：12—18世纪赣南地域社会》，生活·读书·新知三联书店，2006年，第261—262页。

第十一章　明代边地卫所的户籍管理
——以张献忠籍贯为中心

明末农民起义首领张献忠的籍贯有五种说法，即延安卫、肤施县、延安府、榆林和米脂县，在考辨诸史料并结合张献忠的户籍、起事前的职业记载之后，笔者认为，张献忠是延安卫代管的卫籍民户（不排除是军余的可能性）。究其原因，与明朝在张献忠居住的柳树涧所运行的行政和军政两大管理系统有密切关系，与明朝北边防御体制（延绥镇建置）也有密切关系，还与张献忠"据米脂十八寨起兵"有关。张献忠所从事的职业、生活的环境是当时整个陕北民众的缩影，这也成为明末农民起义首倡于陕北的重要原因。

张献忠起事前后史事[1]，据《明史·张献忠传》载：

> 张献忠者，延安卫柳树涧人也，与李自成同岁生。长隶延绥镇为军，犯法当斩，主将陈洪范奇其状貌，为请于总兵官王威释之，乃逃去。崇祯三年，陕西贼大起，王嘉胤据府谷，陷河曲。献忠以米脂十八寨应之，自称八大王。明年，嘉胤死，其党王自用复聚众三十六营，献忠及高迎祥、罗汝才、马守应

---

[1] 顾诚《明末农民战争史》（光明日报出版社，2012年，第37—39页）认为，张献忠等起义农民的领袖人物大抵出身于社会底层，在旧王朝统治下，他们是被人忽视的芸芸众生，要弄清他们"微时"的经历相当困难。在该书的正文和注释部分，他采取了并存诸说的办法。本章的研究即从追寻顾师并存的史料开始。学界其他前辈先贤在相关论著中亦有提及，如王纲《张献忠大西军史》（湖南人民出版社，1987年）等，兹不一一列举。

等皆为之渠。其冬，洪承畴为总督，献忠及汝才皆就抚。

此处所述，有些问题已基本得到学界共识，如他是今陕西定边县柳树涧人，但有关张献忠起事前后的许多问题仍有分歧，如张献忠的籍贯问题、起义的时间和地点等。第一，我们知道，定边县之设在清雍正九年（1731），明代的定边之名属延绥镇西路定边营，柳树涧堡属延绥镇西路之一哨堡。明代的定边与柳树涧是什么关系？"定边辖境"是如何确定和管理的呢？

第二，关于张献忠的身份或户籍的表述目前也有分歧。有的史籍说他是"延安卫柳树涧人"，有的明确指出他是"军籍"或"卫籍"，有的则说他是"肤施县之柳树涧人"，有的比较笼统地说他是陕西人、延安人、榆林人、肤施人等。由于明代的军籍身份和民籍身份在承担赋税和差役方面有很大的差异，这种差异在很大程度上会影响到人们的基本生存状况，故对此进一步探究颇有必要。

第三，张献忠起事前后职业记载也不甚一致。社会角色、职业选择在研究张献忠起事动因及起事之后的社会活动产生的影响中同样有重要意义。

基于以上三点考虑，本章重点对张献忠籍贯史料加以对比分析，尝试给籍贯诸说以比较合理的解释，进而从一个新的角度探讨张献忠起事的社会背景，并阐释张献忠起事的意义。[1]

一　张献忠籍贯史料分类

有关张献忠的乡贯、户籍及起事前史实的记载，众说纷纭。明清之际的吴伟业在其《绥寇纪略》中讲：

---

[1] 对张献忠等中国历代农民起义的研究成果可谓丰富，据不完全统计，新中国成立至20世纪80年代初，发表文章共约3600篇，各类著作近200种。参见陈梧桐《农民战争研究的种种争论》，《散叶集》，河北人民出版社，2010年，第160页。

张献忠，不知其所自起。延帅杜文焕以庚午春二月督延绥、固原兵三千便宜剿抚，既定黄甫、清水、木瓜三堡，而米脂贼张献忠所据十八寨闻兵至，诡乞降。延抚洪承畴亦常以辛未冬十二月抚贼张献忠、罗汝才等千九百人于党家坪。已而复叛。相传献忠肤施人，隶延安卫籍，固将家子。少时从军犯法，得总兵陈洪范救，免。刻梓檀为洪范像事之。[1]

这段话表明，吴伟业自己并不清楚张献忠是何处人。他一说张献忠为米脂贼，一说是肤施人，又说隶属于延安卫籍，"不知其所自起"才是他的真实观点。细读明末至有清一代的诸类史籍，对张献忠籍贯的记载颇不一致。本文现先以其籍贯为线索，罗列并分析诸说之异同，尽可能给出合理解释。

（一）延安卫柳树涧人

史料一，毛奇龄《后鉴录》：

张献忠者，延安卫柳树涧人也。与自成同年生。少为快手，不得志去。隶籍延镇王威麾下，以淫掠与众就缚将刑，适他将陈洪范来谒，顾献忠貌，奇之，请释献忠而杀其余缚者。献忠乃从叛兵神一元，领红旗为先锋。崇祯三年，据米脂之十八寨，与罗汝才诸贼诡降于延抚洪承畴，而叛之，自号"八大王"，雄长诸贼。[2]

史料二，康熙《延绥镇志》和雍正《陕西通志》：

---

〔1〕 吴伟业《绥寇纪略》卷10《盐亭诛》，中华书局，1985年，第211页。
〔2〕 毛奇龄《后鉴录》卷6，清西河合集本，《续修四库全书》第432册，第249页。按：毛奇龄（1623—1716）早年抗清，后举博学鸿儒科入清，再辞官。曾参与《明史》的修撰。

张献忠者，延安卫柳树涧人也。为府中快手，不得志去，而从神一魁，领红旗为先锋，有力多诡，同伙咸尊事之。[1]

张献忠，号"八大王"，延安卫柳树涧人。为府快手，不得志去。从神一魁，领红旗为先锋，有力多诡，同伙咸尊事之。[2]

史料三，《明史·张献忠传》：

张献忠者，延安卫柳树涧人也，与李自成同岁生。长隶延绥镇为军，犯法当斩，主将陈洪范奇其状貌，为请于总兵官王威释之，乃逃去。崇祯三年，陕西贼大起，王嘉胤据府谷，陷河曲。献忠以米脂十八寨应之，自称八大王。[3]

史料四，李天根《爝火录》：

张献忠，延安卫柳树涧人，与李自成同岁生。幼有奇力，两眉竦竖，面黄微麻，长身虎颔，遍体生毛，人号"黄虎"。性狡谲，不耐宁静，残忍嗜杀；一日不杀人，辄悒悒不乐。从军延绥镇，犯法当斩。别将陈洪范谒总兵王威，献贼等十八人已解衣伏斧锧，见洪范，仰面乞命。洪范为之请，威曰："是犯淫掠者三，不可宥。"献忠缚最后，年少修干魁硕，洪范目而奇之，曰："若必不可原者，请特贳此儿。"威笑而颔之曰："诺！"十七人伏法，献忠鞭一百免死。亡而归关中为群盗，追

---

[1] 康熙《延绥镇志》卷5《纪事志·伪顺》，康熙十二年刻本，第11页。
[2] 雍正《陕西通志》卷100《拾遗三》，雍正十三年刻本，第67页。按：镇志作为地方专史，有较高的参考价值。显然，雍正本《陕西通志》文字抄录了康熙本《延绥镇志》。
[3] 《明史》卷309《流贼·张献忠》，第7969页。按：作为清廷官方钦定的正史，《明史》的修纂从顺治二年开始至乾隆四年定，数易其稿，历时近百年。全书质量总体上乘，然而涉及明后期，尤其是明末农民起义、后金与明的关系方面多有曲笔，对农民起义将领张献忠等人的传记体现的阶级意志非常鲜明。《明史》对农民起义及其将领的定性也成为清代绝大部分文人著史的基调。

思旧恩，每饭必祝之，数语其下曰："陈总兵活我。"洪范不知之也。崇祯三年，陕西贼大起，王嘉应据府谷，献忠以米脂十八寨应之，自号八大王。明年，嘉应死，其党王自用复聚三十六营，献忠及高迎祥、罗汝才等皆为之渠。其冬，献忠及汝才就抚于总督洪承畴。[1]

史料五，《通鉴纲目三编》和《明通鉴》：

张献忠者，延安卫柳树涧人也。初隶延绥镇为军，犯法当斩。主将陈洪范奇其状貌，为请于总兵官王威释之，乃逃去。从叛兵神一元，领红旗为先锋。[2]

张献忠者，延安卫柳树涧人也。初隶延绥镇为军，犯法当斩。主将陈洪范奇其状貌，为请于总兵官王威，鞭一百释之，乃逃去。从叛兵神一元，领红旗为先锋。[3]

（二）肤施人
史料一，吴伟业《鹿樵纪闻》：

张献忠亦延安府人，世居肤施县柳树涧，与自成同年生，长身而瘦，面微黄，剽劲果侠，人皆惮之，目为黄虎。为府捕快，因事革役。去从军，坐法当斩，已解衣伏斧锧，参将陈洪范奇其貌，救而活之，即亡去为盗。依王嘉胤，战辄先登，贼

---

〔1〕 李天根《爝火录》卷2，第91页。按：该书完成于清乾隆十三年，系编年体南明史。作者以《明史》等官方正史所载为经，其他书为纬，辑录众史料。本则史料对张献忠早年经历描述比较详细，有想象成分。
〔2〕 张廷玉等《通鉴纲目三编》卷34，《文渊阁四库全书》史部第98册，第647页。
〔3〕 夏燮《明通鉴》卷82，崇祯三年六月癸丑，岳麓书社，1999年，第2275页。按：《通鉴纲目三编》为乾隆三十九年时张廷玉等奉敕撰，据《四库全书总目》卷47《史部三》，该稿的编辑工作远早于此；《明通鉴》成书于同治十二年。两条史料皆辑录自前人，存在高度的关联性。

中号为八大王。[1]

史料二，冯甦《见闻随笔》：

张献忠，肤施人，与李自成同年生，居卫境之柳树涧。初为府快手，后隶延镇王威下为兵，以淫掠见收，同缚者十八人，行就戮矣。适陈洪范以别将来谒，缚者仰而呼，洪范为之请，不得。顾献忠貌，伟之复为请，因独得释，决杖，除籍。去而从神一魁为盗，领红旗先驱，有力多诡，同伙咸尊事之。明怀宗崇祯三年庚午，献忠据米脂之十八寨，延镇杜文焕兵至，诡乞降。辛未春，延抚洪承畴奏，抚过十八寨贼首张献忠、罗汝才等一千九百余名。未几复叛，随王嘉允等渡河而西，号"八大王"，汝才号"曹操"，各率所部扰晋地。[2]

史料三，锁绿山人《明亡述略》：

李自成者米脂人，张献忠者肤施人，二人同郡同岁生。自成尝充银川驿卒，数犯法不死。献忠隶延绥镇为军，坐法当斩，已而释之。崇祯初，陕西贼起，安塞高迎祥聚众称闯王。迎祥者，自成之舅也。其明年，献忠据米脂十八塞，称八大王。[3]

---

[1] 吴伟业《鹿樵纪闻》卷下《闯献发难》。按：同为作者吴伟业（梅村）的两部作品，是书与《绥寇纪略》的关系，学界有不同意见。《绥寇纪略》作于顺治九年，初稿本后经修改补充，但直到他去世，未能问世。后人将其付刻，已有改动，今所见之本已非原貌。又有学者认为：此书初名《鹿樵纪闻》，后人付刻时，定为《绥寇纪略》，而现今所流行的《鹿樵纪闻》，乃是后人托名伪作，参见冯其庸《一个真实的历史人物——读〈吴伟业评传〉》，《文汇报》2000 年 6 月 25 日。

[2] 冯甦《见闻随笔》卷 1《张献忠传》，清台州丛书本。按：冯甦（1628—1692），浙江临海人，顺治十五年进士，康熙时官至刑部右侍郎。据王春瑜考订，其撰是书乃清廷开史局纂修《明史》之时，该书内容多受到吴伟业影响，如《李自成传》，也有自己独立见解。这里在明确指出张献忠的乡贯为肤施人之后，又说他"居卫境之柳树涧"，"卫境"未指明何卫。参见王春瑜《李自成死事考辨》，《明清史事沉思录》，陕西人民出版社，2007 年，第 160 页。

[3] 锁绿山人《明亡述略》卷 1。

史料四，查继佐《罪惟录》：

张献忠，陕〔西〕肤施人，流贼之一支也，军中称西府八大王。多须，巨身，齿长愈咫，圆锐如锥，不识字，与李自成、罗汝才气势大过诸流。崇祯四年，尝就抚于总督洪承畴，明年复叛。[1]

史料五，彭遵泗《蜀碧》：

〔甲戌〕二月，流贼张献忠始自楚犯蜀。献忠，陕西肤施人，本将家子。少时从军犯法，得总兵陈洪范救免，刻梅檀为洪范像事之。其为贼也，与罗汝才同起。[2]

史料六，傅恒《通鉴辑览》：

延安贼张献忠（肤施县柳树涧人。尝从军延绥总兵王威麾下，犯法当斩，他将陈洪范奇其状貌，请释之，已乃逃去）亦聚众据十八寨，称"八大王"，已而降。贼王左挂谋以绥德叛，承畴诛之，寻又与文焕等破献忠于清涧。献忠遁去。[3]

---

〔1〕 查继佐《罪惟录》卷31《张献忠 孙可望》，"四部丛刊"三编本，第81页。
〔2〕 彭遵泗《蜀碧》卷1，何锐等校点《张献忠剿四川实录》，巴蜀书社，2002年，第131页。按：基本抄录自吴伟业《绥寇纪略》卷10《盐亭诛》。作者四川丹棱人，乾隆二年进士，官翰林编修，是书乃应奉御旨之作。
〔3〕 傅恒《通鉴辑览》卷114，《景印文渊阁四库全书》史部第97册，第649页。按：此处所谓"延安贼"中的"延安"二字比较笼统，是延安府，还是延安卫，不详。按明朝行政体制，结合"肤施县柳树涧人"的点评，当是延安府。若此，后引朱国标《明鉴会纂》的"延安人张献忠"的说法可理解为与此处相同。另：《御批通鉴辑览》，据《四库全书总目》称："《御批通鉴辑览》一百十六卷……乾隆三十二年奉敕撰"，是清朝官修编年体通史，清高宗直接参与和亲撰批语，这些批语又辑录为《评鉴阐要》一书，当时被视为"万世君臣法戒"，参见乔治忠《〈御批通鉴辑览〉考析》，《中国官方史学与私家史学》，北京图书馆出版社，2008年。

史料七，抱阳生《甲申朝事小纪》：

张献忠，陕西肤施人，阴谋多狡。父快，屠沽而贱，母沈，并早死。献忠依丐徐大为活。尝窃邻人鸡，偶见詈之。[1]

史料八，徐鼒《小腆纪年附考》：

献贼者，贼张献忠也。陕西肤施人（考曰：本《绥寇纪略》、彭遵泗《蜀碧》、《明史》，云延安卫柳树涧人，《北略》云榆林人），与李自成同岁生长，从军，隶总兵王威，犯淫掠当刑，别将陈洪范来谒，奇其状貌，请而释之，同犯者十七人皆伏法。献忠鞭一百免，亡关中为盗。（考曰：《北略》云，献忠从塾师，拳杀同舍生，家资数千金俱尽，父逐之。或异其貌，问之，知文而勇，收以为子，与之延师，又殴死两生，逸去。鼒谓：献忠安能知文？此与李自成咏蟹之事同为村儒陋说，不足信也）。崇祯三年，陕西贼大起，王嘉胤据府谷陷河曲，献忠以米脂十八寨应之。献忠身长而瘦，面微黄，须长一尺六寸，僄劲果侠，军中号为“黄虎”。明年六月，嘉胤败死，其党王自用复聚众三十六营，献忠及高迎祥、罗汝才、马守应皆为之渠，自相名目，献忠又号“八大王”，十月就抚于三边总督洪承畴。明年三月复叛，与高迎祥、罗汝才转寇山西郡邑。[2]

（三）延安人

史料，朱国标《明鉴会纂》：

---

〔1〕抱阳生《甲申朝事小纪》卷7《张献忠纪》，书目文献出版社，1987年，第171页。按：《甲申朝事小纪》四编四十卷，又名《甲申小纪》，清道光年间抱阳生编著。成书时间较晚，对明代行政管理制度已不甚辨明。

〔2〕徐鼒《小腆纪年附考》卷2，中华书局，2006年，第37页。按：徐鼒生活在道、咸年间，曾任翰林编修职，阅读史料较为丰富，并存诸说，又表明自己的观点。

【编】冬十一月，府谷（今陕西延安府府谷县）民王嘉胤倡乱，延安人张献忠从之。

【纪】是岁，延安大饥，嘉胤作乱，献忠从之。献忠，阴谋多智，贼中号"八天王"，其部最强，旁掠延安诸郡邑。

【编】十二月，米脂（今延安府米脂县）人李自成起为盗。

【纪】延安饥，不沾泥、杨六郎、王嘉胤等掠富家粟，有司捕之急，遂揭竿为盗。自成，性狡黠，闲人声，善走，能骑射，家贫为驿书往投焉。已而，参政洪承畴击贼，破之，不沾泥等相次俘获。自成走匿山泽间得免。[1]

按：明代区域建置中，"延安"的地理单位，有延安卫和延安府，肤施县与延安府同城共治。时人认为张献忠为延安人，与认为其为肤施县人并不矛盾。

（四）榆林人

史料一，东邨八十一老人《明季甲乙汇编》：

张献忠，榆林人，初为小贼，号黄虎，后为贼帅，称八大王，降于熊文灿，改名献忠。[2]

史料二，张岱《石匮书后集》：

四川逆贼张献忠，榆林人。崇祯元年，延安饥，府谷民王嘉胤作乱，献忠往从之。献忠阴谋多智，贼中号"八大王"，其

〔1〕 朱国标《明鉴会纂》卷13《明纪·庄烈愍皇帝》，清乾隆二十七年刻本，见《四库禁毁书丛刊》史部第74册，北京出版社，2000年，第315页。
〔2〕 东邨八十一老人《明季甲乙汇编》卷4，旧抄本，见《四库禁毁书丛刊》史部第33册，第720页。按：此书乃明清之际许重熙所撰明末清初史事，系将崇祯甲申（1644）正月至顺治乙酉（1645）五月间之史事，按甲子纪日方式逐日记载的大事记。

部最强。四年，率众二千人就抚于三边总督洪承畴；愈年，叛去。[1]

史料三，计六奇《明季北略》：

> 献忠，榆林人，幼有奇力，两眉竦竖而长，面有微麻，遍体生毛，天性好杀，不耐久静。初，从塾师与同舍生讧，一拳扑杀之，家赀数千金，一时俱尽，父大怒，逐之，飘泊异乡。或异其貌，问之，知文而勇，收以为子，与之延师。复与同学者争，更殴死两生，逸去。闻老回回马守应等起兵，遂往投军，守应一见奇之。初为小卒，号为"黄虎"，已而屡立战功，有党五百人。陕抚犹轻之，曰："此小贼耳，不足烦大兵。"俄聚徒千人，后遂有众，由是横不可制。十三寨贼目以强暴屡夺宝物，与之相轧，献忠亦不欲受制于人，即分兵立营，自为一军，号"西营八大王"，屡破郡邑。及崇祯四年十月，率众二千人，就抚于总督承畴。至次年三月，复叛去。[2]

（五）米脂人

史料一，彭孙贻《平寇志》：

> ［崇祯元年十一月］庚午朔。盗王左挂、苗美、飞山虎、大红狼起宜川。府谷民王嘉胤党杨六、不沾泥等众掠富家粟，有司捕之急，聚为盗。米脂李自成、张献忠往从之。献忠狡黠多智，

---

〔1〕 张岱《石匮书后集》卷63《盗贼列传》，上海古籍出版社，2008年，第803页。
〔2〕 计六奇《明季北略》卷7《张献忠起》，中华书局，1984年，第135页。计六奇，清初无锡人，是书记载明万历至崇祯时期北方地区史事。是书写于康熙初年，上距明亡为时不久，史料相对可靠，然亦有传闻、迷信不实处。因清初文禁，是书列入禁毁之列，未能付梓。嘉庆、道光年间有北京琉璃厂半松居士木活字本刊行，但已经芟改，已非原本。

自成少为驿卒，骁桀善走，工骑射。一时啸聚，饥者群附。[1]

史料二，谈迁《国榷》：

[崇祯元年十一月] 甲戌。李自成者，米脂县双泉里人。初应驿卒，便狂逞，稍行劫。邑令晏子宾廉得其状，曰：及今不剪，终成滔天之恶，烦朝廷兵甲也。于是杖自成，械游于市。至是，与同邑张献忠作乱。[2]

[崇祯三年十二月] 己巳，勾虏四千骑，益围靖边三日夜，已，陷柳树涧、保安等城。

（杜文焕曰）……时大旱民饥，延安四郊贼大起。米脂贼张献忠所据十八寨，闻予至，阳乞降，予亦阳许之以为后图。[3]

史料三，《明史·庄烈帝一》：

（崇祯三年）六月癸丑，流贼王嘉胤陷府谷，米脂贼张献忠聚众应之。[4]

参照前引《明史·张献忠传》可知，清修《明史》对张献忠籍贯的记载前后亦不一致，这里以"米脂贼"称之。另：记载张献忠为米脂人的文献，大多说其起事在崇祯三年，即是年"米脂贼"张献忠"以米脂十八寨起事"，张献忠概由此被人误为米脂人。同样，因张献忠在四川活动影响甚大，故史籍亦有径称他为"四川逆贼张

---

〔1〕 彭孙贻《平寇志》卷1，上海古籍出版社，1984年，第1页。按：该史料又见《流寇志》，二著高度关联，学界有述，兹不赘言。
〔2〕 谈迁《国榷》卷89，中华书局1958年，第5462—5463页。
〔3〕 谈迁《国榷》卷91，第5549—5550页。按：崇祯元年史料云"同邑张献忠作乱"，称张献忠是李自成的同乡，李自成"米脂人"。崇祯三年史料明确称张献忠为"米脂贼"。
〔4〕 《明史》卷23《庄烈帝一》，第312页。

献忠"者，如"四川逆贼张献忠，榆林人。崇祯元年，延安饥，府谷民王嘉胤作乱，献忠往从之"[1]，并非言其为四川人。

此外，有关张献忠最初加入农民军，又多言张献忠从军延绥，犯法当死，逃亡后的张献忠借崇祯初年群雄初起的时机，先是投到叛兵神一元（魁）队下，初领红旗为先锋。[2]稍后据"米脂十八寨应之"，因以米脂十八寨队伍起事，并逐渐产生影响，以"米脂贼"称之，或被径称米脂人。

综合前面所引五种说法，我们尚无法判断张献忠到底是哪里人，或者说张献忠的乡贯该如何表达。显然，就当时的史家而言，他们可能有自己的困惑，笼统表述是为了避免错误，如陕西人、延安人的表述虽不准确却不能说错。

关于张献忠"米脂人"的解释，已如前述。关于他乡贯的延安卫、延安府、肤施县和榆林等四种不同表述，本文认为这涉及有关张献忠的籍贯管理制度问题。

二　柳树涧的归属及人户管理

明朝疆域管理制度较为特殊。据顾诚的研究，明朝疆域的管辖分两大系统，既有布政司（南北直隶）—府—县（州）行政管理系统，还有都司—卫—所的军政管辖系统，这一管理特点在明代的陕西表现得非常典型。在陕西，明廷既设有陕西布政使司，又设置有陕西都司和陕西行都司。[3]因此，在今天的陕北地区，既有延安府

---

〔1〕　张岱《石匮书后集》卷63《盗贼列传》，第803页。
〔2〕　有的史籍称张献忠最初投降神一元，有的则称先投降神一魁，据明遗民文秉著《烈皇小识》载，一魁乃一元弟，张献忠先降哥哥，哥死，弟领其众，"是年正月，流贼神一元陷保安，副将吴应昌击败之，一元死，弟神一魁领其众"。四月，一魁招抚于总督杨鹤，六月复叛。参见文秉《烈皇小识》，北京古籍出版社，2002年，第75—76页。
〔3〕　参见顾诚《明帝国的疆土管理体制》，《历史研究》1989年第3期；《明前期耕地数新探》，《中国社会科学》1986年第4期。

和庆阳府，以及延安卫、榆林卫等，还有一些守御千户所或千户所等管理组织、机构。

（一）柳树涧堡的管理

张献忠的家乡在今定边县境的明柳树涧堡，并没有什么争议。那么，明代的柳树涧堡在区域建置上是怎样的呢？

前引史料中，称张献忠为肤施县者有 8 种史料，称他为延安卫者有 7 种，数量最多。肤施县，据弘治《延安府志》，延安府下辖州三、县十六，肤施县为府直辖县，县治附延安府郭。[1] 肤施县辖境"东至延长县界六十里，西至安塞县界六十里，南至甘泉县界四十五里，北至安塞县界二十五里"，管辖人口"户：二十七里之民，占籍者凡三千三百十户有奇。口：丁口三万五千五百八十有零"。柳树涧不在"二十七里"之内。[2]

查阅地图我们知道，明代的肤施县治附于延安府，其辖境距离今天之定边县或者说距离明代之定边——延绥镇之西路防御重地定边营都比较遥远，中间尚有安塞县、安定县和保安县相隔。张献忠家乡所在的柳树涧怎么就归肤施县管辖了呢？可以肯定的是，由于明代的府州县行政管理区域通常不会存在"飞地"[3]的现象，即辖境交叉情况，如果将柳树涧的人户归属肤施县管辖肯定别有原因。

柳树涧堡，据康熙《延绥镇志》卷1《地理志》，"东至宁寨营四十里，西到旧安边四十里，南至永济堡三十里，北至大边一里。宋夏州地，古有柳树涧，故名。明始设堡，成化九年，余子俊奏守永济。嘉靖三十七年，巡抚董威筑旧堡，复自永济移守于此城。设

---

〔1〕 延安府在有明一代的建置沿革，参见郭红、靳润成《中国行政区划通史·明代卷》，第92—93页。
〔2〕 弘治《延安府志》卷1《户口》（国家图书馆藏胶片本）。
〔3〕 关于明代卫所"飞地"的设置及其意义，参见志嘉《犬牙相制——以明清时代的潼关卫为例》，《"中央研究院"历史语言研究所集刊》第80本第1分，2009年3月。

在山上，系极冲中地，周围凡三里七分，楼铺一十八座。隆庆六年加高。万历六年砖砌牌楼，墙垛口边垣长三十三里零二百三十六步，墩台四十八座"。到清代，柳树涧仍然是军事防御重地，康熙初年，"柳树涧堡马兵一十名，守兵一百名，马一十匹。明制：军丁并守瞭军共一千八十二名，马骡三百八十四匹"[1]。

也就是说，在明中后期，柳树涧堡本身就有一个相对独立的管辖单位。柳树涧的防御地位重要程度突出，始自成化初年，原因在于"套虏"活动加剧。[2] 成化二年（1466），时任兵部尚书王复奉命整饬延绥、宁夏、甘凉一带边备，提出了全面加强西北边地城堡边塞建设的主张，得以批准，柳树涧就是在此时确立为营堡的。史载：

> 整饬边备兵部尚书王复奏：臣奉命整饬延绥、宁夏、甘凉一带边备。看得东自黄河岸府谷堡起，西至定边营连接宁夏花马池边界，东西萦纡二千余里，险隘俱在腹里，而境外临边无有屏障，止凭墩台城堡以为守备。缘有旧城堡二十五处原设地方，或出或入参差不齐，道路不均，远至一百二十余里，近止五六十里，军马屯操反居其内，人民耕牧多在其外，遇贼入境，传报声息，仓卒相接，比及调兵策应，军民已被抢掳，达贼俱已出境。虽称统领人马，不过虚声应援。及西南直抵庆阳等处相离五六百里，烽火不接，人民不知防避。其北面沿边一带，墩台皆稀疏空阔，难以瞭望。臣与镇守延绥、庆阳等处总兵、巡抚等官计议，临边府谷等一十九堡俱系极边要地，必须增置挪移，庶为易守。趁今声息稍宁，先行摘发军余采办木植，候春暖土开，委官监督并力兴工。将府谷堡移出芭州旧城，东村堡移出高汉岭，响水堡移出黑河山，土门堡移出十顷坪，大兔鹘堡移出响铃塔，白洛城

---

〔1〕 康熙《延绥镇志》卷2《兵制》，《四库全书存目丛书》史部第227册，第316页。
〔2〕 参见达力扎布《明代漠南蒙古历史研究》；赵现海《明长城的兴起——14—15世纪西北中国军事格局研究》，北京师范大学2007年博士后研究工作报告。

堡移出砖营儿，塞门堡移出务柳庄，不惟东西对直捷径，而水草亦各利便。内高家堡至双山堡、双山堡至榆林城、宁塞营至安边营、安边营至定边营，相去隔远，合于各该交界地方崖寺子、三眼泉、柳树涧、瓦札梁各添哨堡一座，就于邻近营堡量摘官军哨守。又于安边营起每二十里筑墩台一座，通共二十四座，连接庆阳；定边营起每二十里筑立墩台一座，共十座，接连环县，俱于附近军民内量拨守瞭，北面沿边一带墩台，空远者各添墩台一座，共三十四座，随其形势以为沟墙，必须高深，足以遮贼来路，因其旧堡，广其规制，必须宽大，足以积粮草、容人马，庶几墩台稠密而易于瞭望，烽火相接而人知防避，营堡联络而缓急易于策应，声势相倚而可以遥振军威。从之。[1]

柳树涧至此开始设立哨堡，成为防御专区。上引史料中，需要特别注意的是，柳树涧堡的防御军兵的来源是"邻近营堡"的"官军"，或者"附近军民"。也就是说，柳树涧设哨堡，其新增防御力量主要是邻近卫所的世袭武官和旗军，以及附近府州县民。[2] 当然，参与延绥、榆林等镇防御的还有从外地借调的客兵（主要是都司卫所的旗军）。[3] 而隆庆年间改并柳树涧堡和永济堡时，王崇古特别提到了"令千百户一员守之"，千百户系卫所世袭武官。隆庆之后，柳树涧的防御地位明显提高，至万历十三年（1585），专设守备之职戍守于此。[4]

〔1〕《明宪宗实录》卷36，成化二年十一月己丑，第714—716页；又见《明经世文编》卷94《边备疏·墩台城堡》，中华书局，1962年，第831—832页。

〔2〕另何东序《延镇图序》云："嘉靖隆庆间，再增柳树涧保宁并复砖井废亭，又再撤永济入柳树涧守之。今为城寨三十有八，然后边防始备。识者谓无遗策，称雄镇焉。"参见《明经世文编》卷382，第4148页。又《明穆宗实录》卷39（隆庆三年十一月乙酉，第976—977页）载："陕西督抚官王崇古等言，柳树涧堡地临极边，城大而兵寡，永济堡去边稍远，宜裁永济堡掺守官而尽移旗军仓廒及仓官斗级于柳树涧堡。该堡止立集场，令千百户一员守之，力并而军不加设，甚便。报可。"

〔3〕参见彭勇《明代北边防御体制研究——以边操班军制度的演变为线索》的相关章节。

〔4〕《明神宗实录》卷164，万历十三年八月庚申，第2992页。

柳树涧堡作为延绥镇西路防御之一哨堡，直接隶属于延绥镇统一管辖，延绥镇的防御事务则听由陕西总督或巡抚统协，具体又分别听命于协、路、营、堡官。延绥镇防御体系中的防御力量以当地都司卫所旗军为主，并附以本地民兵、募兵和借调军兵等。可以肯定的是，在柳树涧堡参与防御的主力是卫所世袭的官军。景泰初年，镇守陕西宦官王庄儿奏报："庆阳卫安边营柳树涧鞑贼入境抢掠，守备都指挥张友等不严提备，署都指挥佥事樊青，指挥东得、李荣等率军追贼不能奋勇向前，俱宜治罪。"[1]时柳树涧尚未建堡，该地防御由庆阳卫安边营的世袭官军负责。建堡后的万历十八年（1590），"榆林卫武举署指挥同知黄廷臣升守备延绥柳树涧堡地方"[2]，担任本地专职守备的是榆林卫武官。柳树涧堡的武官又会接受延绥镇或中央的统一安排，参与北边乃至全国范围内的防御调动。如天启六年（1626），中央命"管延绥柳树涧守备事李洪嗣为延绥入卫游击"[3]。

显然，张献忠所在的柳树涧堡是属于典型且重要的军事防御区。同时，由于明代的卫所制度实行严格的世袭制度，即一旦入军籍，除非特赦或逃故，是不可能离开卫所或脱离军籍的。凡卫所军户家庭，必须有一名成年男丁入伍服役，称正军，正军的长子为应袭旗军，军家其余男性称军余（武官的长子为应袭舍人，其他男性称"舍"）。明代中后期，除旗军正身和应袭旗军之外，大批官军舍余也被统一编组安排在北边防御之中，而大量边地府州县成丁也会同时应征或应募参与北边防御，即张献忠无论是旗军舍余，还是府县成丁，成为边兵或捕快的可能都是有的。

（二）张献忠的职业试析

卫所舍余和府州县成丁所承担的差役有很大的不同。为此，我

---

〔1〕《明英宗实录》卷200，景泰二年正月戊辰，第4268页。
〔2〕《明神宗实录》卷229，万历十八年十一月壬戌，第4257页。
〔3〕《明熹宗实录》卷67，天启六年正月丁卯，第3181页。

们再来分析一下张献忠起事之前所从事的职业，借以判断他的籍贯。

史籍记载有如下几种不同的说法：

第一，延（绥）镇兵。这是史籍记载比较多的一种，"隶延镇王威麾下为兵"，在总兵王威麾下，因犯法当斩，适逢陈洪范来访，以其相貌奇特，为其求情，受鞭刑一百之后，得免。此后，参加农民军，等等。

第二，府快手。"为府中快手，不得志去，而从神一魁，领红旗为先锋"，这类记载也较多，如康熙《延绥镇志》、冯甦《见闻随笔》、佚名《秦边纪略》、毛奇龄《后鉴录》等。也有史籍记载初为府快手，不得志后再到延绥镇为边兵。

第三，杀人逃犯。计六奇《明季北略》卷7《张献忠起》中讲，张献忠"初从塾师，与同舍生讧，一拳扑杀之，家资数千金，一时俱尽。父大怒，逐之，飘泊异乡"，此后再一次"与同学者争，更殴死两生，逸去"，于逃到老回回马守应处为军。

第四，小商贩。这一史料可能是后人的杜撰、污蔑之故事。

> 张献忠，陕西肤施人，阴谋多狡。父快，屠沽而贱，母沈，并早死。献忠依丐徐大为活。尝窃邻人鸡，偶见罝之。献忠曰："吾得志，此地人亦如鸡焉。"其残忍之心，少年已萌。及长，益无赖。适流贼王嘉胤作乱，献忠投之。[1]

第五，驿卒。清人汪景祺《西征随笔·女子之祸》载：

> 明末流贼之起，始于裁驿递。驿递之裁，倡于御史毛羽健，成于科臣刘懋。羽健官京师，娶妾甚嬖之，其妻乘传至，立遣去，迅雷不及掩耳。羽健恨甚，遂迁怒于驿递，倡为裁驿卒之

---

〔1〕 抱阳生《甲申朝事小纪》卷7《张献忠纪》，第171页。

说，而懋附和成之。一时游手十余万人，倚驿递糊口者无以为生，相率为盗。张献忠，亦驿卒也，流毒中原，颠覆宗社，两人首祸，万死不足赎也。

这里把李自成和张献忠都说成是驿卒了，可能是汪氏的误解。

第六，铁匠之家，承官差打造军器。

延安府谷县铁匠子张献忠者，祖籍承值官差铸造军器。从来官吏率多陋规，然煤铁有余，今则煤铁日减，陋规反增，匠户不堪命矣，献忠家已倾，官差追捕复不支，亦走入王家胤党。[1]

结合第一部分张献忠乡贯的诸史料和张献忠的六种职业史料，归类分析：首先，无论张献忠是军籍、民籍还是卫籍，家住在柳树涧的他任边兵的机会很大。其次，从记载张献忠曾任"府捕快"或"府快手"的经历看，他是"民籍"或"卫籍"的可能性更大，为"军籍"的可能性不大。由于张献忠的户籍不外乎如下三种情况，那么，哪一种情况最符合史实呢？

第一，延安府人、肤施县等民籍。肤施，在明代是一个县级行政单位，通常它管辖的均为民籍。以明代县级行政区划之特点，肤施县辖境不可能达到柳树涧之地。所以，张献忠不可能是肤施县民籍。

第二，延安卫军籍。有的明确说"延安卫柳树涧人"，见前引张氏乡贯类史料之第一类，这种史料相当丰富。然而这里的疑问是：从张献忠从事的职业看，虽然不排除他军籍身份的可能性，但无论是他从事的府快手，还是后来到延绥镇作边兵，从他父母的经商、做铁匠的经历看，他们都不是在卫所或哨堡参与强制性服役的卫所军人。

第三，"卫籍"或"卫境"的说法。柳树涧属于何卫，这是一个

---

[1] 花村看行侍者《花村谈往》卷1《闯献始末》，民国适园丛书本，第45页。

颇为关键的问题。在柳树涧周围，陕西都司之设卫所有延安卫、榆林卫和庆阳卫，当然，不排除卫所"飞地"情况的存在。在谭其骧主持绘制的《中国历史地图集》之第七册"元明"部分，柳树涧（堡）被划在了作为"实土卫所"的榆林卫名下（第65页），并没有史料可以证明柳树涧堡周边属榆林卫辖屯田。[1]而从前面所引史料看，绝大部分的史料均称"延安卫柳树涧"，也就是说柳树涧属于延安卫辖地。

张献忠不大可能是肤施县民籍，最可能是延安卫代管民籍（即卫籍），也不排除张献忠是军余（延安卫军籍附肤施县[2]）的身份。理由有三：第一，军的身份不是"参军"，而是世袭的。第二，府快手和应捕多为民户，必属之府州县差役，在卫籍之下并不常见。第三，以从事的职业看，即便犯法也不可能开除军籍，如果他有可能脱离军伍的话，那么只有一种可能，即他是延安卫代管民籍（即卫籍），从中就可以得出张献忠是"延安卫代管柳树涧下的民籍"，他的户籍实质是卫籍的结论。

三　边地卫所与州县关系

需要说明的是，军籍和卫籍有所区别。军籍是世袭的以"军籍定军役"的管理方法，凡属军籍者，世代为军，不得脱籍，故李自成以犯法不仅免死，甚至还脱军籍的说法是毫无根据的。卫籍是由都司卫所管辖之下的户籍，不仅包括军籍，在没有设立府州县等行政机构的地区，还会代管民籍。[3]

就张献忠的出生地之柳树涧而言，成立哨堡之后，其辖区与延

---

[1]　清代改革明代的卫所制度，把屯田归并府县，肤施县接收的屯田也只有来自延安卫的。见康熙修、嘉庆重修《延安府志》卷29《田赋》，《续修四库全书》史部第693册，第500页。
[2]　关于附籍军户的概念，于志嘉对明代军余附籍于邻近州县的现象进行了分析，见《论明代的附籍军户与军户分户》，《顾诚先生纪念暨明清史研究文集》，第80—104页。就张献忠而言，位于柳树涧的他何以会记为"肤施人"，疑为军余附籍于此，由于缺少相关史料，无法深究。
[3]　参见顾诚《谈明代的卫籍》，《北京师范大学学报（社会科学版）》1989年第5期。

安卫境相交叉，加之明中后期延绥镇防区的统一协调管理，以及明中后期柳树涧堡突出的军事防御职能，使柳树涧的管理权面临多重交叉，使张献忠的籍贯变得较为复杂。由于延安卫与延安府同城共治，肤施县又是延安府的直辖县，亦与肤施县共治，那么作为延安卫辖境下代管的卫籍民户，为方便统一的赋役管理，他们的田地、行政事务有可能由延安府肤施县代为管理，于是，柳树涧的卫籍民户便被视作肤施人。

这种管辖权的变通随着明朝的灭亡以及都司卫所制度的变化，到清代逐步显现出来，原来由延安卫管辖的田地、管辖或代管的户口到清代陆续归并到府州县行政管理机构之中。

在户口的转移方面，据康熙《延绥镇志》载，"有明时，三卫皆军也，今占籍而为民。然流亡者十不一二，于顺治年间，编审渐欠安集矣"[1]，这里的三卫是指延安卫、榆林卫和绥德卫。

在田地的转移方面，据康熙修、嘉庆重修《延安府志》记载，康熙年间，肤施县实熟地一百二十二顷八十亩余，实征本色粮四百三十八石余，实征起运兵饷银九百三两余。这主要是属于原来肤施县管辖的民户田地，同时，肤施县还接管了原来延安卫等卫所管辖的卫所田地，包括：接收延安卫上下伍实熟并开垦及自首共地二百八十四顷九十八亩余，实征并开垦及自首共粮一千三百一十二石余，实征并开垦及自首共草一千九百八十七束余，实征并开垦及自首起运兵饷一百九十一两余。从数量上看，接收的卫所田地远远多于本县田地，这符合肤施县境和卫所辖区的实际面积。[2]原卫所的屯田和屯丁折算标准之后，由肤施县统一管理，"肤施县。接收延安卫原额屯地一千五百五十一顷二十二亩，除荒外实熟地一百八十顷六十六亩九分七毫……原额屯丁共折下下丁一百一十七丁并各年编审收新收丁共

---

〔1〕 康熙《延绥镇志》卷2《食志·户口》，《四库全书存目丛书》史部第227册，第327页。
〔2〕 康熙修、嘉庆重修《延安府志》卷29《田赋》，《续修四库全书》史部第693册，第500页。

一百四十三丁。雍正五年以粮裁丁，以丁裁粮，共均丁银一百三十六两三分六厘九毫五忽一纤五尘一渺，永不加赋丁"[1]。

其实，关于张献忠的户籍、职业的史料大都经不起认真推敲，或者说，都掺杂了后人的演绎与想象成分[2]，或者说民间的称谓与实际的管理制度有一定的差距。原因非常简单，张献忠原来只是生活在社会底层的最普通一员，即便随着起义的进展，其影响越来越大，对他微时家庭、出身、职业等真正情况进行记载的史料，留下来的相当有限。等他起义失败之后，有关的历史又多被扭曲，一些历史的真相又被掩盖了。

综上所述，对张献忠籍贯的基本判定是：张献忠是延安卫籍人，因延安卫与延安府、肤施县同城共治，加之延绥镇在管辖权上的特殊性，称张献忠为延安卫人、延安人、肤施人都是有道理的。由于柳树涧（堡）属延绥镇之西路哨堡，而延绥镇之建依托榆林卫（榆林镇），称其为"榆林人"事出有因。称其为"米脂人"概出于其"据米脂十八寨"而起，在明末起义中崭露头角，当然，"据米脂十八寨"起义的细节尚须再加考订。

四　明末的社会危机

明代疆域管理的两种系统差别确实别有新意，在实际的运行过程中以及明朝两百余年的发展变化中的确存在不少问题，表现之一是行政管理权与军政管辖权的冲突与调适。在延安，延安府和延安

---

〔1〕　康熙修、嘉庆重修《延安府志》卷 43《兵略四·屯田》，第 572 页。

〔2〕　赵吉士《寄园寄所寄》卷 9《裂眦寄》，把张献忠微时的事迹艺术加工，称"献贼少从军，隶总兵王威，犯淫掠当斩，别将陈洪范来谒，力救之，威不得已，斩其党十七人，鞭献忠百，免，亡关中为盗。献忠天性凶黠，然追思旧恩，每饭必祝之，数语其下曰：陈总兵活我，刻肺檀与洪范像事之，后知官军中有陈将军，喜曰：此岂吾恩人耶！诇之良，是乃饰名姝，赍美珠文币以进，曰：献忠向蒙公一言以免，有大恩不及报，公岂遂亡之耶！今遇于此，天也，愿率所部降，随马足自效降后，熊文灿抚驭失宜，复叛去"。又见李天根《爝火录》卷 2。

卫的官员就不乏发生冲突的事例。万历三十三年（1603），延安府下肤施县知县就与延安卫武官发生冲突，官司一直打到了中央，据载：

> 陕西延安府肤施县知县王藩以库银被盗，误拘邻居延安卫指挥杨垌，觉而释之。该卫指挥岳绳武、陶秉忠、夏有启，百户魏汝贤、刘源因挟催粮旧隙，纠集军余百余人拥入县衙，打毁公座器物、殴伤婢仆，藩避匿得免。垌等复捏词申诉，并诬讦藩赃私条款。该督抚据实以闻，乞行提问治罪。藩酌量调用，下部院覆议。从之。[1]

当然，更多的时候是他们共同构建起了明王朝在西北的北边防御战线。透过不甚明晰的张献忠起事前的职业和履历，我们能感受到延绥镇防御的压力和军民生活的不易。在众多记载张献忠起事的背景材料中，除去针对他个人的污蔑性言辞和故事之外，谈到比较多的是这时候自然灾害的严重及救济机制的失效和瘫痪。其中，有一个非常重要的因素是延绥镇军兵在明北边防御体制中所处的地位。陕西三边四镇，除却自身的防御压力甚重外，还要到京畿地区参与轮番戍守，自身经济能力不足，又不能得到中央财政资金有效支持，导致社会矛盾不断激化，明末大规模的农民起义首领张献忠、李自成、高迎祥等均出此，于情于理有其必然性。[2]仅以两段反映明末军兵生活艰苦的史料作结。

史料一，延绥巡抚史梅，在请求更改延绥军兵入卫路线时，对延绥镇入卫蓟镇之军兵所受种种苦难的描述：

> 为照边卒之苦在延绥为最，而延卒之苦，又入卫为最。何

---

〔1〕《明神宗实录》卷410，万历三十三年七月乙未，第7701页。
〔2〕 参见彭勇《明代北边防御体制研究——以边操班军的演变为线索》，第279—360页。

者？盖延镇孤悬沙漠，薪桂米珠，即守家室犹难度遣。一遇入卫，有衣装路费之苦，有抛别其父母妻子，不保朝夕之苦，有奔驰二千余里，疲乏病馁之苦，有当隆冬起行、冒雪履冰、堕指裂肤之苦，有客处地方修筑戍守、胼胝暴露之苦，诸如此类，不可枚举。临发之日，臣与总兵该道出郊劳遣，见其老稚回环道路，牵衣抱头，哭声震野，观者无不流涕。及下班回日，则军亡若干矣，马死若干矣。臣目击痛楚，亦知议撤为难，不敢尘渎。[1]

史料二，崇祯元年（1628），三边总督史永安、巡抚延绥岳和声、巡按李应公联合给崇祯皇帝上疏，奏报了陕西四镇形势危急。

延饷积欠相因，自天启元年以前至天启七年，共欠一百五十余万，致使各路军饷积欠至二十七个月。千里荒沙，数万饥兵，食不果腹，衣不覆体，盈迟胜诉，麾之不去。间有脱衣鞋而易一饱者，有持器具贸半菽者，有马无刍牧而闭户自经者，有饿难忍耐，而剪发鬻市者，枵腹之怨久酿，脱巾之变立生。[2]

此情此景，为了生存，除了反抗，还有别的选择吗？

［原文题作《张献忠籍贯考辨——兼谈明代边疆地区户籍管理制度》，载故宫博物院、北京大学编：《明清论丛》（第十二辑），故宫出版社，2012年］

---

[1] 王一鹗《总督四镇奏议》卷4《议处卫兵道路疏》（万历十四年七月十七日），《玄览堂丛书续集》第23册，第62—63页。
[2]《崇祯长编》卷7，崇祯元年三月壬午，第363页。

第十二章 卫所制度与明朝非汉族群的身份变化

明代在边疆地区广设卫所，管辖的重要对象是非汉族群体，大概类似于我们今天所说的少数民族。在内地卫所里，同样有大量非汉族身份的世袭军人，活跃在明后期的忠顺军就是代表。忠顺军的前身是明建立后由入仕中原的少数民族组成的达官军，其民族成分包括蒙古、女真和回回等。嘉、隆年间，随着北边防御形势的变化，在保定、大同等达官军相对集中的地区，达官军改组为"忠顺营"。忠顺营将士在明代中后期的京畿地区征战和戍守过程中发挥了重要的作用。明朝灭亡后，忠顺营的建制被取消，陆续并入当地的行政组织。然而，就是这样一支在历史舞台上曾经扮演重要角色的少数民族武装力量，却被学术界长期忽视。[1] 在此就所见有限的材料，对忠顺军建立的背景，忠顺军的组织管理和职掌及其演变等基本史实略加考订，以揭示卫所制度之下非汉族群体的管理、身份和生活等诸方面的变化。

一 北方达官军：忠顺军的前身

忠顺营之名始自隆庆二年（1568）八月。《明穆宗实录》载："巡抚保定都御史温如璋言，降夷隶定州、保定、河间等卫者已经

---

〔1〕 本文 2009 年发表后，有奇文瑛《明代卫所归附人研究》（中央民族大学出版社，2011 年）和周松《从西蒙古草原到华北平原——明朝忠顺营源流考》（《中国历史地理论丛》2012 年第 2 期）等论著继续推进忠顺营的相关研究，可参考。

授职给赏，而姓名犹仍达官之旧，非便，请改为忠顺官军。上从之。"[1] 由此可知，"忠顺官军"原指屯住在定州、保定和河间等卫所的"降夷"，他们原来的通称是"达官"，更改称谓的原因是"已经授职给赏"，以"达官"旧名相称实属不便。穆宗很爽快地批准了。故在《明会典》中，有如此记载，"隆庆二年，改各达官军舍为忠顺官军"[2]。

从表面上看，"达官军"改名为"忠顺官军"只是一次少数民族官军名称的变换，问题是"达官军"之名在明朝使用200年后，为何此时又要变更呢？这是值得我们思考的问题。我们首先来看一看定州、保定和河间等达官军改名之前的存在状态。

（一）达官军的来源及分布

在明人眼里，达官是包括蒙古、女真、回回，甚至曾经降服元朝的汉人的统称，"达"字几乎被加入北方少数民族各项称谓之中。对明代内地卫所达官，以及在京畿地区达官的研究，学术界已予以较多的关注。[3] 但这些研究一是较多集中在达官大量归附的明前期，二是较多关注明前期的民族政策和民族关系，对定州、保定、河间等相对集中地区达官军的来源、分布及演变走向几乎没有涉及。

从已有的研究成果可知，自明立国始，中央大体执行的是"招降纳叛，厚待慎防"的政策，根据归附的蒙古贵族的不同情况，采取不同的处理措施。就分布的地区看，全国主要的都司和行都司里都有达官军的存在，其中又以南北二直隶和华北地区最为集中。地处北直隶的保定、定州、河间、真定等卫所是达官军相对集中的地区。究其原

---

[1] 《明穆宗实录》卷23，隆庆二年八月甲辰，第623—624页。
[2] 万历《明会典》卷129《兵部十二·镇戍四·保定》，第667页。
[3] 如彭勇《明代"达官"在内地卫所的分布及其社会生活》，《内蒙古社会科学（汉文版）》2003年第1期；高寿仙《明代北京及北畿的蒙古族居民》，《第十届明史国际学术研讨会论文集》，人民日报出版社，2004年；王雄《明洪武时期对蒙古人众的招抚和安置》，《内蒙古大学学报》1987年第4期；邸富生《试论明朝初期居住在内地的蒙古人》，《民族研究》1996年第3期；奇文瑛《明洪武时期内迁蒙古人辨析》，《中国边疆史地研究》2004年第2期等。

因，一是地近北边，归附后就地安置，万历《保定府志》载："查得永乐年间，鞑靼肥都儿率众归附，□□□成祖□赐姓名，给赏田土，其跟随人口俱金为正军，令在定州等处安插屯种。"[1]《明实录》亦有不少关于达官军安插此地的史料，兹不引证。二是永乐元年（1403），北平行都司（大宁都司）的建置增加了该地区的少数民族官军的人数，"三卫来朝，益求内附，因改封宁王于南昌，移行都司于保定，而以大宁全地与之。授都督、都指挥、指挥、千百户、镇抚等官"[2]。

从流传下来的"明档"看，在达官较为集中分布的保定左卫、中卫和前卫的达官世袭选簿中，有不少达官在永乐中期至宣德时已在此屯住两代人左右，如保定左卫的柴拱卜颜帖木儿为该军户二辈袭职人，他世袭的时间在宣德四年八月。[3]左卫同为二辈的安失剌利罕袭职时间是永乐十一年七月，始祖卜答，原系灵州千户所，至二辈始安插到保定前卫。[4]左卫二辈承袭人典歹失袭职时间是永乐十九年十月，他的伯父里察儿，原系凉州卫副千户，后调高山卫，到他本人时再迁保定左卫。[5]左卫二辈承袭人安台不花原是宁夏卫左所百户，在永乐十一年七月袭职时已安插在保定左卫右所。[6]同样，在保定前卫，亦有不少达官在永乐至宣德年间就安插于此了，如前卫的二辈承袭人王驴驴袭职时间在永乐十六年七月。[7]

所以，到英宗正统年间，保定等地已成为达官的聚居区，并形成规模。正统十四年（1449），土木之变时，有不少"安插达官人等"乘机作乱，明中央责令达官指挥王贵成严加管束。[8]到嘉靖初年，大学

---

[1] 隆庆刻，万历三十五年增修《保定府志》卷21《边政志》，《条陈边关急务以图安攘疏略》，《稀见中国地方志汇刊》第2册，中国书店，1992年，第877—878页。
[2] 万历《明会典》卷107《朝贡·北狄》，第579页。
[3] 《中国明朝档案总汇》第68册，"指挥使柴芝"条，第252页。
[4] 《中国明朝档案总汇》第68册，"指挥佥事安相"条，第261页。
[5] 《中国明朝档案总汇》第68册，"指挥佥事王永昌"条，第267页。
[6] 《中国明朝档案总汇》第68册，"署正千户事副千户安朝臣"条，第282页。
[7] 《中国明朝档案总汇》第69册，"指挥同知王朵儿"条，第15页。
[8] 《明英宗实录》卷181，正统十四年八月己巳，第3519页。

士桂萼说："河间、真定、保定之间，多达兵营坞，其人性犷难驯！"[1]成书于嘉靖二十一年（1542）的《皇明九边考》也称，"达官达舍多安置真、保、河间等府"[2]，显然这里已成为达官军稳定的居住区。

弘治年间，广西瑶、壮长期不靖，湖广按察司副使黄肃向中央建议，把保定等地的达官军调到广西安置，他说："广西官军数少，不足征调。土兵复不听调遣。夷寇所畏者，惟汉、达官军。宜量调保定等府达官军舍二千人发广西安置，听调杀贼。"兵部认为此举不妥。[3]黄肃的申请并非异想天开，也不是没有先例。景泰年间，参与镇压黄萧养起义的达官军就被永久安插在广州城驻扎，并周期性地派到广西梧州轮番戍守。[4]不过，在明廷看来，改变达官军的屯住地是一件需要非常慎重的事情。

就目前所见资料看，尚无法知晓保定达官军确切的分布地点。保定五卫达官的治所均在保定城内，"保定左卫，在都司治西。永乐中建。又有中、前、后及右卫，俱置于府城内"[5]。千、百户以下的达官及其所属旗军则散居真、保、河间所属州县地方，"各置立田产庐舍，居处有年"[6]。世袭武官的这一分布特点在武职世袭选簿中得到验证。达官军最基层单位很可能是百户，同一个千户，既有汉军，也有达官军，只不过汉军和达官军是分别屯驻的，达官军直接听命于达官。

（二）达官军的基本职责

安插于内地卫所的达官军除进行日常的屯田耕种外，世袭武官

---

[1] 万表《皇明经济文录》卷18《北直隶图序》，《四库禁毁书丛刊》集部第19册，第71页。

[2] 魏焕《皇明九边考》卷6《三关镇·疆域考》，《四库全书存目丛书》史部第226册，第68页。

[3] 《明孝宗实录》卷187，弘治十五年五月乙亥，第3442页。

[4] 参见彭勇《明代广西班军制度研究——兼论班军的非军事移民性质》，《中国边疆史地研究》2004年第3期。

[5] 顾祖禹《读史方舆纪要》卷12，中华书局，2005年，第530页。

[6] 王一鹗《总督四镇奏议》卷8《条陈保镇未尽事宜疏》，《玄览堂丛书续集》第27册，第72页。

322　　封疆之制——明代都司卫所管理体制研究

和旗军作为本地卫所正军的一部分，也参与重大的军事活动，应调参与国家重大军事行动。达官军在改名为忠顺军之前，参加过许多重大军事活动，兹摘其大要论之。

1. 镇压黄萧养起义。景泰年间，中央调遣两京地区的达官军协助镇压黄萧养叛乱，后海宁伯董兴曾奏请将他们安置于广东，"遇警调用"。成化初年，经右佥都御史韩雍奏请，中央决定将这批达官军安插于广州卫，于桂江以西建"达官营"，又统一编班入戍梧州，负责把守梧州内城五门等地方。[1]

2. 出征大藤峡。成化元年（1465）正月，"两广蛮寇乱，以都督同知赵辅为征蛮将军，都督佥事和勇为游击将军，擢浙江左参政韩雍右佥都御史，赞理军务，率兵讨之"[2]。此次用兵十六万众，保定左卫五所的达官军均有参与。据武官选薄，中所副千户、山后人带俸达官王禹，祖上曾在凉州卫和高山卫任职，他本人随总兵官、都督同知赵辅和左佥都御史韩雍等人，"征剿两广蛮贼"，立下战功，当年十一月论功行赏，王禹由副千户升正千户。[3]同时参加的还有右所"安插达官"柴源，他因在"两广节次有功"，于成化五年五月，由都指挥佥事升为都指挥同知。[4]左所安插达官、镇抚官张全，也曾于成化元年以"两广功升，实授百户"。[5]嘉靖中期，前所的实授百户石纪，"高祖者喇台，原系小旗，两广功，升总旗"，后以"江西抚州功"再由总旗升至百户。[6]后所实授百户胡尚文，于万历二十七年（1599）二月袭职，据载："伊祖系达官镇抚，以成化元年，两广获功，升实授百户"。[7]此次出征取得阶段性胜利，参与

〔1〕 应槚等《苍梧总督军门志》卷11《兵防》，卷22《事例》，卷23《处置地方经久大计疏》，见《明代史籍汇刊》。

〔2〕 谷应泰《明史纪事本末》卷39《平藤峡盗》，中华书局，1977年，第571页。

〔3〕 《中国明朝档案总汇》第68册，"指挥佥事王永昌"条，第267页。

〔4〕 《中国明朝档案总汇》第68册，"柴源"条，第259页。

〔5〕 《中国明朝档案总汇》第68册，"张隆"条，第278页。

〔6〕 《中国明朝档案总汇》第68册，"石纪"条，第317页。

〔7〕 《中国明朝档案总汇》第68册，"胡尚文"条，第329页。

征战的达官军也多以军功升职。

3. 抵御"北虏"。成化十六年正月，朵颜等卫至明求取渔网等物，双方发生争执，边地事起。次月，明朝派王越在威宁海子（今内蒙古察哈尔右翼前旗的黄旗海。明代称威宁海，当时蒙古人称克儿淖）打败亦思马因，亦思马因于十二月卷土重来，兵发大同，第二年又攻打宣府，在白孤庄获胜。[1] 在这场历时一年多的战争中，保定等处的达官军参与其中，在威宁海子大捷中立有战功。因"威宁海子功"而加官晋级的安插带俸达官有：前卫指挥使王文，晋升到都指挥同知[2]；前卫中所副千户王昇在此役获功升正千户[3]；在"柴荣"条下有"成化十六年，威宁海子等处，与贼壹人，自斩首壹颗。官校旗人等一百四十一员，保定前卫升一级，署试百户，升实授试百户贰员，内贰员昔昔耳兔"，昔昔耳兔，即柴官二世祖。[4]

保定左卫中所带俸达官王镒，于成化十七年在窑山墩"杀贼"，晋升为指挥佥事。[5] 窑山墩地近"北虏"，战事较多，尹耕《大同平叛志》载，"大同为京师藩蔽，其北无亭障，又长城岁久浸坏，虏入即至城下……于是城红寺、胪圈、窑山墩、水尽头、沙河堡"，可见其地理位置之重要。

4. 平定江西起事。正德八年（1513）正月，江西的王浩八、胡浩三起义，"劫弋阳、上饶等县，众以逾万"，明廷征调保定、定州和河间等卫达官、舍余千余人，由参将桂勇和都指挥冯安统领，前去征讨，并很快平息了起义。[6] 保定左卫中所指挥佥事王祥在此次出征中，"斩首叁颗，升指挥同知"[7]。

〔1〕《明史》卷14《宪宗二》，第176页。
〔2〕《中国明朝档案总汇》第69册，"王升条"，第15页。
〔3〕《中国明朝档案总汇》第69册，"王时中条"，第47页。
〔4〕《中国明朝档案总汇》第69册，第87页。
〔5〕《中国明朝档案总汇》第68册，第268页。
〔6〕《明武宗实录》卷97，正德八年二月癸亥，第2044页；卷105，正德八年十月乙巳，第2154页。
〔7〕《中国明朝档案总汇》第68册，第268页。

5. 短期到京听调。达官军抽调到京师，往往只在情势紧张之时，而且一旦战事平息，即调回原卫所驻守，如景泰元年，土木之变后，景帝和于谦调取大量军兵到京师，不久，京师平安，达官军也很快返回驻地。史载："广义伯吴玘等奏：臣等系定州、保定、河间等卫安插达官，带领官军舍人、余丁赴京听调，经今日久，所有田土缺人耕种，乞将臣等放回本卫，掺练、屯种，听候调用。从之。"[1]此处所说的"掺练、屯种，听候调用"是达官军平时一贯的状态。

不仅达官军正身旗军参与平时征调，就连达官军舍余在紧急之时也会被抽调到前线，这一点与汉族旗军是有不同的。所谓"舍余"的"舍"，是指世袭武官的儿子，"余"是指在军的世袭旗军长子之外的男子。[2]通常，汉族卫所旗军出征，除非招募，不要求余丁出征，但达官舍余出征的机会非常多。这主要是因为这批达官军能征善战是出了名的。

（三）达官军征调的特点

无论是正军还是舍余，他们只在紧急之时参与征剿重要地区，如京师的防守，战事一旦平息，仍然返回驻地。弘治十八年（1505），"兵部言：保国公朱晖等奏取达官、达舍之在保定、河间等处者一千余名赴京操练，此固先事预备之意。但房贼近已远遁，若复调发，非惟众费财，抑恐人心惊惑，请止令巡抚都御史王沂、督同指挥冯安就彼操习，有警令即时就道。从之。"[3]兵部奏请撤回达官军的理由有三：一是房贼远去，二是浪费钱财，三是"人心惊惑"。其中第三条意在表明达官军作为少数民族特殊的身份。

达官军不参与日常轮戍为明前期定制。成化末年，在宦官汪直权力张烈之时，他曾强行征调保定等五卫的达官军515人到北京参

―――――――――――

〔1〕《明英宗实录》卷189，景泰元年二月戊子，第3881页。
〔2〕参见顾诚《谈明代的卫籍》，《北京师范大学学报（社会科学版）》1989年第5期。
〔3〕《明孝宗实录》卷215，弘治十七年八月辛未，第4053页。

与京操，这些达官军"颇致嗟怨"，宪宗只好听从兵部的建议，下诏"罢京操达官，令还原卫"，理由就是"达官无轮班京操之例"[1]。

无论是达官军正身还是舍余，他们的征调戍守都是临时的，既不承担固定的日常防守，更不会承担工作修造等差役性质的事务，这与卫所汉族官军有着明显的区别。

达官军这种平时操练、战时征调的特点直到正德、嘉靖前期并没有大的变化。如正德二年（1507），派羽林前卫指挥佥事安钦，"以都指挥体统行事"，到定州管理达官军和军余的操练与战备。[2]正德六年，兵部建议："选真定、保定、河间达官军舍，给以马匹操练听调。"[3]"听调"二字，说明了达官军操练的目的仍然是随时听从调遣，而非周期性地赴某一地战备防守。正德时期，达官军也参与了几次临时征调或防守，如保定达官都指挥佥事安钦，因"姚源讨贼功"，被升为署都指挥同知。[4]正德十三年，河间等地水灾重大，"民穷盗滋，拒杀官兵，劫夺囚犯，其势甚炽"，兵部下令达官都督佥事卢镗、指挥安钦率领所部严加防范。[5]嘉靖三年（1524），大同兵变，为防止叛军扩散，兵部采取应急措施："近地宜整兵预防，保定等处请选达军三千，山西选精兵二千，团营亦选精兵五千，择骁将统练。"[6]

嘉靖前期，明廷对达官军不参与日常戍守的态度依然非常明确。达官军虽然有战斗力，毕竟与汉族旗军不同，对他们既要加以善待，又不要轻易动用他们，更不要随便打扰他们。"一防制达官以需调用言，保定各卫达官舍目，虽服王化，夷性尚存。宜令巡抚督率所司加意抚恤，不必拘以常操，而于霜降开操之日，试其武艺，量加犒赏，即有小警，不得辄调。"这样做的目的有二："既以消其携二之

---

〔1〕《明宪宗实录》卷225，成化十八年三月癸未，第3865页。
〔2〕《明武宗实录》卷29，正德二年八月壬辰，第746页。
〔3〕《明武宗实录》卷72，正德六年二月丙申，第1590页。
〔4〕《明武宗实录》卷129，正德十年九月辛丑，第2572页。
〔5〕《明武宗实录》卷158，正德十三年正月癸卯，第3025页。
〔6〕《明世宗实录》卷45，嘉靖三年十一月壬午，第1168页。

念，而又蓄其敌忾之勇。"[1]第一个目的不必解释，第二个目的"蓄其敌忾之勇"，却非虚言。

之所以一再强调达官军这种不参与周期性防守京师、京畿或战略要地的属性，是因为在保定、定州、河间等地的其他卫所旗军都是参与班军轮戍的。他们或者参与京操，或者参与到宣、大边地的戍守。达官军显然与他们是不同的。由于此时汉族旗军长期工作役使，疏于操练，战斗力已大大下降，保留达官军这一支颇具战斗力的队伍的"敌忾之勇"是必要的。

达官军职能的转变是到嘉靖中期以后，由于北边防御形势日益紧张，北京城的军事防御由京师防御转向京畿（蓟镇）防守之后，达官军舍余开始固定地、周期性地参与京畿地区的防守、戍守和修筑活动，并最终从达官军转化为忠顺军，标志着这批少数民族与汉族正走向融合。

二　忠顺军的建制及职掌

（一）忠顺军组建的背景

嘉靖中期，尤其是在嘉靖二十五年（1546）后，俺答汗领导的蒙古部再度逞强，北边和京师的防御形势紧张。早在嘉靖初年，以吉囊为首的蒙古右翼部时常南下进入明西北诸边，嘉靖十一年，又正式向明廷提出建立互市，世宗严词拒绝。嘉靖二十年，执政的俺答汗多次派遣使臣请求通贡，仍遭拒绝。俺答汗遂采取以武力迫使明廷接受通贡的策略，一面频频发兵边关，一面锲而不舍地请求开放边市。明廷在坚决拒绝的同时，对边镇和京师也加紧防守。[2]以作战勇猛、防御出色著称的达官军更为频繁地参与到各项征战戍守活动中去。

---

〔1〕《明世宗实录》卷169，嘉靖十三年十一月甲子，第3692页。
〔2〕 参见达力扎布《明代漠南蒙古历史研究》，第205—212页。

嘉靖十五年，大同防御吃紧，达官军和其他汉族旗军、民兵一同被派到偏头关防守，"大同频遭虏患，兵弱食少，虑不能支；兼以虏计诡秘，声东击西，难于应援……阅精兵一万二千赴大同，保定兵六千，达官五百，赴偏关"[1]。

嘉靖二十年，京师防御形势紧张，除调取达官军正军之外，兵部还提议召募达官舍余以参与防御，"保定、河间、定州达官舍余，素称骁健，今达官已调井陉等处防守，其舍余、余丁俱骑射精熟可用。宜遣京堂官一员，同抚按官募其精锐者万余人，给以军资，内以五十人兼营兵助守井陉，以五千人付一才将，统赴临清，设伏防御"[2]。

嘉靖二十五年，蓟镇再度告急，保定等处的达官军继续与"山东枪手、河南民兵及原选京营兵六枝"等军兵一起到蓟州听调防守。[3]

同时，易州等地的防御亦告急，保定的汉、达官军9000人中，有6000人调到京师蓟镇，负责此处防御的翁万达则申请征调剩余的3000名保定汉、达官军。[4]

达官军比较固定地参与京畿地区的戍守是在嘉靖二十九年（1550）的"庚戌之变"以后，这与当时推行的"蓟镇入卫兵"制度相一致。所谓"入卫兵"制度，是指明廷抽调"九边"重镇中的"七镇"军兵，到京畿地区的蓟、昌二镇轮流戍守的制度。此时达官军抽调到此，与此前最大的不同有二：一是开始固定性地参与日常军事防御，二是防御的性质与汉军高度相似。嘉靖二十九年，世宗命保定巡抚杨守谦"移汉达军二枝于通、易二州团练"，并赏银官二两、军一两。[5]不久，世宗下令保定等达官军参与入卫蓟镇，"诏复

---

〔1〕《明世宗实录》卷193，嘉靖十五年十一月己未，第4078页。

〔2〕《明世宗实录》卷252，嘉靖二十年八月乙丑，第5052页。

〔3〕《明世宗实录》卷313，嘉靖二十五年七月癸酉，第5867页。

〔4〕翁万达《翁万达集》卷6《易州预处募兵疏》，上海古籍出版社，1992年，第181页。

〔5〕《明世宗实录》卷363，嘉靖二十九年七月癸卯，第6466页。

选辽东、固原、保定汉、达官军入卫。辽东三千人，以宣府副总兵刘大章领之；固原三千人，以原任延绥总兵具瑛领之；保定六千人，以原任宣府参将刘环、游击曹镇领之。从咸宁侯鸾再请也"[1]。保定的 6000 名入卫军中，有 3000 名达官军。他们就是忠顺军的前身。

嘉靖三十一年（1552），经巡抚保定都御史艾希淳等人建议，兵部审议，世宗批准保定的达官旗军、舍余人等经挑选后，再加训练和组织，分派到边关要地，参与周期性秋防。他们认为："达军生齿日繁，骄悍成习，且有内地奸民逃租税，旨窜入其籍，煽诱为非，渐生不靖，宜令各卫选其壮者训练而节制之，防秋之日，分布诸关防守便。"[2]果然，在次年的防秋安排中，保定等地的达官已经与来自北方诸边镇以及河南、山东等地的班军、民壮和乡兵，一起参与以蓟镇为中心京畿地区的秋季防御，"兵部尚书聂豹申定防秋事宜，一练选营兵，将各营军士逐一清查，简选精锐者，务足各将原领正兵之数……议将保定所选兵马二枝、真顺更番民兵一枝，达官都司军一枝，山东河南民兵二枝，俱听总督侍郎何栋随宜调遣，其陕西、延绥、宁固游兵四枝，俱已调赴宣府隆永等处专听总兵"[3]。

达官军参与京畿地区的防御，与明中央北京城军事防御战略转变的总体思路相一致，即从北京城的防御转换到以蓟镇为中心的京畿地区防守，它的标志就是北边原京操班军的大量撤回，边镇军兵抽调轮戍蓟镇，以及达官军作为入卫兵的一部分参与京畿的周期性防御。隆庆二年，已经到蓟镇等地戍守十余年的达官军正式更名为忠顺军，可谓水到渠成。

（二）忠顺军建制

如前述，"忠顺营"之名始于隆庆二年八月。从《明实录》《大

---

[1]《明世宗实录》卷 367，嘉靖二十九年十一月丁酉，第 6565 页。
[2]《明世宗实录》卷 392，嘉靖三十一年十二月辛未，第 6888 页。
[3]《明世宗实录》卷 398，嘉靖三十二年五月丙辰，第 6988 页。

明会典》和相关方志看，忠顺营建立的时间当无异议。[1]

明廷何以会把达官军的名称改为"忠顺官军"，将组建的营伍称"忠顺营"之名呢？这一点不难理解。达官军原来就是由蒙古、回回和女真等少数民族组成的，明朝对这些少数民族统治的最大目标就是使其效忠、顺从，即"忠顺"。在西北地区的哈密，自永乐二年（1404）始，其首领被封为"忠顺王"，至四年三月，设哈密卫，以忠顺王部下头目为卫指挥、千百户等，由明朝直接管理。万历年间，鞑靼部三娘子，"主兵柄，为中国守边保塞，众畏服之"，明廷诏封她为"忠顺夫人"[2]。以"忠顺"命名达官军，既是对他们长期征战戍守的褒奖，也是对他们的期望与劝勉。

温如璋在他的奏疏中提到，忠顺营官军的来源卫所，除定州卫、河间卫和保定诸卫外，还包括真定卫。不过，我们注意到，至隆庆四年时，在蓟镇参与防守的真定、河间二卫的忠顺官军奉命撤回本地防守，"罢真定、河间等卫忠顺官军之戍居庸者，以蓟镇新募奇兵一千五百人代之。先是，总督谭纶委都指挥杨文、指挥孟杰募兵得三千人，即蓟镇练之，至是练成。纶因请分为二枝，一以代忠顺军，一以代入卫陕兵，升文为游击将军领之，而以杰代文为都指挥领山东班军，报可。"[3]所以，我们在隆庆四年以后的文献中就只能看到二支忠顺军，即保定、定州二营。[4]

忠顺营组成后，忠顺军即以严格的营兵制组织管理，故两支忠顺军分别命名为"保定忠顺营"和"定州忠顺营"，均属于"真保镇"所辖的"主兵"；同时，由于其主要职责是周期性地到蓟州镇和

---

〔1〕 道光《定州志》卷10《人物·职官·武职官》（见《中国方志丛书》，（台北）成文出版社，1969年，第985页），有"王铖，忠顺营指挥，（嘉靖）七年任；杨璋，忠顺营指挥，（嘉靖）二十八年任；吴舜臣，忠顺营指挥，（嘉靖）三十八年任"的记载，三人任职时间俱在忠顺营建立之前，而以"忠顺营指挥"称之，疑为后人将前期达官和后期忠顺官混为一谈。
〔2〕 《明史》卷327《鞑靼》，第8489页。
〔3〕 《明穆宗实录》卷46，隆庆四年六月丙寅，第1168页。
〔4〕 参见《明史》卷76《职官五》，第1867页；刘效祖撰，彭勇、崔继来校注《四镇三关志校注》卷3《军旅》，第93页；万历《明会典》卷129《镇戍四·蓟镇》，第665页。

昌平镇参与入卫戍守，也就成为二镇的"客兵"。

保定忠顺营和定州忠顺营的建制大体如下：

保定忠顺营。属真保镇主兵，设都司1员，领中军1员，千把总5员，额兵1500名。[1]根据官军人员，保定忠顺营配备的军器有盔甲1500副，兵器47228件，火器40142件和马骡462匹。[2]

定州忠顺营。亦属真保镇主兵，设都司1员，领中军1员，千把总4员，额兵1500名。[3]配有马595匹，在蓟镇入卫时另配有马100匹。[4]定州忠顺营未见有兵器、火器等配备。忠顺军分正军和舍余，正军有定额，两忠顺营人数大体保持在1500名左右，他们抽调自各个卫所。舍余名额不定，根据防御、征战或修筑等任务的轻重缓急，采取临时征召或召募的形式调集。[5]以上装备配置当然只是大概的数字，不排除某一时期略有增减，直到万历中后期，上述配备没有太大的变化。

忠顺官军的管理体制与此前的达官军已有明显不同。忠顺营直接的管领官是都司，下领中军、千总和把总等职，这与此前的都司卫所系列的武官隶属不同。究其原因，是明朝的军事管理有两大系统。一是承平之时负责官军日常管理的都司卫所系统，其体系是都督（左右都督、都督同知、都督佥事）—都指挥（都指挥使、都指挥同知、都指挥佥事）—指挥使（指挥同知、指挥佥事）—千户—副千户—百户（实授百户、署百户）—总旗—小旗，这一序列的职官实行世袭制。[6]另一管理系统则属于营伍（营兵）制系统，它与世袭的都司卫所系统关系密切。[7]营伍制下的武官虽然大多由都司

---

[1] 《四镇三关志校注》卷3《军旅·真保镇军旅》，第110页。
[2] 《四镇三关志校注》卷3《军旅·器械》，第122页；卷5《骑乘考》，第151页。
[3] 《四镇三关志校注》卷3《军旅·真保镇军旅》，第110页。
[4] 《四镇三关志校注》卷5《骑乘考》，第151页。
[5] 嘉靖《河间府志》卷11《武备志·直隶卫所》，史部第192册，第533页。
[6] 参见于志嘉《明代军户世袭制度》，梁志胜《明代卫所武官世袭制度研究》。
[7] 傅维鳞《明书》卷65《职官志》，《丛书集成初编》史部第38册，第641页。

卫所世官选派充任，但属因事而设，随其事务而行止。[1]当卫所的官员固定地参与营伍活动时，卫所世袭武官担任营伍之职也就变成了固定的职责。世袭达官担任营伍职务即是如此。

忠顺营的最高长官是都司，其下设中军、千总和把总等，全部由卫所的原班世袭达官充任。忠顺营的士兵皆为世袭达军。忠顺营建立之前，每卫遴选一名达官任都指挥，总领日常管理和抽调征戍事务；忠顺营建立后，最高管理官是都司。

例如，在保定，嘉靖二十一年（1542）时，直隶巡按御史桂荣说："照得保定达官自先年归顺以来，设有达官都指挥一员，钦降敕谕一道，令其统属管领，如或本官升迁被劾事故，就于达官指挥内另推选一员更代。查得原任管领达官军舍都指挥金事安准管事年久，统驭无方，恣肆科取，军士不服，缘事未结，一向久无统领之官。嘉靖二十年八月以后，因虏犯山西，声息紧急，该巡抚保定等府右副都御史刘隅调取保定达官防御征进，见得缺官，率领审据，众达官军众口举保保定左卫达官指挥使柴芝老成历练，累经战阵，遂暂行管领官军，赴山西征进回还。"不久，安准病故，保定左等五卫达官军舍马昇等连名告，题请由柴芝继任都指挥官。桂荣建议，把柴芝和另一位"谋勇亦著"达官指挥同知刘准一并报上，请兵部考察后，"量升职衔，将原奉先年不坐名敕谕一道，行令交代到任管事，庶统驭有人，军士有赖，而缓急不误矣"[2]。在此，我们不难发现，保定达官军在嘉靖二十年临时征调山西时，负责统领的最高武官是都指挥使，该都指挥所持敕书为"不坐名"敕书，即该敕书是颁发给保定卫达官，而非针对某一个武官的。但在忠顺营建立后的万历初年，保定忠顺营都司是卢彻，定州忠顺营都司是杨国卿，皇帝亲自颁给他们的敕书，则变成了"具名"敕书，其详细情形见下一部分的论证。

---

[1] 参见王莉《明代营兵制初探》，《北京师范大学学报（社会科学版）》1991年第2期。

[2] 王士翘《西关志·紫荆关》卷6《章疏·急缺管领达官军舍余官员疏》，嘉靖二十一年正月，第358—359页。

在定州，这种职官设置上的变化也非常清楚。据《定州志》，"明初，设定州卫掌印指挥使、管屯局指挥、管城操指挥、管巡捕指挥、经历、镇抚各一员；忠顺营都司一员（在本营指挥使内选，两院题推）中军一员、千总二员、把总二员（内一员驻河间府）"[1]。

（三）忠顺营职掌

忠顺营的出现是为了适应新的防御形势，即以京师为中心、以蓟镇为依托、以"九边"为防线的京畿防御圈的构成，从达官军的临时抽调征戍到忠顺官军固定性地参与这一防御体系，客观上也反映了忠顺官军这一少数民族武装组织作为明朝武装力量的一部分已经融入大明帝国整个防御体系中了，其职责与普通汉军世袭军人、募兵、民兵已经没有实质区别。如果说他们有特殊之处，那就是他们是一支完全由少数民族构成的队伍。

忠顺官的职责是直接统领忠顺军，忠顺军既包括官旗正军，也可能包括官舍和军余。这种管理，既包括上班到蓟镇、昌平防御和修守期间的日常管理，也包括下班之后的日常训练和管理。这种管理与其他都司卫所有一致之处，又略有不同，相同的是都是相对于行政系统而独立的卫所武官的管理，略有不同的是，忠顺军管理的是纯粹的少数民族官军舍余。

首先，在卫所的日常管理之责。我们从刘效祖的《四镇三关志》[2]里查到了两则敕书，从中不难看出保定、定州两忠顺营武官的职责所在。

其一，《敕保定忠顺营都司卢彻》。

> 今命尔专一管束所部保定左等卫原日安插及近日放回达官、

---

[1] 道光《定州志》卷20《政典·兵防·营卫额员》，见《中国方志丛书》，第1750—1751页。
[2] 《四镇三关志校注》卷7《制疏考》，第283—284页。

旗军、舍余人等，操练听调，务在用心钤束，善加抚恤，使人遵守法度，各安生理。敢有不服钤束及听小人教诱，起灭词讼或出境外劫掠为非扰害良善者，轻则听尔量情惩治，重则奏闻区处。彼处军卫有司之事，不得分毫干预，自起争端，如违罪不轻贷。尔受兹委托，尤须撼忠效劳，公廉勤慎，毋得贪图财利，剥削克害，及纵容下人生事，扰害地方，责有所归，尔其勉之，慎之。故敕。

其二，《敕定州忠顺营都司杨国卿》：

今命尔以都指挥体统行事，在定州专一管领达官、达军、舍余，如法操练，俾各熟闲武艺，听候有警调用。时常钤束，毋令非为。如有为盗横暴害人者，即便擒拿送官，痛加惩治。尔为武臣，受兹委任，须持廉秉公，抚恤其众，俾各安生业。凡军卫有司之事，不许干预。尔其勉之，慎之。故敕。

从保定和定州忠顺都司的敕书来看，二都司共同之处有：第一，他们都是专一管理达官、达军和舍余等的最高长官；第二，这两处是相对独立的军政管理组织，并不直辖于地方军卫有司，小事立决，重大事件奏闻；第三，管理范围包括达官军全部的事务，包括军事、行政和司法等。区别之处有：第一，虽然两地最高武官同为都司，但定州都司以都指挥体统行事，而保定没有；第二，保定都司还负责接纳新归附的达官军，而定州未见新进人员。

其次，在边地的戍守修建之责。忠顺营组建之后，其职责已不再像"庚戌之变"之前只是临时抽调到各地征战戍守，而是作为入卫兵的一部分，他们也全面地参与京畿地区蓟镇、昌平二镇的防御和边墙的修筑。其中，定州忠顺军被固定地分派到蓟镇，万历初年时额兵为 1500 人，"春秋两防，分派马兰、太平二路防守"；保定忠顺军戍守地在昌平镇，官军从原额 1500 人减至 1494 人，"每春防驻扎横岭路防守"[1]。

在蓟、昌二镇防守时，忠顺军与其他军兵种协同分工（其他军兵包括京军、京操军、入卫军兵、旗军舍余、募兵、乡兵和民兵等），统一听从分区管领官，如巡抚、总兵或副总兵官的统一布防。在隆庆六年，"保定巡抚臣宋纁奏：分布秋防兵马言，本镇东北起沿河口，西南至数道严，延袤一千三百余里，计隘口二百九十余处，中间极冲曾经胡虏侵犯隘口，须重兵提备"，其中，都司吴芝统忠顺军守龙门，定州指挥夏宗禹领选剩余忠顺军防倒马关所属插箭岭等处。[2] 在真保镇，军兵春秋两防时移居紫荆关，忠顺军分守马水口处，设参将一员，"分守沿河等三守总地方，北自沿河口起，至西南赭罗沟口止，历四十五隘口……金水口官兵一营，保定左营官兵一枝，河间操余一枝，保定忠顺官兵一枝，定州官兵一枝，涞水乡夫一枝，合主客官兵七千二百七十二名"[3]。

在防御的同时，或在了无战事的时期，忠顺军的重要职责之一是与其他军兵一起参与长城修筑。隆庆以后的半个世纪里，明廷对长城进行了全面的改造增修，其工程之浩大，动用军兵数量之多，是前所未有的。忠顺军在忠顺官的直接领导下，在自己的戍守地参与长城修筑。在修筑长城时，官军责任分工明确，考核严格。河北省迁西县青山口一村民家院内，现存有青石碑一通，碑文为阴刻楷书，可惜残存一半，从碑文大体能看出忠顺营官军参与长城修筑时的情况，兹录如下：

> 万历十五年岁次丁亥，春防客兵定州忠顺营官军一千五百名，□蒙派左□□峰路董家口提调下地方，沙岭儿敌台一座，

〔1〕《四镇三关志校注》卷 3《军旅·昌镇军旅》，第 110—112 页。
〔2〕《明神宗实录》卷 2，隆庆六年六月戊寅，第 54 页。
〔3〕《四镇三关志校注》卷 6《经略·真保镇经略》，第 226 页。

三等边墙二十丈，悉遵原设施式。下坐行□净石，上用熟砖、纯灰垒砌敌台一座，周围□二丈高，建垛口三丈五尺，上盖坐土破三、望亭三间。又修建三等边墙，南接本营十四□起，至台北□丈止，共长二十丈，底阔一丈三尺，顶阔一丈一尺，高连垛口一丈五尺，台墙工程俱备依期通修完备。勒名石左。

　　总督蓟辽保定等处军务兼理粮饷都察院右军都御史兼兵部右侍郎曲周王一鹗

　　整饬蓟州等处边备兼巡抚顺天等府地方都察院□史重庆蹇达

　　巡按直隶监察御史聊城傅光宅

　　巡按直隶监察御史任养心

　　整饬蓟州地方兵备带管驿传山西提刑按察司副使关□□□蓟州永平山……[1]

　　这通碑详细记载了忠顺军负责修筑长城的地区、长度、尺寸、质量以及各级监修官员，以便于日后的考核与监管。在同期监修长城的官员王一鹗的奏疏里，我们也找到了相应的考核管理措施：

　　题为边墙冲塌数多疏略可虑、乞赐亟行查修并议重大桥工以省劳费事……及查该路坍塌古司一百一十六号正关敌台一座，系隆庆三年秋防延绥营游击高汝桂修建，领过工价银一百五两，已经一十六年；古潮砥柱石楼一座，系万历八年秋防保定忠顺营都司何天爵修建，领过工价犒恤银二百九两，已经六年之外……[2]

　　这段考核报告写于万历十四年（1586），保定忠顺营所修的一座

---

〔1〕 穆远等《唐山境内的长城碑刻资料·修沙岭儿敌台及三等边墙碑》，《文物春秋》1998年第2期，第82页。
〔2〕 王一鹗《总督四镇奏议》卷7《边墙冲塌查参将领疏》，《玄览堂丛书续集》第26册，第4—14页。

石楼坍塌。经王一鹗等官员的调查，认定是何天爵所领忠顺营官军所修，不过，鉴于已过去六年时间，可免去对他们的处罚。如果不是修筑的时间过长，或者发生异常灾害，一旦所修边墙发生毁坏，领班官军就要承担相应责任，要退回所领修工银两，罚银，负责武官还要被追加处罚，如降调等。

三　明清易代之际的忠顺军

忠顺军以修筑和防守为主要职责的时期大致延续至天启年间，随着农民起义烽火的燃起和后金的崛起，明廷只得集结北边军兵参与镇压和平叛。如定州忠顺营指挥慕继勋于天启三年（1623）被提升为都指挥同知，两年后再升为本营都司。[1] 天启七年，锦州告急，慕继勋等率领"定州忠顺二营共调精强兵马二千五百余名赴援"[2]。此后，慕继勋长期活跃在抵御后金的最前线，在崇祯十一年时，他还被任命为山海路参将。[3]

忠顺军也参与了镇压明末农民起义的战斗。崇祯十七年（1644），死于与李自成农民军作战的保定忠顺营营官至少有三位：忠顺营中军梁儒秀、忠顺营把总申锡和忠顺营把总郝国忠，"三人俱殉崇祯甲申保定之难"[4]。

伴随着明朝的灭亡，忠顺军的命运也发生了重大改变。清朝建立后，明代卫所管理体系的军事职能和行政职责陆续被清朝所裁革，忠顺营独立的军政管理体制被打破，原忠顺达官军的卫所管理组织被府州县机构取代，忠顺营官军的身份和地位自然也发生了相应的

---

〔1〕《明熹宗实录》卷42，天启三年十二月己酉，第2216页；卷61，天启五年七月庚午，第2889页。
〔2〕《明熹宗实录》卷84，天启七年五月乙酉，第4103页。
〔3〕康熙九年《山海关志》卷4《职官志·武阶》。
〔4〕道光《定州志》卷10《人物·职官补》，《中国方志丛书》，第1056页。

变化。

顺治九年（1652）六月，保定中卫并入保定左卫，保定前卫、后卫归并保定右卫，原来的卫所编组被裁并。[1]顺治十六年，定州卫被裁除，"所有屯粮军丁，俱归并州属，编为永义里，其卫署改为忠顺营（原忠顺营在靖王坟东，已成邱墟，止存碑记）"[2]。由于基层管理组织的变更，原属明朝忠顺营的官署已经成为废墟，其官军失去了原来的独立编组，并被编入"永义里"管辖，完成了由世袭武官军籍到民籍的转变。忠顺官军原来的卫所屯地在归并府州县以后，田地性质亦改归民田。在明朝时，定州"官军之地，例得免科"，顺治四年，各种屯田陆续随其所在州县"就地征粮"[3]。

至此，作为内迁少数民族的代表，组建于明代中后期的忠顺军，完全融入到中华民族大家庭之中。

（原文《论明代忠顺营官军的命运变迁》刊于《中州学刊》
2009 年第 6 期）

---

〔1〕《清世祖实录》卷 65，顺治九年六月丁未，第 510 页。
〔2〕 道光《定州志》卷 20《政典·兵防·营卫沿革》，《中国方志丛书》，第 1750 页。
〔3〕 道光《定州志》卷 20《政典·兵防·卫地》，《中国方志丛书》，第 1757 页。

第十三章 卫所制度与明代地方社会生活

作为相对于司、府、州县独立运行管理的军政体系，卫所制度也影响到府州县地方和卫所屯守地方的社会变化。明代的军事卫所在很大程度上是以移民为基础建立起来的。这一特殊的移民群体在明代基层社会逐步变化，既体现出军事移民的一面，在不断完成"在地化"演变之后，形成了新型的军卫移民社会，同时，在与当地百姓交流与交往过程中，互相影响融合。本章即以典型的内地卫所所在的河南和沿海卫所所在的福州为例，对此问题进行专题研究。

一 河南军卫移民与文化传播

人口流动促进了人类文明的发展。移民史历来是学界关注的重点，关于明代的移民、人口流动和社会变迁，都有较为丰富的研究成果。[1] 关于明代军事移民史的研究，学者多有涉及，但基于明代军卫移民研究的成果还相当有限。尤其是考虑到明代卫所并不仅仅是单纯的军事组织，在很大程度上还是独立于府州县之外的、拥有相对独立管理权的地理单位。建立在军卫基础之上的移民活动，具有人数多、时间长、地域广等特点，需要专文系统探

---

[1] 此类成果颇为丰富，如任崇岳《中原移民简史》，河南人民出版社，2006年；曹树基《中国移民史·明时期》；牛建强《明代人口流动与社会变迁》，河南大学出版社，1997年等，不一一列举。

讨。[1]本章拟以明代河南的军卫移民为个案，主要利用明代武职选簿这一原始档案材料，参以地方志、官修正史等史料，分析明代军卫移民及其与文化传播的关系。

明代的"河南"，按照当时的组织管理，包括两方面：一是河南布政司所辖府州县的行政系统，二是河南都指挥使司所辖的卫所军政系统，二者共同构成"河南自然境"[2]。当然，本章所指的河南，是基于明代河南自然境和今天河南行政区划的双重标准。

（一）河南军卫移民群体的形成

明代的卫所制度是建立在世袭制基础之上的，即武官、旗军的身份是世袭的，一旦入卫籍，很难脱籍。明代军户的来源，一般包括从征（随朱元璋等诸将起兵）、归附（敌对群雄的降从）、谪发（因罪充军）和垛集（从民户中佥发）等四类。前三类指向比较清楚，垛集的情况稍显复杂，有垛集、抽充、佥充、报效等形式，是从民户或军余中选充正军。武官袭替、旗军代役，以"嫡长子（男）"继承为基本原则，一旦在任武官故绝老疾，由本家族内的男性承袭，在役旗军同样需要选替充役人员。所以，中央又规定："军士应起解者，皆佥妻……其册单编造皆有恒式。初定户口、收军、勾清三册。"[3]一人为正军在卫所服役，其家族则有叔伯兄弟，甚至邻里等"舍余"或"贴户"为后盾，以补充卫所内官、军的额定人数。对明代军户世袭的研究，于志嘉、梁志胜、张金奎等已进行了专深的研究，兹不赘述。

明代的军户细分为官、旗、军三类。武官系统，五军都督府下

---

[1] 如郭红《明代卫所移民与地域文化的变迁》，《中国历史地理论丛》2003年第2期，第150—155页；范玉春《明代广西的军事移民》，《中国边疆史地研究》1998年第2期，第34—43页。考虑到明代卫所的移民虽初以军事而起，但卫所的非军事（行政管理）职能对移民的影响更大，故本章以"军卫移民"称之，以别于前代的军事移民。

[2] 参见顾诚《隐匿的疆土：卫所制度与明帝国》，光明日报出版社，2012年，第48—71页。

[3] 《明史》卷92《兵志四》，第2258页。

都司卫所官计有左右都督、都督同知、都督佥事、都指挥使、都指挥同知、都指挥佥事、指挥使、指挥同知、指挥佥事、正千户、副千户、百户（实授百户、试百户）、卫（所）镇抚等，在实际运作时，又有"署职"，即低一级武官署稍高的职级，如"正千户署指挥佥事"等，又使武官的等级更加细化，这也给武官提供了更加漫长的进阶之路。"旗"，虽然仅分为总旗、小旗两种，却是由"军"的身份向"官"的身份转变的必由之路。普通军人获得战功之后，通过进京"并枪"考核，升为小旗，再立功或年深，可获得总旗身份。后辈代役时，可承袭旗职，但只有从总旗升至试百户之后，才算转为武官的身份。

本节拟重点利用《中国明朝档案总汇》（广西师范大学出版社2001年）中明代武职选簿中的河南籍武官的袭替材料，对军卫移民中的武官群体进行分析，以期揭示中原军卫移民群体形成的诸多层面，即居于社会中上层的武官群体，在当时世袭制的大背景下，由于明中央给他们提供了颇为优渥的政治、经济和社会保障条件，不仅可以在异域他乡落地生根、生息繁衍，还能在当地的社会影响和文化传播中，居于优势和主导地位。

史料一，宁夏前卫指挥同知"李堂"条下（第56册，第404页），李氏系河南确山县人。

> 一辈李福先，系刘太保下军，甲辰年（1364）归附从军。洪武四年充小旗，老疾。（二辈）斌代，并充总旗。郑坝村升百户。济南升副千户。西水寨升正千户。归附克金川门，升今卫指挥同知。

史料二，南京锦衣卫指挥使"李继后"条下（第73册，第2页），李氏系河南南阳县（今南阳市）人。

（一辈）李岳，南阳人，洪武三年从军，二十三年升充小旗，二十四年选充总旗……升本所勇士百户，（后再）升中左所正千户。三十三年大同升指挥佥事，再升本卫指挥同知。三十四年西水寨升本卫指挥使。（后节次征讨有功）永乐二年，升河南都司都指挥佥事。六年升都指挥同知。八年，故。（二辈）李谦九年袭授世袭指挥使。宣德五年升都指挥佥事，署左都督府都督佥事。正统五年，故。（三辈）震袭父原职指挥使。正统九年，迤北征进至富峪等处有功回还。本年升都指挥佥事。

史料三，四川都司下的成都左护卫右所试百户"赵雄"条下（第57册，第252页），赵氏系河南祥符人。

一辈赵全，吴元年归附，洪武十三年调成都护卫。十九年并充小旗，二十七年升调左护卫左所总旗。故。（二辈）赵惠并补老疾，（三辈）赵子暹并代。成化九年，松潘别望等族斩首。十三年，升试百户。故。（三辈）赵本，系长男，十七年袭试百户。弘治五年，遇例实授成都左护卫右所百户。

史料一和史料二中，确山和南阳的两位李氏，在元末明初，均以军人身份从军，在武官进阶的路上，靠参加"靖难之役"及此后的军事活动，一步步从军升旗，再升为世袭武官。当然，更多的河南武官像史料三中赵氏家族，直到崇祯十一年（1638）第九辈赵世守时，也仅仅世袭"试百户"这样的最低级武官，但这也足以让他们的家族在明代二百多年里，世代享受祖先留下的"功业"。明初一大批河南军卫家族大都经历了类似的晋升之路。

明代的武官具有鲜明的移民特色，能对移入地的文化产生重大的影响，就在于武职袭替制度的运行。虽然明初武官在不同的地域（卫所）间频繁调整，不一定能构成移民的性质，但宣德之后，军卫家庭的移居地就固定下来了，军户移民就此形成。

明代武官袭替的基本原则，朱元璋在立国之初就有明确的规定：

> 凡大小武官亡没，悉令嫡长子孙袭职。有故则次嫡承袭，无次嫡则庶长子孙，无庶长子孙则弟侄应继者袭其职，如无应继弟侄而有妻女家属者，则以本官之俸月给之。其应袭职者，必袭以骑射之艺。如年幼则优以半俸，殁于王事者给全俸，俟长袭职。着为令。[1]

这一法则，在洪武五年（1372）又加以重申，并载入后来编成的《诸司职掌》《大明律》等国家法律之中，遂成明代二百余年不变的袭替法则。[2]据此规定，武职袭（亡故）、替（老疾）的顺序依次为：嫡长男—嫡长孙—嫡次男—庶长男—庶长孙—亲弟—堂侄—女婿。

世袭过程中，如果应袭嫡长子孙尚未成年，则由国家拨全俸或半俸优给（养育）到一定的年龄（15或16岁），再行出幼袭职。其间，抑或暂由本族内男性借袭，稍后再还职。这样的做法，意在保证卫所武官群体的稳定，也是保证整个家族生活的稳定。

现存的明代武职选簿，是记载武职袭职的官方档案。每一份卫所武官的世袭选簿，都清楚地记录袭替人与原武官之间的血缘关系，对承袭顺序的变更缘由，选簿一定会清晰交代。以下仍以河南籍武官的选簿为例予以说明。

史料四，贵州都司平越卫指挥使"张衍宗"条下（第60册，第6页），张氏系河南长葛人。

（三辈）张麟，年七岁，系（二辈）张振嫡长男……七年迤

---

〔1〕《明太祖实录》卷62，洪武四年三月丁未，第1199页。
〔2〕梁志胜《明代卫所武官世袭制度研究》，第108—109页。

北征进，与胡寇对敌伤，故。麟于永年九年，钦与全俸优给，十七年终住支袭职。十八年三月，钦准袭授本卫世袭指挥佥事。

（四辈）张能，年九岁，系张麟嫡长男。父宣德六年十二月调平越卫，病故。能年幼，于正统六年四月钦与全俸优给出幼。十三年九月，钦准袭授平越世袭指挥佥事。（五辈）张文。旧选簿查有：成化十六年四月，张文，长葛县人，系平越卫故指挥使张能庶长男。（七辈）张大儒，年二十岁，系平越卫指挥使（六辈）张辅嫡次男，嘉靖七年八月钦准替职。

一辈张聚的后世子孙在世袭之时，分别有嫡长男、嫡次男、庶长男等三种身份，显然，身份是他们世袭资格的标准，这样的标准是相当重要的。嫡长孙是仅次于嫡长男而世袭的，在武职选簿中出现较多。堂伯、堂侄的血缘关系，虽然显得疏远了一些，但这样的世袭事例在武职选簿中仍然是较为常见的。

史料五，湖广都司清浪卫左所试百户"胡忠"条下（第63册，第412页）载有：

> 外黄查有：胡安，固始县人，有父胡得，前元义兵头目，甲辰年（1364）归附，拨金刚台。丙午（1366）年，淮河截杀。吴元年（1367）除大安卫分司千户所镇抚。洪武五年调守延安。七年，调西安左卫，老。安，于十八年替。洪武二十二年，调除清浪卫左所百户。胡添祥，系胡安堂侄，堂伯病故，堂兄胡源袭。故，无儿男，添祥于宣德六年袭。胡勇，系胡添祥嫡长孙，祖故，父胡隆袭，故，勇于成化十二年袭。

为了保证世袭的正常进行，制度的设计与变通就显得特别重要。在这里，世袭已打乱了正常的辈分和年龄，既有正常承袭人"病故"的原因，也有"故，无儿男"的因素。但胡氏家族从元末明初的归附后，以武功升职，到随后的南征北战，调成各地，终以武官中最低的"试百户"身份世代袭替，至崇祯年间而未中止。我们知道，按明朝的规定，军户在卫所服役，男丁要结婚成家，并可能至少有另外一个家庭作为"贴户"，为服役的正军提供必要的物资装备，换言之，每一位官、旗、军的背后，至少有一个家庭或家族的存在。

不仅卫所武官家族内世袭时的年龄、辈分可以灵活变通，即便对犯了重罪的武官，明廷也不会轻易剥夺其后世子孙的世袭资格，其原因在于，每一位武官的背后，都有一个家庭，而且可能是一个庞大的家族。这些人早已从河南移居他乡，只有世袭的稳定，才能保证整个家族整体利益的相对稳定。

即便是对犯罪武官后世子孙的世袭，明中央同样有详细的规定，"罚弗及嗣"是基本的原则，即武官一人有罪，不累及子孙的世袭。[1]在现存选簿中可以找到相关的事例。

史料六，宁夏前卫指挥佥事"王范"条（第56册，第410页），王氏系河南信阳人。

王氏在明初入军籍，先祖资料不详。一辈王成系宁夏前卫左所百户，二辈王贵，永乐九年四月袭世袭百户。三辈王俊，历副千户功次、正千户功次、指挥佥事功次等，升至世袭指挥佥事。至七辈王范时，据旧选簿，正德十四年十月，他"把该守备不严，于嘉靖十四年五月，编发大同右卫左所边远充军"。王范的充军系"终身军"，即他一人充军而止。"隆庆元年故，本舍照例准复袭祖职指挥佥事。"所以，八辈王耿于隆庆四年六月袭职，万历二十二年八月，九辈王有政以嫡长男的身份，比中三等替职。天启五年正月，十辈王朝纲以嫡长男身份比中三等，袭宁夏前卫指挥佥事。

从中不难发现，武官一人"充及身军"并不影响后世子孙的世

---

〔1〕《明史》卷92《兵四》，第2257页，有记"时以罪谪者逃故，亦勾其家丁。御史江昂谓非'罚弗及嗣'之义，乃禁之"。

袭，而且他本人到充军地，整个家族仍然留在原所属卫所，并不因此改变卫籍所属地，自然不会沦为新的移民。王耿从宁夏前卫充军到大同右卫后，又生活长达三十余年。他死后，子孙的世袭完全不受影响。他的子孙世袭年龄分别是 32 岁和 29 岁，均系成年人，说明其家族在当地拥有稳定的生活，袭替是其正常生活的一部分。

在实际世袭运作时，即便是永远充军者，也有获得世袭机会的可能，在武职选簿中我们找到了这样的例证。

史料七，福建都司福州右卫下指挥佥事"周澄"条下（第64册，第297页），周氏系河南西华人。

一辈周文于永乐十五年三月时，任福州右卫流官指挥佥事。四辈周澄，正德六年十二月，袭故指挥佥事。但嘉靖十九年时，他因"收欺十九、二十年分屯粮"之事，"问拟永远充军，本犯子孙革袭"。然而，到万历二十六年二月时，周澄的 47 岁堂弟周仕澧，请求按"三辈未袭例"世袭，据巡按官查验批复："无违碍印验，姑准照例降一级，与袭正千户。"事情后来的发展有些出乎意料，到六辈周长泰，即天启四年八月世袭时，却查实周澄是被人诬陷的，"因征收屯粮，被刁军林珊妄捏侵欠讦告，问拟军罪，未经奏请定夺病故。后查银两，当即交完，原无侵情弊……"，最后周长泰被判定"仍准复袭祖职指挥佥事"。

虽然明律规定了永远充军的子孙不得世袭，但周澄的堂弟竟然找到了法律依据，在职降一级之后仍可世袭。这表明明朝对于武官家族利益的保护是尽其所能的，至于他后来的昭雪则另当别论。

通过对 20 多个卫所武职选簿的阅读分析，可以获得大体的结论：原籍河南的世袭武官，都指挥以上高级武官的人数，少于中都留守司、南直隶和山后（归附的蒙古人）的，与山东、河北的相当，多于其他地区的武官，这大概与朱元璋的从征、归附官军所占比重较大，而河南籍武官归附者虽然不少，但多为从军或低级武官有关。

明代世袭武官，之所以能构成典型的军卫移民（并不是简单的军事移民），就在于武官及其家族不仅世居一地（文官任职虽有回避制度，须到外地赴任，但任职地或部门必须是流动的，并不是世代定居一地），而且他们所在的卫所还是独立的"地理单位"。卫所是由从全国各地选调出来的军人再汇聚一地的新型地理单位，是明朝构建的新型移民社会。在世袭制度的多重保障之下，卫所世袭武官队伍普遍出现了冗积和冒滥的情况，形成了庞大而停滞的食利群体，他们的存在也注定对军卫移民社会产生直接的影响。

（二）河南军卫移民的地区分布

中原军卫移民群体包括武官、旗军两大部分，官和军的地区分布是难以分开的。笔者曾撰文对与商城县的州县军户对应的卫所军户情况做了专题研究，分析商城一县军户在全国的分布情况。这批军户中，官、军都有，显然军人占绝大多数，大抵可以揭示商城籍军人在全国卫所的分布情况。类似的研究还有于志嘉对嘉靖《固始县志》的统计分析，从中可知，嘉靖时期的固始、商城的军户对应了全国都司之下的百余个卫所，足见军卫移民数量之庞大，地域分布之广泛。[1]

幸运的是，我们在清初的顺治《固始县志》里，又找到了该县在明朝分布在全国各地卫所担任世袭武官人员及对应的里甲情况。计有：都指挥 3 人，王祥和王锴父子（华严里）、吴胜，在燕山卫。指挥使 3 人，张淳（朱皋里）和施明（期思里），俱旗手卫，胡广（七贤里），燕山左护卫。指挥同知 1 人，在沔阳卫。指挥佥事 6 人，竹清（梁安里）在山西右护卫，文大受（蓟州副总兵、后军都督佥事）、洛均兴（东曲里）、袁计（川山里）俱在羽林卫，王山（巴族里）在留守左卫，袁太（官庄里）在镇远卫。镇抚 1 人，丘住儿

---

〔1〕 彭勇《论明代州县军户制度——以〈嘉靖商城县志〉为例》，《中州学刊》2003 年第 1 期；于志嘉《试论明代卫军原籍与卫所分配的关系》，《"中央研究院"历史语言研究所集刊》第 60 本第 2 分，1989 年。

（青峰里），在颍川卫。以下是千户13人和百户30人，同样记有他们原在固始县的某里名称和移居的卫所名称。[1]该志所记的卫所名称，多为在京直隶卫所，而就笔者统计的明代武职选簿中的固始籍武官分布卫所看，显然更加广泛，因此，可以断定，这份统计是很不全面的，也由此可知，固始乃至河南其他府州县迁出军户在全国分布之广泛，数量之巨大。

河南武官群体在全国的分布情况，尚无专文研究，虽然目前仍然无法对此准确统计，但可以从有限的选簿和地方志等资料，对他们的空间分布以及概貌性特点做简单勾勒。明代武职选簿已残缺不全，在简单梳理之后可以断言：在全国所有的都司里，几乎每一个卫都有河南籍武官的存在。现结合仅存的武职选簿，每都司选择一二卫所，统计河南籍世袭武官的情况，并加以简单分析。

前引史料一中的指挥同知李堂，原籍确山县，属右军都督府下陕西都司宁夏前卫（第56册，第391—520页），该卫的河南人，还有信阳人王范、汤阴人任极、彰德府人李植、滑县人徐诰等卫指挥使级别的官员，有左千户所的内乡人郭邦，右所的洛阳人卢焕、祥符（今属开封）人方语、阌乡（今属灵宝）人杜诗、武陟人古节、祥符人李魁、登丰（封）人宋钺，中所的固始人游善、西华人赵邦卿，后所的汝阳人王贤等，该卫的河南籍武官人数比较多。

前引史料二中的指挥使李继后，南阳县人，属亲军卫南京锦衣卫。明朝分南北二京，京师和畿辅重地集中了数量巨大的武装力量，来自中原的官军自然也数量众多。南京锦衣卫的高级武官中，都指挥佥事王庭是长垣县人，该家族从明初一直到明末，世袭延及二百余年不绝（第73册，第13页）。在北京，骁骑右卫中的实授百户王宾，是永城人（第54册，第168页），右所百户赵镗是中弁人（第54册，

〔1〕顺治《固始县志》卷6《武弁》，见《日本藏罕见中国地方志汇刊》，书目文献出版社，1992年，第128—129页。

第 175 页），前所副千户王钦是祥符人（第 54 册，第 193 页）。

史料三中的成都左护卫右所试百户、祥符人赵雄，隶四川都司（第 57 册，第 252 页），该都司所辖的保宁守御所正千户吴令是河南滑县人（第 57 册，第 470 页）。同在西南的四川行都司也有来自河南的武官，宁番卫的指挥佥事王泰是祥符人（第 58 册，第 13 页），左所实授百户杨勋是固始人（第 58 册，第 18 页）。

史料四中的平越卫指挥使、长葛人张衍宗，属贵州都司（第 60 册）。该卫的河南武官有署指挥佥事正千户汝宁府确山县人刘应武（第 22 页）、实授百户鄢陵人范承祖（第 32 页）、中所副千户河滑县人傅朝（第 62 页）。贵州都司安南卫（第 60 册）的河南武官有指挥同知汝阳人张鸿（第 191 页）、指挥佥事杞县人何悌（第 199 页）、前所正千户遂平县人陈科（第 237 页）等。

史料五中的清浪卫左所试百户、固始人胡忠（第 63 册，第 412 页）属湖广都司，该卫的河南武官有指挥佥事汝阳县赵东（第 339 页）、副千户固始人边上将（第 445 页）。湖广都司永定卫（64 册）的河南武官，计有指挥佥事祥符人朱良栋（第 121 页）、中所署千户实授百户邓州人欧时用、大庸所署试百户事总旗嵩县人卜世勋。

史料七中的福州右卫下指挥佥事、西华人周澄（第 64 册，第 297 页），属福建都司。该卫的世袭百户韩瑜是河南河内（今沁阳县）人（第 307 页）。福建行都司下辖建宁左卫也有几位河南籍武官，他们分别是：固始人、指挥使冯文（第 64 册，第 376 页），开州（今属濮阳）人、指挥佥事杨洪（第 386 页），尉氏人、右所世袭百户李勋（第 400 页），新蔡人、右所世袭百户韩照（第 400—401 页），睢州人、中所世袭百户李应秋（第 401—402 页），扶沟人、中所副千户褚铉和洛阳人崔恩（第 405 页）。

以上史料涉及 9 个都司级单位，包括陕西都司、南北二京直隶卫所、四川都司和行都司、贵州都司、湖广都司、福建都司和行都司等。此外，笔者又对部分存世的其他都司卫所选簿进行了翻检，以证明来自河南的武官在全国各个都司均有普遍的分布。

山东都司仅传世有青州左卫一卫的选簿，收入《中国明朝档案总汇》的第55册，该卫仅一名河南固始县人武官，指挥佥事王居体（第18页），该家族的武官世袭一直持续到天启年间。辽东都司下仅见三万卫、宁远卫等两卫的选簿，也在第55册。确山县人吴朝臣（第258页），任三万卫左所试百户，世袭五辈而止。三万卫在辽东北，与蒙古人、女真人活动地区很近，该卫安置了大批女真、蒙古等少数民族官员，性质较为特殊，不少汉族武官因充军而去赴任。

广西都司下南丹卫的选簿在第58册，指挥佥事傅悦系睢阳县人（第344页），副千户吕鸣珮系滑县人（第353页）。云南都司下云南左卫的选簿也在第58册，指挥佥事吴岑系西平县人（第396页），右所实授百户吴弼系固始县人（第435页），中左所副千户宋诏系祥符县人（第526页），后所副千户彭爵系清丰县人（第528页），后所实授百户艾七十四系固始县人（第536页）。

中都留守司下皇陵卫的选簿在第62册，因地近中原，这里的河南籍武官数量较多。指挥同知李彬系濬县人（第171页），指挥佥事赵希尧系濬县人（第180页），指挥佥事张瑶系濬县人（第183页），左所实授百户李贵系祥符人（第204页），右所副千户王盘系项城人（第221），中所实授百户赵应聘系舞阳县人（第226页），中所世袭百户沈武系汝州人（第227页），中所世袭百户吴椿系原武（今属原阳）人（第230页），中所副千户齐登系汝州人（第243页）。还有中所实授百户息县人魏都尧，世袭百户淇县人尹辅，前所官员有濬县人余龙、嵩县人张堂，后所官员有柘城人张仁等。

山西行都司下镇虏卫的选簿在第71册。指挥使孙国勋系汝阳人（第368—369页），指挥佥事李宗文系宁陵县人（第378页），副千户崔岩系林县人（第387页），左所副千户李铎系西华县人（第388页），右所正千户高志系汝阳人（第402页）。

浙江都司仅残存定海卫选簿，剩余部分未见有河南籍武官。实际上，河南军卫移民于此者众多。试举一例，浙江严州府设有严州守御千户所，据万历《续修严州府志》：杨英，河南人，洪武间除本所镇抚，后历十辈至万历时的杨承恩，世袭本所百户。又有王充铭，河南洛阳人，洪武间由小旗升属羽林右卫总旗，二辈王九儿，钦改名王贵，升本所百户，后历五辈至王惟任，均世袭百户之职。[1]

广东、江西等二都司的选簿在《中国明朝档案总汇》中亦未查见，同样，在地方志中多有记载。在广东都司，有都指挥佥事马贵，河南仪封（今属兰考）人，嘉靖七年时任。[2]在江西都司的赣州卫，指挥同知周成，"其先陈留人，父义，洪武元年从军，升正千户。成袭，累功升指挥同知。永乐九年调本卫……孟俊，其先河南洛阳人，国初有名阳元者归附，授百户，子浩袭。宣德二年，弱袭父浩职，调本卫左所，以功升副千户。三传至俊，袭父福职。正德十四年，以功升指挥同知。历升都指挥守备。诏，俊子，升南赣坐营，改守备。子学孔袭正千户"[3]。此外，华北和京畿地区的大宁都司、万全都司、山西都司等，地近中原，这里有较多从河南派出的京操、边操军人，有大量来自河南的军卫家庭，在此不再罗列相关史料。[4]

明代河南的军卫移民遍及明中央直接控制的、有汉族官军部署的各个都司卫所（不包括羁縻卫所），究其原因，一是河南是朱元璋较早平定的地区，早期归附、从征或抽垛者，有更多的机会转为世袭武官，二是河南是除江西以外仅有的内地卫所，本地的防御任务并不重，所以官军多被抽调到外地征戍，并最终转化为军卫移民。就河南人移出的地区分布特点看，距离比较近的华北、中都地区，河南籍官军数量较多，边远地方因为特殊原因，有集中分布的可能，

〔1〕 万历《续修严州府志》卷9《秩官志》，万历四十一年刻本，第109—110、113页。
〔2〕 嘉靖《广东通志》卷10《职官下》，第20页。
〔3〕 康熙《赣州府志》卷23《武职表》，康熙五十二年刻本，第6页。
〔4〕 河南籍军人在京师和北边的活动，参见彭勇《明代班军制度研究：以京操班军为中心》《明代北边防御体制研究：以边操军的演变为线索》，较多论及河南都司参与京操和边操的活动。

其余地区的分布比较零散。

河南的军卫移民形成有比较鲜明的时间特点。明初这批军人调动相对频繁，活动主要围绕武力统一全国和防御重点地区两大任务展开。但在宣德之后，大规模、跨地区的军卫调整基本结束，最终官军连同他们的家庭被固定在某一地区，完成了从最初频繁调动的临时性的征战戍守，转向承平之时以耕种与戍守为基本职责的军卫移民。这样的转变，可以从许多世袭武官前几辈所在卫所的变动得以证明。

史料八，建宁左卫右所世袭百户"李勋"条下（第64册，第400页）。

> 外黄查有：李荣，尉氏县人。洪武十六年从军，拨飞虎卫后所。二十年，征金山等处，调大宁守御。二十八年，改调营州右护卫中所充马军。三十二年，随军奉天征讨。三十三年，济南升本年小旗。三十四年，夹河升本所总旗。三十五年，平定京师，钦除水军右卫前所百户。永乐二年，钦与世袭百户。李忠系李荣亲侄伯，宣德二年调建宁左卫右所。

李氏一辈祖李荣，明初从一名普通的军人开始，参与了在全国多个地方的战事，隶属卫所从飞虎卫后所调大宁等地，改调营州右护卫中所，再升任水军右卫前所，直到宣德二年才调到后来定居的福建行都司，调动可谓频繁。

史料九，皇陵卫中所副千户、汝州人"齐登"条下（第62册，第243—244页）。

> 高祖齐正，乙巳年（1365）小旗，吴元年总旗。洪武元年除羽林卫百户，十年调广武卫后所。二十四年，老疾。祖齐斌替怀远卫左所百户。二十五年，升皇陵卫中所副千户。

这又是一则在明初经历过四个卫所调动的事例。洪武末年之后，齐氏家族世代居住于凤阳，副千户之职在其大家族内部袭替。遇到父死而无子，则有弟袭替，弟弟多病，则由弟之儿子，即亲侄以借职之例世袭。齐氏家族的世袭一直持续到明朝末年，说明他们的世袭队伍颇为稳定。

河南军卫移民在全国的分布，还受一些特定因素的影响。比如，集中抽调河南的军人到某一特定的地区。如洪武二十一年（1388），太祖"命中军都督府发河南、祥符等十四卫步骑军万五千人，往征云南"[1]，其中许多军人都留在了云南，成为军卫移民的一部分。[2]又如，边地卫所的条件相对恶劣，但那里经常会有因贬谪充军而来的武官，河南籍武官自然也在其中，如广西南丹卫、辽东三万卫等一大批"年远事故"者。其中南丹卫选簿中，在"年远事故中所世袭百户"中，有一支是来自河南夏邑的宋氏家族（第58册，第358页）。湖广都司的永定卫下的世袭百户倪福、陈纲等（第64册，第121页）也属于这种情况。

对明代武职选簿原稿本的阅读统计是一个艰辛而烦琐的过程，本章对每一都司下河南籍武官尽可能列举呈现，带有随机抽检阅读的性质，当然并非全部，也没有统计河南籍在全国各地武官中所占的比重，那将是另一项庞大的专项工程。这里的论证，目的不仅仅是说明河南籍军卫家庭在全国的分布情况，还想说明每个武官名字的背后，是来自中原的一个家庭。通常的情况，军卫家庭的规模大于普通州县民户家庭规模（明代后期，因边地军卫逃亡故绝比较普遍，军卫家庭规模可能小于民户家庭），究其原因，是国家为了保证军卫之家有足够的男性递补在卫官、军的空缺，禁止卫所之家析产分户。

<hr>

[1]《明太祖实录》卷191，洪武二十一年六月癸丑，第2880页。
[2] 乾隆《腾越州志》卷7《职官志·卫秩》，《中国方志丛书》本，（台北）成文出版社，1967年，第83—87页。

（三）军卫移民与文化传播

人口迁移必然导致文化传播和交流。明代的卫所军政合一，军卫移民以家庭为单位，通常，每一卫的卫籍人数多在万人以上。这些人口和他们分得的大量屯田（份地），即便是非实土卫所，其分布地区也有可能比府州县更广大，而实土卫所的面积通常更加辽阔。明代移民的时间延续更长，绝大部分家庭自明初移居之后，近三百年间就再也没有回到原迁出地。卫所军卫与当地的州县军民共处一地，为军民交流提供了方便。因此，明代的军卫移民对文化传播具有特别的意义，尤其是这一时期的河南军卫移民呈现出中原文化独有的特点。

第一，武官是卫所移民社会中文化建设和文化传播的主导者。

明初每攻占一地，中央先设武官镇守，待地方初安后，才将行政权转移给州县官。因此，在地方建设的初期，卫所武官责任重大。他们主政一方，修建城池，安抚黎民，发展卫学，稳定社会秩序，是移民地区域社会文化建设和传播的主导者。一些来自河南的武官有良好的文化素养，提升了当地的学风、士风和民风。来自中原的许多武官在明初安邦定国方面发挥了重要作用。明初夏邑人朱谦，到景泰初论功时，被封抚宁伯。他的儿子朱永晋爵为保国公，弘治间追封宣平王。父子二人长期在明北部边疆征战戍守，对边疆社会的稳定有突出贡献。[1]

清初，山西人贾汉复（1624—1684）任河南巡抚，主持完成了清朝第一部省级通志《河南通志》[2]，其中的"人物志"对河南籍武官在全国各地事迹突出者有简要介绍。从中可知，河南籍武官在各地卫所，对当地的社会稳定、经济发展和文化建设，起到了主导作用。现依据该志的卷次顺序，择其大要者予以介绍分析。

---

〔1〕《明英宗实录》卷201，景泰二年二月丁酉，第4311页。
〔2〕 顺治《河南通志》，康熙九年刻本（中国国家图书馆藏胶卷）。

在开封府，密县人刘光，曾在元朝任平章政事，明初任云南乌撒卫指挥同知，他"莅事精勤，蛮彝畏服"[1]，"蛮彝畏服"说明了他在民族地区的社会影响力。

彰德府吴旂，曾任彰德卫指挥使，"沉雄有胆略，幼习韬钤，力挽弓六石。万历间，湖南洞蛮作乱，督抚荐旂往剿，旂恩威并布，蛮皆畏服。训以礼义，取其子弟之俊秀者，说以诗书，一方以宁。功升参将"[2]。他不仅战功卓越，而且尤其重视"训以礼义""说以诗书"，善于文治，方能取得"蛮皆畏服"和"一方以宁"的效果。

怀庆府武陟人李英，在明初英勇征战，平定西南地区叛乱，受到中央的嘉奖，"（洪武）十四年，从傅友德征云南，攻楚雄、大理，俱有功。会乌撒诸蛮叛，英率所部与上官实上等力战，斩数百人而死，诏赠镇国将军指挥使，子坚尚大名公主，授驸马都尉"[3]。

汝宁府两位武官的"文治武功"被载入史册。一位是西平人徐理，"初从诸将征伐，以功授营州中屯卫指挥佥事。洪武末从靖内难大小数十战，皆贾勇争先，所向克捷。历官都督佥事，封武康伯，命守北京"，此人"驭下宽厚，得士卒心"。另一位是汝阳人梁铭，"以荫补燕山前卫百户，洪武末，北平被围，铭战斗甚力，屡建奇功。积官后军都督同知，镇守宁夏，封保定伯"。梁铭"处心坦夷，临事宽简，而勇敢精悍，能抚恤士卒，时论重之"[4]，可谓武能安邦、文能治国的典范。

对河南籍武官的赞誉之词，并不仅仅出现在河南本地人修纂的志书中，在他们移入地区的志书中，同样有类似记载。在明初的福建，河南通许人师祐任福建行都司都指挥佥事，"有武略，崇儒重士。永乐间，知府芮麟卜地迁建宁府学，而将士室庐居半，祐即

---

[1] 顺治《河南通志》卷25《人物一》，第55页。
[2] 顺治《河南通志》卷26《人物二》，第15页。
[3] 顺治《河南通志》卷26《人物二》，第30页。
[4] 顺治《河南通志》卷28《人物四》，第29页。

撤而归之。以战功，升都指挥使，卒于交趾"[1]。在明初的贵州，河南人司铎于洪武二十四年（1391）时任清平卫指挥佥事，他"创置公署，筑建城垒，以能闻"[2]，这里同样肯定了他在城市建设方面的贡献。

卫所教育，主要贯彻"育才养士，教育军卫子弟，以资国用"和"移风善俗，安边化民"的两项基本教育政策。[3]卫所儒学（卫学）是发展卫所教育的重要载体，它在民族地区扮演的文化传播角色尤其重要。河南籍武官既重视自身的文化修养，又重视对当地的教育。因为中原传统的思想文化正是明王朝的正统思想，这些能够体现国家意识形态的思想在边地的传播要靠卫所的官员来推行，确实也收到了良好的效果。正统初年，士人廖驹在《普定卫儒学记》中说："我朝有国，薄海内外，日有所照，悉主悉臣。郡县军卫，罔不建学，文化之盛，古所未有也……窃惟是邦，昔在荒服之外，民皆夷獠，风气习俗不类中州。今则役服贡赋，一循法度，衣冠言词，渐同中华。是虽国家政治之隆，抑亦教化之所资也。"[4]这些来自中原的武官"处心坦夷，临事宽简，而勇敢精悍，能抚恤士卒"，反映了中原文化倡导的优秀思想品格，反映了当时社会普遍认可的价值方式，自然也潜移默化地影响到当地的社会风俗。

第二，军卫群体是文化传播重要的参与者和引导者。

作为军卫移民群体中之一员，舍余之中，只有一名舍人可以世袭武官，只有一名余丁可能听继代役。如前述，具有卫籍身份的"舍、余"男性及其家属等拥有户籍的人，是一个庞大的社会群体，他们平

---

〔1〕 夏玉麟、汪佃修纂，吴端甫等点校《建宁府志》卷6《名宦》，厦门大学出版社，2009年，第164页。师祐的事迹在《明太宗实录》卷149，永乐十二年三月癸未，第1737—1738页；卷161，永乐十三年春二月戊子，第1826—1831页，亦多有记载。

〔2〕 万历《贵州通志》卷13《合属志十一·名宦》，黄富源点校，贵州大学出版社，2010年，第227页。

〔3〕 参见蔡嘉麟《明代的卫学教育》，《明史研究丛刊》（第10辑），台北明史研究小组，2002年，第197页。

〔4〕 万历《贵州通志》卷21《艺文志一·普定卫儒学记》，黄富源点校，第394页。

时可以从事任意一种经济活动，扮演任何一种社会角色。只是，他们作为军卫移民的特殊身份，使得他们在文化传播方面扮演了比州县民、匠等户籍人士更重要的角色，既是参与者，更是引导者。

下节专门探讨明代卫所制度之下军卫社会在福州地方文化中扮演的角色。在福州城，福州三卫及下辖诸千户所城、屯田等与州县民户交叉居住生活，五方杂居的军卫社会对当地的文化影响是显而易见的。[1]福州三卫中，就有来自河南的军卫群体，世袭百户韩瑜先祖韩大，河内（今沁阳市）人，任福州右卫左所的总旗时，随郑和下西洋，"于白沙峰与苏斡剌对敌厮杀，有功"，升试百户（选簿64册，第307页）。实际上，当时有一批沿海卫所舍余参与到东南沿海的防御、造船、巡洋等事业中，创造和丰富了海洋文化，河南的卫所移民是其中重要的参与者。

由于武官家庭有较为优渥的经济条件和较高的社会地位，他们更有能力担负起一定的社会责任，比如从事社会慈善和救助活动。河南武陟人邬隆，"任临安卫左所镇抚，家素饶裕。宣德间，遭时饥馑，以家所积稻谷，整济军民，至今称之"[2]，这样的事例在其他地区同样存在。卫所军家子弟，较多地参与到地方性的公共事业和文化活动中。他们以"卫籍"身份参与科举考试，考中者人数众多，在此姑且不论。这些中原的卫籍人士，由于与中原文化有长期的接触，有很好的理解，因此能担负起文化传播的重任。怀庆卫人周道，师从著名的思想家，同是怀庆卫籍的何瑭（1474—1543）[3]，嘉靖五年（1526）时考中进士。后来，周道担任宣大巡按御史，"军民贴然。肖其像于太平楼祀之"[4]。

---

[1] 弘治《八闽通志》卷40《公署·武职公署》，福建人民出版社，2006年，第1158—1161页。

[2] 正德《云南志》卷19下《名宦五》，《天一阁藏明代方志选刊续编》，上海书店，1990年，第782页。

[3] 何瑭，学识渊博，学术成就涉及儒学、阴阳学、音律、算学、医学等，作品经整理成《何瑭集》收入王永宽点校"中州名家集"，中州古籍出版社，1999年。

[4] 顺治《河南通志》卷26《人物二》，第31页。

明代武选簿虽是记录世袭的专册，但也有零碎的社会活动记载。福建右卫指挥金事、西华人周澄，曾被人"妄捏侵欠讦告，问拟军罪"（第64册，第297页），后来经巡按和家人的努力，得以昭雪，官方档案有"祖父俱庠生，游学地方"的记载，以证明周家（周澄以堂兄的身份世袭，前辈周仕澧也是庠生）是受过良好教育并有文化教养的，这从一个侧面反映了周家在当地的社会影响。

军卫家庭在精神文明建设和社会文化传承方面所发挥的作用，还可以通过地方旌表制度的运行予以揭示。万历《延绥镇志》记录了延绥镇下的来自全国各地的、纳入当地卫籍的武官及其家室大量的旌表事迹。[1]同样连篇累牍的旌表也出现在万历《贵州通志》卷5至卷13"合属志"的贵州卫所情况（威清卫、毕节卫、赤水卫、龙里卫、清平卫）。这些被当时统治者列入"乡贤""名宦""列女""孝义""贞节""隐逸"等卷次中的卫籍舍余和妇女，有的受到来自中央的物质和精神两方面的旌赏奖励，有的在基层社会享有较高的声誉。包括旌表在内的精神奖励，集中反映了一个时代倡导的精神风貌，反映了当时当地的主流文化特征和核心价值观。在旌赏的群体中，从中原内地移居到边地的女性、舍余占了相当大的比重，移民对文化变迁的影响意义亦在此得以体现。

军卫群体的迁入给当地百姓带来的生活习俗变化，是潜移默化的。在贵州平溪卫（今玉屏县），当地的风俗因军卫移民的到来发生了变化，"宋元以前，土彝杂处，自明开设，语言服习，大类中州。俗尚淳厚，民耻健讼。有太古之遗意焉"[2]。生活习俗的影响又是互相的。军卫群体与周边百姓之间，在一段时间之后，又会在语言、服饰、生活方式等方面表现出明显的趋同。例如在明代的北方边地，既有边地民族"弦诵早闻周礼乐，羌胡今着汉衣冠"的场景[3]，也有

---

〔1〕 万历《延绥镇志》卷5《乡贤》，马少甫等点校，第407—417、445—459页。
〔2〕 康熙《平溪卫志书·风俗》，不分卷抄本，"中国数字方志库"影印本。
〔3〕 杨一清《固原鼓楼三首》，见乾隆《甘肃通志》卷49《艺文》，乾隆元年刻本，第40—41页。

"近边男女作胡歌，立马回头感慨多"[1]的现象。当然，这种变化主要体现在与军卫社会有充分交流的地区，在传统的少数民族聚居区，外来的移民比较少，文化交流与传播的效果就会差一些，这也侧面说明了军卫移民对于文化交流的重要作用。自然，这些广为传播的文化并非中原文化所独有，但中原人的参与，至少说明了他们在全国文化交流中扮演了重要角色。

明朝灭亡之后，这批武官的世袭特权虽然不复存在，但经过了二百余年的生息繁衍，军卫群体与迁入地的居民高度融合在一起，毫无疑问，他们又或多或少地保留了中原传统的文化精神。明代河南的军卫移民文化，散布在全国各地，延续到清代，连绵不断直到今天，仍有踪迹可以追寻。

二 福州三卫之设与闽都文化之建

福州三卫是指福州左卫、福州右卫、福州中卫，系福建都司下辖的、治所在福州城的军政单位。这三卫既是明中央设置于福州地区及其周围的具有军事防御性质的管理机构，又是管理权（人口、土地、司法）相对独立的具有行政性质的管理单位，是在福州城区相对独立于福建布政司、福州府的军政组织，它们在明清时期的福州城市形成与发展历程中扮演了重要的角色，对闽都文化建设和发展，产生了重大的影响，发挥了重要的作用。

闽都文化主要研究以福州为中心的都会文化，包括政治、哲学、文学、史学、教育、宗教、民俗、艺术、建筑、科技、商贸、新闻出版等，《闽都文化概论》一书是众多闽都文化研究者长期摸索的总结，对推动闽都文化的新研究具有重要意义。[2]在阅读该书"闽都政治"

---

[1] 方日乾《行边》，万历《山西通志》卷30《艺文下》，万历刻本，第41页。
[2] 林山《闽都文化概论》，福建人民出版社，2011年。

部分时，深感政治变迁是影响闽都文化发展的重要因素，准确把握闽都政治、行政、军事和经济等制度变迁，对深入分析与挖掘地域文化特质，无疑是必要的、必须的，福建都司和福州三卫建置就是这样，它们对闽都文化颇具深远影响，却没有引起足够的关注。

（一）福州三卫建置史事

洪武元年（1368），朱元璋的明政权平定福建全境，次年设福建行省。在平定福建之后，明中央即在此设置一批卫所，以控制和管理地方。福州的地理位置极其重要，"西阻重山，东带沧溟，南望交、广，北睨淮、浙，亦东南一都会也"[1]，故明初最早在福州设有福州卫，时间应该是在洪武元年，由航海侯张赫担任指挥使。《明太祖实录》记载：

> 甲子，航海侯张赫卒。赫，凤阳临淮石亭村人……洪武元年，授福州卫指挥使；二年，率兵备倭寇于海上；三年，升福建都司都指挥同知；六年，率舟师巡海上，遇倭寇，追及于琉球大洋中，杀戮甚众，获其弓刀以还。[2]

从中可知，福州最初设卫在洪武元年（泉州卫、漳州卫和兴化卫也是在洪武元年设置的），其不仅有守御地方之职，更有备倭于海上的重任。从《明史》卷130看，张赫先任都指挥副使，再进都卫（应不是上引实录所讲的"都司"）同知，是福建军政系统最高武官之一。郭红考订认为，《明太祖实录》所载洪武三年六月记载"福州卫出军捕之"是《明实录》关于该卫的最早记载，误。《中国行政区划通史·明代卷》作者推断，"平定福建之后，明朝随即设置了一

---

〔1〕 顾祖禹《读史方舆纪要》，第4381页。
〔2〕《明太祖实录》卷203，洪武二十三年八月甲子，第3042页。

批卫所。最初只是着眼于平定地方，并未考虑到外患倭寇，所以是一府设一卫"[1]。这个判断也是不准确的，因为张赫从二年到六年间，不只一次率军御倭于海上，他死后，亦因海上功绩受封为航海侯。

那么，《明太祖实录》所记"（洪武四年春正月）庚寅，置福州卫指挥使司"[2]该如何解释呢？本人认为，可能是卫机构之设与治所之建的区别，因为前此福州卫下海御倭的记载不止上述一则。洪武三年六月，倭寇侵扰东西沿海，"是月，倭夷寇山东，转掠温、台、明州傍海之民，遂寇福建沿海郡县，福州卫出军捕之，获倭船一十三艘，擒三百余人"[3]。福州卫参与平盗、御倭的史料还多次出现在《明实录》中。牛平汉在论述"福建都指挥使司"建置沿革时指出，洪武四年正月庚寅是"置福州都卫"的时间（而不是福州卫设置的时间），此说有道理。[4]

随着全国都卫改为都指挥使司，洪武八年（1375）十月，福州都卫也改为都指挥使司，其治所即设在省会福州。福州城也从一卫增置为三卫，守军数量迅速增加，这实际上表明国内局势之渐趋稳定，像福州这样的都会日常防御之重要性。当然，福建防御的重要还突出体现在福建自然境不仅有福建都司，还另设有一个福建行都司，以控驭福建内地，并设两都司，这在明朝沿海省级单位中是绝无仅有的。

据《八闽通志》记载，福建都指挥使司的前身是福州都卫，洪武元年初建福州卫时，其治所也就是后来福建都指挥使司的治所，它最初为元朝福州路总管府，位置在福建布政司的东南，"即宋试院地也"。福建都司的治所此后陆续经过多名都司官员的扩、改、增建。[5]

福州三卫的治所均在福州城内。福州左、右卫设置的时间俱在

---

〔1〕 周振鹤主编，郭红、靳润成著《中国行政区划通史·明代卷》，第 609、613 页。

〔2〕 《明太祖实录》卷 60，洪武四年正月庚寅，第 1172 页。

〔3〕 《明太祖实录》卷 53，洪武三年六月，第 1056 页。

〔4〕 牛平汉《明代政区沿革综表》，中国地图出版社，1997 年，第 453 页。

〔5〕 弘治《八闽通志》卷 40《公署》，福建人民出版社，2006 年，第 1148 页。

洪武八年，左卫在福建都司的东南方，为宋代荐福寺之所，元时曾在此修筑勉斋书院。右卫治所亦在都司之东，曾是元代福州路总管府司狱司旧址。左右二卫最初均下设六个千户所，各千户所同样有治所，在卫治之内办公，千户所之下同样有下辖诸百户处置公务之所。福州中卫建立的时间，《明太祖实录》的记载与实际稍有出入，郭红认为，《明太祖实录》卷188记载的始建于洪武二十一年二月可能是公署改变的时间，建卫的时间"似应早于洪武十四年十一月"[1]。查《八闽通志》，"国朝洪武八年，指挥佥事张得创为左卫。二十七年改为中卫"。疑中卫之名在洪武八年已出现，稍后左、右、中卫调整名称及公署，故稍显混乱。中卫的治所在"左卫之东，宋太平寺故址也"[2]。

虽然福州三卫及其下辖千百户治所俱在福州城内，但他们所管辖的人口和土地的分布却相当广泛。福州左卫下设屯田计39所，永乐二年（1404）下令旗军屯种之时，共有田地"四百九十七顷三十八亩八分，计旗军一千六百九十七名"，分布在侯官县、闽清县、永福县等，"新屯九所"竟然是在"泉州府永春县十都卓铺起至二十都前窗止"。福州右卫的新旧屯地也有39处，"共田地五百七十六顷六十四亩三分三厘，计旗军一千九百二十六名"，屯田分布在怀安县、古田县、罗源县、永春县和惠安县等。中卫的新旧屯地有30处，"其田地五百四十顷一十四亩，计旗军一千五百九十三名"，屯地分布在闽县、连江县、惠安县、仙游县（兴化府）等，更是地跨三府。[3]

本文之所以介绍分析福州三卫屯军数量以及屯田分布，意在说明福州三卫的辖区如此分布（散），势必对福州府及下辖县，乃至周围的泉州府、兴化府产生全方位的影响，这种影响不仅是政治和军

---

〔1〕《中国行政区划通史·明代卷》，第614页；《明太祖实录》卷140，洪武十四年十一月庚戌，第2206页；《明太祖实录》卷150，洪武十五年十一月癸酉，第2365页。
〔2〕弘治《八闽通志》卷40《公署》，第1160页。
〔3〕弘治《八闽通志》卷40《公署》，第1159—1160页。

事方面的，更是区域内经济利益背景之下社会生活、民风民俗等方面的，这对于我们研究闽都文化有着积极的意义。

关于福州三卫的规模，即便以明朝的标准建置计算，即每卫若以5600人计，有在籍正身官军16800人，如果考虑到军家的存在，即每个官员至少有妻子一人，或有佐军余丁一人，那么卫籍人口近5万人。实际上，明初各卫所的军人数量远远超过5600人的标准配备，有的甚至上万人。[1]在福州城，这是一支庞大的移民群体，无疑，他们对福州城的影响是巨大的。

福州卫所官军来自全国各地，他们长期驻扎于福州地区，成为福州的"新居民"，这是今天我们研究闽都文化必须重视的庞大群体。由于时势变迁，福州都司及其下辖卫所官员、旗军家庭详细情况难以详察，但我们仍能从有限的史料中探索些许福州军卫的来源构建及其家室情况。比如福州右卫的武选簿册就比较完整地保留下来（福州中、左二卫的卫武官选簿未见），从中可了解福州卫官员来源地域的情况之大略[2]。

福州右卫自指挥使刘镇至指挥同知朱六姐，计有：

（1）刘镇，都指挥，龙山县（今属湖南）人

（2）刘滨，都指挥，滦州（今属河北）人

（3）郑世勋，都指挥，全椒县（今在安徽滁州市南）人

（4）朱正色，都指挥，海州（今属江苏连云港）人

（5）胡天宠，都指挥，山后（今内蒙古之地）人

（6）王公仁，指挥同知，合肥县（今属安徽）人

（7）陈王，指挥同知，大兴县（今属北京）人

（8）赵胜，指挥同知，如皋县（今属江苏）人

（9）郑文恩，指挥佥事，合肥县（今属安徽）人

---

〔1〕 彭勇《明代班军制度研究：以京操班军为中心》，第26页。
〔2〕 《中国明朝档案总汇》第64册，"福州右卫选簿"，第281—302页。

（10）阎炜，指挥佥事，沧州（今属河北）人

（11）计棉，指挥佥事，和州（今安徽巢湖市和县）人

（12）陈浩，指挥佥事，长乐县（今福州市长安区）人

（13）邢端，指挥佥事，峄县（今属山东）人

（14）李澍，指挥佥事，合肥县（今属安徽）人

（15）冯铭，指挥佥事，会州（今属甘肃）人

（16）卢鼎臣，指挥佥事，全椒县（今属安徽）人

（17）周澄，指挥佥事，西华县（今属河南）人

（18）陈陞，卫镇抚，连江县（今属福建）人

（19）郑瀛，卫镇抚，景陵县（今属湖北天门）人

……

（右卫千户、百户、试百户、总旗、小旗等世袭选簿，兹从略）

不难看出，一方面，上述卫以上级别的 19 名武官，分别来自今福建、安徽、河南、河北、江苏、北京、山东、甘肃、湖北、湖南和内蒙古等 11 个省区市，可见其来源地之广。另一方面，这类明代选簿所记主要是正德、嘉靖年间武官世袭情况，并上溯其始祖入军之缘由，追记他们功升、迁转的履历，再补记其后子孙世袭情况的，有不少官员的世袭档案一直记载到天启、崇祯年间，这些世袭武官的家室一直定居在福州城内，成为福州居民的一部分。来自五湖四海的武官家庭居住在福州城内，必然带来福州地域文化的多样化。

福建都司和福州三卫的世袭武官中，还有一批更为特殊的群体，即被明廷称为"达官"的少数民族官员。在福建，洪武二十一年（1388），达官指挥把失剌把都儿等 13 人并妻子被送"往福建安置，仍给以指挥之禄，令有司各与第宅及乳牛以养之"[1]。从康熙《福建通志》看，镇东卫有直隶山后人卜儿罕忽力，后被赐名高怀德，曾世袭指挥使。兴化卫的鲁六十八为山后大兴人，洪武年间从军，子

---

[1]《明太祖实录》卷 193，洪武二十一年八月丙辰，第 2896—2897 页。

世袭升副千户。镇武卫也有山后人，像毛荣及五世孙毛钦的事迹得以传世。[1] 从方志中所载的籍贯看，他们应当是后来随军徙居至福建的蒙古族人。在前引福州右卫的武官中，有一位叫胡天宠的都指挥，他的始祖忽失里木也应该是一位少数民族后裔。以上少数民族家庭可能又因为军事调动走了，但还是有相当一批留在福州，一直生活下去，在明清易代、王朝更替之后，基本上实现了与汉族或与当地民族的融合。

由福建都司统领，包括福州三卫在内的卫所旗军及其舍余、继丁等为福州、福建乃至东南沿海的安定做出了巨大贡献。明初，福建都司下包括福州卫所在内的军兵参与了规模空前的郑和下西洋；明中期，福建是倭寇活动频繁的重灾区，他们又参与了平定倭患、保家卫国的军事活动。同时，他们还对明中后期私人海外贸易的发展产生一定的影响。可以说，从全国各地调来的世袭武官和旗军，二百多年定居在福州，为繁荣福州社会经济和文化生活发挥了重要的作用，并对清代及以后的福州社会产生了深远的影响。

（二）军卫组织与闽都文化

本文不拟对福建都司和福州三卫的军事活动做过多的研究和分析，而是主要侧重其职能运作、群体构成、家庭形态、经济文化生活等对闽都文化产生的影响。

1. 军卫造船业与闽都海洋文化

卫所之设，重在卫国安民。福建同时设都司和行都司，都司职责以沿海防御为主。福建的海岸线漫长，出海谋生、贸易求富是闽都人的生活方式之一。福建造船也有着悠久的历史，闽浙海船性能优良，"皆以全木巨枋挽叠而成，上平如衡，下侧如刃，贵其可以破浪而行"。在宋代，每当国家派使出海，常到这里雇客船备用，故宋

---

[1] 康熙《福建通志》卷20、卷25、卷26，中国国家图书馆藏缩微胶卷。

时已有"海舟以福建为上"[1]的说法。元明之际，中国海疆出现了比较严重的倭患，明初福州卫和福建都司担负起御倭的重任，海船是不可或缺的军事装备。

据载，"旧福州三卫各置一厂，左卫厂在庙前，中卫厂在象桥，右卫厂即今所是也"[2]。实际上，福建都指挥使司统辖之下的包括福宁卫、福州左卫、福州右卫、福州中卫、镇东卫、兴化（府）卫、平海卫、泉州（府）卫、永宁卫、镇海卫和漳州（府）卫等11个卫甚至下辖数十个千户所都需要配备船只，它们组成了福建沿海海防体系。傅朗认为，"从对文献记载的直接史料和间接旁证的综合分析中可知，构成明初福建沿海海防体系的十一个卫都有自己的造船厂"。这些船厂平时利于抗击倭患，保卫海疆；特殊如郑和下西洋、册封使出洋之时，则为其提供船只、装备、人员等支持。[3]这些造船厂是在福建都司直接管理之下，以福州三卫所属船厂为核心，共同构成了明初福建的造船业，当然也担负起福建最重要的海洋防御重任。

早在洪武初年，太祖曾下令包括福建福州在内地区造船，或参与运输，或用于沿海御倭。例如，早在洪武元年八月稍早的时候，朱元璋曾下令汤和，"造海舟运粮往直沽，候大军征发。是岁，海多飓风，不可行"[4]。洪武五年八月时，朱元璋鉴于"濒海州县屡被倭害，官军逐捕往往乏舟，不能追击"的情形，再下令"浙江、福建濒海九卫造海舟六百六十艘，以御倭寇"。其实，朱元璋也知道，明初最紧急的任务是恢复和发展社会经济，造船同样会劳民伤财，但御海防倭实有益于保障百姓的基本生活和财产安全，他严厉要求官员造船时要爱惜民力财力。[5]这也可能就是洪武十五年福州三卫主

〔1〕 徐梦莘《三朝北盟会编》卷176，上海古籍出版社，1987年，第1278页。
〔2〕 弘治《八闽通志》卷40《公署》，第1148页。
〔3〕 傅朗《福建与郑和下西洋的船只》，《东南学术》2006年第1期。
〔4〕 《明太祖实录》卷34，洪武元年八月癸未，第620页。
〔5〕 《明太祖实录》卷75，洪武五年八月甲申，第1390—1391页。

动上奏请求建造战船时，朱元璋认为"今天下无事，造战船将何施耶"，没有批准这次造船计划的原因。[1]不过，洪武二十年，朱元璋还是再一次下令福建、广东造船，并联合浙江，共同出海御倭。[2]

当然，明代福建都司卫所参与大规模的造船是在明初郑和下西洋时期、明中期"嘉靖大倭难"时期和明中后期东南海外贸易规模日益扩大时，代表军卫最高造船技术水平的福州三卫等船场自然不会无动于衷。福州三卫繁荣了闽都海洋文化。

2．福州军卫与郑和下西洋

学界对郑和下西洋及其影响的研究可谓丰富，直接对福建、福州都司卫所的研究也颇为丰富。萧忠生在《下西洋促进了明代福州经济的发展》中认为郑和、王景弘下西洋促进了福州经济的发展，主要体现在五个方面：第一，促进造船业发展；第二，促进商贸发展；第三，促进沿海交通发展；第四，促进丝织业的发展；第五，促进海员和华侨人数的增加。[3]当然，其中不乏对闽都文化产生直接影响的许多因素，如海外华人群体的增加。实际上，福州三卫官军广泛参与到下西洋的活动中，许多家庭、宗族因此改变了命运。下文以福州右卫的武选簿记载加以说明。

粗略统计，三卫中仅存的右卫武职选簿中明确可查，参与过下西洋"公干"、"杀敌"或"厮杀"有功升功，得以代代世袭的有 13 位，他们当中大多是由军、军这样低级的社会阶层升到相对较高的阶层。

（1）韩大，左所总旗，杀敌有功，升试百户，河内县人。

（2）李隆戍，下西洋杀敌获功，陆续升小旗、总旗、试百户，新宁县人。

---

〔1〕《明太祖实录》卷 150，洪武十五年十一月癸酉，第 2365 页。

〔2〕《明太祖实录》卷 182，洪武二十年闰六月庚申，第 2752 页。

〔3〕见《郑和研究》2011 年第 3 期。关于郑和研究的相关综述，可参阅笔者自 2007 年至 2012 年于《郑和研究》每年第一期撰写的研究综述；另见《从"文献郑和"到"文化郑和"——近十年国内外郑和研究评述》，载赵轶峰、万明主编《世界大变迁视角下的明代中国——国际学术研讨会论文集》，吉林人民出版社，2012 年。

（3）蔡肃，左所总旗，对敌厮杀有功，升试百户，怀安县人。

（4）夷得名，左所总旗，对敌厮杀有功，升试百户，盐城县（今盐城市盐都区）人。

（5）林拱，左所总旗，升试百户，福宁县人。

（6）罗垒伍，右所总旗，升试百户，福清县（今为福清市）人。

（7）万将军保，中所总旗，升试百户，江夏县人。

（8）朱俊，旧名俊成，中所试百户，升实授百户，金溪县人。

（9）陈真生，原系小旗，有功升总旗，再有功升试百户，后阵亡，南丰县人。

（10）李进保，后所补役，有功，升小旗，再下西洋升总旗、升试百户，闽县人。

（11）蒲妈奴，后所，永乐四年功升小旗，十二年功升试百户，晋江县（今属泉州市晋江市）人。

（12）郑受保，有功升小旗，再升总旗、试百户，同安县（今属厦门市同安区）人。

（13）王忠，前所副千户，因下西洋升正千户。

据选簿[1]，以上13人归属于福州右卫的左、右、中、后、前五千户所，其身份从普通军人，到小旗、总旗、试百户、百户、副千户和千户都有。他们的祖居地也相当广泛，由于其中有几位是从普通军人因功升进入旗官队伍的，亦可推断福州三卫的军人来源地同样广泛。[2]他们中有多位在永乐时病故，由嫡长子在宣德时世袭原职，将祖先的功业传承下去。这实际上改变了闽都社会群体的基

---

〔1〕《中国明朝档案总汇·福州右卫选簿》，第307—367页。关于选簿中下西洋旗、官的详细统计和分析，参见徐恭生《再谈郑和下西洋与〈卫所武职选簿〉》，《海交史研究》2009年第2期；范金民《〈卫所武职选簿〉反映的郑和下西洋史事》，（台北）《明史研究》（第13辑）2009年12月。

〔2〕关于福州三卫普通军人来源地的问题，限于篇幅，在此不再讨论。笔者曾撰文《论明代州县军户制度——以嘉靖商城县志为例》（《中州学刊》2003年第1期），于志嘉曾撰文《试论明代卫军原籍与卫所分配的关系》，《"中央研究院"历史语言研究所集刊》1989年第60本2分，探讨卫所军人的原籍分布的问题。研究表明，明代各地卫所军人的来源地极其分散，每一州县的出役旗军又广泛分散在全国各地的卫所里。

本组织结构。

3. 军户的家庭组织及其变迁

家庭组织是中国传统社会结构的基础，明代的都司卫所造就了明代以降的军户家庭类型，这类社会组织类型在闽都文化体系中扮演重要的角色。明代世袭武官、旗军家庭按规定不得分家，以方便其职役的袭替，不仅武官家庭拥有较高的社会地位，一般的普通军户家庭规模也远远超过民户的家庭规模。[1] 目前学界关于卫所军户家庭结构、人口分布和差役的研究，以于志嘉对明清江西地区的研究最具代表。卫所制度中的军户家庭组织，实际上为我们展示的是由明至清家族社会之下的社会生活的方方面面，是"多彩的卫所军户社会文化史的生活场景"[2]。福建沿海的卫所众多，军户的总量和比例都比较大，"视民户几三之一，其丁口几半于民籍"[3]。何乔远这里所讲的情况，应该主要是指福建布政司所属府州县中的州县军户的比例，如果再加上来源于全国各地的卫所军户，各类军户的数量更显得庞大了。[4] 可以说，军户家庭组织及其社会生活，理应成为闽都文化体系不可或缺的一部分。

傅衣凌等先生开创的华南学派素来重视宗族社会的调查与研究，其研究成果对明清军户家庭结构及其文化多有涉及，以郑振满所著《明清福建家族组织与社会变迁》为例，作者大量使用家谱文书资料，在考察明清时期闽台地区的家庭组织，为探讨中国传统社会的基本结构及其演变趋势举例分析时，实际上注意到了军户家庭组织的一般性和特殊性。比如，建阳县（今为南平市建阳区）《清源李

---

〔1〕 本人曾对比分析了陕西、河南两地的边地卫所、内地卫所和布政司民户的家庭规模结构情况，对此有更为详细的论证。参阅彭勇《明代北边防御体制研究：以边操班军制度的演变为线索》，第356—357页。

〔2〕 参见彭勇《于志嘉〈卫所、军户与军役〉》，见《中国学术》（第32辑），商务印书馆，2012年。于志嘉著作2010年在北京大学出版社出版。

〔3〕 何乔远《闽书》卷39《版籍志》，福建人民出版社，1994年，第958页。

〔4〕 关于州县军户和卫所军户的关系问题，参见彭勇《论明代州县军户制度——以嘉靖〈商城县志〉为例》，《中州学刊》2003年第1期。

氏家谱》的《童公祖训》载明初家族有人被勾军入军卫，整个家庭（族）一直轮流供奉在卫的正军，这成为家族内的一件大事。[1]

有明一代两百余年，在沿海防御形势变化的大背景之下，卫所制度发生了巨大变化，这种变化也影响到了福州军户家庭组织和宗族社会。明朝永乐至宣德年间的下西洋活动，不仅军家受到影响，也涉及诸如造船、贸易等社会经济等方面。明中期的嘉靖大倭难，福建受到严重的冲击，嘉靖三十六年（1557）、三十七年、三十八年、三十九年的四年间，省会福州连续遭到倭寇围攻。[2]沿海地区的社会秩序和经济发展受到破坏，宗族组织和区域社会也受到强烈的冲击。军兵防御的地域影响则得到加强。地方以宗族为单元结社自保的意愿更加强烈，甚至出现跨宗族的区域自保组织。郑振满以《福州郭氏支谱》的例子说明，郭氏族人为了避难，陆续迁居到福州城内，原来的祖居拆光卖尽，原来的聚居宗教建筑也不复存在，这进一步促进了合同式宗族的发展。福建民间为了自保，许多地方出现了民间围筑土城、土楼的情况，在族人聚居的地方，更是团结起来自卫，强化了聚居宗族的军事防御功能。[3]

军卫对福州地方社会的影响，还可以通过福州清真寺这一载体体现出来。福州清真寺始建于唐贞观二年（628），元代重修，明初维修，嘉靖中因大火而毁，但很快重新修建。清真寺是穆斯林的宗教信仰场所，也是民族社区发展的晴雨表。元朝的色目人到明代多被称为"回回人"，或与女真族、蒙古族等混称"达官"。回回人归附明朝之后，相当一批被安插于都司卫所之中，如前述。[4]福州三卫中也有为数不少的回回人，这些拥有较高政治地位和优越经济地位的少数民族为了传承自己的宗教信仰，或整修或新修清真寺。

---

〔1〕 郑振满《明清福建家族组织与社会变迁》，中国人民大学出版社，2009 年，第 21 页。
〔2〕 朱维幹《福建史稿》（第 6 编），福建教育出版社，2008 年。
〔3〕 郑振满《明清福建家族组织与社会变迁》，第 128—130 页。
〔4〕 参见彭勇《明代"达官"在内地卫所的分布及其社会生活》，《内蒙古社会科学》2003 年第 1 期。

福州清真寺内现有明碑二方，一方是永乐皇帝敕谕碑，高115厘米，宽65厘米，主旨为敕谕保护伊斯兰教，另一方是嘉靖二十八年（1549）《重建清真寺记》碑刻，提供了福州少数民族官军的信息。此碑已被《中国少数民族古籍总目提要》的《回族卷·铭刻》著录，称："总碑体288CM×82CM×18.8CM……花岗岩。碑中间断裂。"碑文已录入《中国回族金石录》和《中国南方回族清真寺资料选编》两书。[1]从中不难发现，福建都司武官、少数民族武官参与了清真寺的修筑及活动，如都督马公澄，都阃张公勇、许公清、张公清、萧公镇、张公恒等。[2]福州清真寺已成为今天福州城重要的历史文化遗产。

4．军人社会与闽都风俗

由于福州地区长期受到沿海防御压力的影响，在闽都民风之中也不乏乡族械斗、尚武行侠的风俗。郑振满甚至认为"清代盛行于闽南沿海地区的乡族械斗，很可能即滥觞于此"[3]。

如果说好勇斗狠的民风形成尚需长期的浸润，那么出于军事和战争需要的尚武精神却是比较快速地在福州三卫中得以体现。不独明朝的军卫，但凡军人，讲求军纪严明，不怕牺牲，忠于职守，求生求胜。这方面具体地表现在军卫对关羽（关公、关圣人、武圣人）的崇拜。中国古代对关公的崇拜，历经了一个漫长的历史过程。据顾诚先生的考订，关羽被神圣化相当晚，直到宋代因受到契丹族的进犯，汉族统治受到严重威胁，才被追封为忠义神武王。金人入侵后，关羽的地位被进一步抬高。明初的统治秩序比较稳定，关羽的地位反而下降了。明中期以后，东南沿海防倭压力增大，明中央有

〔1〕 详见《中国少数民族古籍总目提要·回族卷·铭刻》，中国大百科全书出版社，2008年，第13页；余振贵、雷晓静《中国回族金石录》，宁夏人民出版社，2001年，第70页；陈乐基《中国南方回族清真寺资料选编》，贵州民族出版社，2004年，第159页。
〔2〕 此碑的详细研究，参见马明达《明代福州米荣〈重建清真寺记〉研究——福建伊斯兰教与回族史专题之一》，《回族研究》2012年第1期。
〔3〕 郑振满《明清福建家族组织与社会变迁》，第132页。

意识地通过关公信仰来弘扬军人进取、牺牲和奉献精神，民间则意欲求得关羽的庇佑，故关羽地位迅速上升，关羽信仰和崇拜在各地迅速传播，嘉靖中期恢复了"义勇武安王"称号，万历时加封帝号"三界伏魔大帝神威远震天尊关圣帝君"。到清代，关羽信仰遍及全国各地。[1]

福州地区关羽崇拜的确受到了明代都司卫所制度的影响。有资料表明，包括福州在内的福建地区的关公信仰传入的重要途径之一就是由从北方南下的都司卫所官军带来的，这一特征同样表现在浙江、广东等沿海地区的关公信仰。由于外来旗军不可能像一些府州县民户那样可以通过宗族方式结成基层社会组织，他们便会"共尊关圣君为祖"[2]。关羽信仰在明代万历后期得到广泛传播，在万历年间援朝战役中，明朝官军把关羽信仰带到了朝鲜半岛。今福州市建新北路有关帝庙，马尾区亦有关帝庙一座，其建置详情待考。

综上，治所在福州的福建都司以及福州城内的左、右、中等三卫的设置及其运行，在闽都文化的形成与发展历程中发挥了重要的影响，这些影响既有直接的，也有间接的，既对明代当时，也对此后的清代，乃至于今天都发挥了重要的影响。闽都文化的研究不能忽视明清卫所制度的运行及其影响，可以说是卫所制度给它留下了深深的烙印。

（本章第一节原作《明代河南的军卫移民与文化传播》，原刊于《中州学刊》2014 年第 7 期；第二节原作《论明代福州三卫之设与闽都文化之建》，原刊于《闽江学院学报》2013 年第 4 期）

---

[1] 顾诚《关羽是怎样捧起来的？》，见《明朝没有沈万三：顾诚文史札记》，光明日报出版社，2012 年，第 249—250 页。关于明代关羽信仰在全国的情况，参见包诗卿《明代关羽信仰及其地域分布研究》，河南大学 2005 年硕士学位论文。
[2] 郑振满《明清福建家族组织与社会变迁》，第 146 页。

参考文献

一 古 籍

［宋］徐梦莘《三朝北盟会编》，上海：上海古籍出版社，1987 年。

《明实录》，台北："中央研究院"历史语言研究所校勘影印本，1962 年。

《大明律》，怀效锋点校，北京：法律出版社，1999 年。

《清实录》，北京：中华书局，2008 年。

［明］毕自严《度支奏议》，《续修四库全书》第 486 册，上海：上海古籍出版社，2002 年。

［明］曹学佺《蜀中广记》，《景印文渊阁四库全书》史部第 349 册，台北：台湾商务印书馆，1986 年。

［明］陈子龙《明经世文编》，北京：中华书局，1962 年。

［明］程开祜《筹辽硕画》，《国立北平图书馆善本丛书》，国立北平图书馆据万历刻本影印。

［明］程敏政《篁墩集》，明正德二年刻本。

［明］戴金《皇明条法事类纂》，《中国珍稀法律典籍集成》第 4 册，北京：科学出版社，1994 年。

［明］邓士龙辑《国朝典故》，许大龄、王天有主点校，北京：北京大学出版社，1993 年。

［明］东村八十一老人《明季甲乙汇编》，旧抄本，《四库禁毁书丛刊》史部第 33 册，北京：北京出版社，1997 年。

［明］高岱《鸿猷录》，上海：上海古籍出版社，1992 年。

［明］顾潜《静观堂集》，《四库全书存目丛书》集部第 48 册，济南：齐鲁书社，1995 年。

［明］何乔远《名山藏》，《续修四库全书》史部第 425—427 册，上海：上海古籍出版社，2002 年。

［明］何乔远《闽书》，福州：福建人民出版社，1994 年。

［明］何瑭《何瑭集》，王永宽点校，郑州：中州古籍出版社，1995 年。

［明］王耒贤、许一德纂万历《贵州通志》，黄富源点校，贵阳：贵州大学出版社，2010 年。

［明］黄仲昭修纂弘治《八闽通志》，福州：福建人民出版社，2006 年。

［明］黄佐纂修嘉靖《广东通志》，嘉靖四十年刻本（胶卷）。

［明］郎瑛《七修类稿》，上海：上海书店，2009 年。

［明］李侃、胡谧纂成化《山西通志》，《四库全书存目丛书》史部第 174 册，济南：齐鲁书社，1995 年。

［明］李贤等《大明一统志》，西安：三秦出版社，1990 年。

［明］李遂《李襄敏公奏议》，《四库全书存目丛书》史部第 61 册，济南：齐鲁书社，1995 年。

［明］李维桢修万历《山西通志》，万历刻本。

［明］刘大谟、杨慎等纂修嘉靖《四川总志》，《北京图书馆古籍珍本丛刊》第 42 册，北京：书目文献出版社，1988 年。

［明］刘基《诚意伯刘先生文集》，北京：中国文史出版社，2011 年。

［明］刘若愚《酌中志》，北京：北京古籍出版社，1994 年。

［明］刘效祖《四镇三关志校注》，彭勇、崔继来校注，郑州：中州古籍出版社，2018 年。

［明］卢象升《卢象升疏牍》，杭州：浙江古籍出版社，1985 年。

［明］吕思期等修万历《续修严州府志》，万历四十一年刻本。

［明］刘鹰《盘谷集》，《北京图书馆古籍珍本丛刊》第 101 册，北京：书目文献出版社，1988 年。

［明］马从聘《兰台奏疏》，北京：商务印书馆，1936 年。

［明］茅瑞征《东夷考略》，《续修四库全书》史部第 436 册，上海：上海古籍出版社，2002 年。

［明］裴应章、彭遵古《郧台志》，万历刻本，武汉：长江出版社，2006 年。

［明］戚继光《戚少保奏议》，北京：中华书局，2001 年。

［明］丘濬《大学衍义补》，《景印文渊阁四库全书》子部第 18 册，台北：台湾商务印书馆，1986 年。

［明］申时行《明会典》，影印万有文库本，北京：中华书局，1989 年。

［明］史继偕《皇明兵制考》，《北京图书馆古籍珍本丛刊》，北京：书目文献出版社，1998 年。

［明］孙旬辑《皇明疏钞》，《续修四库全书》史部第 463、464 册，上海：上海古籍出版社，1999 年。

［明］谭纶《谭襄敏奏议》，《景印文渊阁四库全书》史部第 187，台北：台湾商务印书馆，1986 年。

［明］万表《皇明经济文录》，《四库禁毁书丛刊》集部第 18、19 册，北京：北京出版社，2000 年。

［明］王国光《司铨奏草》，北京：全国图书馆文献缩微复制中心，2009 年。

［明］王圻《续文献通考》，上海：上海古籍出版社，1988 年。

［明］王士翘《西关志》，北京：北京古籍出版社，1990 年。

［明］王世贞《弇山堂别集》，北京：中华书局，1985 年。

［明］王一鹗《总督四镇奏议》，《玄览堂丛书续集》。

［明］魏焕《皇明九边考》，《四库全书存目丛书》史部第 226 册，济南：齐鲁书社，1996 年。

［明］翁万达《翁万达集》，上海：上海古籍出版社，1992 年。

［明］吴甡《忆记》，《四库禁毁书丛刊》史部 71 册，北京：北京出版社，1997 年。

［明］夏玉麟、汪佃修纂《建宁府志》，吴端甫等点校，厦门：厦门大学出版社，2009 年。

［明］项笃寿《今献备遗》，《景印文渊阁四库全书》史部第 211 册，台北：

台湾商务印书馆，1986 年。

［明］徐学聚《国朝典汇》，北京：书目文献出版社，1996 年。

［明］杨宏《漕运通志》，《四库全书存目丛书》史部第 275 册，济南：齐鲁
　　书社，1996 年。

［明］杨廉《杨文恪公文集》，《续修四库全书》集部第 1332—1333 册，上
　　海：上海古籍出版社，2002 年。

［明］杨寿等编《万历朔方新志》，胡玉冰校注，北京：中国社会科学出版
　　社，2015 年。

［明］应槚等《苍梧总督军门志》，屈万里主编《明代史籍汇刊》，台北：
　　学生书局，1970 年。

［明］喻政等修万历《福州府志》，《日本藏中国罕见地方志丛刊》，北京：北
　　京图书馆出版社，2003 年。

［明］张孚敬《太师张文忠公集》，《四库全书存目丛书》集部第 77 册，济
　　南：齐鲁书社，1997 年。

［明］张瀚《皇明疏议辑略》，《四库全书存目丛书》史部第 71—72 册，济
　　南：齐鲁书社，1996 年。

［明］张居正《张太岳集》，上海：上海古籍出版社，1984 年。

［明］张肯堂《䜱辞》，屈万里主编《明代史籍汇刊》，台北：学生书局，
　　1970 年。

［明］张萱《西园闻见录》，《续修四库全书》子部第 1168—1170 册，上海：
　　上海古籍出版社，2002 年。

［明］赵世卿《司农奏议》，《续修四库全书》史部第 480 册，上海：上海古
　　籍出版社，2002 年。

［明］曾省吾《重刻确庵曾先生西蜀平蛮全录》，《北京图书馆古籍珍本丛刊》
　　第 9 册，北京：书目文献出版社，1988 年。

［明］郑若曾《筹海图编》，北京：中华书局，2007 年。

［明］郑汝璧纂万历《延绥镇志》，马少甫等点校，上海：上海古籍出版社，
　　2011 年。

［明］郑晓《吾学编》，《续修四库全书》史部第 424—425 册，上海：上海
　　古籍出版社，2002 年。

［明］朱元璋《明太祖集》，胡士萼点校，合肥：黄山书社，1991 年。

成化《河南总志》，明成化年间刻本（胶卷）。

成化《中都志》，《天一阁藏明代方志选刊续编》第 33 册，上海：上海书店，
　　1990 年。

弘治《保定郡志》，《天一阁藏明代方志选刊》，上海：上海古籍书店，1981 年。

弘治《延安府志》，西安：陕西省图书馆，1962 年。

弘治《宁夏新志》，胡玉冰、曹阳校注，北京：中国社会科学出版社，2015 年。

正德《大同府志》，《四库全书存目丛书》史部第 186 册，济南：齐鲁书社，
　　1993 年。

正德《云南志》，《天一阁藏明代方志选刊续编》，上海：上海书店，1990 年。

嘉靖《河南通志》，国家图书馆藏缩微胶片。

嘉靖《河间府志》，《天一阁藏明代方志选刊》，上海：上海古籍书店，1981 年。

嘉靖《河南通志》，明嘉靖刻本（胶卷）。

嘉靖《山东通志》，《天一阁藏明代方志选刊续编》，上海：上海书店，1990 年。

嘉靖《隆庆志》，《天一阁藏明代方志选刊》，上海：上海古籍书店，1982 年。

嘉靖《贵州通志》，《中国地方志集成·贵州府县志辑》第 1 册，成都：巴蜀
　　书社，2016 年。

嘉靖《南雄府志》，《天一阁藏明代方志选刊续编》第 66 册，上海：上海书店，
　　1990 年。

嘉靖《清苑县志》，《天一阁藏明代方志选刊续编》，上海：上海书店，1990 年。

万历《保定府志》，《稀见中国地方志汇刊》第 2 册，北京：中国书店，1992 年。

天启《凤书》，国家图书馆藏胶卷。

《明代辽东档案汇编》，沈阳：辽沈书社，1985 年。

中国第一历史档案馆、辽宁省档案馆编《中国明朝档案总汇》，桂林：广西
　　师范大学出版社，2001 年。

［清］查继佐《罪惟录》，杭州：浙江古籍出版社，1986 年。

［清］包頹纂修顺治《固始县志》，《日本藏罕见中国地方志丛刊》，北京：北京图书馆出版社，2003 年。

［清］宝琳纂道光《定州志》，《中国方志丛书》，台北：成文出版社，1969 年。

［清］抱阳生《甲申朝事小纪》，北京：书目文献出版社，1987 年。

［清］冯甦《见闻随笔》，清台州丛书本。

［清］傅恒《御批历代通鉴辑览》，《景印文渊阁四库全书》史部第 93—97 册，台北：台湾商务印书馆，1986 年。

［清］傅维鳞《明书》，《丛书集成初编》，北京：中华书局，1985 年。

［清］谷应泰《明史纪事本末》，北京：中华书局，1977 年。

［清］顾炎武《天下郡国利病书》，《四库全书存目丛书》史部第 171—172 册，济南：齐鲁书社，1996 年。

［清］顾祖禹《读史方舆纪要》，北京：中华书局，2005 年。

［清］侯方域《壮悔堂文集》，康熙五十一年刻本。

［清］花村看行侍者编《花村谈往》，民国适园丛书本。

［清］黄汝铨、张尚瑗纂康熙《赣州府志》，康熙五十二年刻本。

［清］黄宗羲《明文海》，北京：中华书局，1987 年。

［清］计六奇《明季北略》，北京：中华书局，1984 年。

［清］贾汉复、沈荃纂，徐化成增修《河南通志》，康熙九年刻本。

［清］金鋐等修康熙《福建通志》，中国国家图书馆藏缩微胶卷。

［清］李世熊《寒支集》，清初檀河精舍刻本。

［清］李天根《爝火录》，杭州：浙江古籍出版社，1986 年。

［清］毛奇龄《后鉴录》，清康熙刻西河合集本，《续修四库全书》本，第 432 册。

［清］彭孙贻《平寇志》，上海：上海古籍出版社，1984 年。

［清］彭遵泗《蜀碧》，成都：巴蜀书社，2002 年。

［清］孙承泽《春明梦余录》，北京：北京古籍出版社，1992 年。

［清］谭吉璁康熙《延绥镇志》，康熙十二年抄本。

［清］谈迁《国榷》，北京：中华书局，1958 年。

［清］吴伟业《绥寇纪略》，北京：中华书局，1985 年。

［清］夏燮《明通鉴》，北京：中华书局，1959 年。

［清］徐鼒《小腆纪年附考》，咸丰十一年刻本。

［清］许容、李迪纂乾隆《甘肃通志》，乾隆元年刻本。

［清］袁周修，［清］董儒修纂康熙《九溪卫志》，康熙二十四年刻本。

［清］张廷玉等撰《明史》，北京：中华书局，1974 年。

［清］张岱《石匮书后集》，上海：上海古籍出版社，2008 年。

［清］赵尔巽《清史稿》，北京：中华书局，1977 年。

［清］赵吉士《寄园寄所寄》，合肥：黄山书社，2008 年。

［清］赵曦明《江上孤忠录》，《丛书集成初编》本，北京：商务印书馆，1936 年。

［清］赵翼《廿二史札记》，北京：商务印书馆，1958 年。

［清］郑逢元纂康熙《平溪卫志书》，"中国数字方志库"影印本。

［清］朱国标《明鉴会纂》，《四库禁毁书丛刊》史部第 74 册，北京：北京出版社，2000 年。

［清］朱彝尊《明诗综》，《景印文渊阁四库全书》集部第 398—399 册，台北：台湾商务印书馆，1986 年。

顺治《延庆州志》，康熙增刊本，中国国家图书馆藏缩微胶卷。

顺治《河南通志》，中国国家图书馆藏胶片。

顺治《邓州志》，顺治十六年刻本。

康熙《宣化县志》，康熙五十年刻本。

康熙《山海关志》，康熙九年刻本。

康熙《延绥镇志》，康熙十二年抄本。

康熙《郧阳府志》，武汉：长江出版社，2015 年。

雍正《四川通志》，乾隆元年刻本。

乾隆《珙县志》，乾隆三十八年刻本。

乾隆《腾越州志》，乾隆五十五年刻本。

乾隆《四川叙州府兴文县志》，民国二十二年抄本，不分卷。

乾隆《雅州府志》，乾隆四年刻本。

乾隆《汀州府志》,《中国地方志集成·福建府县志辑》第 33 辑,上海:上海书店出版社,2000 年。

嘉庆《景东直隶厅志》,嘉庆二十五年刻本。

嘉庆《宜宾县志》,嘉庆十七年刻本,道光二十三年增刻本。

光绪《叙州府志》,光绪二十一年刻本。

光绪《兴文县志》,光绪十三年刻本。

二 论 著

薄音湖等主编《明代蒙古汉籍史料汇编》(第六辑),呼和浩特:内蒙古大学出版社,2009 年。

曹树基《中国人口史》第四卷"明时期",上海:复旦大学出版社,2000 年。

陈乐基《中国南方回族清真寺资料选编》,贵阳:贵州民族出版社,2004 年。

[美] 陈学霖《刘伯温与哪吒城:北京建城的传说》,北京:生活·读书·新知三联书店,2008 年。

陈梧桐《散叶集》,保定:河北大学出版社,2010 年。

达力扎布《明代漠南蒙古历史研究》,海拉尔:内蒙古文化出版社,1997 年。

董耀会主编《秦皇岛历代志书校注》,北京:中国审计出版社,2001 年。

樊铧《政治决策与明代海运》,北京:社会科学文献出版社,2009 年。

范中义、王兆春主编《中国军事通史》,北京:军事科学出版社,1998 年。

方志远《明清湘鄂赣地区的人口流动与城乡商品经济》,北京:人民出版社,2001 年。

何锐等校点《张献忠剿四川实录》,成都:巴蜀书社,2002 年。

胡汉生《明十三陵》,北京:中国青年出版社,1999 年。

华夏子《明长城考实》,北京:档案出版社,1988 年。

顾诚《隐匿的疆土:卫所制度与明帝国》,北京:光明日报出版社,2012 年。

顾诚《明朝没有沈万三:顾诚文史札记》,北京:光明日报出版社,2012 年。

顾诚《明末农民战争史》,北京:光明日报出版社,2012 年。

郭红、靳润成《中国行政区划通史·明代卷》，上海：复旦大学出版社，
2007 年。

郭红《明代卫所"民化"：法律·区域》，上海：上海大学出版社，2019 年。

黄志繁《"贼""民"之间：12—18 世纪赣南地域社会》，北京：生活·读
书·新知三联书店，2006 年。

姜先杰《凉山土司研究》，北京：光明日报出版社，2013 年。

靳润成《明朝总督巡抚辖区研究》，天津：天津古籍出版社，1996 年。

君约《清代卫所因革录》，见沈云龙主编《中和月刊史料选集》（一、二），
第三卷 5、6、7，"近代中国史料丛刊"第 600 种，台北：文海出版社，
1974 年。

赖家度《明代郧阳农民起义》，武汉：湖北人民出版社，1956 年。

李新峰《明代卫所政区研究》，北京：北京大学出版社，2016 年。

李新峰《明前期军事制度研究》，北京：北京大学出版社，2016 年。

梁志胜《明代卫所武官世袭制度研究》，北京：中国社会科学出版社，2012 年。

林山《闽都文化概论》，福州：福建人民出版社，2011 年。

鲁西奇《中国古代买地券研究》，厦门：厦门大学出版社，2014 年。

罗勇《经略滇西：明代永昌地区军政设置的变迁》，北京：社会科学文献出
版社，2019 年。

吕立汉《刘基考论》，郑州：中州古籍出版社，2000 年。

毛佩琦、李焯然《明成祖史论》，台北：文津出版社，1984 年。

牛建强《明代人口流动与社会变迁》，开封：河南大学出版社，1997 年。

牛平汉《明代政区沿革综表》，北京：中国地图出版社，1997 年。

彭勇《明代班军制度研究：以京操班军为中心》，北京：中央民族大学出版
社，2006 年。

彭勇《明代北边防御体制研究：以边操班军的演变为线索》，北京：中央民
族大学出版社，2009 年。

奇文瑛《明代卫所归附人研究：以辽东和京畿地区卫所达官为中心》，北
京：中央民族大学出版社，2011 年。

屈川《都掌蛮：一个消亡民族的历史与文化》，成都：四川人民出版社，2004 年。

任崇岳《中原移民简史》，郑州：河南人民出版社，2006 年。

四川省甘洛县地方志编纂委员会《甘洛县志》，成都：四川人民出版社，1996 年。

宋怡明《被统治的艺术》，北京：中国华侨出版社，2019 年。

谭其骧主编《中国历史地图集》，北京：中国地图出版社，1982 年。

谭其骧《长水集》（上、下），北京：人民出版社，1987 年。

唐立宗《坑冶竞利：明代矿政、矿盗与地方社会》，台北："国立"政治大学历史系，2011 年。

唐立宗《在"盗区"与"政区"之间——明代闽粤赣湘交界的秩序变动与地方行政演化》，台湾大学文史丛刊之 118，2002 年。

王春瑜《明清史事沉思录》，西安：陕西人民出版社，2007 年。

韦庆远《张居正和明代中后期政局》，广州：广东高等教育出版社，1999 年。

《文集》编委会编《顾诚先生纪念暨明清史研究文集》，郑州：中州古籍出版社，2005 年。

肖立军《明代中后期九边兵制研究》，长春：吉林人民出版社，2001 年。

肖立军《明代省镇营兵制与地方秩序》，天津：天津古籍出版社，2010 年。

萧启庆《内北国而外中国：蒙元史研究》（上、下），北京：中华书局，2007 年。

杨讷《刘基事迹考述》，北京：北京图书馆出版社，2004 年。

杨仕、岳南《风雪定陵——地下玄宫洞开之谜》，北京：新世界出版社，1997 年。

易谋远《彝族史要》，北京：社会科学文献出版社，2000 年。

余振贵、雷晓静《中国回族金石录》，银川：宁夏人民出版社，2001 年。

于志嘉《明代军户世袭制度》，台北：学生书局，1987 年。

于志嘉《卫所、军户与军役：以明清江西地区为中心的研究》，北京：北京大学出版社，2010 年。

张海瀛《张居正改革与山西万历清丈研究》，太原：山西人民出版社，1993 年。

张鸿翔《明代各民族人士入仕中原考》，北京：中央民族大学出版社，1999 年。

张佳《新天下之化：明初礼俗改革研究》，上海：复旦大学出版社，2014 年。

张建民《明清长江流域山区资源开发与环境演变：以秦岭—大巴山为中心》，
  武汉：武汉大学出版社，2007 年。

张金奎《明代卫所军户研究》，北京：线装书局，2007 年。

张显清、林金树主编《明代政治史》，桂林：广西师范大学出版社，2003 年。

赵克生《明朝嘉靖时期国家祭礼改制》，北京：社会科学文献出版社，2006 年。

赵世瑜《长城内外：社会史视野下的制度、族群与区域开发》，北京：北京
  大学出版社，2016 年。

赵现海《明代九边长城军镇史：中国边疆假说视野下的长城制度史研究》，
  北京：社会科学文献出版社，2012 年。

赵现海《明长城时代的开启：长城社会史视野下榆林长城修筑研究》（上、
  下），兰州：兰州大学出版社，2014 年。

郑振满《明清福建家族组织与社会变迁》，北京：中国人民大学出版社，
  2009 年。

周琼《清代云南瘴气与生态变迁研究》，北京：中国社会科学出版社，2007 年。

周振鹤《体国经野之道——新角度下的中国行政区划沿革史》，上海：上海
  人民出版社，2019 年。

周振鹤《中国历史政治地理十六讲》，北京：中华书局，2013 年。

朱鸿林主编《明太祖的治国理念及其实践》，香港：香港中文大学出版社，
  2010 年。

朱维幹《福建史稿》（第 6 编），福州：福建教育出版社，2008 年。

郑天挺、谭其骧主编《中国历史大辞典》，上海：上海辞书出版社，1995 年。

凉山彝族自治州博物馆编著《凉山历史碑刻注评》，北京：文物出版社，
  2011 年。

《中国少数民族古籍总目提要·回族卷·铭刻》，北京：中国大百科全书出版
  社，2008 年。

三 论 文

包诗卿《明代关羽信仰及其地域分布研究》，河南大学硕士学位论文，2005 年。

蔡嘉麟《明代的卫学教育》，见吴智和主编《明史研究丛刊》（第十辑），台北：明史研究小组，2002 年。

蔡亚龙《明代军民指挥使司建置标准考论》，《中国历史地理论丛》2018 年第 1 期。

蔡亚龙《评介李新峰〈明代卫所政区研究〉》，（台北）《明代研究》（第 33 期），2019 年 12 月。

曹树基《对明代初年田土数的新认识》，《历史研究》1996 年第 1 期。

曹循《明代武官制度研究》，南开大学博士学位论文，2011 年。

曹循《明代卫所军政官述论》，《史学月刊》2012 年第 12 期。

陈春声《明代前期潮州海防及其历史影响（上、下）》，《中山大学学报（社会科学版）》2007 年第 2、3 期。

陈时龙《论明初大都督府之创设——兼论朱元璋以诸子节制北部军事思想之萌芽》，《军事历史研究》2003 年第 1 期。

陈晓珊《明代辽东中层行政管理区划的形成——以辽东苑马寺卿兼职兵备事为线索》，《中国历史地理论丛》2011 年第 2 期。

陈云庚《冕宁惊现明代古墓：昭勇将军墓志填补历史空白》，《凉山日报》2011 年 12 月 15 日。

邓庆平《明清卫所制度研究述评》，《中国史研究动态》2008 年第 4 期。

邸富生《试论明朝初期居住在内地的蒙古人》，《民族研究》1996 年第 3 期。

杜玉亭《明四川行都司土司制度未因元制说》，《内蒙古社会科学（文史哲版）》1987 年第 6 期。

范金民《〈卫所武职选簿〉所反映的郑和下西洋史事》，（台北）《明史研究》（第 13 辑）2009 年。

范玉春《明代广西的军事移民》，《中国边疆史地研究》1998 年第 2 期。

傅朗《福建与郑和下西洋的船只》，《东南学术》2006 年第 1 期。

傅林祥《"实土卫所"含义探析》,《丙申舆地新论——2016 年中国历史地理学术研讨会文集》,长春:东北师范大学出版社,2017 年。

高寿仙《明代田土数额的再考察》,《明清论丛》第 3 辑,北京:紫禁城出版社,2002 年。

高寿仙《明代北京及北畿的蒙古族居民》,《第十届明史国际学术讨论会论文集》,北京:人民日报出版社,2005 年。

高寿仙《明代北京营建事宜述略》,《历史档案》2006 年第 4 期。

高寿仙《明代潼关卫与北直隶关系考论》,《故宫博物院院刊》2016 年第 6 期。

顾诚《明前期耕地数新探》,《中国社会科学》1986 年第 4 期。

顾诚《卫所制度在清代的变革》,《北京师范大学学报》1988 年第 2 期。

顾诚《明帝国的疆土管理体制》,《历史研究》1989 年第 3 期。

顾诚《谈明代的卫籍》,《北京师范大学学报》1989 年第 5 期。

顾诚《朱文正事迹勾稽》,《明人文集与明代研究》,台北:中国明代研究学会,2001 年。

郭红《明代卫所移民与地域文化的变迁》,《中国历史地理论丛》2003 年第 2 期。

郭红、于翠艳《明代都司卫所制度与军管型政区》,《军事历史研究》2004 年第 4 期。

胡丹《一个多元管理体制的典范——"荆襄"管理体制初探》,《济南大学学报(社会科学版)》2015 年第 6 期。

黄承宗《凉山州出土的明代买地券》,《四川文物》1997 年第 5 期。

黄忠鑫《明中后期浙江沿海"军图"初探》,《历史档案》2013 年第 1 期

郎晓玉《屯田、军户与地方社会:明代辽东都司卫所研究》,青海师范大学硕士学位论文,2013 年。

李渡《明代募兵制简论》,《文史哲》1986 年第 2 期。

李军《明代断事司考述》,《故宫学刊》2011 年。

李新峰《明代大都督府略论》,《明清论丛》第二辑,北京:紫禁城出版社,2001 年。

李新峰《明代前期的京营》，《北大史学》第 11 辑，北京：北京大学出版社，2005 年。

李新峰《论元明之间的变革》，《古代文明》2010 年第 4 期。

李洵《试论明代的流民问题》，《社会科学辑刊》1980 年第 3 期。

李治安《元和明前期南北差异的博弈与整合发展》，《历史研究》2011 年第 5 期。

林昌丈《明清东南沿海卫所军户的地方化——以温州金乡卫为中心》，《中国历史地理论丛》2009 年第 4 期。

林仕梁《明代漕军制初探》，《北京师范大学学报》1990 年第 5 期。

刘志伟《从乡豪历史到士人记忆——由黄佐〈自叙先世行状〉看明代地方势力的转变》，《历史研究》2006 年第 6 期。

刘复生《"都掌蛮"研究二题——明代"都掌蛮"的构成和消亡》，《四川大学学报（哲学社会科学版）》1998 年第 2 期。

罗艳春、周鑫《走进乡村的制度史研究：刘志伟教授访谈录》，《中国社会历史评论》第十四卷，2013 年。

马明达《明代福州米荣〈重建清真寺记〉研究——福建伊斯兰教与回族史专题之一》，《回族研究》2012 年第 1 期。

马顺平《明代甘肃镇分守、分巡、兵备道考》，《明史研究论丛》第十一辑，北京：故宫出版社，2013 年。

毛曦、靳润成《华北历史地理与中国社会变迁——2012 年中国历史地理国际学术研讨会综述》，《历史地理》第 27 辑，上海：上海人民出版社，2013 年。

穆远等《唐山境内的长城碑刻资料》，《文物春秋》1998 年第 2 期。

南炳文《明初军制初探》，《南开史学》1983 年第 1、2 期。

牛建强、阎现章《试论明朝建文帝的维新政策》，《史学月刊》1987 年第 2 期。

彭建英《明代羁縻卫所制述论》，《中国边疆史地研究》2004 年第 3 期。

彭勇《论明代州县军户制度——以嘉靖〈商城县志〉为例》，《中州学刊》

2003 年 1 期。

彭勇《明代"达官"在内地卫所的分布及其社会生活》,《内蒙古社会科学（汉文版）》2003 年第 1 期。

彭勇《明代士夫追求润笔现象试析》,《史林》2003 年第 2 期。

彭勇《明代广西班军制度研究——兼论班军的非军事移民性质》,《中国边疆史地研究》2004 年第 3 期。

彭勇《论明代京操班军的选补制度》,《历史档案》2007 年第 4 期。

彭勇《于志嘉:〈卫所、军户与军役:以明清江西地区为中心的研究〉》,《中国学术》(第 32 辑),北京:商务印书馆,2012 年。

彭勇《从"文献郑和"到"文化郑和"——近十年国内外郑和研究评述》,见赵轶峰、万明主编《世界大变迁视角下的明代中国——国际学术研讨会论文集》,长春:吉林人民出版社,2012 年。

彭勇《清初降臣柳同春的旌赏之路》,《纪念王锺翰先生百年诞辰学术文集》,北京:中央民族大学出版社,2013 年。

奇文瑛《明洪武时期内迁蒙古人辨析》,《中国边疆史地研究》2004 年第 2 期。

奇文瑛《碑铭所见明代达官婚姻关系》,《中国史研究》2011 年第 3 期。

奇文瑛《论明初卫所制度下归附人的安置与任用》,《民族研究》2012 年第 6 期;

乔治忠《〈御批通鉴辑览〉考析》,《中国官方史学与私家史学》,北京:北京图书馆出版社,2008 年。

屈川《川南"都掌蛮"的反明斗争考述》,《民族研究》,1987 年 4 期。

宋永志《明代河南怀庆卫军户对地方社会的认同与塑造》,《历史教学（高校版）》2009 年第 5 期。

唐丰娇《洪武至宣德时期明朝对蒙古的经略》,中央民族大学博士学位论文 2010 年。

唐立宗《明代浙江总捕都司与防矿兵力小考》,《第十五届明史国际学术研讨会暨第五届戚继光国际学术研讨会论文汇编》(未刊稿),2013 年。

王崇武《明靖难史事考证稿》,《"中央研究院"历史语言研究所专刊》25,
　　台北：商务印书馆，1992 年。

王家范、程念祺《论明初对洪武政治的批评——方孝孺的政治理想与建文帝
　　的政策改革》,《史林》1994 年第 3 期。

王莉《明代营兵制初探》,《北京师范大学学报》1991 年第 2 期。

王雄《明洪武时期对蒙古人众的招抚和安置》,《内蒙古大学学报（哲学社会
　　科学版）》1987 年第 4 期。

王锺翰《清代民族宗教政策》,《清史续考》, 台北：华世出版社，1993 年。

谢湜《明代太仓州的设置》,《历史研究》2012 年第 3 期。

谢忠志《明代兵备道制度：以文驭武的国策与文人知兵的实练》,《明史研究
　　丛刊》, 宜兰：明史研究小组，2002 年。

谢忠志《明代的五行都司》,（台北）《明史研究专刊》第 16 期，明史研究小
　　组，2008 年。

徐恭生《再谈郑和下西洋与〈卫所武职选簿〉》,《海交史研究》2009 年第
　　2 期。

徐铭《明代凉山地区的民族关系》,《西南民族大学学报（哲学社会科学版）》
　　1982 年第 2 期。

徐永安《郧阳抚治形成时期的三位一体结构及其历史地位》,《湖北大学学
　　报》2011 年第 4 期。

徐永安《郧阳抚治辖区的历史演变》,《陕西理工学院学报（社会科学版）》
　　2015 年第 3 期。

杨培娜《从"籍民入所"到"以舟系人"：明清华南沿海渔民管理机制的演
　　变》,《历史研究》2019 年第 3 期。

于志嘉《试论明代卫军原籍与卫所分配的关系》,《"中央研究院"历史语言
　　研究所集刊》第 60 本第 2 分册，1989 年。

于志嘉《明代江西卫所屯田与漕运的关系》《"中央研究院"历史语言研究所
　　集刊》第 72 本第 2 分册，2001 年。

于志嘉《论明代的附籍军户与军户分户》,《顾诚先生纪念暨明清史研究文

集》，郑州：中州古籍出版社，2005 年。

于志嘉《犬牙相制——以明清时代的潼关卫为例》，《"中央研究院"历史语言研究所集刊》第 80 本第 1 分册，2009 年。

李宗放《明代四川建昌地区的行政和军事建置及变化》，《西南民族大学学报（人文社科版）》2006 年第 10 期。

张彩霞《明初军户移民与即墨除夕祭祖习俗》，《民俗研究》2002 年第 4 期。

张帆《元朝诏敕制度研究》，《国学研究》第 10 卷，北京：北京大学出版社，2002 年。

张建民《明代湖广人口变迁论》，《经济评论》1994 年第 2 期。

张金奎《二十年来明代军制研究回顾》，《中国史研究动态》2002 年第 10 期。

张金奎《明代军户地位低下论质疑》，《中国史研究》2005 年第 2 期。

张金奎《试析明初卫所军户群体的形成》，《中国史研究》2007 年第 2 期。

张金奎《明代卫所经历司制度浅析》，《故宫博物院院刊》2007 年第 2 期。

张文《地域偏见和族群歧视：中国古代瘴气与瘴病的文化学解读》，《民族研究》2005 年第 3 期。

赵令志《明代"野人女真"称谓刍论》，《民族研究》2019 年第 4 期

赵明《明代兵制研究六十年之回顾》，《中国史研究动态》1993 年第 8 期。

赵世瑜《卫所军户制度与明代中国社会——社会史的视角》，《清华大学学报（哲学社会科学版）》2015 年第 3 期。

朱鸿《明成祖与永乐政治》，（台北）《台湾师范大学历史研究所专刊》（17），1988 年。

朱鸿林《丘濬与成化元年（1465）大藤峡之役的关系》，《中国文化研究所学报》2007 第 47 期。

周松《明代沙州"达人"内迁新论》，《清华大学学报（哲学社会科学版）》2017 年第 5 期。

邹逸麟《明清流民与川陕鄂豫交界地区的环境问题》，《复旦学报（社会科学版）》1998 年第 4 期。

后　记

这是我的第三本有关明代都司卫所研究的专书。我喜欢读别人著作的后记，所以自己的也要写几句，向读者交代本书的形成过程和基本想法，以方便阅读和交流。

2004 年到中央民族大学工作后，我的研究和写作的动力，一是来自本科生和研究生的教学工作，二是对明代都司卫所的持续关注，三是越来越多学术会议的催促。2008 年 6 月，中央民族大学历史文化学院成立，我开始担任学院副院长，主要分管本科教学；自 2018 年元月，又开始担任历史文化学院院长，负责学院全面工作。我始终认为高校教师的第一职责是教书育人。在我分管本科生教学的 10 年间，学院历史学本科专业作为国家级文科人才培养基地和国家级创新人才培养实验区，实现了超过 60% 以上的深造目标，也因此获得了北京市高等教育优秀教学成果一等奖。我指导的本科生和研究生，有多名优秀学生走向明清史和卫所制度研究之路，取得了不俗的成绩。其间，我还是学院指导本科生课外学术创新项目最多的老师，指导学生参加各类学术研究、知识竞赛和创新大赛，多次获得国家级、北京市重要奖项。为了更好地服务教学，我还相继编著了《明史十讲》（与陈梧桐先生合作，中华书局 2017 年度十大学术著作）、《明史》（人民出版社 2019 年度十佳著作，并入选"中国好书"月度榜）、《中国旅游史》（国家级规划教材）和《中国古代史》（宁欣教授主编，国家级规划教材和北京市精品教材）等教材，获得了学校本科教学"十佳教师"、宝钢优秀教师、国家民委首届教学名师和北京市第十六届高等学校教学名师等荣誉称号。

在专业研究领域，近二三十年来，明清卫所制度的研究持续升温，成果不断涌现，这在很大程度上要归功于顾诚先生在三十多年前拓展了对卫所性质的认识。我在 2006 年出版博士论文《明代班军制度研究——以京操班军为中心》之后，基于博士期间的学术积累和中央民族大学历史学科的特点，在学校"985"工程和国家民委科研项目的支持下，于 2009 年完成并出版了第二部卫所专著《明代北边防御体制研究——以边操班军的演变为线索》。当时，我已具备了学校破格申请教授职称的条件，尽管两年后才达到资历、等到名额，我已考虑此后科研的整体规划，即如何以明清卫所制度为研究对象，探索和拓展传统制度史研究的新途径。

随着学术界对明清卫所制度的研究不断深入，成果大量涌现，既有学术分野的特点，也有方法整合的趋势。我认为，本书的主要研究特点，是基于传统制度史研究的理论和方法，以运用传统的经典文献为基础，尽可能借鉴和吸引学术界的其他研究方法，努力创新研究。毫无疑问，传统制度史仍然是史学界长期关注的重要对象，但它的创新难度也越来越大。曾经，甚至如今依然，传统制度史研究为部分所谓"新派"学者所诟病，自上而下的制度史研究被贴上了大而化之、僵硬不化、泛泛而论的标签，而实际上传统制度史研究虽面临不少的问题，但其价值和意义却不应当有任何被忽视的理由，所以才有了"活的制度史"的提法和相关学者的积极探索。

如何让制度史"活"起来？如何让制度史研究有人性、有人气？如何推进传统制度史研究不断走向深入和创新出彩？这是我近年思考的主要问题之一。本书所努力追求的是秉承传统制度史研究的实证方法，在扩大和深入对传统文献解读的基础上，既要弄清楚制度的基本属性，又能够关照到制度设计、制度运行和制度理念（制度文化）层面的分析，还要对制度逆向有所反思，即对反制度行为的发生与制止等予以探究。所以本书的内容结构与前两部卫所专书有明显不同。本书是在整体思考的框架下，分别撰写，独立成稿并公开发表之后，再进行编辑组织起来的，是一部论文结集，又因单篇学术论文与著作的写法不同，所以本书又有补写、删减，以期整体呈现研究的主题要旨，它又不同于论文集。本书前半部分（第一章到第六章），主要研究都司卫所管理体制中尚不甚清晰、研究不甚充分或被误读的部分，包括都司卫所的产生和发展、职官和职掌等制度属性及其运行等；后半部分（第七章到第十三章），重点研究卫所制度的运行及其影响，尤其是制度影响之下的不同地区、不同群体的命运（生活），既包括卫所管辖的边疆民族地区，也包括与府州县交错分布的内地卫所等，既包括世袭武官群体，也包括普通军兵、军民群体的生活，等等。通过对制度运行下不同社会群体的分别观察，有了再一次触摸传统制度史脉搏跳动的新喜悦。所以，文中既有这样的赞赏——"这不能不说，郧阳抚治和湖广行都司在安定地方社会秩序和解决荆襄流民的制度预设的目标上，达到了实际的效果"，也有这样的伤感——"尽管明代制度有规定，职官要地域回避，但这样只见制度不见人性的规定，多少让人感觉制度的无情，而身处于这一制度中的人，注定要饱受物质和精神生活的双重考验和折磨"。

学术的每一点点创新都充满艰辛，当自己努力使每一篇文章都有些许新意的时候，也许在旁人看来，它仍然不过是论题或方法的重复。长时间关注某一个或某一类议题，很容易陷入"审美"疲劳，一篇如果连自己也无法打动的文字，就不要指望能给别人留下什么好印象，所以自己也在努力求变。然而精力有限，对明代都司卫所管理体制的研究，也就暂告一段落，如果还有机会，部分仍然不满意的议题希望今后补充到新修订版本之中。最近几年对明清卫所制度的研究，我已把目光继续下移，尝试把明清时期军、民两大群体系统结合起来，对自上而下的传统制度史继续探底，发现更多精彩的故事，做更具有普遍意义的思考。这样的思考，将在我的第四部卫所研究专著中呈现。

本书也是教育部人文社会科学研究一般项目"明代都司卫所管理体制研究（14YJA770010）"的结项成果，从立项到结项花了5年时间，从结项到出版又是4年多。实际上本书收录的内容绝不是这7年，而是近15年时间的思考和研究成果。本书的最终完成和出版，还要感谢2018年新成立的中国边疆民族历史研究院和国家民委教学名师人才建设项目的继续支持。在当下的高校，科研项目是教师生存的工具，没有它就无法评职称，考核就不合格，甚至不能担任研究生导师，所以在此要感谢这一课题让我"续命"4年，得以安心地站讲台，带学生，做自己感兴趣的研究。

诚挚感谢责任编辑为拙著的出版所付出的辛劳。感谢中央民族大学历史学学科平台，感谢学术界的友人同好，感谢期刊社和出版社的朋友，感谢中国明史学会等学术组织，感谢我的家人的支持和学生的帮助，安依林、蒋玉晨、张幼欣、窦宝越、白音娜、陈雅丽、刘宇辰和陈智威等多名博士生分头帮我校对了全书的史料。明清史研究的资料太多，需要考察的地方太多，很开心能拥有如此良好的科研和生活环境，让自己可以"为所欲为"。谢谢大家，有你们，真好。

彭　勇
于魏公村文华楼